Biologie 9/10

**Mittelschule
Sachsen**

Cornelsen

Biologie 9/10

Mittelschule Sachsen

Entwickelt
von der Redaktion Biologie
Heidelberg

Autoren:
Prof. Dr. Hans-Heiner Bergmann, Osnabrück
Brigitte Engelhardt, Waldbröl
Dr. Stefanie Esders, Fellbach
Jürgen Fedrowitz, Melle
Dr. Leo Fiethen, Viersen
Barbara Gennrich, Löwenberg
Udo Hampl, Pörnbach
Prof. Hans Herzinger, Ohmden
Dr. Walter Kleesattel, Schwäbisch Gmünd
Reiner Kleinert, Hanau
Hans Murawski, Nürnberg
Christiane Piepenbrock, Gütersloh
Volker Pietsch, Berlin
Jutta Riebesehl-Fedrowitz, Osnabrück
Dr. Dankwart Seidel, Bad Zwischenahn
Prof. Dr. Lothar Staeck, Berlin
Ulrich Weber, Süssen
Dr. Horst Wisniewski, Freising
Josef Johannes Zitzmann, Erding

Redaktion:
Annerose Bender
Dr. Wolfgang Goll
Dr. Silvia Jander
Carola Lerch
Jutta Waldow

Technische Umsetzung:
Christoph Berten
Zlatka Kovse

1. Auflage ✔
Druck 4 3 2 1   Jahr 01 2000 99 98
Alle Drucke dieser Auflage können im Unterricht nebeneinander verwendet werden

© 1998 Cornelsen Verlag, Berlin
Das Werk und seine Teile sind urheberrechtlich geschützt. Jede Verwertung in anderen als den gesetzlich zugelassenen Fällen bedarf deshalb der vorherigen schriftlichen Einwilligung des Verlages.

Druck: Cornelsen Druck, Berlin

ISBN 3-464-04369-X

Bestellnummer 43690

Basislayout: Erwin Poell, Heidelberg

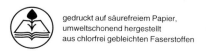

gedruckt auf säurefreiem Papier,
umweltschonend hergestellt
aus chlorfrei gebleichten Faserstoffen

Einbandfoto: Wolfgang Krammisch, Dresden

Auwald bei Eilenburg.
Unzugängliche Auwälder kann man als die letzten Urwälder Europas bezeichnen. Sie bilden für eine Vielzahl von seltenen Pflanzen und Tieren einen sicheren Lebensraum. Auenwälder sind deshalb besonders schützenswert.

Inhalt

Inhalt

2495

Sich informieren, untersuchen, experimentieren

Dieses Buch ist *Informationsbuch*, *Arbeitsbuch* und *Lernbuch* zugleich. Daher enthält es ganz unterschiedlich gestaltete und gekennzeichnete Seiten. Man sieht also immer, welche Aufgabe eine Seite hat.

◁ Einstieg
Jedes Kapitel beginnt mit einer Bildseite, die neugierig machen soll. Sie ist mit Aussagen, Tabellen, Bildern und Fragen verknüpft, die in das Thema einführen.

◁ Informationsseiten
Hier kannst du dich informieren. Auf diesen Seiten werden neue Begriffe eingeführt und Zusammenhänge erklärt. Aufgaben helfen, das erworbene Wissen zu überprüfen. In Kürze fasst alles Wesentliche zusammen.

Wir werden aktiv
Der Mensch belastet Luft, Wasser und Boden immer stärker. Damit werden auch die Lebewesen in ihrer Existenz bedroht. Wo jeder Einzelne einen Beitrag zum Schutz unserer Umwelt leisten kann, ist dies mit einem grünen Frosch gekennzeichnet.

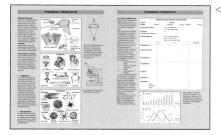

◁ Praktikum
Untersuchungen und Versuche spielen in der Biologie eine wichtige Rolle. Mit den Anleitungen auf diesen Seiten kann jeder selbst zum Forscher werden. Die Ergebnisse vermitteln wichtige Einblicke in das Thema. Du lernst bei den Praktikumsseiten aber auch, wie biologische Untersuchungen durchgeführt werden und wie man zu aussagekräftigen Ergebnissen kommt.

Gesundheit

◁ Gesundheit
Diese Seiten enthalten Tipps und Anleitungen für Übungen, die den Körper fit halten. Oft sind hier auch wichtige Erkrankungen erklärt.

Biologie aktuell

◁ Biologie aktuell
Neue Züchtungstechniken, Treibhauseffekt und Ozonloch, genetische Beratung: die Aktuell-Seiten greifen Themen auf, die im Blickpunkt des Interesses stehen.

Zur Diskussion

◁ Zur Diskussion
Erblich behindert – Genetik in der Verantwortung – Impfung – harte Drogen. Auf den „Diskussionsseiten" sind Bilder, Zahlen und Berichte zu Themen abgedruckt, die heute heiß diskutiert werden. Bilde dir selbst ein Urteil darüber.

Stichwort

◁ Stichwort
Am Ende der einzelnen Kapitel sind die wichtigsten Aussagen noch einmal in einem Überblick zusammengefasst. Alles klar? Anhand von Fragen kann jeder prüfen, ob er das Thema wirklich „im Griff" hat.

Imbiss

Ernährung und Verdauung

Nach Schulschluss trifft Walli seinen Freund Paul. „Kommst du mit zur Frittenbude?" Dort bestellen sie sich zweimal Pommes mit Majonaise und eine Cola. Aus den Tüten tropft Fett. Außerdem sind die Pommes stark gesalzen. Umso besser schmeckt die Cola dazu. In wenigen Minuten ist die Portion verschlungen.

Speiseplan von Landarbeitern in Hinterpommern um 1860

Morgens: Zichorienkaffee mit verdünnter Milch, pro Person ein halbes Brötchen

Mittags: Kartoffelsuppe
oder: Mohrrüben mit Kartoffeln
oder: Buttermilch und Kartoffeln

Abends: Klieben und Klamörkens, das ist Wasser mit Mehl, etwas Milch und alten Brotkrusten
oder: Kartoffeln mit ½ Hering

Mangel und Überfluss. Noch im letzten Jahrhundert war der Speisezettel vieler Familien eintönig und vom *Mangel* diktiert. Schauen wir uns heute im Supermarkt um, überwältigt uns das reiche Angebot an Nahrungsmitteln. An die Stelle von Mangel ist *Überfluss* getreten. Um uns gesund zu ernähren, brauchen wir nur das Richtige auszuwählen. Gehört das Angebot der Frittenbude dazu? Es sieht lecker aus, schmeckt gut und macht rasch satt. Trotzdem reden viele von der „Schnellimbiss-Krankheit", weil eine solche Ernährung auf die Dauer ungesund wäre. Pommes, Cheeseburger, Hamburger, Majonaise und dicke Soßen enthalten zu viel Fett, zu viel Zucker und Stärke. Im Übermaß genossen machen sie dick. Auch das viele Salz schadet. Es führt zu Bluthochdruck. Fertiggerichte enthalten Konservierungsstoffe und andere Zusatzstoffe wie Phosphat. Phosphat sorgt im Fleisch dafür, dass bei der Zubereitung weder Wasser noch Fett verloren gehen, entzieht dem Körper aber Mineralstoffe und Vitamine. Vitamine sind im Angebot der Frittenbude nicht enthalten.

Diskrepanz zwischen Wissen und Handeln. Die Stoffe, die der Körper benötigt, sind bekannt. Auch über die täglich notwendige Menge weiß man Bescheid. So wäre für die beiden Jungen eine einfache Mahlzeit wie in Bild 1 gesünder gewesen. Milch enthält wichtige Mineralstoffe und ebenso wie der Salat Vitamine. Salat und Roggenbrötchen liefern zudem Stoffe, die nicht verwertet werden, aber die Verdauung unterstützen. Gesunde Ernährung ist kein Problem, wenn man über das notwendige *Wissen* verfügt.

Doch dies ist nur der erste Schritt. Mahlzeiten nehmen im Tagesablauf einen wichtigen und meist auch festen Platz ein. Wir essen auch, wenn wir keinen Hunger haben. Von klein auf werden uns bestimmte Verhaltensweisen anerzogen. „Iss ordentlich!" „Iss den Teller leer!" „Vaters Lieblingsspeise muss auch dir schmecken!" *Essgewohnheiten* entwickeln sich, die uns das ganze Leben begleiten. Die Bereitschaft, entsprechend zu handeln und dabei manche lieb gewordene Gewohnheit über Bord zu werfen, muss der zweite Schritt sein.

1 Gesünder als das Angebot der Frittenbude: Wiener, Roggenbrötchen, Salat und Milch.

Aufgaben

1 Welche Gründe könnten Walli und Paul bewogen haben ihr Mittagessen an der Frittenbude einzunehmen?

2 Stelle in einer Liste zusammen, woraus deine Mahlzeiten am gestrigen Tag bestanden. Wann und wo hast du sie eingenommen? Vergleiche mit den Notizen deiner Mitschüler. Versuche eine erste Bewertung unter dem Gesichtspunkt „gesunde Ernährung".

3 Vergleiche den Speiseplan von Landarbeitern um 1880 mit euren Notizen. Erkläre die Unterschiede.

4 An einigen Schulen bieten Schüler täglich in der großen Pause Weizenvollkornbrötchen, belegte Roggenbrötchen, Quark, Joghurt, Äpfel, Tomaten, Mineralwasser und Apfelsaft an. Auf der *linken Seite* ist ein solcher Pausenkiosk abgebildet.
Welche Gründe könnten die Schüler zu ihrem Angebot bewogen haben?

Stoffwechsel. Der größte Teil der aufgenommenen Nahrung wird bei der *Verdauung* in seine Bestandteile zerlegt und anschließend in körpereigene Stoffe umgewandelt. Sie dienen also als *Baustoffe* für das Wachstum und den Ersatz verbrauchter Körperzellen. So wird beispielsweise die Hälfte der Leberzellen in 10 Tagen ersetzt, die Hälfte aller Muskelzellen in 160 Tagen.

Beim Abbau der Nahrung wird *Energie* frei. Diese ermöglicht die Atmung, den Herzschlag, die Verdauung, die Muskel- sowie Nerventätigkeit und die Erhaltung der Körperwärme. Alle diese Lebensvorgänge zusammen bezeichnet man als *Stoffwechsel*.

Energieumsatz. Ständig laufen im Körper Stoffwechselvorgänge ab. Daher verbraucht er selbst bei völliger Ruhe Energie. Dieser *Grundumsatz* liegt im Durchschnitt bei 4,2 kJ pro Kilogramm Körpergewicht und Stunde. Bei Frauen ist er etwas niedriger als bei Männern. Mit zunehmendem Alter sinkt der Grundumsatz.

Bei Arbeit wird zusätzlich Energie verbraucht. Je schwerer die Arbeit, umso größer ist dieser *Leistungszuwachs*. Werte von über 100 kJ pro Minute werden erreicht.

Der Gesamtenergiebedarf des Körpers, der *Gesamtumsatz,* ergibt sich durch Addition von Grundumsatz und Leistungszuwachs.

Energie
Die Maßeinheit für Energie ist das *Joule*. Auch die Energie, die der Körper zur Verrichtung von Arbeit benötigt, wird in Joule gemessen.

1000 Joule = 1 Kilojoule (kJ)
1 Kilojoule ist die Energie, die benötigt wird, um eine Last von rund 10 kg Gewicht 1 m hochzuheben.

Umrechnung in Kalorien:
4,186 kJ entsprechen 1 Kilokalorie (kcal).
Die Maßeinheit Kalorie sollte nicht mehr verwendet werden.

1 *Gesamtumsatz pro Tag für verschiedene Tätigkeiten*

Tätigkeit und Energiebedarf

	kJ pro Minute
Sitzen	1
Stehen	2
Bügeln, Aufwischen	7
gemütliches Radfahren	12
Gartenarbeit, Federball, Gymnastik	20
Tennis	25
Tanzen, Schwimmen	30
Fußball	50

Nährstoffe liefern Energie. Die Stoffe in der Nahrung, die als Baustoffe dienen und zugleich als *Betriebsstoffe* für die Aufrechterhaltung des Stoffwechsels eingesetzt werden können, bezeichnet man als *Nährstoffe*. Chemisch gesehen gehören sie drei verschiedenen Gruppen an, den *Fetten*, den *Kohlenhydraten* und den *Proteinen* oder *Eiweißstoffen*.

Die Fette sind unsere wichtigsten *Energielieferanten*: Baut der Körper 1 g Fett ab, werden dabei rund 40 kJ frei, die der Körper für sich nutzen kann. Für Kohlenhydrate und Proteine beträgt dieser Wert rund 17 kJ.

Aufgaben

1 Berechne den Gesamtenergiebedarf für eine Stunde Tennis und eine Stunde gemütliches Radfahren.

In Kürze

Zu den Nährstoffen zählen Fette, Kohlenhydrate und Proteine. Diese führen dem Körper nicht nur Baustoffe, sondern auch Energie für den Stoffwechsel zu.
Die Energie, die der Körper in Ruhe verbraucht, ist der Grundumsatz.
Bei Arbeit wird zusätzlich Energie verbraucht: Leistungszuwachs.

Fette. Sie sind aus *Glycerin* und *Fettsäuren* aufgebaut. In natürlichen Fetten wie Butter, Talg, Schmalz oder Olivenöl kommen 11 verschiedene Fettsäuren vor. Zwei davon kann der Körper nicht selbst aufbauen, sondern muss sie der Nahrung entnehmen. Man bezeichnet sie daher als lebensnotwendige, *essentielle* Fettsäuren.

Fette sind für uns wichtige *Betriebsstoffe*. Sie können im Körper gespeichert werden. 10% unseres Körpergewichts sind Fette.

Kohlenhydrate. *Einfachzucker* wie der Traubenzucker Glucose oder der Fruchtzucker bestehen aus einzelnen Zuckermolekülen. *Doppelzucker* wie Malzzucker oder Rohrzucker sind aus zwei solcher Zuckermoleküle zusammengesetzt. *Vielfachzucker* wie Cellulose, Pflanzenstärke oder die tierische Stärke Glykogen bestehen aus Ketten von Glucosemolekülen.

Kohlenhydrate sind in erster Linie *Betriebsstoffe*, dienen aber auch als *Baustoffe*. Sie können als Glykogen gespeichert werden.

Proteine. Sie sind aus *Aminosäuren* aufgebaut. 8 unter den 20 verschiedenen Aminosäuren kann der Körper nicht selbst aufbauen. Sie sind essentiell und müssen mit der Nahrung zugeführt werden. Die Proteine sind unsere wichtigsten *Baustoffe*.

Während Fette in Kohlenhydrate umgewandelt werden können, ist ein Aufbau von Proteinen weder aus Fetten noch aus Kohlenhydraten möglich. 18% des Körpers bestehen aus Proteinen.

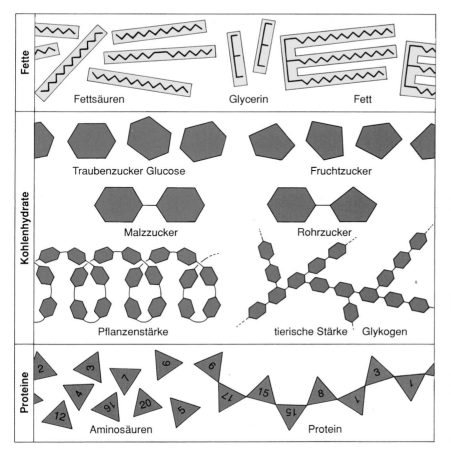

Empfohlene Nährstoffaufnahme pro Tag

Fette	70 g
Kohlenhydrate	325 g
Proteine	50 g

Aufgaben

1 Der Proteinbedarf von Neugeborenen liegt bei 3,5 g pro kg Körpergewicht. Für Einjährige beträgt dieser Wert rund 3 g, für Zehnjährige 2 g und für Fünfzehnjährige 1,5 g. Begründe den erhöhten Proteinbedarf von Kindern und Jugendlichen.

In Kürze

Fette sind unsere wichtigsten Betriebsstoffe.
Kohlenhydrate spielen als Betriebs- und Baustoffe eine wichtige Rolle.
Proteine dienen vorwiegend als Baustoffe.

2 Nährstoffe

Praktikum: Nachweis von Nährstoffen

Nachweis von Fetten
Fettfleckprobe:
Fett hinterlässt auf Papier durchscheinende Flecken.

Benötigt werden:
Speiseöl, Wasser, Pinzette, Pipette, Filterpapier, Filzstifte, Schreibtischlampe.

Durchführung:
Mit der Pipette bringt man 1 Tropfen Öl und 1 Tropfen Wasser getrennt voneinander auf das Filterpapier. Der Fettfleck wird rot, der Wasserfleck blau umrandet. Halte nach 10 Minuten das Papier gegen das Licht der Schreibtischlampe.
• Was ist zu beobachten? Erkläre den Unterschied.

Nachweis mit Sudan III:
Sudan III ist ein Farbstoff, der sich in Fett löst und dieses tiefrot anfärbt.

Benötigt werden:
Speiseöl, Wasser, Pipette, Lösung von Sudan III in 50%igem Alkohol.

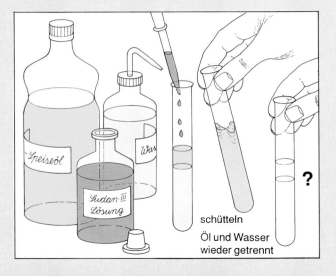

schütteln
Öl und Wasser wieder getrennt

Durchführung:
In ein Reagenzglas werden 10 ml Wasser, 3 ml Speiseöl und einige Tropfen Sudan-III-Lösung gegossen. Schüttle und warte, bis sich Wasser und Öl getrennt haben.
• Was stellst du fest?

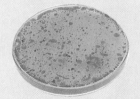

Fleischbrühe mit Sudan III.
• Erkläre das Ergebnis.

Nachweis von Proteinen
Teststreifen für Proteine färben sich hellgrün, wenn die Probe wenig Proteine aufweist. Dunkelgrün zeigt einen hohen Proteingehalt an.

Benötigt werden:
Schinkenstückchen, Reagenzglas, Glasstab, Reibschale und Pistill, Salzwasser, destilliertes Wasser, Teststreifen für Proteine.

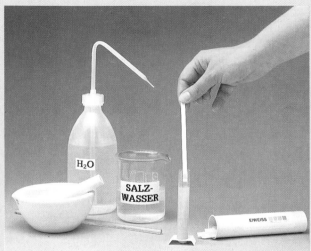

Durchführung:
Bringe das Schinkenstückchen zusammen mit 5 ml Wasser und einigen Tropfen Salzwasser in die Reibschale und zerkleinere es. Gieße die Flüssigkeit anschließend in ein Reagenzglas und halte den Teststreifen hinein.
Vergleiche die Farbe auf dem Teststreifen mit der Farbskala, die der Packung beiliegt.
• Bestimme den Proteingehalt.

Praktikum: Nachweis von Nährstoffen

Nachweis von Kohlenhydraten

Stärke:
Stärke färbt sich mit Iod-Kaliumiodid-Lösung tiefblauviolett.

Benötigt werden:
rohe Kartoffel, Reagenzglas, Reagenzglasklammer, Pipette, Messer, Brenner, destilliertes Wasser, Iod-Kaliumiodid-Lösung.

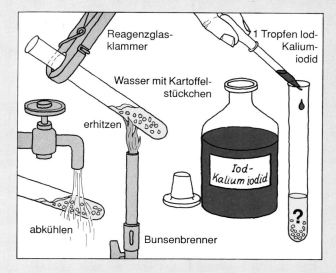

Durchführung:
Schabe von der Oberfläche der geschälten Kartoffel mit dem Messer Stärkekörner ab, bringe sie in ein Reagenzglas und füge 5 ml Wasser zu.
Erhitze dieses Gemisch kurz und kühle es dann unter fließendem Wasser ab.
Gib jetzt 1 Tropfen Iod-Kaliumiodid-Lösung zu.
• Was beobachtest du?

Glucose:
Glucose färbt sich mit fehlingscher Lösung ziegelrot.

Benötigt werden:
Glucose, 2 Reagenzgläser, Reagenzglasklammer, Pipette, Schutzbrille, Spatel, Brenner, destilliertes Wasser, Fehling-I-Lösung und Fehling-II-Lösung.

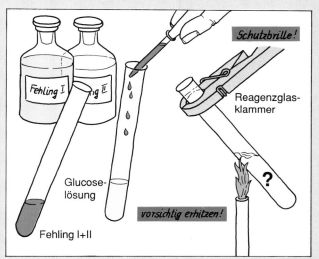

Durchführung:
Eine Spatelspitze Glucose wird in ein Reagenzglas gegeben und in 5 ml Wasser gelöst. Gieße in das zweite Reagenzglas gleichviel Fehling-I- und Fehling-II-Lösung und vermische.
5 ml davon werden in das Reagenzglas mit der Glucose gegeben. Setze eine Schutzbrille auf und erhitze vorsichtig am oberen Rand der Lösung, bis ein Farbumschlag eintritt.
• Was stellst du fest?

Nährstoffe in Nahrungsmitteln

Untersuche jetzt einige Nahrungsmittel auf ihren Gehalt an Nährstoffen. Rechts sind einige Beispiele genannt, die sich gut eignen.

Zur Fettfleckprobe werden die Samen auf Filterpapier zerdrückt. Halte das Papier nach 5 Minuten gegen das Licht.

Zur Prüfung mit Sudan III werden die Proben vor dem Test zerrieben und dann in 5 ml Wasser gebracht.

Untersuchungen auf …

… Fett mit der Fettfleckprobe:
Samen von Weizen, Bohne, Haselnuss, Sonnenblume

… Fett mit Sudan III:
Apfel, Eiklar, Haferflocken, Kartoffelchips

… Stärke mit Iod-Kaliumiodid-Lösung:
Puderzucker, gekochte Kartoffeln, Weizenmehl

… Glucose mit fehlingscher Lösung:
Obstsaft, Zitronensaft, Zwiebelstückchen

… Proteine mit Ninhydrin-Lösung:
Weißbrot, Fischfilet, Milch, Kartoffeln

Proteine sind in Nahrungsmitteln meist nur in fester Form enthalten. Teststäbchen eignen sich dann nicht. In diesen Fällen nimmt man zum Nachweis Ninhydrin-Lösung:
Gib zu 5 ml Wasser etwas Eiklar, verrühre und gieße 1 ml Ninhydrin-Lösung zu. Erhitze dann vorsichtig etwa 3 Minuten lang. Gehe auch bei anderen Nahrungsmitteln so vor.

Proteine färben sich mit Ninhydrin violett bis rotbraun.

Vitamine

Kennzeichen. Alle Vitamine, die wir heute kennen, sind *organische Stoffe*. Sie werden also nur von Lebewesen gebildet. Unser Körper allerdings kann sie überhaupt nicht oder nur in winziger Menge herstellen. Daher müssen Vitamine, auch wenn wir sie nur *in kleinen Mengen* benötigen, regelmäßig *mit der Nahrung aufgenommen werden*. Im Körper sorgen sie für einen geregelten Ablauf der Stoffwechselvorgänge. Daher bezeichnet man sie auch als *Wirkstoffe*.

Über 20 verschiedene Vitamine sind heute bekannt. Die wichtigsten für uns sind neben Vitamin C vor allem die Vitamine A, B, D und E.

Einteilung. Die Vitamine B und C sind *wasserlöslich*, die Vitamine A, D und E dagegen *fettlöslich*. Für die Zubereitung der Nahrung ist dieser Unterschied von Bedeutung.

Bedarf. Wer regelmäßig Milch, Obst und Gemüse zu sich nimmt, braucht sich keine Sorgen um seine Vitaminversorgung zu machen.

Aufgaben. Vitamin C stärkt die Abwehrkräfte des Körpers und hilft Wunden heilen. Es ist an der Bildung von Hormonen und am Einbau von Eisen in Blut und Leber beteiligt. 75 mg Vitamin C am Tag reichen. Diese Menge ist in 1 Zitrone, in 50 g schwarzen Johannisbeeren oder 300 g Sauerkraut enthalten.

Mangelkrankheit. Eine Unterversorgung führt zu Zahnfleischbluten, zu inneren Blutungen und Störungen im Knochenbau. Zähne fallen aus. In schweren Fällen kann der Tod eintreten. Diese *Mangelkrankheit* war früher bei den Seefahrern gefürchtet.

Mangel an Vitamin A führt zu Nachtblindheit.

Umgang mit vitaminhaltigen Nahrungsmitteln. Vitamine sind empfindliche Stoffe. Bei unsachgemäßer Behandlung von Nahrungsmitteln werden sie leicht herausgelöst. Dies gilt besonders für die wasserlöslichen Vitamine. Bei Zutritt von energiereichem UV-Licht, von Sauerstoff oder großer Hitze werden Vitamine zerstört. Daher sollte man bei der Verarbeitung von Obst und Gemüse immer folgende Regeln beachten:
— Nicht lange und nur kühl und dunkel lagern.
— Nahrungsmittel unzerkleinert waschen und nicht wässern.
— Warmhalten von Speisen vermeiden.
— Nahrungsmittel dämpfen, dünsten oder mit möglichst wenig Wasser garen.
— Das Kochwasser mitverwenden.

Vitamin	Tages-bedarf		enthalten in	wichtig für
A Retinol	0,9	mg	Butter, Eier, Milch, Spinat, Karotten, Leber	Sehen, Wachstum, gesunde Haut
B_1 Thiamin	1,5	mg	Bierhefe, Bohnen, Haferflocken, Vollkornbrot, Schweinefleisch	Nerven, Kohlenhydratabbau, Leistungsfähigkeit
B_2 Riboflavin	2	mg	Gemüse, Milch, Leber, Vollkornbrot, Schweinefleisch	Infektionsabwehr, Stoffwechsel, gesunde Haut
C Ascorbinsäure	75	mg	Orangen, Zitronen, Spinat, Kartoffeln, Rosenkohl, Sauerkraut, Paprikaschoten	Infektionsabwehr, Knochen, Zähne, gesunde Haut, Blut, Hormonbildung
D Calciferol	0,025	mg	Milch, Milchprodukte, Eier, Leber	Knochen, Zähne
E Tocopherol	12	mg	Gemüse, Pflanzenöle, Getreidekeimlinge, Fleisch	Keimdrüsenfunktion, Stoffwechsel, gesunde Haut

Aufgaben

1 Begründe, warum man Gemüse erst nach dem Waschen zerkleinern soll.

2 Warum soll man das Wasser, in dem Gemüse gegart wurde, mitverwenden?

3 Erkläre, wie sich Vitaminverluste bei der Zubereitung der abgebildeten Nahrungsmittel vermeiden lassen.

In Kürze

Vitamine sind lebensnotwendige organische Stoffe. Sie werden nur in geringen Mengen benötigt, müssen aber mit der Nahrung aufgenommen werden. Sie sorgen für einen geregelten Ablauf der Stoffwechselvorgänge.

Aus der Geschichte: Vitamine

Schon vor 4000 Jahren kannten die Ärzte in Ägypten ernährungsbedingte Krankheiten und wussten Gegenmittel. Ein Papyrus beschreibt, dass bei Darmblutungen und Hautgeschwüren der Schlamm des Biers – heute würde man Bodensatz dazu sagen – hilft. Bei Nachtblindheit sollte die Leber von Ochsen oder Hühnern gegessen werden.

1541 wurde der Seefahrer Cartier auf dem Weg nach Neufundland mit 2 Schiffen vom Eis des St. Lorenz-Stroms eingeschlossen. 25 Mann seiner Besatzung starben an einer rätselhaften Krankheit. Rettung für die übrigen kam von Indianern, die frische Zweigspitzen vom Thujabaum zum Essen brachten. Zum Dank erhielt der Baum den Namen „Lebensbaum". Die Krankheit wurde Scharbock genannt.

1747 behandelte James Lind, der Wundarzt der britischen Flotte, 12 an Scharbock erkrankte Matrosen. Er verordnete ihnen täglich zwei Orangen und eine Zitrone. Die Soldaten genasen.

1786 beschrieb der Deutsche Bacheracht die Ursachen des Scharbocks.

1911 stellte der britische Biochemiker Hopkins fest, dass in der Nahrung außer den Nährstoffen weitere „Ernährungsfaktoren" enthalten sein müssen. Zwei dieser Stoffe wies er in der Milch nach. Heute sind sie als Vitamin A und Vitamin B_1 bekannt.

Der Pole Funk gab den Vitaminen ihren Namen. Er leitete ihn ab von vita = Leben und Amine = Stickstoffverbindungen. Für das von ihm untersuchte Vitamin B_1 stimmte das. Heute weiß man, dass Vitamine ganz verschieden aufgebaut sind.

1928 bis 1932 wurde erstmals Vitamin C aus Pflanzen gewonnen.

„Eine unbekannte Krankheit begann sich unter uns auf die härteste Art, die je gehört oder gesehen wurde, auszubreiten. Einige verloren all ihre Kraft und konnten nicht mehr auf den Füßen stehen. Dann schwollen ihre Beine. Ihre Muskeln schrumpften ein und wurden schwarz wie Kohle. Andere hatten ihre ganze Haut gefleckt mit blutigen Stellen von purpurner Farbe. Dann stieg es hinauf zu ihren Fußknöcheln, Schenkeln, Schultern, Armen und Nacken. Ihre Münder wurden stinkend. Ihr Zahnfleisch wurde so faul, dass alles Fleisch bis zu den Wurzeln der Zähne abfiel und diese beinahe alle ausfielen. Mit solcher Ansteckungskraft breitete sich die Krankheit über unsere drei Schiffe aus, dass Mitte Februar von den 110 Personen, die wir hatten, keine 10 mehr gesund waren."

Cartier 1541

„Die vornehmsten dieser Ursachen sind folgende:
1. Ein lang anhaltender kalter Winter; vornehmlich wenn die Kälte vielfältig mit nasser, schlackiger, neblichter Witterung abwechselt und zu lang in den Frühling hinein dauert.
2. Schlechte Nahrungsmittel. Wie sehr nachtheilig diese der Gesundheit überhaupt sind, weiß jedermann. Ich rechne vornehmlich zu derselben verdorbenes, angegangenes, faules Fleisch, es mag ungesalzen, gesalzen, geräuchert oder in der Luft getrocknet sein, und Fische von ähnlicher Beschaffenheit, zumal wenn dergleichen Speisen ohne allen Zusatz von Vegetabilien, als Kohl, allerley Wurzeln, Rüben, Erdäpfeln etc. eine lange Zeit gegessen werden."

Bacheracht 1786

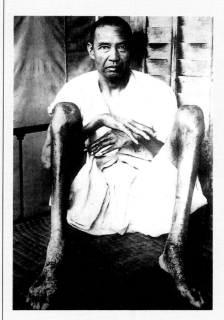

1   Seefahrer mit Scharbock.
Heute ist dafür der Name Skorbut gebräuchlich.
Seitdem man weiß, wie sich Scharbock bekämpfen lässt, ist er selten geworden. So deutlich wie auf diesem alten Foto ist das Krankheitsbild meist nicht mehr zu erkennen.

Aufgaben

1   Welche Vitaminmangelkrankheiten könnten sich hinter den Erkrankungen verbergen, die in den Berichten aus Ägypten erwähnt werden?

2   Erkläre den Begriff „Vitamin".

3   Einige der von Cartier genannten Anzeichen für Scharbock sind auch in Bild 1 zu erkennen. Beschreibe.

4   Welche der von Bacheracht genannten Ursachen für Scharbock erwiesen sich in der Zwischenzeit als richtig?

Mineralstoffe und Ballaststoffe

Mineralstoffe

Im Gegensatz zu den Nährstoffen und den Vitaminen sind Mineralstoffe *anorganische Verbindungen,* meist Salze. Mineralstoffe benötigen wir nur in kleinen Mengen, müssen sie aber mit der Nahrung regelmäßig zuführen.

– Von Natrium, Kalium, Calcium, Phosphor oder Magnesium benötigen wir mehr als 1 Gramm pro Tag. Man bezeichnet sie als *Mengenelemente.*

– Der tägliche Bedarf an Eisen, Iod oder Fluor liegt unter 1 Gramm. Es sind *Spurenelemente.*

Bedeutung. Calcium und Magnesium machen 50 % der Knochenmasse aus. Auch Phosphor ist am Aufbau von Knochen beteiligt. Eisen ist im roten Blutfarbstoff Hämoglobin, Iod im Schilddrüsenhormon und Fluor im Zahnschmelz enthalten. Diese Mineralstoffe dienen als Baustoffe. Natrium und Kalium können Wasser binden und dadurch den Wasserhaushalt des Körpers beeinflussen. Außerdem sind sie für die Erregungsleitung in Sinnes- und Nervenzellen unentbehrlich.

Versorgung des Körpers. Außer bei starkem Schwitzen und Durchfällen tritt Natriummangel selten auf. Natrium ist im Kochsalz enthalten. Meist versorgen wir uns zu gut damit. Kalium nehmen wir vor allem mit Obst, Gemüse, Kartoffeln, Fleisch und Fisch auf. Milch- und Milchprodukte, Eier, Obst und Gemüse sind besonders reich an Calcium. Eisen liefern Leber, Eigelb, Fleisch und grüner Salat. Problematischer, vor allem im südlichen Bereich der Bundesrepublik Deutschland, ist die Versorgung mit Iod. Dieses ist in Seefischen, Milch und Eiern enthalten. Bei Iodmangel empfiehlt sich die Zufuhr von iodiertem Speisesalz.

Ballaststoffe

Ballaststoffe sind *unverdauliche Bestandteile pflanzlicher Nahrung* wie die Cellulose, der Holzstoff Lignin oder der Quellstoff Pektin im Obst. Noch vor hundert Jahren bestand unsere Nahrung vor allem aus Getreide, Getreideprodukten wie Brei und Brot, Kartoffeln, Hülsenfrüchten und Gemüse. Mit der Nahrung nahm jeder täglich über 100 g Ballaststoffe auf. Inzwischen hat sich unsere Ernährung geändert. Heute kommen wir nicht einmal mehr auf 20 g Ballaststoffe am Tag. Das ist die Hälfte dessen, was wir benötigen.

Bedeutung. Ballaststoffreiche Nahrung muss lange gekaut werden. Dies fördert die Bildung von Verdauungssäften und führt zu einer wirkungsvolleren Verdauung. Der Speisebrei verweilt längere Zeit im Magen. Man ist daher auch lange satt und isst nicht so viel. Ballaststoffe machen überschüssige Magensäure unwirksam und binden Gallensäuren. Damit beugen sie Magengeschwüren und Darmerkrankungen vor. Außerdem regen sie die Darmtätigkeit an. Dies führt zu reger Stuhltätigkeit und Ausscheidung giftiger Stoffe.

Versorgung des Körpers. 100 g Hülsenfrüchte wie Linsen, Erbsen und Bohnen, aber auch Nüsse, enthalten zwischen 10 und 17 g Ballaststoffe. Getreide und Getreideprodukte liegen nur wenig darunter. Auch Kartoffeln, Möhren und Obst enthalten reichlich Ballaststoffe.

Gemüse und Obst als Vitamin-, Mineralstoff- und Ballaststofflieferanten

Winter	Frühjahr	Sommer	Herbst
Äpfel	Eisbergsalat	Aprikosen	Äpfel
Chicorée	Fenchel	Auberginen	Birnen
Fenchel	Kopfsalat	Erbsen	Zwetschen
Feldsalat	Radicchio	Himbeeren	Fenchel
Sellerie	Erdbeeren	Erdbeeren	Feldsalat
Rettich	Radieschen	Süßkirschen	Sellerie
Orangen	Rote Bete	Kopfsalat	Kohlrabi
Rote Bete	Weißkohl	Karotten	Kürbis

◄———————— Importäpfel ————————►
◄———— Bananen, Zitronen, Kiwi ————►
◄———— Zucchini, Zwiebeln ————►

Aufgaben

1 Nach welchen Gesichtspunkten wurde bei der Auswahl der Nahrungsmittel für die Tabelle vorgegangen?

In Kürze

Mineralstoffe sind lebensnotwendige anorganische Stoffe. Sie müssen dem Körper regelmäßig zugeführt werden. Ballaststoffe sind unverdaulich. Sie sorgen für eine geregelte Verdauung.

579

Bedarf und Zufuhr

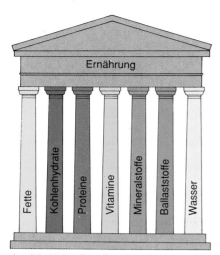

1 Die 7 Säulen der Ernährung

Bedarf. Wir ernähren uns gesund, wenn die tägliche Nahrung

- genügend *Fette, Kohlenhydrate* und *Proteine,*
- alle notwendigen *Vitamine* und *Mineralstoffe* in ausreichender Menge und
- reichlich *Ballaststoffe* enthält.

Ein weiterer wichtiger Bestandteil einer gesunden Ernährung darf nicht übersehen werden:

- Unser Körper benötigt am Tag 2 bis 4 l *Wasser.*

Diese Stoffe bilden die „7 Säulen" unserer Ernährung.

Zufuhr. Gerne und gut zu essen ist zu einer unserer Lebensgewohnheiten geworden. Wie Bild 2 zeigt, leben wir im Überfluss und nehmen viel mehr energiereiche Nährstoffe zu uns, als wir benötigen. Dies gilt vor allem für Fette. Auch mit Proteinen versorgen wir uns zu reichlich. Hier ließe sich bereits Abhilfe schaffen, wenn wir den Verzehr von Fleisch und Wurst einschränken und uns mehr an pflanzliche Kost halten würden. Pflanzenproteine werden nämlich vom Körper meist nicht so gut genutzt wie tierische Proteine.

Nicht vergessen sollte man auch, dass Alkohol sehr energiereich ist. 1 g reinen Alkohols enthält rund 30 kJ.

Mit Vitaminen und Mineralstoffen dürften die meisten von uns ausreichend versorgt sein. Ballaststoffe dagegen kommen fast immer zu kurz.

Das war nicht immer so: Noch um 1940 standen Kartoffeln, Brot und Milch viel höher im Kurs als heute. Südfrüchte waren ebenso wie Zigaretten und Kaffee Mangelware. Der Alkoholkonsum lag im Vergleich zu heute fast zehnmal niedriger.

Aufgaben

1 Berechne, welcher Gewichtsmenge die in Bild 2 aufgeführten Energieangaben jeweils entsprechen.
Vergleiche mit dem täglichen Bedarf und bewerte. Bedenke dabei, dass Bier 3,6–5,2 %, Wein 8–16 % und scharfe Getränke 38–70 % Alkohol enthalten.

2 Stelle anhand von Bild 3 fest, wie sich unsere Ernährungsgewohnheiten geändert haben. Nenne Gründe dafür und bewerte. Wie haben sich die Anbieter darauf eingestellt?

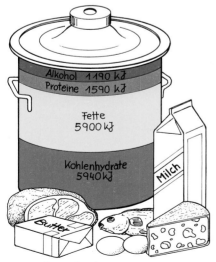

2 Nährstoffaufnahme pro Person und Tag in Mitteleuropa

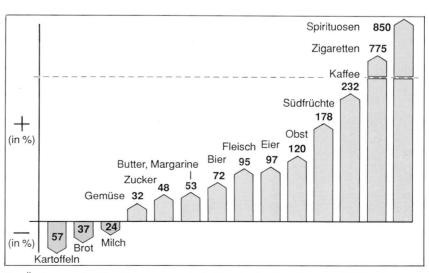

3 Änderung der Ernährungsgewohnheiten in der Bundesrepublik Deutschland von 1940 bis 1990

Roggen-Rohkost

Zutaten:
4 Scheiben Roggen-Mischbrot, 20 g Butter oder Margarine, 40 g ganze Blätter vom Kopfsalat, 200 g frische Möhren, 200 g geschälte Äpfel, 12 ml Zitronensaft, 100 g Joghurt mit 1,5% Fett, etwas Wasser, frische Kräuter.

Zubereitung:
Brote mit dem Fett bestreichen, Kopfsalat waschen, putzen und die Brote mit einem Salatblatt bedecken. Die geschälten Äpfel und Möhren fein raffeln und mit Zitronensaft beträufeln. Joghurt mit etwas Wasser und frisch gehackten Kräutern glatt rühren. Den Rohkostsalat auf den Broten anrichten und mit dem Dip übergießen. Nach Geschmack mit etwas Salz und einer Prise Zucker würzen.

Sojasprossen-Salat

Zutaten:
Je ½ Tasse geraspelte Karotten und Sellerie, fein geschnittene Zwiebeln, eine Tasse Sojasprossen. 2 Esslöffel Sonnenblumenkerne, 3 Esslöffel Rosinen, 2 Esslöffel Weizenkeime. Für die Soße: 4 Esslöffel kalt gepresstes Öl, 1 Esslöffel Sojasoße, 1 Esslöffel Honig, 2 Esslöffel Zitronensaft, 1 Prise Kümmel und Pfeffer, 2 Esslöffel Kräuter.

Zubereitung:
Alle Zutaten in eine Schüssel geben und verrühren. Die Soße wird in einer Tasse zubereitet und dann darüber gegossen.

Will man Sprossen selbst ziehen, lässt man Getreidekörner oder Samen von Hülsenfrüchten wie Soja, Erbsen, Kichererbsen oder Bohnen in einem Glasgefäß mit etwas Wasser 3 Tage keimen. Das Wasser wird jeden Tag gewechselt.

McBopper

Zutaten:
50 g ganzes Grünkern, 75 g geschrotetes Grünkern, Gemüsebrühwürfel. Zwei Eier, ein Bund Petersilie, 4 Gewürzgurken, 2 Tomaten, Sonnenblumenöl, eine Zwiebel, 1 Prise Pfeffer. 200 g Kräuterquark. Diesen bereitet man am besten aus Magerquark, Milch und gehackten Küchenkräutern. 4 Vollkornbrötchen.

Zubereitung:
Brühwürfel in ³⁄₈ l Wasser lösen, ganzes Grünkern zugeben, 10 Minuten kochen. Grünkernschrot einrühren und 15 Minuten leicht kochen. Kleingehackte Zwiebel, Petersilie, Pfeffer und verquirlte Eier untermengen. 4 Bratlinge formen und in Öl braten. 4 Vollkornbrötchen durchschneiden und mit Kräuterquark bestreichen. Gurken, Tomaten und Zwiebeln in dünne Scheiben schneiden und auf den bestrichenen Brötchen verteilen.

2293

Proteinmangel

500 Millionen Menschen sind unterernährt. In mindestens 24 Ländern herrscht schwerer Nahrungsmangel, in einigen weiteren Hungersnot. Reis, Mais und Hirse, die wichtigsten Nahrungsmittel in diesen Ländern, enthalten zwar Fette und Kohlenhydrate, aber kaum Proteine. Wichtige Zellbestandteile, Enzyme, Hormone und Abwehrstoffe können daher nur unzureichend aufgebaut werden. Geringes Wachstum, Muskelschwund, häufige Infektionen und Stoffwechselstörungen sind die Folge der Proteinmangelkrankheit Kwashiorkor.

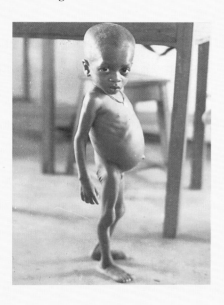

Schadstoffe in der Nahrung

Pflanzen werden oft mit Pflanzenschutzmitteln, Tiere mit Arzneimitteln behandelt. Rückstände davon in der Nahrung speichert unser Körper in Leber, Muskel- und Fettgewebe. Gesundheitsschäden, so Allergien, können die Folge sein. Schwermetalle wie Quecksilber und Cadmium sind giftig. Gelangen sie aus Industriebetrieben ins Wasser oder in den Boden, können sie von Tieren und Pflanzen aufgenommen werden und später in der Nahrung enthalten sein. Der Körper speichert sie und reichert sie an.

Essen und Trinken planen

Notiere, was du am vergangenen Tag alles verzehrt und getrunken hast. Vergleiche mit der Tabelle auf der linken Seite und ermittle den jeweiligen Anteil an Nährstoffen und ihren Energiegehalt. Zähle zusammen! Vergleiche mit den Werten, die empfohlen werden. Beurteile auch die Vitamine, Mineralstoffe und Ballaststoffe.

Mithilfe der Tabelle lässt sich eine gesunde Ernährung planen: Stelle dazu einen Speiseplan für einen Tag auf. Achte darauf, dass alle notwendigen Bestandteile in der richtigen Menge enthalten sind.

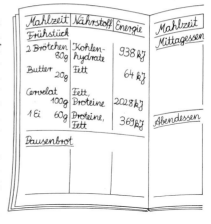

Mahlzeit	Nährstoff	Energie
Frühstück		
2 Brötchen 80g	Kohlenhydrate	938 kJ
Butter 20g	Fett	64 kJ
Cervelat 100g	Fett, Proteine	2028 kJ
1 Ei 60g	Proteine, Fett	369 kJ
Pausenbrot		

Mahlzeit
Mittagessen
Abendessen

Iss vernünftig und in Ruhe

Hektik beeinträchtigt die Verdauung und führt häufig zu Magengeschwüren.
Iss daher in Ruhe und angenehmer Umgebung. Iss regelmäßig, aber jeweils nicht zu viel. So vermeidest du Leistungstiefs.

Die Haut isst mit

Wer Hautprobleme hat, dem verordnet der Arzt außer Medikamenten auch frische Luft, Fitness-Training, regelmäßige Körperpflege und eine gesunde Ernährung.

Zu fette, süße, salzige oder scharfe Ernährung kann zu Unreinheiten der Haut führen.

Auch die ungenügende Versorgung mit Mineralstoffen und Vitaminen kann Folgen haben: Für das stark wasserhaltige Bindegewebe in der Haut sind die Mineralstoffe Kalium und Natrium wichtig. Sie regulieren den Wasserhaushalt. Bei Mangel an Vitamin A wird die Haut rissig und spröde. Vitamin E erhält die Zellen teilungsfähig und sorgt ebenso wie Vitamin C für den Neuaufbau der Haut. Bei Sonnenbrand mildert Vitamin E die Reaktion der Haut. Denke daran, dass Milch beispielsweise reichlich Vitamine und Mineralstoffe enthält.

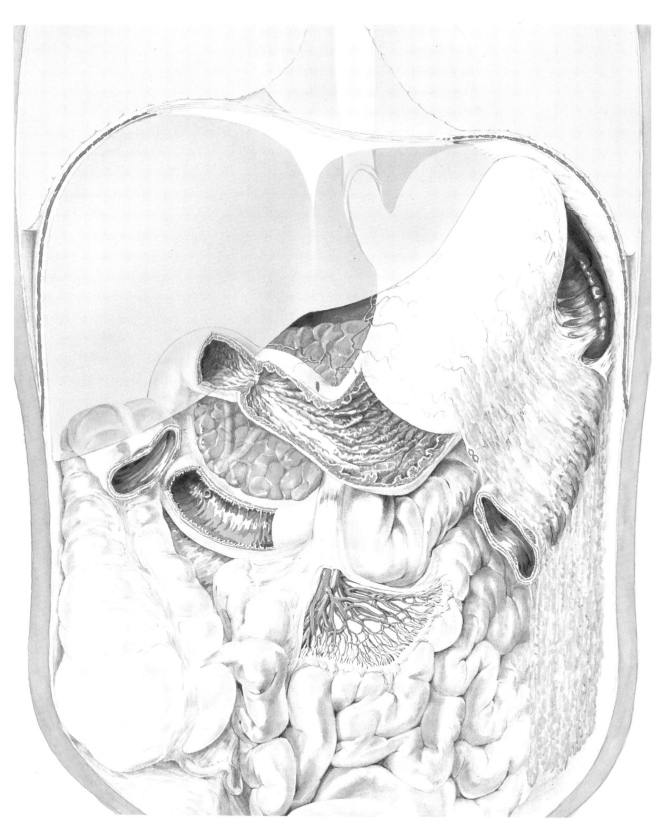

Die Verdauung der Nährstoffe beginnt im Mund

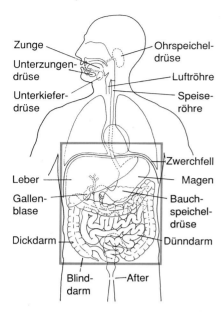

1 Blick in die Bauchhöhle

Verdauungsorgane

In die *Mundhöhle* führen die Ausführgänge der Speicheldrüsen.

Beim Schlucken schließt der Kehldeckel die Luftröhre, sodass die Speise ungehindert durch den Muskelschlauch der *Speiseröhre* gleitet. Der Magen liegt unterhalb des Zwerchfells und bildet leer einen etwa 20 cm langen muskulösen Schlauch. Beim Füllen nimmt er seine charakteristische Form an.

Durch den Pförtner am Magenende tritt der Nahrungsbrei in den Zwölffingerdarm über. In diesen ersten Abschnitt des *Dünndarms* münden die Ausführgänge der *Leber* und der *Bauchspeicheldrüse*. Der 2 bis 3 m lange Dünndarm liegt in Schlingen in der Bauchhöhle.

Im unteren rechten Bauchraum geht der Dünndarm in den *Dickdarm* über. Dieser beginnt mit dem Blinddarm, an dem der 7 bis 10 cm lange Wurmfortsatz sitzt.

Aufhängebänder, die das Große und Kleine Netz bilden, halten Magen und Darmabschnitte gegeneinander beweglich. Über sie führen auch Gefäße und Nervenbahnen zu den *Verdauungsorganen*.

Die Vorgänge im Mund

Betasten. *Lippen* und *Zunge* betasten die Nahrung und prüfen sie auf Beschaffenheit und Temperatur.

Zerkleinern. Die scharfen *Schneidezähne* beißen kleine Portionen ab. Anschließend werden diese zwischen den Kauflächen der höckerigen *Backenzähne* gründlich gekaut und dabei fein zerrieben.

Geschmack und Geruch. Die *Zunge* registriert den Geschmack. An ihrer Spitze sitzen Sinneszellen, die „süß" oder „salzig" zum Gehirn melden. Zusätzliche Sinneszellen an den Rändern registrieren Säure. Am Zungengrund liegen Sinneszellen, die auf Bitterstoffe ansprechen. Mehr als die *Geschmacksqualitäten* süß, salzig, sauer und bitter können wir nicht feststellen.

Zusammen mit den Meldungen von den Riechsinneszellen in der *Nase* erhalten wir einen umfassenden Eindruck vom *Geschmack* und *Geruch* der Speise.

Einspeicheln. Die *Speicheldrüsen* geben am Tag 1 bis 1½ l Speichel in die Mundhöhle ab. Damit wird beim Kauen der Nahrungsbrei angefeuchtet. Je besser eine Speise riecht und schmeckt, desto mehr Speichel wird abgesondert. Willentlich können wir die Speichelabgabe nicht beeinflussen, es handelt sich um einen *Reflex*.

Vorverdauung von Kohlenhydraten. Speichel enthält neben Wasser und Schleimstoffen auch *Enzyme* für die Verdauung. Das wichtigste unter ihnen ist die *Amylase*. Dieses Enzym sorgt dafür, dass ein Teil des Vielfachzuckers Stärke bereits im Mund in Bruchstücke zerlegt wird. Der Doppelzucker Maltose entsteht. Diesen Vorgang nennt man *Vorverdauung der Kohlenhydrate*.

Bei ausgiebigem Kauen kommt nach und nach der gesamte Speisebrei mit dem enzymhaltigen Speichel in Kontakt, eine wirkungsvolle Vorverdauung ist gewährleistet.

Schlucken. Wenn die Zunge den Nahrungsbrei in Portionen gegen den hinteren Gaumenrand presst, schlucken wir unwillkürlich. Auch dies ist ein Reflex. Der Kehldeckel verschließt die Luftröhre und Muskeln drücken die Nahrung in die Speiseröhre. Die muskulöse Speiseröhre zieht sich hinter jeder einzelnen Portion zusammen und drückt sie zum Magen.

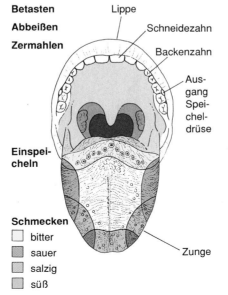

2 Blick in die Mundhöhle

Aufgaben

1 Hacke ein Stück Zwiebel, Zitrone, Apfel und Rettich in kleine Stückchen. Lasse einen Mitschüler mit verbundenen Augen und zugehaltener Nase prüfen, was er jeweils vorgesetzt bekommt.
Beobachte und erkläre.

In Kürze

Im Mund wird die Nahrung geprüft, zerkleinert und gekaut.
Die Speicheldrüsen sondern Speichel mit dem Enzym Amylase ab. Dieses sorgt für die Vorverdauung der Kohlenhydrate.

Magen und Dünndarm

Magen

Der *Magen* fasst etwa 1½ l und hat in gefülltem Zustand die Form eines Hakens. *Falten* vergrößern seine innere Oberfläche, die von einer *Schleimhaut* ausgekleidet ist. Der Nahrungsbrei lagert sich zunächst in Portionen an der Magenwand ab. Anschließend wird auch das Innere gefüllt. Rhythmische Muskelbewegungen sorgen für die Durchmischung des Speisebreis. Von der Magenschleimhaut werden pro Tag bis zu 2 l Magensaft gebildet. Dieser enthält Wasser, Schleim, 0,5%ige Salzsäure und das Enzym *Pepsin*.

Wirkung der Salzsäure. Diese tötet Bakterien ab und lässt die Proteine gerinnen. Dadurch können sie vom Pepsin besser angegriffen werden. Außerdem sorgt sie dafür, dass die Amylase aus dem Mundspeichel ihre Arbeit einstellt und das Pepsin wirksam werden kann.

Vorverdauung von Proteinen. Im angesäuerten Magen spaltet das Pepsin die *Proteine* in der Speise in kürzere Bruchstücke. Das nennt man *Vorverdauung der Proteine*.

Der Magen selbst ist durch seine Schleimhaut geschützt und kann vom Pepsin nicht verdaut werden.

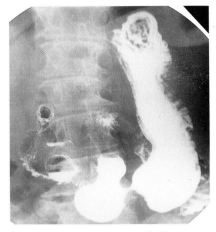

1 *Voller Magen. Röntgenbild*

Dünndarm

Der vorverdaute Speisebrei wird in kleinen Portionen in den *Dünndarm* gepresst. Auch die muskulöse Wand des Dünndarms ist innen von einer *Schleimhaut* ausgekleidet. In die Darmwand ziehen viele *Blut-* und *Lymphgefäße*.

Endverdauung der Nährstoffe. Im Zwölffingerdarm beginnt der Angriff von Enzymen aus Bauchspeicheldrüse und Dünndarmschleimhaut auf *Kohlenhydrate, Fette und Proteine*.

Die *Endverdauung* setzt ein:
— Das Enzym *Lipase* zerlegt Fette in Glycerin und Fettsäuren.
— Die Enzyme *Amylase* und *Maltase* spalten Kohlenhydrate und ihre vorverdauten Bruchstücke in Einfachzucker.
— Die Enzyme *Trypsin* und *Erepsin* spalten Proteine und ihre Bruchstücke in Aminosäuren.

Aus der Gallenblase gelangt *Galle* in den Zwölffingerdarm. Sie sorgt dafür, dass sich das Fett in der Nahrung im wässrigen Verdauungssaft fein verteilt. Jetzt kann die Lipase wirkungsvoll einwirken.

Zum Schluss liegen *winzige wasserlösliche Bauteile* der Nährstoffe vor. Die zahlreichen Falten der Darmwand mit Millionen kleiner Zotten bilden eine riesige Kontaktfläche zwischen Darminhalt und Darmwand.

Resorption. Die Bauteilchen der Nährstoffe gelangen durch die Wand der Zotten hindurch in die Blut- und Lymphgefäße. Dies nennt man *Resorption*. Glycerin und Fettsäuren werden von der *Lymphe,* Einfachzucker und Aminosäuren vom *Blut* aufgenommen und im Körper verteilt.

Aufgaben

1 Wird die Magenschleimhaut geschädigt, können sich Magengeschwüre bilden.
Welche Folgen sind zu erwarten?

2 Erkläre den Vorteil der großen Kontaktfläche im Dünndarm.

In Kürze

Im Magen werden Proteine vorverdaut. Im Dünndarm erfolgt die Endverdauung von Fetten, Kohlenhydraten und Proteinen.
Bei der Resorption gelangen die winzigen, wasserlöslichen Endprodukte in Blut und Lymphe.

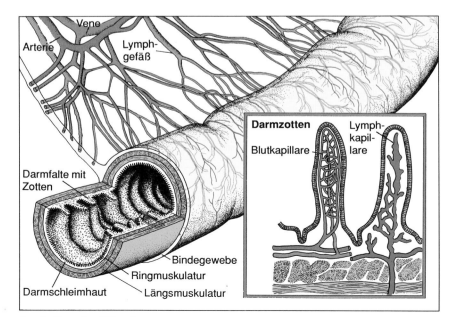

2 *Aufbau des Dünndarms*

Übersicht: Verdauung der Nährstoffe

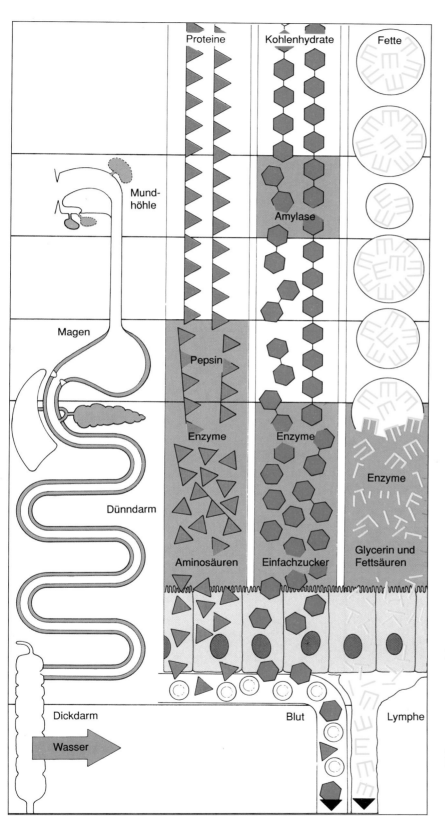

Die Nahrung, die wir aufnehmen, enthält als Nährstoffe **Proteine**, **Kohlenhydrate** und **Fette**. Diese werden auf dem Weg durch den Verdauungstrakt in ihre Bausteine zerlegt. Dies nennt man Verdauung.

Mund

Ein Teil der Stärke wird durch das Enzym Amylase im Speichel in Doppelzucker gespalten: Vorverdauung der Kohlenhydrate. Fette und Proteine bleiben im Mund unverändert.

Magen

Die Proteine werden durch das Enzym Pepsin in Bruchstücke zerlegt: Vorverdauung der Proteine.
Salzsäure tötet Bakterien ab.

Dünndarm

Fett wird von der Galle fein verteilt. Enzyme aus der Bauchspeicheldrüse und Dünndarmschleimhaut zerlegen Fette, Kohlenhydrate und Proteine.
Die Fette werden in ihre Bestandteile Glycerin und Fettsäuren aufgespalten.
Die Kohlenhydrate Stärke und Doppelzucker werden in Einfachzucker aufgespalten.
Die einzelnen Aminosäuren der Proteine werden freigesetzt.
Die Verdauung ist jetzt abgeschlossen.

Resorption

Die winzigen Bauteile der Nährstoffe gelangen durch die Wand der Darmzotten hindurch in Blut und Lymphe.
Anschließend werden sie im Körper verteilt.

Dickdarm

Der Körper gewinnt Wasser zurück.
Die unverdaulichen Reste der Nahrung, abgelöste Darmwandzellen sowie Darmbakterien werden als Kot ausgeschieden.

Praktikum: Verdauungsversuche

Wirkung der Amylase

Benötigt werden:
zwei beschriftete Reagenzgläser, Reagenzglasklammer, Spatel, Wasserbad 37 °C, Brenner, destilliertes Wasser, Fehling-I- und Fehling-II-Lösung.

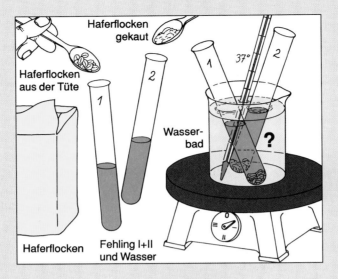

Durchführung:

1 Gib einige Haferflocken in Reagenzglas 1 und füge 10 ml Wasser sowie je 5 ml Fehling-I- und Fehling-II-Lösung dazu.

2 Kaue einige Haferflocken mindestens 3 Minuten lang. Gib den entstandenen Brei in Reagenzglas 2. Füge 10 ml Wasser sowie 5 ml Fehling-I- und Fehling-II-Lösung zu. Stelle beide Reagenzgläser für etwa 20 Minuten in das warme Wasserbad.
• Erkläre den Unterschied.

Wirkung von Pepsin

Benötigt werden:
Reagenzgläser, Messer, Spatel, Teesieb, Wasserbad, Brenner, 0,5%ige Salzsäure, Pepsinlösung, destilliertes Wasser, gekochtes Ei.

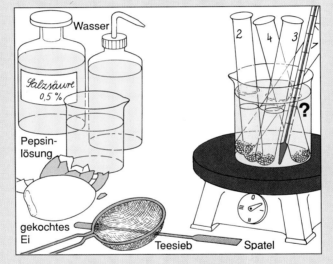

Durchführung:

Gekochtes Eiweiß wird durch ein Teesieb gedrückt. In jedes von 4 Reagenzgläsern kommt eine Spatelspitze Eiweiß.
Füge hinzu:
Glas 1: 11 ml Wasser
Glas 2: 1 ml Wasser
10 ml Pepsinlösung
Glas 3: 1 ml Salzsäure
10 ml Wasser
Glas 4: 1 ml Salzsäure
10 ml Pepsinlösung
Stelle die Reagenzgläser für 20 Minuten in das Wasserbad mit 37 °C.
• Was stellst du fest?

Wirkung des Gallensaftes

Benötigt werden:
Ochsengalle aus einem Fachgeschäft für Farben und Zeichenbedarf, Speiseöl, Reagenzgläser, destilliertes Wasser.

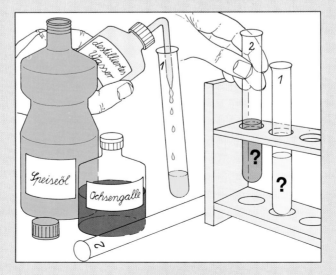

Durchführung:

1 Fülle 2 ml Speiseöl und 5 ml Wasser in ein Reagenzglas. Schüttle gut durch.

2 Fülle 2 ml Speiseöl und etwa 5 ml Ochsengalle in ein zweites Reagenzglas. Schüttle gut durch.

Lasse beide Reagenzgläser etwa 1 Minute lang ruhig stehen und vergleiche dann.
• Was ist zu beobachten? Erkläre den Unterschied.

589

Wirkung der Enzyme

Katalysatoren

Das Bleichmittel Wasserstoffperoxid ist eine farblose Flüssigkeit, die sich bei Zimmertemperatur langsam in Wasser und Sauerstoff spaltet. Bis zur vollständigen Zersetzung können Jahre vergehen.

Gibt man zu Wasserstoffperoxid etwas Silberstaub, läuft dieser Vorgang innerhalb weniger Sekunden ab. Das Silber verändert sich dabei nicht. Auch seine Menge nimmt nicht ab.

Stoffe, die chemische Reaktionen beschleunigen, sich dabei aber nicht verändern, bezeichnet man als *Katalysatoren*. Katalysatoren sind dauernd wirksam, winzige Mengen genügen daher.

Enzyme

Auch Lebewesen setzen Katalysatoren ein. In diesem Falle spricht man von *Biokatalysatoren* oder *Enzymen*.

So ist in unserem Blut ein Enzym enthalten, das ebenfalls Wasserstoffperoxid spalten hilft. Von jedem Enzymteilchen werden pro Minute bis zu 5 Millionen Teilchen Wasserstoffperoxid gespalten. Die Reaktion verläuft daher heftig.

1 Ein Enzym des Blutes spaltet Wasserstoffperoxid.
Zu 10%igem Wasserstoffperoxid, das im Kühlschrank aufbewahrt wurde, wird 1 Tropfen Blut gegeben.

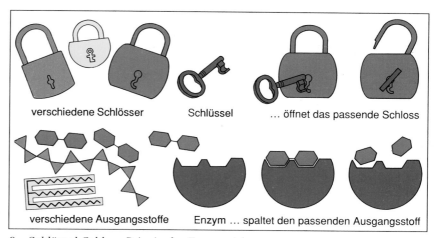

verschiedene Schlösser   Schlüssel   ... öffnet das passende Schloss

verschiedene Ausgangsstoffe   Enzym ... spaltet den passenden Ausgangsstoff

2 Schlüssel-Schloss-Prinzip der Enzymwirkung

Aufbau. Enzyme sind entweder reine Proteine oder Proteinverbindungen. Da chemische Reaktionen zwar bei zunehmender Temperatur rascher ablaufen, Proteine aber bei Temperaturen von über 40 °C zerstört werden, wirken Enzyme bei *Körpertemperatur* am besten.

Spezifität. Das kohlenhydratspaltende Enzym Amylase katalysiert nichts anderes als den Zerfall von Stärke zum Doppelzucker Maltose, die Maltase dagegen immer nur den Abbau von Maltose zum Einfachzucker Glucose.

Anschaulich lassen sich Enzyme mit unterschiedlichen Schlüsseln vergleichen, von denen jeder ein anderes Schloss öffnet. Nur wenn Schlüssel und Schloss zusammenpassen, werden sie wirksam. „Passstellen" auf der Oberfläche der Enzyme für ganz bestimmte Teilchen sorgen für diese *hohe Spezifität*.

Arbeitsgeschwindigkeit. Ein einziges Maltaseenzym kann in 1 Minute mehrere hunderttausend Maltoseteilchen nacheinander an seine Passstelle anlagern und in Glucose aufspalten. Ähnlich rasch wirken andere Enzyme. Ohne diese Beschleuniger würden die Stoffwechselvorgänge im Körper millionen- bis milliardenmal langsamer ablaufen. Das bedeutet, dass wir ohne Enzyme bei „vollem Magen" verhungern müssten.

Bedeutung der Enzyme

Gentechnisch veränderte Bakterien erzeugen heute Enzyme in beliebiger Menge. Neue Einsatzmöglichkeiten ergeben sich:

Lebensmittel. Bei der Erzeugung von Quark und Käse lassen natürliche Enzyme die Milch gerinnen und die verschiedenen Käsesorten reifen. Enzyme aus Hefe und Sauerteig lassen den Teig „gehen". Durch den Zusatz bakteriell erzeugter Enzyme lassen sich diese Vorgänge beliebig steuern.

Waschmittel. Vollwaschmittel enthalten heute künstliche Enzyme, die Fette, Kohlenhydrate und Proteine spalten. Blut- und Speisereste, Getränke-, Suppen- und Soßenflecken lassen sich damit mühelos entfernen.

Abfallbeseitigung. Organische Abfälle werden oft mithilfe von Enzymen zersetzt.

Tipp

Enzymhaltige Waschmittel können die Haut angreifen und Allergien auslösen. Dazu reichen sogar Waschmittelreste in der Kleidung aus. Wer empfindlich ist, sollte auf Enzyme in Waschmitteln verzichten. Besser ist es, Flecken mit Gallseife zu behandeln und die Wäsche einzuweichen oder umweltfreundliche Bleichmittel zu verwenden.

Normalgewicht und Essstörungen

Normalgewicht

Wer mehr Nährstoffe aufnimmt als sein Körper für den Gesamtumsatz benötigt, legt Gewicht zu. Zuckerkrankheit, Gicht, Arterienverkalkung, Bluthochdruck und Skelettschäden können die Folge sein.

Das wünschenswerte Gewicht für Erwachsene lässt sich einfach berechnen:

Körperlänge in Zentimetern – 100 = Normalgewicht in Kilogramm.

Jugendliche im Wachstumsalter können von diesem Wert oft stark abweichen. Was für sie zuträglich ist, lässt sich dem Diagramm unten entnehmen.

Solange sich keine Beschwerden einstellen, ist ein Übergewicht oder Untergewicht von bis zu 20 % nicht schlimm. Weicht das Körpergewicht aber mehr als 25 % vom Normalgewicht ab, sollte der Arzt aufgesucht werden. Nicht nur falsche Ernährung, auch Organerkrankungen oder psychische Störungen, die zu Magersucht oder Esssucht führen, können die Ursache sein.

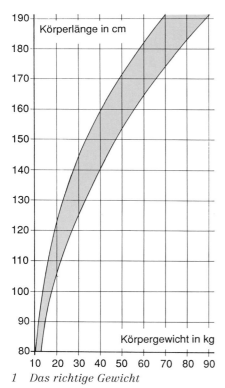

1 Das richtige Gewicht

Essstörungen

Magersucht. Manche Mädchen beginnen im Alter zwischen 13 und 18 Jahren plötzlich zu hungern. Sie tun dies freiwillig und mit Überzeugung. Ihre Gedanken kreisen fast ständig darum, wie man Essen einsparen kann. Das Hungergefühl kommt ihnen abhanden. Die Monatsblutung bleibt aus, im geschwächten Körper schlägt das Herz langsamer, das Nervensystem nimmt Schaden. In den Geweben sammelt sich Wasser an. Von Zeit zu Zeit treten Fressanfälle auf, aber sofort stellt sich ein schlechtes Gewissen ein und das Gegessene wird wieder erbrochen. In schweren Fällen ist der Tod nicht aufzuhalten.

Esssucht. Ein Großteil der Magersüchtigen wird im Laufe der Zeit esssüchtig. Die Betroffenen müssen fortwährend etwas in sich hineinstopfen. Kann der Magen nichts mehr aufnehmen, folgt der Gang zur Toilette um zu erbrechen. Anschließend ist der Heißhunger wieder da. Außenstehende merken meist nichts von der Erkrankung.

Ursachen. Esssucht und Magersucht treten vor allem bei Mädchen und jungen Frauen auf. Ihre Ursachen können bis in die Kindheit zurückreichen. In der Pubertät droht die erste Krise. In dieser Zeit der Unsicherheit, Spannungen und Ängste orientieren sich Mädchen oft am Schlankheitsideal unserer Gesellschaft, wehren sich unbewusst gegen ihre neue Rolle als Frau und empfinden das Ausbleiben der Monatsblutung als Sieg gegen das Frausein.

Behandlung. Als Erstes muss der Betroffene seine Krankheit erkennen und den Willen entwickeln sie zu bekämpfen. Dazu bedarf es vieler Gespräche mit Psychologen und Freunden. Später wird gemeinsam eingekauft, gekocht, gegessen oder ein Restaurant besucht. Auf diese Weise kann man Schritt für Schritt ein neues Essverhalten einüben und die Lebensweise ändern.

Camilla war 22, als sie starb. Sie wog nur noch 22 Kilo. Die Menschen in ihrer Umgebung hatten hilflos mitansehen müssen, wie sie aus dem Leben schwand, sich buchstäblich in nichts auflöste. Sie war ein schönes Mädchen gewesen, voll fantastischer Einfälle und fein gesponnener Ideen. Aber unzugänglich, wenn sie jemand am Verhungern hindern wollte.

Fünf Jahre hatte ihr Kampf gegen das Essen gedauert. Schließlich wollte sie mit der Nahrungsaufnahme überhaupt nichts mehr zu tun haben. War allenfalls bereit sich über eine Sonde ernähren zu lassen. 2400 kJ täglich reichten ihr. Sie wusste, dass das zu wenig war. Erst am Schluss, vier Tage vor ihrem Tod, entdeckte sie, dass sie am Leben hing. Tragische Szenen auf der Intensivstation: *„Rettet mich! Helft mir!"*

Camilla starb an Magersucht.

Aus einer Zeitschrift

Stichwort: Ernährung und Verdauung

Für unsere Ernährung benötigen wir als Nährstoffe Fette, Kohlenhydrate und Proteine, außerdem Mineralstoffe, Ballaststoffe, Vitamine und Wasser.

Für den Stoffwechsel benötigt der Körper Energie. Diese erhält er beim Abbau der „Betriebsstoffe" Fette und Kohlenhydrate. Proteine spielen als „Baustoffe" eine wichtige Rolle. Vitamine und Mineralstoffe werden nur in geringen Mengen benötigt, sind aber lebensnotwendig und sollten täglich in unserer Nahrung enthalten sein. Wasser benötigen wir 2 bis 4 l am Tag. Ballaststoffe sorgen für einen geregelten Ablauf der Verdauung.

Im Mund beginnt die Vorverdauung der Kohlenhydrate, Stärke wird in Doppelzucker zerlegt. Im Magen werden Proteine vorverdaut und zerfallen in Bruchstücke. Im Dünndarm erfolgt die Endverdauung: Stärke und Doppelzucker werden in Einfachzucker, Proteine und ihre Bruchstücke in Aminosäuren zerlegt. Fette spalten in Glycerin und Fettsäuren auf. Enzyme beschleunigen als Katalysatoren diese Vorgänge.

Durch Resorption gelangen die Endprodukte in Blut und Lymphe und werden im Körper verteilt.

Die Nieren sind Ausscheidungsorgane für Abfallstoffe, die im Blut gelöst sind. Durch Filtration und Rückresorption bilden 1 Million Nephrone pro Tag durchschnittlich 1,5 l konzentrierten Endharn.

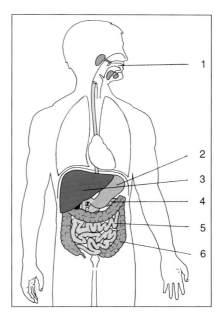

1 Nenne Ernährungsfehler, die im Foto oben erkennbar sind.

2 Mache einen besseren Vorschlag für eine Mahlzeit. Begründe deine Auswahl.

3 Was würdest du als Frühstück empfehlen?

4 Notiere einige deiner Lieblingsspeisen und liste dann ihre Inhaltsstoffe auf. Bewerte sie unter dem Gesichtspunkt einer gesunden Ernährung.

5 Benenne in der Grafik oben die nummerierten Organe.

6 Ein Wurstbrötchen wird verzehrt. Nenne die einzelnen Stationen seiner Verdauung und beschreibe, was mit den einzelnen Bestandteilen jeweils geschieht.

7 „Gut gekaut ist halb verdaut." Was ist von diesem Sprichwort zu halten?

8 Beschreibe die Wirkungsweise von Enzymen.

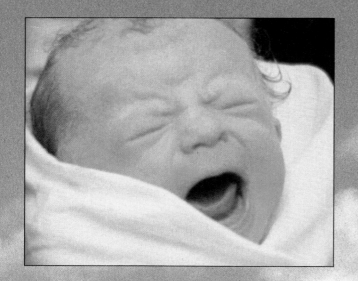

Der erste Atemzug eines Neugeborenen. Ein ergreifender Moment für alle, die ihn miterleben. Zum ersten Mal füllen sich die zarten, noch völlig in sich zusammengefalteten Lungen mit Luft und das Baby schreit nach Leibeskräften. Manchmal muss durch einen Klaps auf den Po etwas nachgeholfen werden, aber dann geht das Atmen von selbst: Es ist dem Baby angeboren. Mit dem ersten Atemzug beginnt sein selbstständiges Leben.

Unser Leben ist so eng mit dem Luftholen verbunden, dass wir sofort in Panik geraten, wenn uns einmal der Atem stockt. Du kennst das Beklemmungsgefühl beim „Verschlucken", beim Tauchen oder bei einer zugeschwollenen Nase. In solchen Situationen wird uns die *Atmung* plötzlich bewusst.

Die Bedeutung der Atmung kommt auch in vielen Redewendungen zum Ausdruck: So zum Beispiel, wenn jemand endlich mal wieder richtig durchatmen kann. Oder wenn wir etwas atemberaubend schön finden. Etwas verschlägt uns den Atem und wir schnappen nach Luft. Manch einer lebt „von Luft … und Liebe".

In den alten Sprachen bedeuten die Begriffe „anima" oder „psyche" *Atem und Seele zugleich.* Gott „hauchte dem Menschen eine Seele ein" und damit individuelles Leben. Künstler lassen sich „inspirieren".

Auch das Fühlen und Denken *spiegelt sich im Atmen wider*: ein Stoßseufzer, befreiendes Gelächter, Weinen oder Gähnen – immer ändert sich dabei die *Tiefe* oder der *Rhythmus* unserer Atmung.

Die meiste Zeit atmen wir völlig unbewusst. Wer rechnet sich schon aus, dass wir in 70 Lebensjahren etwa 3 Millionen Liter Luft inhalieren – das sind etwa 12 000 l am Tag.

Die Zusammensetzung der Luft. Die Luft, die wir einatmen, ist ein Gemisch aus verschiedenen Gasen. Sie besteht zu 78 % aus *Stickstoff*, zu etwa 1 % aus Spuren von anderen Gasen und zu 0,03 % aus *Kohlenstoffdioxid*. Unser eigentliches Lebenselixier – der *Sauerstoff* – ist mit einem Anteil von 21 % in der Luft enthalten.

Einen Teil des Luftsauerstoffs verbraucht der Körper bei der Atmung.

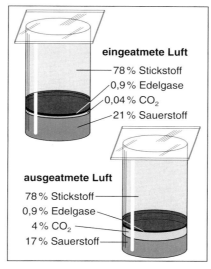

1 Schematischer Vergleich der Zusammensetzung von eingeatmeter Luft und ausgeatmeter Luft. Kohlenstoffdioxid ist abgekürzt als CO_2 bezeichnet.

Ausgeatmete Luft enthält daher nur noch 16 bis 17 % Sauerstoff. Dafür ist der Anteil an Kohlenstoffdioxid auf 4 % gestiegen.

Der *Sauerstoffbedarf* eines Menschen beträgt täglich etwa *2500 l* und die Zufuhr an Sauerstoff muss ständig gewährleistet sein. Wird das Gehirn nur für fünf Minuten von der Sauerstoffzufuhr abgeschnitten, so treten schlimme Schäden oder sogar der Tod ein.

Luft ist nicht gleich Luft. „Dicke Luft" herrscht im Großstadtmief von Industriegebieten und Ballungsräumen. Außer den genannten Gasen enthält sie wechselnde Mengen an Wasserdampf, Staub und Stickstoffoxid, Schwefeldioxid, Mikroorganismen und andere organische Stoffe. Doch auch in großer Höhe, wo die Luft frisch und klar ist, kann das Atmen beschwerlich sein. Der Grund ist, dass die in der Luft enthaltenen Gasteilchen in großer Höhe weniger dicht gepackt sind als in der Luft in Meereshöhe. Um an die gleiche Menge Sauerstoff zu kommen, muss man *in den Bergen also viel mehr Luft* einatmen. Da man sich beim Bergsteigen zudem auch noch sehr anstrengt, wird dort insgesamt bis zu siebenmal mehr Atemluft benötigt als zum Beispiel im Ruhezustand in tieferen Lagen.

Unter Wasser können wir nur atmen, wenn wir einen *Luftvorrat* mitnehmen. Er ist bei einer Taucherausrüstung in den Druckluftflaschen enthalten. Mit unseren Lungen sind wir – anders als die mit Kiemen atmenden Fische – nicht in der Lage den benötigten Sauerstoff aus dem Wasser aufzunehmen.

Aufgaben

1 Die Anzahl der Atemzüge pro Minute nennt man Atemfrequenz. Stelle deine Atemfrequenz fest. Wovon ist sie abhängig?

2 Finde Situationen, in denen man schneller oder langsamer atmet als normalerweise, wie z.B. im Schlaf oder bei einem aufregenden Fernsehfilm. Überprüfe deine Vermutungen. Wie atmen die Menschen auf den nebenstehenden Bildern?

3 Ermittle und vergleiche die Atemfrequenz von Babys, Jugendlichen, jüngeren und alten Erwachsenen.

4 Kennst du Redewendungen, die auf einen Zusammenhang zwischen Atmung und Wohlbefinden anspielen?

5 Vergleiche die Zusammensetzung der Frischluft und der ausgeatmeten Luft in den abgebildeten Gefäßen. Kannst du erklären?

Atmungsorgane ...

Die Reise der Atemluft im Körper beginnt in den oberen Atemwegen: in *Nasenhöhlen* und *Rachen*.

Nase. Durch die Nase eingeatmet strömt die Luft an der gut durchbluteten *Nasenschleimhaut* vorbei. Dabei wird die Luft erwärmt und befeuchtet. Fremdstoffe bleiben an den Härchen der Nase und am Nasenschleim hängen. Zudem ist die Nasenschleimhaut mit feinen *Flimmerhärchen* besetzt, die in ständiger Bewegung einen *Flimmerstrom* erzeugen. Eingedrungene Staubteilchen werden ausgeschnupft oder mit dem Flimmerstrom in Richtung Rachen befördert und verschluckt. Duftstoffe gelangen mit der Atemluft zur *Riechschleimhaut* in der Nase.

Rachen. Im Rachen mündet die Nasenhöhle in die *Mundhöhle*. Atmet man durch den Mund, so strömt ungefilterte, trockene und in der Regel kältere Luft am *Kehlkopf* vorbei. Sie kann dort ein unangenehmes Kratzen verursachen.

Luftröhre, Bronchien und Lunge. Die *Luftröhre* ist ein rund 10 cm langer, von hufeisenförmigen Knorpelspangen offen gehaltener Schlauch. Sie stellt die Verbindung zu den unteren Luftwegen her. An ihrem Ende zweigen nach links und rechts die beiden *Bronchien* ab. Sie sind die Hauptäste in einem immer feiner verzweigten System von Belüftungskanälchen oder *Bronchiolen*. Auch Bronchien und Bronchiolen sind innen von Flimmerhärchen besetzt.

Endstation dieses Luftgefäßsystems sind die über 300 Millionen *Lungenbläschen*. Ihre gemeinsame Oberfläche entspricht mit etwa 80 m^2 der Fläche von zwei Klassenzimmern. Hier *nimmt der Körper Sauerstoff auf:* Durch die dünnen Wände zahlloser Bläschen wandert der Sauerstoff ins Blut. Das *Kohlenstoffdioxid* gelangt hier *in die Ausatemluft*.

Zwei Häute umgeben die beiden *Lungenflügel* mit ihren zarten Lungenbläschen: das *Lungenfell* und das darüber liegende *Rippenfell*, das den Brustkorb auskleidet. Sie sind nur durch einen dünnen Flüssigkeitsfilm voneinander getrennt.

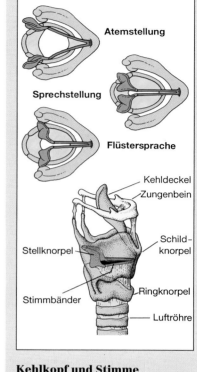

Atemstellung

Sprechstellung

Flüstersprache

Kehldeckel
Zungenbein
Schildknorpel
Ringknorpel
Luftröhre
Stellknorpel
Stimmbänder

Kehlkopf und Stimme

Den knorpeligen Kehlkopf sieht man beim Schlucken auf- und abwandern. Beim Essen verschließt der Kehldeckel den Eingang zur Luftröhre, sodass keine Speisen „in den falschen Hals" gelangen. Beim Atmen und Sprechen ist der Kehldeckel hochgeklappt. Deshalb ist das sprichwörtliche Reden mit vollem Mund auch so gefährlich. Im Kehlkopf wird die Stimme gebildet. Zwischen Schildknorpel und Stellknorpeln sind zwei Stimmbänder wie Saiten gespannt. In ihrer Mitte liegt die beim Atmen weit geöffnete Stimmritze. Beim Sprechen oder Singen lässt vorbeiströmende Luft die Stimmbänder schwingen.

Hohe Töne entstehen, wenn die Bänder wie bei Frauen kürzer sind oder straff gespannt und die Stimmritze eng ist. Längere oder entspannte Stimmbänder können weiter schwingen. So entstehen tiefe Töne und Stimmen.

Beim Stimmbruch in der Pubertät wachsen die Stimmbänder.

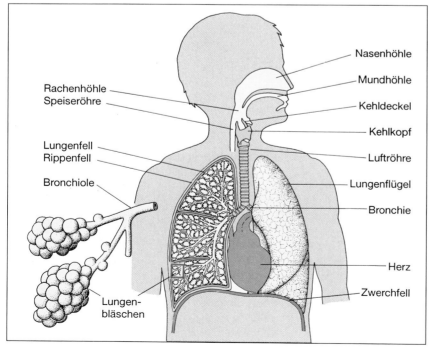

Nasenhöhle
Mundhöhle
Kehldeckel
Kehlkopf
Luftröhre
Lungenflügel
Bronchie
Herz
Zwerchfell

Rachenhöhle
Speiseröhre
Lungenfell
Rippenfell
Bronchiole
Lungenbläschen

1 Die Atemwege beim Menschen

... und Atembewegungen

Du spürst deine *Atembewegungen,* wenn du eine Hand auf den Bauch, die andere auf die Brust legst und kräftig einatmest: Der Bauch wölbt sich vor und die Brust weitet sich. Beim Ausatmen sinkt der Brustkorb und der Bauch flacht ab. Die Lunge selbst besitzt jedoch keinen einzigen Muskel, der diese Bewegungen ermöglichen könnte. Dafür sind vielmehr fremde Muskeln in Brust und Bauch zuständig. Wir unterscheiden danach *Brust-* und *Bauchatmung.*

Brustatmung. Bei der Brustatmung hebt und erweitert sich der Brustkorb beim Einatmen. Treppenmuskeln ziehen den oberen Rippenbogen nach oben. Da die Rippen durch die Zwischenrippenmuskeln miteinander verspannt sind, wird der gesamte Brustkorb nach oben gezogen. Die vorher schräg gestellten Rippen verlaufen jetzt fast horizontal. Dadurch wird das Volumen, das sie umschließen, größer.

Auch das Rippenfell dehnt sich. Der *Flüssigkeitsfilm* zwischen Rippen- und Lungenfell sorgt nun dafür, dass beide Häute aneinander haften und das Lungenfell mitgedehnt wird. So wird auch die Lunge geweitet. Wie bei einem Blasebalg strömt dabei Luft in den vergrößerten Luftraum: *Wir atmen ein.* Wenn dann die Zwischenrippenmuskeln erschlaffen und der Brustkorb sich senkt, wird auch das Lungenvolumen kleiner: Luft wird ausgepresst. *Wir atmen aus.*

Bauchatmung. Bei der Bauchatmung spannt sich beim Einatmen das *Zwerchfell.* Es wird dabei nach unten gezogen; dadurch vergrößert sich der Brustraum. Die Lunge wird gedehnt und Luft strömt nach. Im erschlafften Zustand, wie beim Ausatmen, ist das Zwerchfell gewölbt. Es wird von den Eingeweiden des Bauchraums nach oben gedrückt. Dadurch verringert sich das Lungenvolumen.

Die Zwerchfellatmung versorgt auch die unteren Spitzen der Lungen mit Luft. Sie führt demnach zu einer „vollständigeren Atmung" als die flache Brustatmung.

2 *Einige Jazzbläser haben eine besondere Atemtechnik entwickelt: das „Zirkulieren". Sie können einen Ton sehr lange halten, indem sie gleichzeitig aus- und einatmen. Das Foto zeigt Dizzy Gillespie, eine „Legende des Jazz", mit 72 Jahren.*

Aufgaben

1 Schnupfen beeinträchtigt die Wahrnehmung von Gerüchen. Erkläre.

2 Brust- und Bauchatmung arbeiten nicht immer zu gleichen Anteilen. Stelle fest, wann die eine und wann die andere Form überwiegt.

3 Welche Muskulatur unterstützt das Niesen, Husten und Gähnen?

4 Rauchen verklebt und zerstört die Flimmerhärchen der Schleimhäute. Überlege die Folgen.

In Kürze

Beim Einatmen vergrößern Rippenmuskulatur und Zwerchfell das Lungenvolumen. Deshalb wird durch Nase und Mund Luft in die Lunge eingesogen. Beim Erschlaffen der Atemmuskulatur verringert sich das Lungenvolumen. Luft wird ausgepresst. Auch die Stimmbildung geschieht bei der Atmung. Wenn Luft im Kehlkopf an den Stimmbändern vorbeiströmt, können Laute erzeugt werden.

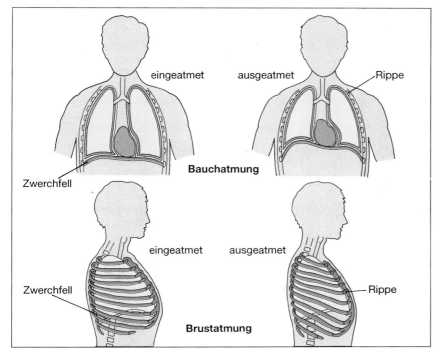

1 *Bauchatmung und Brustatmung*

Praktikum: Atmung

Vitalkapazität

Benötigt werden:
Glas- oder Plastikbecken, 5-l-Glocke mit Markierung, durchbohrter Stopfen, Winkelrohr mit Hahn, Stativ mit Klemmen und Halterung, Handpumpe mit Glasrohr und Schlauch oder Wasserstrahlpumpe, Winkelrohr mit Schlauch und Einmal-Mundstücke.

Durchführung:
Befestige die Glasglocke am Stativ und senke sie ins wassergefüllte Becken. Schließe Stopfen, Winkelrohr mit Hahn und Pumpe an, wie rechts dargestellt. Sauge jetzt mit der Pumpe bei geöffnetem Hahn so lange Luft aus der Glocke, bis der Wasserspiegel die Nullmarke der Glocke erreicht. Verschließe nun den Hahn und hebe die Glocke um 10 cm an.
Atme nach tiefem Luftholen über das Mundstück des zweiten Winkelrohres in die Glocke aus, bis die Lungen „geleert" sind.
- Wie viel Wasser hast du aus der Glocke verdrängt? Folgerung?
- Lass die anderen den Versuch wiederholen. Zuvor wird jedes Mal das Mundstück gewechselt.
- Notiere die Werte. Berechne den Mittelwert.
- Unterscheiden sich die Werte von Kleineren, Größeren, Sportlern, Nichtsportlern, Mädchen oder Jungen?

Die Vitalkapazität ist die Luftmenge, die sich maximal aus den Lungen auspressen lässt.
Bei Erwachsenen beträgt sie im Schnitt etwa 4 l.

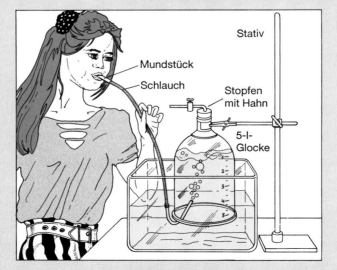

Mundstück
Schlauch
Stativ
Stopfen mit Hahn
5-l-Glocke

Totalvolumen

Auch nach tiefstem Ausatmen bleibt ein Rest Luft in der Lunge: Es sind rund 28% der Vitalkapazität. Restvolumen und Vitalkapazität ergeben zusammen das Totalvolumen.
Berechne deinen Wert.

Vital-kapazität
Restluft

Atemzugvolumen

Benötigt wird dasselbe Material wie beim 1. Versuch. Stelle den Wasserspiegel in der Glocke auf null. Atme 10-mal ruhig durch die Nase ein und über Mundstück, Schlauch und Winkelrohr in die Glocke aus.
- Wie viel Wasser hast du insgesamt, wie viel pro Atemzug verdrängt?
Die Luftmenge eines Atemzuges in Ruhe nennt man Atemzugvolumen.

Atemfrequenz

Benötigt werden:
Uhr mit Sekundenzeiger, Versuchspersonen unterschiedlichen Alters.
Ermittle die Atemfrequenz, d. h. die Atemzüge pro Minute, bei Babys, Kindern, Klassenkameraden, jungen und alten Erwachsenen. Übertrage die Werte in ein Diagramm: Atemfrequenz gegen Alter.

Atemminutenvolumen

Mit Atemzugvolumen und Atemfrequenz kannst du dein Atemminutenvolumen bestimmen: Zum Beispiel ergeben 16 Atemzüge à 0,5 l pro Minute 8 l. Bei Anstrengung ist der Wert erhöht. Welche Größe verändert sich dabei am stärksten: Atemfrequenz oder Atemzugvolumen? Überprüfe!

Praktikum: Atmung

Modell Brustatmung

Benötigt werden:
8 Pappstreifen 30 cm x 1,5 cm, Beutelklammern, Maßband.
Die Pappstreifen dienen als Wirbelsäule, Brustbein und Rippen.
Baue alles zusammen, wie die Grafik zeigt. Erkläre am Modell die Vorgänge bei der Brustatmung.
Miss nun deinen Brustumfang im Bereich der unteren Rippen nach tiefem Einatmen und Ausatmen. Vergleiche deine Werte mit denen von Mitschülern.

„Luftveränderung"

Benötigt werden:
Teller, Kerzen, Zündhölzer, gleich große Gläser, Trinkhalm mit Gelenk, Stoppuhr.
Zünde eine Kerze an und klebe sie mit einigen Tropfen Wachs auf einen Teller.
Gib etwas Wasser in den Teller. Fülle nun ein Glas mit Atemluft, indem du mit dem Trinkhalm 10-mal von unten in das Glas ausatmest.

Nachweis von Kohlenstoffdioxid

Benötigt werden:
Bechergläser, Trinkhalme, Luftpumpe, Kalkwasser, Mineralwasser mit Kohlensäure, Leitungswasser.
Fülle zwei Gläser mit Kalkwasser. Füge dem einen Leitungswasser, dem anderen die gleiche Menge Mineralwasser hinzu. Was geschieht?
Im Mineralwasser ist Kohlenstoffdioxid als Kohlensäure gelöst. Kohlenstoffdioxid trübt Kalkwasser.

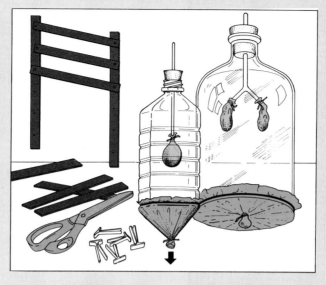

Modell Bauchatmung

Benötigt werden:
Glasglocke, Gummituch, Gummiring, durchbohrter Stopfen und Y-förmiges Glasrohr, 2 Luftballons, Bindfaden, Schere, Stein.
Baue alles zusammen, wie links dargestellt. Ziehe nun das Gummituch nach unten. Was beobachtest du? Vergleiche die Beobachtungen am Modell mit den Vorgängen bei der Bauchatmung. Mit einer Plastikflasche und etwas Knetmasse für den Stopfen kannst du ein vereinfachtes Modell bauen.

Stülpe das Glas über die Kerze und stoppe die Brenndauer.
Wiederhole den Versuch mit dem „unbeatmeten" Glas und miss hierbei die Brenndauer. Vergleiche die Ergebnisse. Was ist deine Schlussfolgerung?
• Willst du die Brenndauer direkt vergleichen, so führe beide Versuche zeitgleich durch.
• Variiere den Versuch, indem du vor jedem Ausatmen für 15 Sekunden die Luft anhältst. Erklärung?

Fülle zwei weitere Gläser mit Kalkwasser. Leite für je 3 Minuten in eines der Gläser per Luftpumpe Zimmerluft, in das andere mit einem Trinkhalm Ausatemluft. Deute das Ergebnis.

Was ist gemeint?

Gib etwas Wasser auf einen Objektträger. Lege einen zweiten Objektträger darauf. Lassen sie sich gegeneinander verschieben oder trennen? Was zeigt dieser Modellversuch? Mit welchem Teil der Atmungsorgane kann man vergleichen?

Gasaustausch und Diffusion

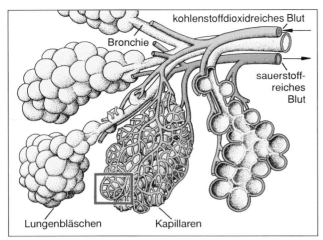

1   *Bronchiolen mit Lungenbläschen und Kapillarnetz*

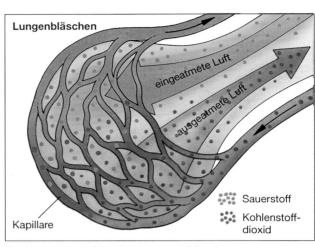

2   *Gasaustausch in einem Lungenbläschen*

Ein Raum mit vielen Menschen. Fenster und Türen sind geschlossen. Die Ersten gähnen, Schläfrigkeit greift um sich. Die Ursache kann Sauerstoffmangel sein. Die Luft im Raum ist „verbraucht", weil ein Teil des Sauerstoffs eingeatmet wurde und zur Energiegewinnung im Körper verbleibt. Er wird gegen Kohlenstoffdioxid – ein Abfallprodukt der Körperzellen – ausgetauscht.

Gasaustausch. Der *Austausch von Sauerstoff und Kohlenstoffdioxid* ist die eigentliche Aufgabe der Lunge.

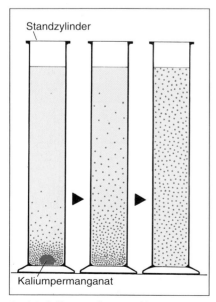

3   *Modellversuch zur Diffusion*

Dieser Vorgang heißt *Gasaustausch.* Im Vergleich zu Frischluft enthält ausgeatmete Luft etwa 4% weniger Sauerstoff. Der Gehalt an Kohlenstoffdioxid steigt dagegen von 0,03 auf 4 %. Das ausgeatmete Kohlenstoffdioxid reichert sich in der Zimmerluft an.

Jedes der Millionen Lungenbläschen ist von einem feinen Kapillarnetz umsponnen. Die Kontaktfläche zwischen allen Lungenbläschen und Blutkapillaren ist mit rund 80 m² riesig. Die dünnen Wände von Bläschen und Kapillaren sind für Gasteilchen durchlässig. Durch sie gelangt der eingeatmete Sauerstoff aus den Lungenbläschen ins Blut. Umgekehrt wird aus dem kohlenstoffdioxidreichen Blut Kohlenstoffdioxid in die Lungenbläschen abgegeben und ausgeatmet.

Diffusion. Teilchen in Gasen oder Flüssigkeiten haben eine Eigenbewegung, die *Molekularbewegung.* Aufgrund dieser Bewegung vermischen sich beispielsweise zwei verschiedene Gase untereinander ohne geschüttelt zu werden. Diese selbstständige Ausbreitung eines Stoffes in einem anderen nennt man *Diffusion.* Die Erscheinung der Diffusion kann auch bei Flüssigkeiten beobachtet werden: Sie verläuft dort jedoch mit geringerer Geschwindigkeit als bei Gasen.

Äußere und innere Atmung. Die roten Blutkörperchen übernehmen den Ferntransport der Atemgase und stellen die Verbindung zwischen Lunge und Körperzellen her. Diese brauchen Sauerstoff um aus den ihnen zugeführten Nährstoffen Energie zu gewinnen. Als „Abfall" entsteht dabei Kohlenstoffdioxid. Während die Vorgänge in der Lunge *äußere Atmung* genannt werden, bezeichnet man den Gasaustausch zwischen Körperzellen und roten Blutkörperchen als *innere Atmung.*

Aufgaben

1   Gib, wie in Bild 3 gezeigt, in einen mit Wasser gefüllten Standzylinder vorsichtig ein Kristall Kaliumpermanganat. Beobachte und beschreibe, was geschieht.

2   Erläutere den Vorteil einer großen Kontaktfläche für die Diffusion.

In Kürze

Beim Gasaustausch diffundiert Sauerstoff aus den Lungenbläschen ins Blut und wird dann zu den Körperzellen transportiert. Diese geben umgekehrt Kohlenstoffdioxid über das Blut an die Lungenbläschen ab.

Die Haut – nicht nur Schutzhülle

Die *Haut* ist mit etwa $2\,m^2$ Oberfläche das *größte* und mit rund 5 kg Gewicht auch das *schwerste Organ* des Menschen. Wie ein Mantel umhüllt sie schützend unseren Körper. Sie sagt aber auch etwas über den Menschen selbst aus: Glatte, straffe Haut kennzeichnet Gesundheit und Jugend. Krankheit und Erschöpfung äußern sich meist in einer fahlen und eingefallenen Haut.

Als „Spiegel der Seele" lässt sie uns vor Zorn und Scham erröten oder vor Schrecken und Entsetzen erbleichen. Beim Gruseln spüren wir eine „Gänsehaut", wenn es uns kalt über den Rücken läuft.

Aufbau. Die Haut ist aus *drei Schichten* aufgebaut. Die *Oberhaut* setzt sich aus der Hornhaut und der darunter liegenden Keimschicht zusammen. Die Zellen der Hornhaut sind abgestorben und werden von der Keimschicht ständig erneuert. Auf diese Weise „verjüngt" sich unsere Haut durchschnittlich alle 5 Wochen. Haare und Nägel werden ebenfalls von der Oberhaut gebildet. Die Farb- oder Pigmentzellen in der Keimschicht bestimmen die Hautfarbe eines Menschen. Sie schützen vor den gefährlichen UV-Strahlen.

Die *Lederhaut* ist eine sehr zähe und dehnungsfähige Schutzschicht. Hier liegen Blutgefäße und Nerven, Schweißdrüsen und die Fett absondernden Talgdrüsen.

Die dickste Schicht ist die *Unterhaut*. In ihr speichert der Körper Blut und Fett. Bis zu 25 % unseres Blutes befinden sich ständig in der Haut.

Ausscheidungsorgan. In der Haut liegen etwa 3 Millionen *Schweißdrüsen*. Besonders viele befinden sich auf der Stirn, den Händen und in den Achselhöhlen. Hier kommen auf $1\,cm^2$ rund 400 Schweißdrüsen. An den Fingerbeeren kann man deren Mündungen mithilfe einer Lupe als kleine Gruben zwischen den Hautrillen erkennen.

Schweiß besteht zu rund 98 % aus Wasser. Die restlichen 2 % sind Kochsalz, Harnstoff sowie Harnsäure und Fettsäuren. Dadurch unterstützt die Haut die *Ausscheidungstätigkeit* der Nieren. Zusätzlich „atmet" sie Kohlenstoffdioxid aus. Pro Tag scheidet die Haut mindestens 1 Liter Schweiß aus. Bei Hitze oder schwerer körperlicher Arbeit können es sogar mehr als 4 Liter sein. Schweiß ist geruchlos. Die in ihm enthaltenen Stoffe werden aber von Bakterien zersetzt. Dabei entsteht der typische Geruch.

Schutzorgan. Als Kontaktfläche zur Außenwelt schützt die Haut vor:
– Austrocknen,
– Verletzungen,
– den UV-Strahlen der Sonne,
– Krankheitserregern wie Bakterien oder Viren,
– Unterkühlung und Überhitzung,
– Nässe.

Schleimhäute. Die Innenseite vieler *Körperhöhlen*, zum Beispiel Mund- und Nasenhöhle, Magen- und Darmtrakt, wird von einer *Schleimhaut* oder inneren Haut ausgekleidet. Sie ist stark durchblutet und von zahllosen Drüsen besetzt, die sie feucht und schlüpfrig halten. Durch Falten und Zotten wird die Oberfläche vergrößert. Schleimhäute haben hauptsächlich eine *Schutz- und Abwehrfunktion*.

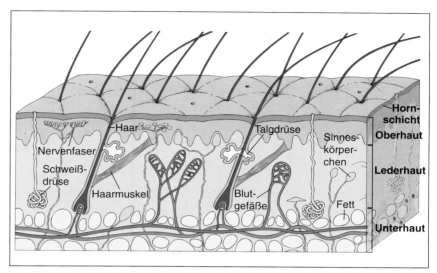

1   *Aufbau der Haut. Sowohl nach ihren Baumerkmalen als auch nach ihren Aufgaben lassen sich drei Schichten gegeneinander abgrenzen.*

Die Haut scheidet Stoffe aus.
Benötigt werden:
Plastiktüte, Gummiring, Kalkwasser.
Durchführung:
Stecke die Hand in die Plastiktüte. Verschließe die Tüte am Handgelenk mit einem Gummiring.
• Beschreibe, was du nach etwa 15 Minuten beobachten kannst.
• Erkläre deine Beobachtung. Schwenke nun die Plastiktüte vorsichtig mit Kalkwasser aus.
• Was kannst du nun beobachten? Erkläre.
• Lecke mit der Zungenspitze über den Handrücken. Welche Geschmacksempfindung hast du? Erkläre!

Die Trübung von Kalkwasser dient als Nachweis von CO_2.

In Kürze

Die Haut ist aus mehreren Schichten aufgebaut. Sie erfüllt vielfältige Schutzfunktionen und wirkt zusätzlich als Ausscheidungsorgan.
Die Innenseite von Körperhöhlen ist von Schleimhäuten ausgekleidet.

Bau der Nieren

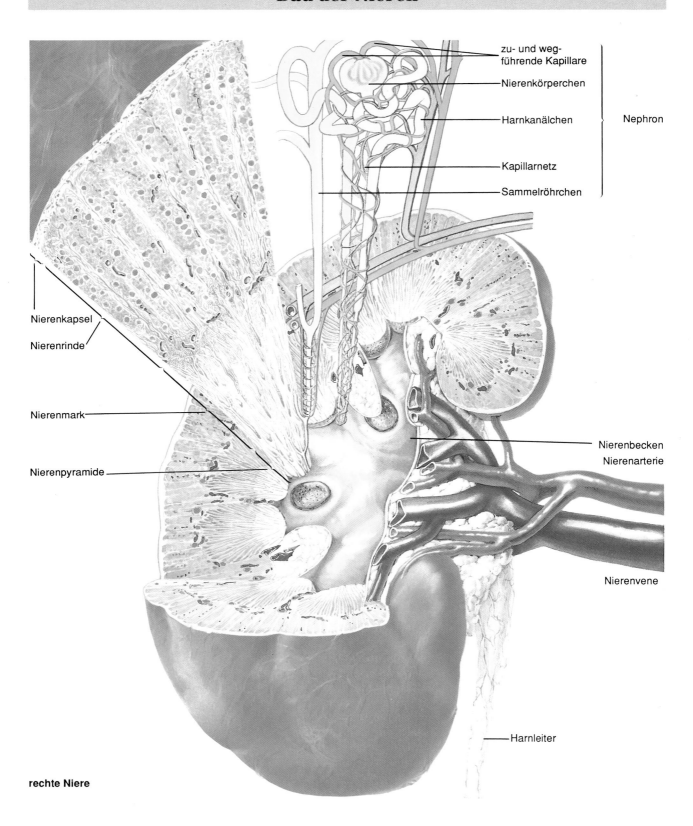

zu- und weg-
führende Kapillare

Nierenkörperchen

Harnkanälchen

Kapillarnetz

Sammelröhrchen

Nephron

Nierenkapsel

Nierenrinde

Nierenmark

Nierenpyramide

Nierenbecken

Nierenarterie

Nierenvene

Harnleiter

rechte Niere

593

Die Nieren: Ausscheidung

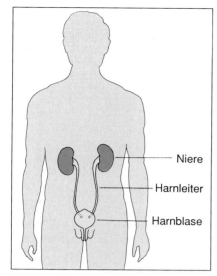

1 Lage der Nieren im Körper

Die beiden bohnenförmigen Nieren hängen in Ellbogenhöhe auf beiden Seiten der Wirbelsäule an der hinteren Bauchwand. Sie sind etwa 13 cm lang, von Bindegewebe umhüllt und durch Fett gut gepolstert. Eine derbe *Nierenkapsel* umgibt das eigentliche Organ. Nach innen folgen die körnige *Nierenrinde*, das streifige *Nierenmark* und das *Nierenbecken*. Ein fein verästeltes Gefäßnetz sorgt für eine gute Durchblutung der Nieren.

Aufgaben. Die Nieren sind *Ausscheidungsorgane* für Abfallstoffe des Körpers. Mit dem Harn werden vor allem die Stoffe ausgeschieden, die beim Abbau und Umbau der Proteine im Körper entstehen. Diese Stoffe enthalten Stickstoff und sind zum Teil giftig.

Weitere Aufgaben der Nieren sind die *Konstanthaltung der Flüssigkeitsmengen* im Körper und die *Bildung von Hormonen*.

Arbeitsweise. In der Nierenrinde liegen rund 1 Million winziger *Nierenkörperchen*. Sie bestehen aus einer bläschenartigen Auftreibung der dünnen Harnkanälchen und einem dichten Knäuel feiner Kapillaren. Da die Kapillaren enger sind als die zuführende Arterie, staut sich in ihnen das Blut. Der entstehende Druck presst Wasser und darin gelöste kleine Teilchen aus den Blutkapillaren in die *Harnkanälchen*. Die Nierenkörperchen wirken also wie *Filter*. Die filtrierte Flüssigkeit bezeichnet man als *Primärharn*. Täglich werden davon etwa 170 l gebildet. Der Primärharn enthält vor allem Glucose, Harnstoff und Kochsalz. Größere Teilchen wie Proteine und Blutkörperchen werden an den Poren der Kapillarwände zurückgehalten.

Aus dem Primärharn werden bis zu 99% des Wassers und ein Teil der noch wertvollen Stoffe ins Blut zurücktransportiert. Dieser Vorgang der *Rückresorption* findet in den auf- und absteigenden Schenkeln der Harnkanälchen statt. Übrig bleiben etwa 1½ l konzentrierter *Endharn*, mit dem überschüssige Stoffe, Giftstoffe und vor allem Harnstoff abgegeben werden. *Sammelröhrchen* leiten ihn in das Nierenbecken. Von dort gelangt er durch den Harnleiter in die Harnblase.

Die Arbeitseinheit aus Nierenkörperchen, Nierenkanälchen und Sammelröhrchen bezeichnet man als *Nephron*. Jedes Nephron bildet am Tag nur einen knappen Tropfen Endharn, aber zusammen vollbringen sie eine gewaltige Leistung.

Stoffe, die in 24 Stunden anfallen

	Primärharn		Endharn	
Wasser	170 000	g	1500	g
Glucose	170	g	Spuren	
Harnsäure	8,5 g		0,53 g	
Harnstoff	46	g	27	g
Kochsalz	1200	g	10,3	g
Ammoniak	–		0,7	g
Proteine	–		–	

Aufgaben

1 Die Nieren sind unsere bestdurchbluteten inneren Organe. Erkläre.

2 Beschreibe die Arbeitsweise der Nephrone. Erkläre, was mit Wasser, Glucose und Proteinen geschieht.

In Kürze

In den Nieren werden durch 1 Million Nephrone täglich 1½ l konzentrierter Endharn gebildet. Durch Filtration entsteht zunächst ein Primärharn, aus dem die wertvollen Bestandteile ins Blut rückresorbiert werden.

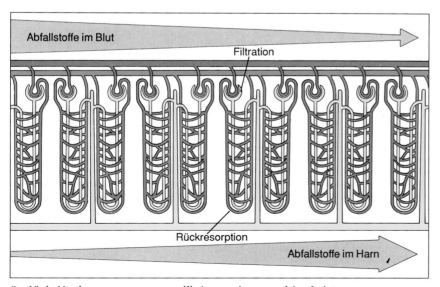

2 Viele Nephrone zusammen vollbringen eine gewaltige Leistung.

Nierenentzündung. Eine aufsteigende Infektion der Harnwege oder Blase kann zur Entzündung der Nieren führen. Frauen sind gefährdeter als Männer, da die Krankheitserreger bei ihnen in der 3 cm kurzen Harnröhre rasch aufsteigen können.

Nierensteine. Kristallieren im Harn Salze aus und bleiben im Nierenbecken liegen, entstehen Nierensteine. Sie können den Harnabfluss behindern und einen Rückstau verursachen, der die Nieren schädigt. Gelangen kleine Kristalle in die Harnblase, können sie dort als Blasensteine weiterwachsen. Mit Lasergeräten lassen sich die Steine im Körper meist zertrümmern.

Nierenversagen. Dies kann die Folge eines Harnstaus oder von Herz- und Kreislaufbeschwerden sein. Abfallstoffe häufen sich im Körper an, eine lebensgefährliche Blutharnvergiftung kann entstehen. Oft hilft nur noch der Anschluss an die künstliche Niere oder eine Nierentransplantation.

Etwa 20 000 Menschen werden bei uns 3- bis 4-mal pro Woche an eine künstliche Niere angeschlossen. Dabei wird aus einer Armvene Blut abgezweigt und durch eine feinporige Membran gefiltert. Die Abfallstoffe nimmt eine Spüllösung auf. Die Patienten müssen eine strenge Diät halten und dürfen fast nichts trinken.

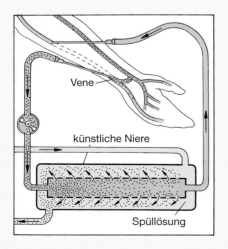

Vene

künstliche Niere

Spüllösung

Vorbeugen ist die beste Therapie

Ein Arzt vom Dialysezentrum Göppingen sagt: „Wenn die Nieren erst einmal schmerzen, ist die Krankheit meistens schon sehr schlimm!" Er berichtet von den ziehenden Schmerzen und Fieberschüben seiner Nierenpatienten und vom Alltag der Menschen, deren Leben völlig „von der Maschine abhängt". Damit es nicht zum Schlimmsten kommt, rät er:

Viel Trinken
1 bis 2 l am Tag sind die richtige Menge. Die Flüssigkeit schwemmt zugleich den Nierengries aus. Bei der Bildung von Primärharn wird zudem das Blut entgiftet.

Nieren schützen
Weil die Nieren außen im Körper liegen, sind sie der Kälte mehr ausgesetzt als andere innere Organe. Lange Unterhosen oder Bodys sind die richtige Wäsche für kühle Tage.

Jeder Zweiradfahrer sollte einen Nierengurt anlegen. Dieser schützt die Nieren vor Zugwind und dämpft Erschütterungen ab. Ohne Gurt sind bei Unfällen Nierenrisse mit starken Blutungen möglich.

Hygiene
Harnwegsinfektionen kann man bei einer anklingenden Entzündung mit Körperhygiene vorbeugen. Lauwarme Kamillebäder desinfizieren die Schleimhäute.

Bruchkraut-Tee
Tees mit harntreibender Wirkung schwemmen entzündliche Keime aus. Man gibt 2 Teelöffel Bruchkraut in 1 Tasse kochendes Wasser und lässt 10 Minuten bedeckt ziehen. Mittags und abends eine Tasse trinken. Dies unterstützt die Behandlung bei chronischen Blasen- und Harnröhrenentzündungen, aber auch bei quälendem Harndrang.

Bruchkraut
5-20 cm

Herz und Kreislauf fit halten
Ein stabiler Blutdruck gewährleistet eine konstante Nierenfunktion. Das merkt man, wenn vor Prüfungen der Blutdruck steigt und Harndrang auftritt. Gefäßverengende oder gefäßerweiternde Mittel wie Alkohol, Nikotin und Koffein sowie Medikamente, die den Blutdruck beeinflussen, sollte man meiden.

Ausdauernde Bewegung wie lange Spaziergänge, Schwimmen, Tanzen oder Joggen bringen den Kreislauf auf Trab.

Organtransplantation

Schwer geschädigte innere Organe können heute mithilfe von *Organtransplantationen* ersetzt werden. Weltweit werden beispielsweise jährlich Zehntausende von *Nierentransplantationen* durchgeführt.

Ein Hauptproblem ist dabei die Verfügbarkeit geeigneter *Spenderorgane,* weshalb sogenannte *Organbanken* eingerichtet wurden, die bei Bedarf benötigte Organe liefern können. Als Organspender kommen blutsverwandte Lebendspender oder Verstorbene, beispielsweise Unfallopfer oder Hirntote, in Frage. Die Spender müssen die *gleiche Blutgruppe* des A,B,0-Systems haben wie der Empfänger. Unbedingt erforderlich ist außerdem eine Untersuchung auf die *Verträglichkeit der Gewebe* von Spenderorgan und dem Organismus des Empfängers.

Die Spenderorgane müssen so schnell wie möglich zum Operationsort transportiert und dem Empfänger übertragen werden.

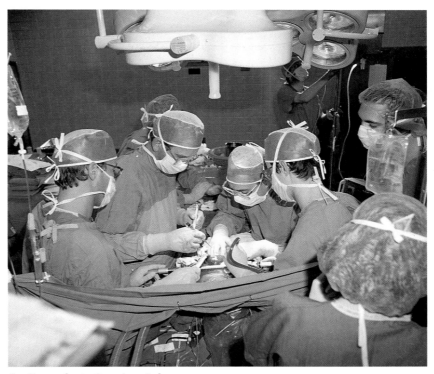

1   *Transplantation einer Leber*

Abstoßungsreaktion

Immunreaktionen des Empfängers führen nach einer Organübertragung zu einer *Abstoßungskrise.*

Die ersten Abwehrreaktionen gegen das fremde Eiweiß gehen zunächst von den *T-Lymphozyten* im Körper des Empfängers aus. Diese bekämpfen Antigene, die vom Spenderorgan kommen. Auch *B-Lymphozyten* und *Makrophagen,* weiße Blutkörperchen mit bestimmten Abwehrfunktionen, sind in der Anfangsphase der Abstoßungskrise beteiligt.

Später werden dann spezielle Abwehrzellen gegen das Fremdeiweiß des Spenderorgans gebildet. B-Lymphozyten produzieren viele Antikörper.

Das Ausmaß dieser Reaktionen hängt davon ab, wie groß der erblich bedingte Unterschied zwischen Spender und Empfänger ist. Selbst bei eineiigen Zwillingen kann es bei einer Organverpflanzung in 10 bis 15 % aller Fälle zu einer Abstoßung kommen.

Vermeidung der Abstoßungsreaktion

Weil stets eine mehr oder weniger starke Abwehr des Empfängerorganismus gegen ein Spenderorgan eintritt, muß die *Immunreaktion* des Empfängers beeinflußt oder *unterdrückt* werden.

Dies geschieht heute vor allem mithilfe bestimmter Medikamente, die jedoch erhebliche Nebenwirkungen haben können. Trotzdem muss ein Patient, der ein Spenderorgan empfangen hat, diese Medikamente für den Rest seines Lebens einnehmen. Nach der Abstoßungskrise ist der Organempfänger weiterhin von *Infektionskrankheiten* bedroht. Auch treten häufiger als beim Durchschnitt der Bevölkerung *Tumorbildungen* auf, da durch die Medikamente die normale Immunreaktion unterdrückt wird.

Aus diesen Gründen wird eine Organtransplantation nur dann durchgeführt wird, wenn alle anderen Maßnahmen versagen.

Verknüpfung von Organsystemen

1   Bewegung ist nur möglich, wenn der Mensch Nahrung zu sich nimmt, aus der er die notwendige Energie gewinnen kann.

2   Bewusst und unbewusst kontrolliert das Gehirn den gesamten Körper.

Biologische Arbeit. Der Mensch ist ein Lebewesen, das sich in seiner Umwelt bewegt und zurechtfindet, das geboren wird, das wächst, das sich fortpflanzt und das schließlich auch stirbt. Bei all diesen Vorgängen leistet der Körper sehr viel, man sagt, er leistet *biologische Arbeit*.

Energieaufnahme. Diese Arbeit kann der Mensch nur dann leisten, wenn er *Nahrung aufnimmt,* aus der er die notwendige *Energie* gewinnen kann. Damit diese Energie auch genutzt werden kann, ist unbedingt *Sauerstoff* nötig, der von der Lunge aus der Luft aufgenommen wird.

Das *Verdauungssystem* ist für die Verarbeitung energiereicher Nahrung zuständig. Es besteht aus dem Mund mit den Zähnen, der Speiseröhre, dem Magen und dem Darm. Auf den ersten Stationen wird die Nahrung zerkleinert, im Darm wird sie sortiert, alle nicht verwertbaren Teile werden ausgeschieden.

Energietransport. Die zerkleinerten Nahrungsbestandteile gelangen vom *Dünndarm* in das *Blut*. Vergleichbares geschieht mit dem *Sauerstoff*, der von der *Lunge* aus ins *Blut* gelangt. Das Blut schließlich, vom *Herzen* in *Bewegung* gesetzt, transportiert die Nahrungsbestandteile und den Sauerstoff nun überallhin, wo sie benötigt werden.

Der Energietransport findet somit überwiegend durch das *Atmungssystem* und das *Blut* statt.

Energieverbrauch. Die *Energie* wird zum Teil für die *Versorgung innerer Organe* wie beispielsweise Leber und Nieren, die für chemische Umbauarbeiten an der Nahrung und die Entsorgung von entstehenden Abfallstoffen zuständig sind, benötigt. Der weitaus größte Teil jedoch ist für das *Muskelsystem* bestimmt, das ja für die Bewegung des Skeletts und damit für die Bewegung des Menschen verantwortlich ist.

Kontrolle durch das Gehirn. Ein gleichfalls großer Anteil der *Energie* entfällt auf die *Versorgung des Gehirns*. Das Gehirn sammelt nicht nur mithilfe der Sinnesorgane Informationen aus der Umwelt, es ist auch zuständig für das *Denken* und die *Kontrolle* und *Steuerung* aller *Bewegungen*. Mithilfe der Nerven steht es mit allen Muskeln und sogar mit allen inneren Organen in Verbindung. Dies geschieht meist *unbewusst*, doch manchmal auch ganz *bewusst*, wenn Gedanken an unangenehme Dinge sich „auf den Magen schlagen".

Das Gehirn kontrolliert mihilfe des Nervensystems somit den menschlichen Körper mit allen seinen Einzelaufgaben.

Überblick

Wir atmen um zu leben! Alle Lebensvorgänge in unserem Körper erfordern Energie: Bewegung, Denken, auch das Atmen selbst. Mit jedem Atemzug nehmen wir Sauerstoff auf, den die Körperzellen benötigen um aus Nährstoffen Energie verfügbar zu machen. Der Sauerstoff gelangt an der Kontaktfläche zwischen Millionen Lungenbläschen und feinsten Kapillaren ins Blut und von dort in die Körperzellen. Ein Abfallprodukt der Zellatmung ist Kohlenstoffdioxid, das aus dem Blut in die Lungenbläschen diffundiert und ausgeatmet wird.

Durch Kontraktionen von Zwerchfell und Zwischenrippenmuskeln vergrößert sich das Lungenvolumen. Luft wird eingesogen. An Nasenschleim und Flimmerhärchen der Atemwege werden Staubteilchen herausgefiltert und durch Räuspern, Husten oder Verschlucken entfernt. Dennoch gelangen Luftschadstoffe in den Körper und verursachen Atemwegserkrankungen wie Asthma oder Bronchitis.

Die Hauptaufgabe der Nieren ist es den Wasser- und Salzhaushalt sowie die Ausscheidung von Stoffwechselendprodukten. In den Nieren werden täglich 1,5 l Endharn gebildet.

Auch die Haut hat neben der Schutzfunktion eine Ausscheidungsfunktion, vor allem über den Schweiß.

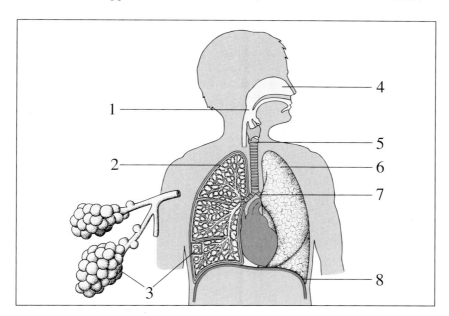

Alles klar?

1 Um menschliches Leben auf einem fremden Planeten möglich zu machen, müsste dessen Atmosphäre eine ganz bestimmte Zusammensetzung haben. Berichte.

2 Benenne die Atemorgane, die auf dem Bild oben mit Nummern versehen sind. Beschreibe ihre Aufgaben.

3 Die Stimme wird im Kehlkopf gebildet. Beschreibe die dazu notwendigen Einrichtungen.

4 Schildere ein Experiment zum Nachweis von Kohlenstoffdioxid in der Ausatemluft.

5 Erkläre den Vorgang der Diffusion der Atemgase am Beispiel des Sauerstoffs.

6 Erkläre Ursache und Bedeutung des Aneinanderhaftens von Rippen- und Lungenfell.

7 Kannst du aus der Gleichung für die Zellatmung ableiten, woher der Kohlenstoff im Kohlenstoffdioxid stammt?

8 Australische Gesundheitsbehörden werben mit dem Slogan: "Between eleven and three, slip under a tree!" Erläutere.

Der Wald ein Ökosystem

Manche von uns denken bei dem Wort Wald oft nur an eine Ansammlung von Bäumen oder Sträuchern. Dennoch ist ein Wald weit mehr: Er ist Lebensraum für viele Pflanzen und Tiere. Diese leben dort nicht zufällig nebeneinander, sondern miteinander und nicht selten auch voneinander. Wenn man weiß, worauf man in einem Wald achten soll, kann man diese Zusammenhänge sehr schnell erkennen.

Landschaften. In Sachsen ist die Landschaft äußerst abwechslungsreich gegliedert: Es gibt *Flussniederungen* wie an der Elbe, *Tiefländer* wie das der Lausitz, *Hügelländer* oder die *Mittelgebirge* wie das Erzgebirge. Diese Gebiete besitzen nicht nur unterschiedliche Böden und ein für sie typisches Kleinklima, sondern auch *charakteristische Waldgesellschaften*.

Waldarten. Jeder Wald sieht aufgrund seines Untergrundes, der Höhenlage, der Niederschläge und der Temperatur anders aus: In feuchten oder nassen Ufer- und Überschwemmungszonen – etwa der Elbe – wächst natürlicherweise der *Auwald*. Kennzeichnende Bäume sind hier Eschen, Ulmen, Pappeln und Schwarzerlen.

◁ *1 Buchenwald am Großen Winterberg*
2 Fichtenwald auf Bärenstein im Fichtelgebirge
3 Auwald in den Muldeauen bei Eilenburg

In den Tiefländern, wo es im Sommer trocken und warm ist, gedeiht auf guten Böden der *Eichenmischwald* mit den empfindlichen Flaumeichen und Elsbeeren.

Auf nährstoffarmem Untergrund findet man vor allem die *Kiefernwälder*. Da der *Buchenmischwald* weder an den Boden noch an das Klima besondere Ansprüche stellt, trifft man ihn überall in den Hügelländern an. Neben der Rotbuche kommen hier auch noch Hainbuche, Stieleiche, Vogelkirsche, Birke oder Zitterpappel vor. Natürliche *Fichtenwälder* sind typisch für unsere niederschlagsreichen Mittelgebirge ab etwa 700 m Höhe, wo die Böden nährstoffarm und sauer sind.

Bleibt ein Wald von Anfang an ohne Eingriffe des Menschen sich selbst überlassen, spricht man von einem *Urwald*. Leider gibt es diesen Waldtyp in Mitteleuropa nur noch ganz selten. Auch in Sachsen hat der Mensch die ursprünglichen Wälder vielfach durch künstlich angelegte Holzplantagen ersetzt. Solch eintönige Forste dienen in erster Linie der Holzgewinnung.

Funktionen. Ein Wald beherbergt nicht weniger als 7000 Tierarten und 4 000 Pflanzenarten. Viele von ihnen sind auf diesen Lebensraum angewiesen und könnten ohne ihn nicht überleben. Daneben stellt der Wald einen wirksamen *Erosionsschutz* dar, da er die Abtragung des Bodens durch Wind oder Regen verhindert.

Die Zweige und Blätter eines Waldes wirken wie ein Filter. Sie entfernen in einem Jahr pro Hektar nicht nur bis zu 400 kg Staubteilchen aus der von uns verunreinigten Luft, sondern zusätzlich auch noch große Mengen von Schadgasen.

Auch das *Regenwasser* wird im Wald *gefiltert:* Beim Durchsickern im Waldboden erhält es häufig Trinkwasserqualität. Daneben ist der Wald für viele Menschen aber auch ein nicht zu ersetzender *Erholungsraum*, in dem sie Ruhe und Entspannung finden.

1 Waldverteilung in Sachsen

vorwiegend Kiefer
vorwiegend Fichte
vorwiegend Laubbaumarten
waldarmes bis waldfreies Gebiet

Aufgaben

1 In verschiedenen Landschaften entstehen unterschiedliche Wälder. Erkläre.

2 Welche Waldart ist in deiner Umgebung am häufigsten? Versuche Gründe dafür zu finden.

3 In Deutschland gibt es fast keinen Urwald mehr. Kennst du Wälder, für die die Bezeichnung Urwald zutrifft?

4 Führe Gründe dafür an, weshalb sich ein Forst nicht besonders gut zur Erholung eignet.

Stockwerke des Waldes

Natürlich gewachsene Mischwälder zeigen in ihrem Innern fast immer eine Gliederung von unten nach oben. Man bezeichnet die dabei erkennbaren Bereiche auch als *Stockwerke des Waldes*.

Wurzelschicht. Verborgen bleibt die unterirdische Schichtung: Unterschiedlich tief dringen die Wurzeln der Pflanzen in den Boden ein.

Humusschicht. Aus den abgeworfenen und zersetzten Blättern im Laubwald entsteht mineralstoffreicher Humus, der Mull. Die abgefallenen Nadeln bilden den sauren Moder oder *Rohhumus*.

Moosschicht. Sie ist nur 10 cm hoch. *Moose, Pilze* und *Flechten* sind hier kennzeichnend. Die Moosschicht bietet vielen kleinen Tieren ideale Lebensbedingungen. *Milben, Käfer* und *Ameisen* trifft man hier ebenso an wie *Spinnen* oder *Schnecken*.

Krautschicht. Sie reicht 10 bis 50 cm über den Boden. In der *Krautschicht* wachsen viele *Gräser, Farne* und *Schachtelhalme* sowie eine Reihe von *Blütenpflanzen*. Auch die *Heidelbeere*, ein Strauch, oder junge Waldbäume gehören hierher.

Strauchschicht. Von 50 cm bis 2 m Höhe reicht die *Strauchschicht*. *Himbeere, Brombeere, Hasel* oder *Holunder* sind hier genauso zu finden wie die *Waldrebe*, eine der wenigen einheimischen Lianen. Im dichten Gebüsch der Strauchschicht leben die *Amsel*, die *Singdrossel* und die *Mönchsgrasmücke*.

Baumschicht. Bäume und Sträucher ab 2 m Höhe bilden die *Baumschicht*. Neben dem *Eichhörnchen* bietet dieses Stockwerk vielen Vögeln günstige Lebensbedingungen. *Kleiber* und *Buntspecht* bevorzugen dabei den Stammbereich, *Buchfink, Pirol* und *Ringeltaube* brüten im Geäst der Kronen und suchen hier auch ihre Nahrung.

Wälder ohne Stockwerke. In einem Fichtenforst finden sich keine Stockwerke. Während im natürlichen Mischwald das Licht von oben nach unten nur langsam abnimmt, lassen die dicht nebeneinander stehenden Bäume im Forst kaum Licht durch. Kräuter und Sträucher können hier nur schwer gedeihen.

Aufgaben

1   Begründe, warum im Nadelwald am Boden nur sehr wenige Pflanzen wachsen.

2   Wodurch entstehen die unterschiedlichen Stockwerke im Wald?

3   Welche Waldtiere kennst du? In welchen Stockwerken halten sich diese Tiere vorwiegend auf?

In Kürze

Natürlich gewachsene Mischwälder sind im Innern in Stockwerke gegliedert. Von unten nach oben unterscheidet man: Wurzelschicht, Humusschicht, Moosschicht, Krautschicht, Strauchschicht und Baumschicht.

1   *In natürlich gewachsenen Mischwäldern lässt sich im Innern eine stockwerkartige Gliederung erkennen.*

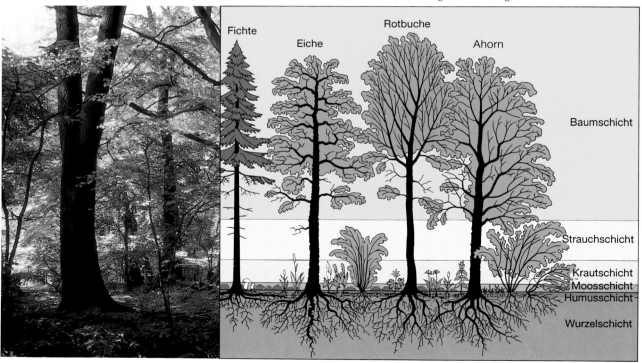

Fichte · Eiche · Rotbuche · Ahorn

Baumschicht
Strauchschicht
Krautschicht
Moosschicht
Humusschicht
Wurzelschicht

1205

Praktikum: Pflanzenarten eines Waldes

Zu welchem Waldtyp gehört unser Wald? Ist er vielleicht besonders schutzbedürftig? Unterscheidet er sich von anderen Wäldern in der Umgebung?
Solche Fragen lassen sich nur durch eine Untersuchung des Pflanzenbestandes beantworten.

Benötigt werden: Bestimmungsbuch, Schreibzeug, Maßband, Steine oder Holzpflöcke, Schnur (2 x 50 m), nach Möglichkeit Fotoapparat, Sammeltüten, eventuell Pflanzenpresse.

1 Schichtung und Deckungsgrad
Natürlich gewachsene Wälder zeigen eine typische Schichtung in mehrere Stockwerke:
Moosschicht (M): alle Pflanzen der Bodenoberfläche bis 10 cm Höhe;
Krautschicht (K): alle krautigen Pflanzen und Holzgewächse von 10 bis 50 cm Höhe;
Strauchschicht (S): alle Holzgewächse von 50 cm bis 2 m Höhe;
Baumschicht (B): alle Holzgewächse über 2 m Höhe.

Durchführung:
Die Ausbildung der Schichten ist kennzeichnend für Typ, Alter und Nutzung eines Waldes. Um sie zu ermitteln, musst du den Deckungsgrad jeder Schicht abschätzen: Das ist der Teil der Bodenfläche, der durch die einzelne Schicht bedeckt wäre, wenn du sie senkrecht von oben betrachten könntest.

Häufigkeit	Deckungsgrad	Kennziffer im Protokoll
sehr zahlreich	$^6/_8$–$^8/_8$	5
zahlreich	$^4/_8$–$^6/_8$	4
wenig zahlreich	$^2/_8$–$^4/_8$	3
spärlich	$^1/_8$–$^2/_8$	2
sehr spärlich	bis $^1/_8$	1

Protokoll Pflanzenbestand

Waldart:	Buchenwald		Schichtung	
Ort:	Odewald (Stadtwald Göppingen)		Schicht	Deckung
Datum:	4.6.'94		B	$^2/_8$ bis $^4/_8$
Meereshöhe:	350 m		S	unter $^1/_8$
Probefläche:	25 m²		K	$^6/_8$

Arten	Anzahl	Deckung	Arten	Anzahl	Deckung
B: Rotbuche	5	3	K: Frühlings-platterbse	3	1
Bergahorn	1	1			
S: Heckenkirsche	1	1	Bingelkraut	3	2
Haselsträuch	1	1	Lungenkraut	1	1
Rotbuche	1	1	vielblütige Weißwurz	1	1
K: Aronstab	2	1	Sauerklee	1	1
Waldmeister	4	1	Haselwurz	1	1
Buschwindröschen	5	3	Waldsegge	1	1
Waldveilchen	1	1			

2 Pflanzenbestand einer Probefläche
Da man nicht alle Pflanzen erfassen kann, die in einem Wald vorkommen, untersucht man eine Probefläche. Sie muss groß genug sein, um auch seltenere Arten festzustellen, dabei aber überschaubar bleiben. Für die Krautschicht reicht eine Probefläche von 25 bis 50 m², für die Baumschicht sind meist 100 bis 400 m² nötig.

Durchführung:
• Grenze mit Steinen oder Holzpflöcken und Schnur eine geeignete Probefläche ab.
• Bestimme – getrennt nach den Schichten – alle Pflanzenarten, die auf der Probefläche wachsen. Ziehe bei unbekannten Arten das Bestimmungsbuch heran, ebenso wenn du nicht ganz sicher bist.
• Vermerke die gefundenen Arten in einem Protokoll.
• Schätze für alle Arten Häufigkeit und Deckungsgrad nach der Tabelle links.

3 Dokumentation
Deine Untersuchungsergebnisse solltest du später im Unterrichtsraum in Form einer kleinen Ausstellung vorstellen.
• Fotografiere dafür nach Möglichkeit einzelne Pflanzen und die Probefläche.
• Nimm außerdem von häufigen, nicht gefährdeten Pflanzen ein Exemplar zum Pressen mit.
• Verwende die Fotos, die gepressten Pflanzen und dein Protokoll zur Dokumentation.

Wald ist nicht gleich Wald ...

1 Buchenwald

2 Eichenwald

Von Natur aus wäre fast ganz Mitteleuropa *Waldland*. Wo Äcker, Wiesen und Heiden nicht mehr bewirtschaftet werden, entsteht auch heute noch von selbst wieder Wald. Ob sich allerdings ein Buchenmischwald oder vielleicht ein Kiefernwald entwickelt, dafür sind vor allem *Klima* und *Boden* entscheidend.

Sommergrüne Laubwälder. Bei uns herrscht überwiegend ein gemäßigtes Klima mit ausreichend Niederschlägen und keinen allzu großen Temperaturunterschiede zwischen Sommer und Winter. Das sind die idealen Bedingungen für *Buchen- und Buchenmischwälder*. Solche Wälder wären in Deutschland natürlicherweise am weitesten verbreitet.

Das dichte Kronendach der *Rotbuche* verursacht viel Schatten. Im Sommer gelangen nur etwa 2% des Sonnenlichts zum Waldboden. Daher wachsen dort Pflanzen, die schon früh im Jahr blühen, wie Buschwindröschen, Frühlingsplatterbse, Maiglöckchen und Waldmeister, oder Pflanzen, die mit wenig Licht auskommen, zum Beispiel das Perlgras. Andere Baumarten, wie Hainbuche, Stieleiche oder Vogelkirsche, können sich gegen die Rotbuche nur schwer behaupten und treten daher vereinzelt auf.

In höheren Lagen des Berglandes bildet die Rotbuche *mit Tanne, Fichte und Bergahorn Mischwälder*.

Laubwälder, in denen Eichen vorherrschen, gibt es im Flach- und Hügelland auf Böden, die für die Rotbuche zu nass oder zu trocken sind. *Eichenwälder* sind viel lichter als Buchenwälder. Sie zeichnen sich durch eine große Zahl von Kräutern und Sträuchern aus. Am Aufbau der Wälder sind immer auch andere Laubbaumarten beteiligt, besonders häufig die *Hainbuche*.

In den wärmsten Gegenden Deutschlands, zum Beispiel am Kaiserstuhl und am Neckar, wächst an Steilhängen ein *Eichenbuschwald*. In ihm kommen viele Pflanzen vor, die sonst nur südlich der Alpen zu finden sind. *Auwälder* sind kennzeichnend für die Talauen der großen Flüsse. Auf den zeitweise überfluteten, mineralstoffreichen Böden siedeln unmittelbar am Fluss Weiden, etwas höher in der Aue Pappeln, Eschen, Ulmen und Stieleichen. Auwälder sind die artenreichsten Wälder in Deutschland. Hier wachsen Lianen, wie Hopfen und Waldrebe, und feuchtigkeitsliebende Kräuter, wie Bärlauch, Aronstab und Springkraut.

Immergrüne Nadelwälder. Nur bei ungünstigen Bedingungen kommen reine Nadelwälder von Natur aus vor: Auf moorigen, aber auch auf sehr trockenen, sandigen Böden finden wir artenarme *Kiefernwälder*. In den Gebirgen oberhalb von etwa 700 m, wo die Sommer für Laubbäume zu kurz sind, wächst *Fichtenwald*. Im Fichtenwald ist es ganzjährig schattig. Sich zersetzende abgefallene Nadeln bewirken eine Versauerung des Bodens. Wenige Pflanzen, wie Sauerklee, Heidel- und Preiselbeere, kommen hier zurecht.

3 Auwald

4 Fichtenwald

... auch für Tiere

1 *Schwarzspecht*

2 *Mittelspecht*

3 *Hirschkäfer*

Etwa 20 % aller in Deutschland vorkommenden *Tierarten* benötigen *als Lebensraum Wälder*. Rund 5200 Insektenarten und 100 Wirbeltierarten – davon 70 Vogelarten – kann man hier antreffen. Darunter sind auch vom Aussterben bedrohte Tierarten. Für manche Waldbewohner, wie Feldhase, Reh und Fuchs, ist der Wald nicht angestammter Lebensraum, sondern eher *Rückzugsgebiet*. Sie finden heute in der Kulturlandschaft immer weniger ungestörte Lebensmöglichkeiten.

Je reicher die Wälder strukturiert sind und je vielfältiger ihr Pflanzenwuchs ist, desto mehr verschiedene Tierarten können dort leben. Laubwälder sind daher artenreicher als Nadelwälder, Waldränder artenreicher als das Waldinnere. Manche Tierarten sind dabei eng *an bestimmte Waldtypen gebunden*.

Buchenwaldbewohner. Alte Buchenwälder bevorzugt der krähengroße *Schwarzspecht* als Lebensraum. Er braucht starke Stämme zum Anlegen seiner Bruthöhlen.

Verlassene Schwarzspechthöhlen werden meist schnell von Höhlenbrütern, wie Hohltaube und Waldkauz, von Fledermäusen, Hummeln oder Hornissen als Nachmietern besetzt.

Eichenwaldbewohner. Eine Fundgrube für Insektenfreunde ist der Eichenwald. An Eichen entwickeln sich rund 300 verschiedene Schmetterlingsarten, 86 verschiedene Gallwespenarten und zahlreiche Käfer, darunter auch der stark gefährdete *Hirschkäfer*. Nahezu ausschließlich im Eichenwald kommt der gefährdete *Mittelspecht* vor. Er ernährt sich von Insekten, die er mit seiner langen Zunge aus der rissigen Eichenrinde leckt.

Auwaldbewohner. Ganz seltene Bewohner können Auwälder beherbergen: In manchen Gegenden bauen hier *Biber* ihre Dämme.

Unter den Vögeln zählt der *Pirol* zu den typischen Auwaldbewohnern. Er kommt zwar auch in anderen Laub- und Mischwäldern vor, ist dort aber wesentlich seltener.

Nadelwaldbewohner. Einige Vögel sind fast nur auf Nadelbäumen anzutreffen. Zu den hier häufigen Arten gehören die *Haubenmeise*, die *Tannenmeise* und das winzige *Wintergoldhähnchen*.

4 *Pirol*

5 *Haubenmeise*

6 *Wintergoldhähnchen*

Aufgaben

1 Versuche festzustellen, zu welchem Waldtyp der Wald in deiner Umgebung gehört.
Hättest du von Natur aus einen anderen Waldtyp erwartet? Was vermutest du als Ursache für den Unterschied?

In Kürze

Bei uns gibt es verschiedene Waldtypen. Aufgrund von Klima und Boden würde Buchenwald vorherrschen. Wälder sind Lebensraum von rund 20 % aller einheimischen Tierarten. Manche Tiere sind an bestimmte Waldtypen gebunden.

Einheimische Nadelbäume

1 Fichte

5 Tanne

9 Lärche

Fichte

Nadeln: einzeln, 1 bis 3 cm lang, vierkantig, spitz und stechend;
spiralig um den Zweig angeordnet.
Blüten: männliche Kätzchen gelb, an vorjährigen Trieben; weibliche Zäpfchen rot, endständig. Pflanzen einhäusig.
Zapfen: hängend; fallen stets als Ganzes ab.
Borke: graubraun, in runden Schuppen abblätternd.

Tanne

Nadeln: einzeln, 1 bis 3,5 cm lang, flach, weich, nicht stechend;
Einschnitt an der Spitze, Unterseite mit 2 weißen Längsstreifen.
Blüten: nicht endständig; männliche Kätzchen gelb; weibliche Blütenzäpfchen grün. Pflanzen einhäusig.
Zapfen: stehend; zerfallen nach der Reife.
Borke: weißgrau, in eckigen Schuppen abblätternd.

Lärche

Nadeln: weich, dünn, nicht stechend; an Kurztrieben in Büscheln, fallen im Herbst ab.
Blüten: männliche Kätzchen eiförmig, rötlich gelb; weibliche Zäpfchen rot, aufrecht. Pflanzen einhäusig.
Zapfen: klein, eiförmig, aufgerichtet; bleiben jahrelang am Baum hängen.
Borke: graubraun, tief rissig.

2 Nadeln

3 Zapfen

6 Nadeln

7 Zapfen

10 Nadeln

11 Zapfen

4 Weiblicher Blütenzapfen

8 Weibliche Blütenzapfen

12 Weibliche Blütenzäpfchen

2429

Einheimische Laubbäume

1 Stieleiche

5 Bergahorn

9 Esche

Stieleiche

Blätter: gebuchtet.

Blüten: getrenntgeschlechtig; männliche Kätzchen hängend, grün; weibliche Blüten rot, aufrecht. Pflanzen einhäusig.

Frucht: Eichel am langen Stiel in einem Fruchtbecher.

Borke: graubraun, tiefe Längsrisse.

Winterknospen: Endknospe von mehreren Seitenknospen umgeben.

Bergahorn

Blätter: handförmig, meist fünfteilig, spitze Einschnitte; Oberseite dunkelgrün, Unterseite graugrün; Winkel zwischen den Blattadern behaart.

Blüten: Trauben. Pflanze getrenntgeschlechtig, einhäusig oder zwittrig.

Frucht: geflügelte Nussfrüchte.

Borke: braun, rissig, in kleinen, flachen Schuppen abblätternd.

Winterknospen: eiförmig, glänzend.

Esche

Blätter: unpaarig gefiedert.

Blüten: getrenntgeschlechtig oder zwittrig. Pflanzen oft zweihäusig.

Frucht: Nussfrucht mit gedrehtem Flügel; im Winter am Baum.

Borke: Stamm schwarzbraun, längsrissig; Zweige mit hellgrauer Borke.

Winterknospen: mattschwarz, gegenständig; seitlich abstehend, halbkugelig; Endknospen zugespitzt.

2 Knospen

3 Früchte

6 Knospe

7 Früchte

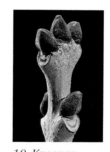

10 Knospen

11 Früchte

4 Blätter der Stieleiche

8 Blatt des Bergahorns

12 Blatt der Esche

Sträucher am Waldrand

1 *Haselstrauch*

3 *Heckenrose*

5 *Schwarzdornhecke*

Hasel

Blätter: eirund mit herzförmigem Grund; Blattrand doppelt gesägt, auf der Unterseite behaart.

Blüten: jeweils 2 bis 4 männliche Kätzchen an einem Kurztrieb; weibliche Blüten knospenähnlich mit rotem Narbenbüschel; Pflanze getrenntgeschlechtig, einhäusig.

Frucht: Haselnuss, reich an Öl und wohlschmeckend.

Wissenswertes: seit der letzten Eiszeit häufigster einheimischer Strauch; galt bei den Germanen als blitzsicherer Ort; Zweiggabeln werden von Wünschelrutengängern benutzt.

Heckenrose

Blätter: unpaarig gefiedert (mit 5 bis 7 Fiederblättchen); Blattrand gesägt, Blattstiele etwas bestachelt.

Blüten: hellrosa, selten weiß, fünfblättrig, wohlriechend.

Frucht: scharlachrote Hagebutten, eiförmig, glatt; essbar (Marmelade), enthalten viel Vitamin C; behaarte Nüsschen als Samen.

Wissenswertes: Stacheln sind umgewandelte Teile der Oberhaut; sie lösen sich leicht vom Stängel; an den Ästen finden sich oft schwammige Auswüchse, die von der Rosengallwespe verursacht werden.

Schwarzdorn, Schlehe

Blätter: länglich, elliptisch und mit stumpfer Spitze; Oberseite dunkelgrün, Unterseite blassgrün.

Blüten: schneeweiße Zwitterblüten, klein, kurz gestielt und wohlriechend; erscheinen vor dem Laub.

Frucht: kirschgroße, kugelige Steinfrüchte, die Schlehen; sie sind kurz gestielt und blau.

Wissenswertes: Äste dornenreich, schützen die Vögel in der Hecke. Dornen sind umgewandelte Sprosse. Auf ihnen spießt der Raubwürger seine Beute auf. Kalkanzeiger; Früchte erst nach dem Frost genießbar.

2 *Haselnüsse*

4 *Hagebutten*

6 *Schwarzdornfrüchte*

2430

Biotop – Biozönose – Ökosystem

Biotop. In der Natur trifft man Pflanzen und Tiere immer wieder in einem für sie kennzeichnenden *Lebensraum* an. Dieser Lebensraum wird auch als *Biotop* bezeichnet. Biotope sind zum Beispiel ein Teich, eine Kiesgrube oder ein Bahndamm. Jedes Biotop ist geprägt durch charakteristische *Umweltfaktoren*. Dazu zählen beispielsweise Boden, Licht, Wasser und die Temperatur. Alle diese unbelebten Merkmale sind die *abiotischen Faktoren*.

Biozönose. Ein Biotop wird von einer Vielzahl von Pflanzen und Tieren bewohnt. Zwischen den Lebewesen eines Biotops bestehen *Wechselbeziehungen*. So sind viele Blütenpflanzen des Waldes auf die Bestäubung durch Insekten angewiesen. Diese ernähren sich ihrerseits teilweise wieder von Pflanzen, saugen deren Nektar oder fressen ihre Früchte. So erbeutet die Dorngrasmücke in der Hecke Spinnen und Insekten, der Raubwürger fängt Mäuse. Die voneinander abhängigen Pflanzen und Tiere in einem Biotop bilden eine *Lebensgemeinschaft*, eine *Biozönose*. Sie stellen die *biotischen Faktoren* dar.

Ökosystem. Die Mitglieder einer Biozönose stehen nicht nur in Wechselbeziehung untereinander, sondern sind auch von den abiotischen Faktoren abhängig: So brauchen alle Pflanzen für ihr Gedeihen Mineralstoffe, Wasser und Licht. Die jeweils notwendige Menge kann von Art zu Art verschieden sein. So stellt die Hasel an das Klima wenig Ansprüche und kommt mit wenig Wasser und Licht aus. Der Boden allerdings muss reich an Mineralstoffen sein. Die Birke wiederum stellt an den Boden keine Ansprüche, gedeiht aber nur dort, wo sie viel Licht bekommt. Die Eiche benötigt viel Licht, einen tiefgründigen und möglichst feuchten Boden.

Das vielfältige Zusammenwirken von Biozönose und Biotop wird als *Ökosystem* bezeichnet. Hecken, Äcker, Wiesen, Wälder, Seen und Sümpfe sind einige Beispiele für Ökosysteme.

Aufgaben

1 Kannst du in einer Hecke Zusammenhänge zwischen abiotischen Faktoren und dem Pflanzenbewuchs feststellen?

2 Zeige am Beispiel einer Hecke Wechselbeziehungen zwischen Pflanzen und Tieren auf.

3 Erkläre am Beispiel Hecke den Zusammenhang zwischen Biotop, Biozönose und Ökosystem.

In Kürze

Ein Biotop ist ein Lebensraum mit typischen abiotischen Faktoren wie etwa Licht, Wasser oder Temperatur. Die Pflanzen und Tiere eines Biotops bilden eine Lebensgemeinschaft oder Biozönose. Man spricht auch von biotischen Faktoren.
Biotische und abiotische Faktoren zusammen bilden ein Ökosystem.

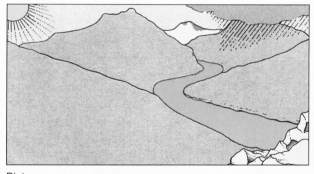

Biotop

Biozönose

Ökosystem

1 Das vielfältige Zusammenwirken von Biotop und Biozönose wird als Ökosystem bezeichnet.

Abiotische Faktoren

1 Sonnenstrahlen im Wald.
Dresdner Heide

2 Im Sommer ist es im Wald deutlich kühler.
Dresdner Heide

Jeder Wald hat seinen eigenen Boden und sein eigenes Kleinklima. Diese *abiotischen*, das heißt *nicht lebenden Faktoren* bestimmen sowohl die Baumarten als auch deren Wachstumsgeschwindigkeit sowie die Widerstandsfähigkeit gegen Krankheiten.

Boden. Von den physikalisch-chemischen Eigenschaften spielt der *Feuchtigkeitsgehalt* des Bodens eine entscheidende Rolle.

Auch der *Säuregehalt*, der pH-Wert eines Bodens, bestimmt die Waldart. Viel organische Substanz in Form von Humus, aber auch bestimmte Muttergesteine wie etwa Buntsandstein erhöhen den Säuregehalt.

Ohne *Mineralstoffe* aus dem Boden kann keine Pflanze im Wald gedeihen. Das feste Gestein im Untergrund wird im Laufe der Zeit an seiner Oberfläche durch Luft, Wasser, Eis, rasche Temperaturwechsel und Pflanzenstoffe zersetzt. Durch diesen Vorgang, den man Verwitterung nennt, entsteht der Unterboden, der reich an Mineralstoffen ist. Mit dem Wasser kommen diese über die Wurzeln in die Pflanzen.

In den oberen Bodenschichten reichern sich die Reste der abgestorbenen Pflanzen an. Sie werden durch Pilze und Bakterien zersetzt. Dabei gelangt ein großer Teil der Mineralstoffe, die zu Lebzeiten von den Pflanzen aufgenommen wurden, wieder in das Erdreich zurück. Was übrig bleibt, ist lockerer *Humus*.

Lichtintensität. Sie hängt von der Art der Bäume und von der Jahreszeit ab. Die Kronen der Nadelbäume fangen das ganze Jahr über einen Großteil des Lichtes ab, sodass der Boden nur wenig davon abbekommt. Entsprechend gering ist dort der Pflanzenwuchs. Laubbäume lassen im Frühjahr bis zu 70% des Lichtes nach unten durch, im Sommer dagegen auch nur etwa 10%.

Temperatur. Verglichen mit dem Umland ist es im Sommer in einem Wald deutlich *kühler*. Dies erklärt sich unter anderem dadurch, dass die einfallenden Sonnenstrahlen vom Laub absorbiert werden und dass etwa 40% der Sonnenenergie durch die *Verdunstungskälte* wieder verloren gehen. Im Winter drehen sich die Verhältnisse in einem Laubwald durch die fehlenden Blätter und die geringe Verdunstung um.

Luftfeuchtigkeit. Von der Blattoberfläche der Bäume verdunstet im Sommer bis zu 40% der Niederschläge. Der Rest gelangt zur Bodenstreu.

Sie kann bis zum Neunfachen ihres Trockengewichtes aufnehmen. Ein Teil davon gelangt in die Wurzeln der Bäume und verdunstet – nach dem Transport in die Kronen – durch die Spaltöffnungen der Blätter. Ein anderer Teil der Niederschläge begünstigt besonders das Wachstum der Moosschicht, die ihrerseits pro Hektar bis zu 460 000 l Wasser speichern kann. Auch dieses Wasser verdunstet teilweise wieder im Wald selbst.

Windgeschwindigkeit. Ein geschlossener Baumbestand *bremst* einen Wind stark ab. Der Grad der Abbremsung liegt dabei zwischen 71% in Bodennähe und 85% in einer Höhe von 12 m.

Aufgaben

1 Welche Faktoren werden als abiotische Faktoren bezeichnet?

In Kürze

Die Zusammensetzung des Bodens, die Lichtintensität, die Temperatur, die Luftfeuchtigkeit und die Windgeschwindigkeit bezeichnet man als die abiotischen Faktoren.

2432

Praktikum: Abiotische Faktoren

Wie ändern sich die Lebensbedingungen an der Grenze zwischen freiem Feld und Hecke, wie zwischen freiem Feld, Waldrand und Waldinnerem? Messungen an einem Profil entlang geben Aufschluss.
Zeichne das Profil und lege die Messpunkte fest.
Die Messwerte trägst du in eine Tabelle ein.

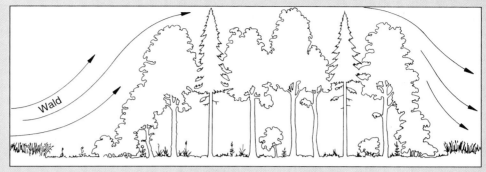

Faktor	Feld (Luv)	Hecke bzw. Waldrand	Feld (Lee) bzw. Waldinneres
Windgeschwindigkeit			
Lichtintensität			
Temperatur			
Luftfeuchtigkeit			

Windgeschwindigkeit

Ein Schalenanemometer misst die Windgeschwindigkeit in Metern pro Sekunde. Sollte es dir nicht zur Verfügung stehen, kannst du auch mithilfe der so genannten Beaufort-Skala die Windgeschwindigkeit schätzen. Dazu musst du allerdings über mehrere Minuten hinweg genau die Blätter, Zweige und Äste beobachten.

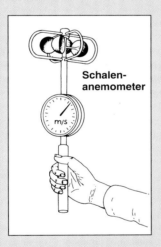

Schalen-anemometer

Beaufort-Skala

Beobachtung	Wind (m/s)
Blätter völlig ruhig	0–1,5
Blätter und dünne Zweige zeitweilig bewegt	1,6–3,3
Blätter und dünne Zweige immer bewegt	3,4–5,2
kleine Bäume schwanken	5,3–7,4
stärkere Äste bewegt	7,5–9,8

Temperatur

Mit einem Minimum-Maximum-Thermometer misst man an 3 Messpunkten vor der Hecke, im Randbereich der Hecke und im Heckeninnern die Temperatur über längere Zeit. Ein Hinweiszettel informiert Fremde über den Zweck der Geräte. Täglich werden Minimum-, Maximum- und Augenblickswert abgelesen. Am Waldrand geht man entsprechend von außen nach innen vor.

Luftfeuchtigkeit

Auch Verdunstungsmessungen geben Aufschluss über die Feuchtigkeitsverhältnisse. Dazu füllt man ein Evaporimeter mit Wasser und durchsticht das Rundfilter in der Mitte mit einer Nadel. Anstelle des verdunsteten Wassers tritt Luft in das Evaporimetergefäß. Wie viel Wasser verdunstet in einer bestimmten Zeit aus Evaporimetern innerhalb und außerhalb des Waldes?

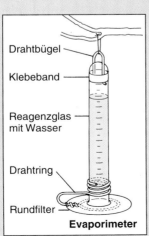

Drahtbügel
Klebeband
Reagenzglas mit Wasser
Drahtring
Rundfilter
Evaporimeter

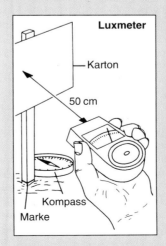

Luxmeter
Karton
50 cm
Kompass
Marke

Lichtintensität

Mit einem Belichtungsmesser oder Luxmeter kann man die Beleuchtungsstärke im Innern und im Randbereich der Hecke messen und mit den Werten auf freiem Feld vergleichen. Um vergleichbare Werte zu erhalten, hält man einen Karton in jeweils gleicher Orientierung vor das Messgerät. Entsprechend misst man am Waldrand und im Waldinnern und vergleicht mit dem freien Feld.

Vielfalt im Mischwald ...

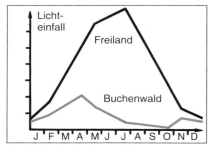

1 *Licht im Buchenwald*

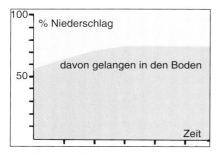

2 *Niederschlag unter Eichen*

3 *Mischwälder sind in Stockwerke und Kleinlebensräume reich gegliedert.*

Frühling im Mischwald. Aus dem Geäst einer Buche tönt der Gesang des Buchfinken. Am Stamm der alten Eiche läuft ein Kleiber. In der Laubstreu stöbert eine Amsel nach Nahrung. Im Unterholz aus Schneeball, Geißblatt, Kornelkirsche und Hartriegel hörst du den Zaunkönig. Ein Blütenteppich aus Buschwindröschen, Lungenkraut, Veilchen und Lerchensporn bedeckt den Boden.

Gleich daneben im Fichtenforst. Außer Moospolstern und einzelnen Horsten des Sauerklees gibt es am Waldboden keine Pflanzen. Sträucher fehlen völlig. Als einzige Baumart beherrscht die Fichte den Wald. Nur wenn wir die Ohren spitzen, hören wir das feine Ziepen der Tannenmeise in den Wipfeln.

Welch ein Unterschied zwischen den beiden Wäldern! Können wir im Mischwald kaum eine Übersicht gewinnen über die Fülle der Pflanzen- und Tierarten, die ihn aufbauen oder hier leben, erscheint uns der Fichtenforst einförmig und öde. Welche Ursachen bedingen den Artenreichtum des Mischwalds und die Artenarmut des Fichtenforsts?

Bewirtschaftung. Da beide Waldtypen oft in Nachbarschaft vorkommen, kann das Klima für die Unterschiede nicht verantwortlich sein. Dagegen hat die unterschiedliche Bewirtschaftung durch den Menschen Auswirkungen: Während sich *Mischwälder* meist selbst verjüngen und damit aus *Bäumen jeden Alters* bestehen, sind *Fichtenwälder* bei uns meist aus gleichzeitig gepflanzten Kulturen entstanden. Es sind *Altersklassenwälder*. Die wichtigsten Unterschiede zwischen den Bedingungen im Mischwald und Forst bewirken jedoch die Bäume selbst.

Licht. Die Energie des Sonnenlichts ist auch im Wald die Grundlage allen Lebens. Nur wenn die grünen Pflanzen genügend Licht erhalten, können sie wachsen und damit die Nahrungsgrundlage für alle anderen Lebewesen liefern.

Im *Laub-* oder *Mischwald* ist das *Lichtangebot sehr veränderlich*. Es wechselt mit der Jahreszeit und unterscheidet sich auch von Stockwerk zu Stockwerk. Erhält der äußere Kronenbereich der Baumschicht noch das volle Sonnenlicht, nimmt die Beleuchtung innerhalb der Kronen und zum Waldboden hin immer mehr ab. Die Ausbildung von Stockwerken im Mischwald ist vor allem eine Folge dieses ungleichen Lichtangebots. Pflanzenarten mit den *unterschiedlichsten Ansprüchen an die Beleuchtungsstärke* können daher im Mischwald gedeihen.

Im *Fichtenforst* ist die durchgelassene *Lichtmenge immer gering*. Eine Strauchschicht kann sich daher nicht ausbilden. In der Krautschicht wachsen nur wenige Arten. Es sind immer *Schattenpflanzen* wie Sauerklee, Schattenblume, Rippenfarn oder Moose.

Temperatur. Sonneneinstrahlung bedeutet nicht nur Licht, sondern auch Wärme. Im *Mischwald* ist daher die Temperatur viel größeren Schwankungen unterworfen als im Fichtenforst. Besonders im Frühjahr, vor dem Laubaustrieb, kann der Boden im Mischwald von der Sonne stark aufgeheizt werden. Daher finden sich unter den Pflanzen am Waldboden, aber auch unter den Insekten des Mischwalds, zahlreiche *Wärme liebende Arten*.

1745

... Artenarmut im Fichtenforst

1   *Fichtenforste sind einförmige „Altersklassenwälder".*

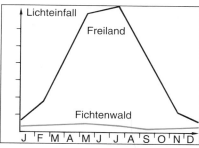

2   *Licht im Fichtenforst*

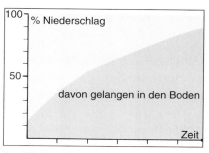

3   *Niederschläge unter Fichten*

Wasser. Die Wasserversorgung der Waldpflanzen hängt in erster Linie von der Niederschlagsmenge ab. Aber selbst wenn diese gleich ist, ergeben sich Unterschiede für Laub- und Nadelwald. Die Kronen eines *Fichtenforsts halten gut ein Drittel der Niederschläge zurück* und *verdunsten das Wasser,* bevor es den Wurzelbereich erreicht. Bei *Laubbäumen* ist dieser Wert *nur halb so hoch.* Andererseits ist die Luftfeuchtigkeit in einem Fichtenforst viel gleichmäßiger als im Mischwald, vor allem weil die Temperatur hier weniger schwankt.

Boden. Alle einheimischen Baumarten stellen an den Boden etwa denselben Ansprüche. Da Nadelbäume im Unterschied zu vielen Laubbäumen aber auch auf schlechten, das heißt kalk- und humusarmen, sehr nassen oder sehr trockenen Böden noch wachsen, werden sie auf solchen Standorten vom Menschen oft angepflanzt. Nur wenige andere Pflanzenarten wie Heidelbeere, Weißmoos oder Heidekraut kommen mit den hier herrschenden einseitigen Lebensbedingungen zurecht. Daher trägt der Boden eines *Nadelwalds artenarme Pflanzengesellschaften.* Die Unterschiede zwischen Mischwald und Nadelwald werden durch die Bäume noch verstärkt: Während das Laub nach seiner Zersetzung milden, nährstoffreichen Humus oder Mull ergibt, entsteht aus der schwer zersetzbaren Nadelstreu saurer Rohhumus oder Moder.

Ursachen für Artenvielfalt und Artenarmut. In einem Lebensraum finden umso mehr Arten ein Auskommen, je vielfältiger die Lebensbedingungen sind. Dies gilt nicht nur für Faktoren der unbelebten Natur wie Licht, Temperatur und Feuchtigkeit, sondern erst recht für Lebensumstände, die durch die Lebewesen selbst bedingt sind. Der Vergleich zwischen einem Mischwald und einem Fichtenforst zeigt, warum sich der Mischwald durch große Vielfalt, der Forst aber durch Artenarmut auszeichnet: Im *Mischwald* sind die *Lebensbedingungen abwechslungsreich und uneinheitlich,* er ist in *Stockwerke* und *Kleinlebensräume* reich gegliedert und zeigt einen *ausgeprägten jahreszeitlichen Wandel.*

Aufgaben

1   Erkläre, warum die meisten Pflanzenarten der Krautschicht eines Mischwalds Frühblüher sind, also sehr früh im Jahr blühen, wachsen und fruchten.

2   Welche Unterschiede zwischen dem Lebensraum Mischwald und Fichtenforst lassen sich auf den Bildern feststellen?

3   Vergleiche den Pflanzenbestand eines Mischwalds und eines benachbarten Fichtenforsts. Ziehe dazu das Praktikum „Pflanzenarten eines Waldes" mit heran.

In Kürze

Mischwälder bieten einer großen Anzahl verschiedener Pflanzen- und Tierarten einen geeigneten Lebensraum.
Fichtenforste können dagegen nur von wenigen Arten besiedelt werden. Die Artenvielfalt der Mischwälder hat ihre Ursache in den abwechslungsreichen Lebensbedingungen und dem vielfältigen Aufbau dieses Lebensraumes.

Der Waldboden

1 Das Maiglöckchen wächst nur in Wäldern mit mineralstoffreichen Böden.

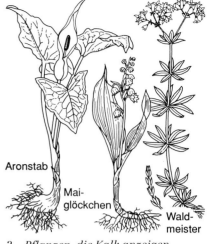

2 Pflanzen, die Kalk anzeigen.

Das Aussehen eines Waldes wird nicht nur von den *Bäumen*, sondern auch von seinen *Kräutern* und *Sträuchern*, *Moosen* und *Pilzen* geprägt. Sie alle brauchen zum optimalen Gedeihen jeweils einen ganz bestimmten *Boden*.

Gestein. Das Gestein im Untergrund kann aus
— *Ablagerungen* wie Kalk,
— *Urgestein* wie Granit oder Gneis
— oder aus vulkanischem Gestein bestehen. Wenn es verwittert, gelangen Mineralstoffe in den Boden. Ihre Menge und Zusammensetzung hängen vom Gestein ab.

Säuregrad. Mineralstoffe und vermodernde Pflanzenreste geben dem Boden einen bestimmten *Säuregrad*. Kalkboden enthält *viel Mineralstoffe*, ist *neutral oder schwach alkalisch*. Böden mit *wenig Mineralstoffen, aber viel Humusstoffen* sind *sauer*. Je nach Säuregrad bietet der Boden den Pflanzen unterschiedliche Lebensbedingungen.

Zeigerpflanzen. Eine Reihe von Pflanzen kommt nur auf ganz bestimmten Böden vor. Ihr Vorkommen zeigt meist den Bodenzustand deutlich an. Man bezeichnet sie daher als *Zeigerpflanzen*.

Aufgaben

1 Welche der abgebildeten Pflanzen findest du häufig in dem Wald deiner näheren Umgebung? Was kannst du über den Boden sagen?

In Kürze

Entsprechend ihrer Herkunft können Böden unterschiedlich reich an Mineralstoffen sein. Zusammen mit Pflanzenresten verleihen sie dem Boden einen bestimmten Säuregrad. Zeigerpflanzen geben darüber Auskunft.

3 Kiefern wachsen nur auf mineralstoffarmen Böden.

4 Pflanzen, die Säure anzeigen.

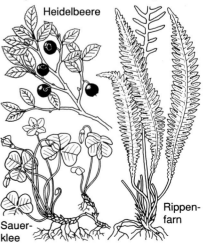

Praktikum: Waldboden

1 Kalkgehalt

Benötigt werden:
Uhrglas (6 cm Durchmesser), Pipette, Löffel, 10%ige Salzsäure. Waldboden.

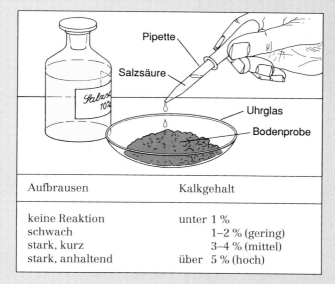

Aufbrausen	Kalkgehalt
keine Reaktion	unter 1 %
schwach	1–2 % (gering)
stark, kurz	3–4 % (mittel)
stark, anhaltend	über 5 % (hoch)

Durchführung:
Auf das Uhrglas wird ein Löffel Waldboden gebracht. Mit einer Pipette gibt man 5 Tropfen Salzsäure auf die Bodenprobe. Vorsicht, Salzsäure nicht auf die Haut oder Kleidung bringen!

2 Säuregrad

Benötigt werden:
Glasgefäß, Messzylinder, Löffel, destilliertes Wasser, Indikatorpapier. Waldboden.

Ein Ahorn, der bei einem pH-Wert von 6 einen Längenzuwachs von 12,4 cm hat, nimmt bei einem pH-Wert von 4 (sauer) um 10,6 und bei einem pH-Wert von 8 (alkalisch) um 6,2 cm zu.

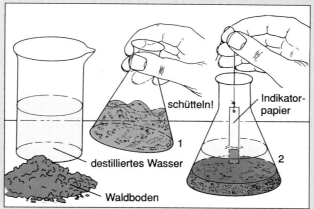

Durchführung:
Gib 2 Löffel Waldboden und 50 ml destilliertes Wasser in das Glasgefäß. Schüttle das Glas gut durch und lasse es dann etwa 5 Minuten ruhig stehen. Sobald sich die Bodenteilchen abgesetzt haben, wird in dem darüber stehenden Wasser der Säuregrad mit einem Indikatorpapier geprüft.

3 Wasserkapazität

Benötigt werden:
Stativ, Glasrohr, durchbohrter Stopfen, Glaspipette, Verbandmull, Messzylinder. Waldboden.

Die in luftgetrockneter Erde festgehaltene Wassermenge ist die Wasserkapazität des untersuchten Bodens.

Boden	Wasserkapazität (in %)
Sand	19
Sand und Humus	50
Ton	80
Waldboden	?

Durchführung:
Das Glasrohr wird in das Stativ gespannt. An seinem unteren Ende ist es mit dem durchbohrten Stopfen verschlossen. In ihm steckt eine Pipette, die nicht überstehen darf. Auf den Stopfen gibt man 2 Lagen Verbandsmull. In das Rohr füllt man etwa 10 Löffel luftgetrockneten Waldboden. Unter das Rohr stellt man den Messzylinder. Jetzt gießt man 100 ml Wasser vorsichtig in das Rohr. Sobald kein Wasser mehr abläuft, liest man die durchgelaufene Menge ab und berechnet die Wasserkapazität des Bodens.

Zeigerpflanzen

1 *Blühender Sauerklee* ●●●
Erkläre, welche Ansprüche diese Art an die Umgebung stellt.

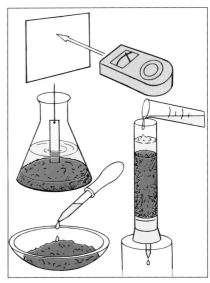

2 *Messgeräte für Lichtmenge, Säuregrad, Kalkgehalt, Wasserkapazität*

In vielen Wäldern wächst keine einzige Heidelbeerpflanze, während anderswo der ganze Waldboden damit bedeckt ist. Die Horste des Pfeifengrases wachsen oft nur auf einem kleinen Fleck und fehlen im übrigen Wald. An einer Stelle wächst die Tollkirsche üppig und daneben überhaupt nicht. Was sind die Gründe?

Lebensansprüche. Jedes Lebewesen stellt ganz bestimmte *Ansprüche* an seine Umwelt und kann nur dort existieren, wo diese auch erfüllt sind. So können in der Krautschicht unserer Laubwälder nur solche Pflanzen bestehen, die an die hier herrschenden Bedingungen angepasst sind. Das können sommerliche Lichtarmut, Windstille, gleichmäßige Luftfeuchtigkeit und humusreicher, im Herbst und Winter laubbedeckter Boden sein. Mit geeigneten *Messinstrumenten* lassen sich diese Lebensbedingungen ermitteln. Allerdings gelten die gefundenen Werte immer nur für den Augenblick der Messung und berücksichtigen möglicherweise nicht alle Faktoren.

Lebende „Messgeräte". Kennt man die Lebensansprüche einer Art, kann man sie als Anzeiger für diese Ansprüche heranziehen. Arten, die ganz ausgeprägte Ansprüche an einzelne Lebensbedingungen stellen, heißen *Zeigerarten*. Pflanzen eignen sich dafür besonders gut. Sie sind gewissermaßen lebende „Messautomaten" für die Bedingungen an einem Standort. Zeigerarten unter den Pflanzen kennt man für alle wichtigen Lebensbedingungen wie *Licht, Temperatur, Wasser* und *Boden*. Selbst für *Kalkgehalt, Säuregrad, Nitrat-* und *Phosphatgehalt* sind Zeigerpflanzen bekannt.

Standortbeurteilung. Je mehr Zeigerarten für denselben Lebensanspruch an einem Standort vorkommen, umso sicherer sind Aussagen zu den Lebensbedingungen möglich. Solche *Zeigergesellschaften* spielen bei der Beurteilung von Pflanzenstandorten durch Förster, Landschaftspfleger oder Naturschutzbeauftragte eine wichtige Rolle. Soll beispielsweise bei Aufforstungen die Güte eines Waldbodens beurteilt werden, zieht man neben der Messung einzelner Faktoren die Zeigerwerte der Waldbodenpflanzen heran. So lässt sich beurteilen, welche Baumarten auf diesem Standort während der nächsten 70 bis 150 Jahre gedeihen können.

Die unterschiedlichen Ansprüche der Pflanzen werden so gekennzeichnet:

	groß	mittel	klein
Lichtbedarf	○	◐	·
Feuchtigkeitsbedarf	●	●	•
Kalkbedarf	●	●	•

Aufgaben

1 Stelle mit den Angaben auf den nächsten beiden Seiten zwei „Zeigergesellschaften" zusammen: Feuchtigkeit liebende Schattenpflanzen und Kalk liebende Pflanzen.

2 Wie müssten die Messgeräte von Bild 2 arbeiten, wenn sie die Lebensbedingungen ähnlich zuverlässig ermitteln sollen wie Zeigerpflanzen?

In Kürze

Pflanzen mit ausgeprägten Ansprüchen an bestimmte Lebensbedingungen spielen als Zeigerpflanzen bei der Beurteilung von Waldstandorten eine wichtige Rolle.

Pflanzen des Waldbodens

Aronstab ●●●
Familie Aronstabgewächse
Stängel: 15–30 cm
Blätter: pfeilförmig
Blüten: Blütenstand, von Hüllblatt umgeben, am unteren Ende des braunen Kolbens
Blütezeit: April–Juni
Früchte: leuchtend rote Beeren, *giftig!*

Bärlauch ●●●
Familie Liliengewächse
Stängel: stumpf-dreikantig, 15–30 cm, längliche Zwiebel
Blätter: meist 2, lang gestielt, stark nach Lauch riechend
Blüten: weiß, in Scheindolde
Blütezeit: April–Mai
Früchte: dreiteilige Kapsel, Verbreitung der Samen durch Ameisen

Blaustern ●●●
Familie Liliengewächse
geschützt!
Stängel: rund, 10–20 cm, Zwiebelpflanze
Blätter: meist 2
Blüten: blau, in Traube
Blütezeit: März–April
Früchte: Kapsel, Verbreitung der Samen durch Ameisen

Maiglöckchen ●●
Familie Liliengewächse
geschützt! *giftig!*
Stängel: 10–20 cm, Blütenstängel blattlos, Erdspross
Blätter: 2, breit-lanzettlich
Blüten: weiße Glöckchen in Traube
Blütezeit: Mai–Juni
Früchte: rote Beeren, Verbreitung der Samen durch Vögel

Einbeere ●●●
Familie Liliengewächse
Stängel: 15–30 cm
Blätter: vierblättriger Blattquirl unter der Blüte
Blüten: Einzelblüte mit 8 Hüllblättern, unscheinbar
Blütezeit: Mai–Juni
Früchte: einzelne blauschwarze Beere, *giftig!*

Rippenfarn ●●●
Familie Tüpfelfarne
Gestalt: Farn mit niederliegenden, unfruchtbaren Wedeln und aufrechten, fruchtbaren Wedeln. Fiedern der fruchtbaren Wedel sehr schmal
Höhe: 15–50 cm
Sporenreife: Juli–September

Biorhythmus

1 *Waldeidechse*

2 *Tagpfauenauge*

3 *Waldohreulen*

Tiere unterliegen einem Rhythmus, der von einer *inneren Uhr* bestimmt wird, man nennt ihn *Biorhythmus*. Dieser Zeitgeber sagt ihnen, wann sie aktiv werden müssen. Dies ist besonders wichtig, um bei der Nahrungssuche oder der Fortpflanzung erfolgreich zu sein. Gesteuert wird die innere Uhr von *abiotischen Faktoren* wie Licht oder Temperatur.

Licht. Vögel und Säugetiere unterliegen einem *Tag- und Nachtrhythmus*. Viele sind am Tag, manche in der Dämmerung und einige nur bei Nacht aktiv. Verantwortlich dafür ist in erster Linie die *Zirbeldrüse* im Gehirn. Über die Augen empfängt sie Informationen über die *Lichtstärke* in der Umwelt und schüttet darauf das *Hormon Melatonin* aus. Dieses regelt die *Bewegungsaktivität* und kontrolliert die *Körpertemperatur*.

Tiere, die nur am *Tag aktiv* sind, haben das Risiko, sowohl von einem Fressfeind als auch vom beabsichtigten Opfer zu schnell erkannt zu werden. Vielfach *tarnen* sie sich daher wirkungsvoll, wie zum Beispiel die Waldeidechse, *warnen* durch Schreckfarben, wie das Tagpfauenauge, oder *wehren* sich mit Bissen wie die Kreuzotter oder Stichen wie die Wespe.

Wer nachts auf Nahrungssuche geht, also *nachtaktiv* ist, wird dann kaum entdeckt, wenn er dabei lautlos

4 *Rauhfußkauz*

5 *Fledermaus*

bleibt. Eulen haben daher beispielsweise ein äußerst weiches Gefieder, das beim Fliegen keine Geräusche verursacht. Nachtaktive Tiere brauchen zudem sehr *lichtempfindliche Augen* und, wie etwa die Fledermäuse, der Baummarder oder die Waldmaus, *große Ohren*, mit denen sie möglichst viele Schallwellen auffangen können.

Wasser. Auch andere Lebensvorgänge werden durch abiotische Faktoren beeinflusst. So benötigen alle *Amphibien* zur Eiablage und zur Entwicklung ihrer Larven das *Wasser*. Zudem ist ihre Haut so dünn, dass sie stets eine feuchte Umgebung brauchen, um nicht zu vertrocknen.

Aufgaben

1 Welche Vorteile haben die Tiere, wenn sie zu unterschiedlichen Zeiten im Wald auf Nahrungssuche gehen? Erkläre an einem Beispiel.

2 Welche abiotischen Faktoren sind für die Entwicklung der Erdkröte besonders wichtig?

In Kürze

Der Biorhythmus der Tiere wird durch abiotische Faktoren wie Licht, Wärme und Wasser gesteuert.

2436

Angepasstsein an die Jahreszeit

Alle Tiere müssen sich in unseren Regionen auf *wechselnde Jahreszeiten* einstellen. Vor allem im *Winter* müssen sie sich vor Kälte und Nahrungsmangel schützen. Säugetiere tun dies auf unterschiedliche Weise.

Winteraktivität. Das *Wildschwein* findet im Spätsommer reichlich Nahrung im Wald. Es kann sich jetzt ein dickes *Fettpolster* anfressen. Mit seiner Wühlschnauze kann es aber auch im Winter noch unter der Schneedecke an Nahrung kommen.

Das *Hermelin* wechselt im Herbst sein Fell. Das hellbraune Sommerfell wird durch ein *weißes Winterfell* ersetzt. Die Haare stehen im Winterfell dichter, sodass es gegen Wärmeverluste schützt. Die weiße Färbung *tarnt* das Tier im Schnee.

Tiere, die wie Wildschwein und Hermelin den ganzen Winter über aktiv sind, nennt man *winteraktiv*.

Auch *Rehe, Hirsche und Feldhasen* sind winteraktiv.

Winterschlaf. Der *Siebenschläfer* hat sich bis zum Oktober ein *Fettpolster* angemästet. Mit fortschreitendem Jahr wird die Nahrung knapper, die Witterung unerträglicher. Sinkt die Außentemperatur längere Zeit unter 15 °C, sucht der Siebenschläfer eine Baumhöhle oder eine Erdspalte als Versteck auf. Seine *Körpertemperatur sinkt ab.* Er fällt jetzt in einen *tiefen Schlaf.* Alle Lebensvorgänge sind verlangsamt, er atmet in der Minute statt wie bisher siebzigmal nur noch zweimal. Sein *Herzschlag* fällt von 180 auf 20 Schläge in der Minute. Er ist kaum mehr aufzuwecken. Der Siebenschläfer hält *Winterschlaf.* Auf diese Weise reichen dem kleinen Tier die Fettreserven bis zum nächsten Frühjahr. Sinkt seine Körpertemperatur unter 5 °C ab, beginnen seine Muskeln zu zittern und erzeugen so Wärme. Dabei verbraucht der Siebenschläfer viel von seinen Fettreserven. Steigt die Außentemperatur im Frühjahr wieder an, erwacht der Siebenschläfer. Er verlässt sein Nest und geht sofort auf Nahrungssuche.

1   *Wildschweine im herbstlichen Wald*

2   *Hermelin im Winterkleid*

3   *Siebenschläfer im Nest*

Baumschläfer, Haselmäuse, Igel und *Fledermäuse* halten ebenfalls Winterschlaf.

Winterruhe. Das *Eichhörnchen sammelt* im Herbst Nüsse, Eicheln und Bucheckern, die es in Baumstämmen oder am Boden versteckt. Wenn es im Winter sehr kalt wird, bleibt das Eichhörnchen *tagelang* in seinem *Baumnest, dem Kobel.* Es schläft jetzt länger als im Sommer, eng zusammengerollt kühlt es weniger aus. Körpertemperatur, Herzschlag und Atmung bleiben normal. An einigen Tagen sucht es nach den versteckten Vorräten, von denen es jedoch nur einen Teil wiederfindet. Auch der *Dachs* hält *Winterruhe.*

4   *Eichhörnchen am Kobel*

Der Baum als Lebensstätte

Ökologische Nischen. Auf einem Baum können immer mehrere – auch nah verwandte – Tierarten miteinander leben, ohne sich gegenseitig Konkurrenz zu machen.

Auf einer Fichte gibt es beispielsweise nicht nur für viele Vogelarten die entsprechende *Nahrung*, sondern auch für Insekten oder Säuger. Alle diese Tiere haben eine für sie typische Form des Nahrungserwerbes entwickelt.

Wechselbeziehungen zwischen den Gegebenheiten der Umwelt und den Ansprüchen und der Art der Nutzung der Gegebenheiten der Umwelt durch eine Art bezeichnet man als ökologische Nische einer Art.

Vögel. Der *Fliegenschnäpper* benutzt die Spitze des Baumes, um sich vorüberfliegende Insekten zu schnappen. Der *Ziegenmelker* startet aus der Fichte heraus, um in Mückenschwärme zu fliegen und mit seinem kescherartigen Schnabel reiche Beute zu machen. Ganz anders der *Fichtenkreuzschnabel:* Seine sich überkreuzenden Schnabelhälften ermöglichen es ihm, die Samenschuppen aus den Zapfen herauszulösen. Der *Buntspecht* dagegen fischt sich mit seinem kräftigen Schnabel und der langen Zunge Bockkäfer aus dem Splintholz.

Insekten, die sich in den Rindenritzen aufhalten, holt sich der *Kleiber* mit seinem pinzettenartigen Schnabel. Auf besonders kleine Insekten ist der *Gartenbaumläufer* spezialisiert. Sein äußerst dünner, gebogener Schnabel dringt auch noch in die winzigsten Rindenspalten ein.

Keine besondere Rolle spielt der Schnabel beim Nahrungserwerb des *Sommergoldhähnchens*. Ihm hilft sein geringes Gewicht. Da es nur etwa 5 g wiegt, kann es die benötigten Insekten auf den äußersten dünnen Enden der Fichtenzweige sammeln. Für diese ist die *Kohlmeise* viel zu schwer. Sie holt sich dieselben Insekten daher von den dickeren Zweigen und Ästen. Die *Drossel* gibt sich mit dem zufrieden, was unter einer Fich-

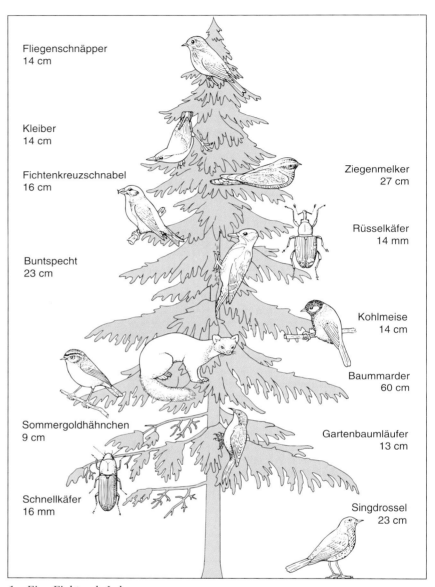

1 Eine Fichte als Lebensraum

Fliegenschnäpper
14 cm

Kleiber
14 cm

Fichtenkreuzschnabel
16 cm

Buntspecht
23 cm

Sommergoldhähnchen
9 cm

Schnellkäfer
16 mm

Ziegenmelker
27 cm

Rüsselkäfer
14 mm

Kohlmeise
14 cm

Baummarder
60 cm

Gartenbaumläufer
13 cm

Singdrossel
23 cm

te am Boden zu finden ist. Sie ernährt sich von Schnecken und Würmern.

Insekten. Auch bei den Insekten gibt es zwischen den Arten wenig Konkurrenz: So frisst der *Rüsselkäfer* vor allem Rinde und Bast, während der *Schnellkäfer* vom morschen Holz abgestorbener Äste satt wird.

Säuger. Der äußerst wendige und schnelle *Baummarder* schließlich hat es vor allem auf Vögel und Eichhörnchen abgesehen.

2438

Nahrungsnetze

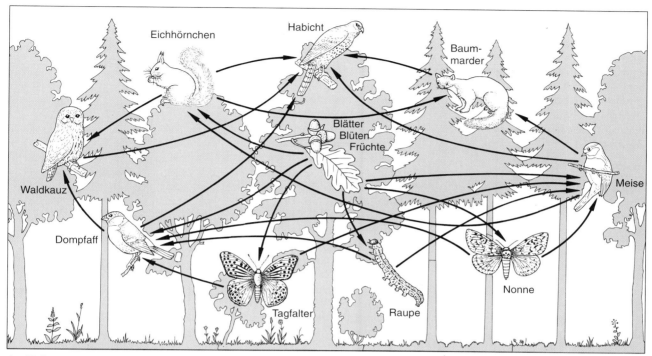

1 *Nahrungsnetz in der Kronenschicht eines Mischwaldes*

Nahrungskette. Tiere und Pflanzen leben im Wald nicht nur nebeneinander, sondern sie sind auch voneinander abhängig. In der Kronenschicht eines Mischwaldes kann man dies gut beobachten: An einer Eiche beispielsweise wachsen *Blätter*. Man bezeichnet die Pflanze daher auch als *Produzenten*. Die Blätter frisst eine *Raupe*. Die Raupe ist der *Konsument 1. Ordnung.* Die Raupe wiederum dient dem *Dompfaff* als Nahrung. Er ist einerseits *Konsument 2.Ordnung*, zugleich aber auch wieder Beute für den *Habicht*, den *Konsumenten 3.Ordnung*. Da der Habicht keinen natürlichen Fressfeind mehr hat, stellt er den *Endkonsumenten* dar. In der Regel bestehen Nahrungsketten im Ökosystem Wald aus höchsten 5 Gliedern.

Nahrungsnetz. Die Nahrungsbeziehungen sind in der Natur allerdings nie ausschließlich kettenförmig, da viele Tiere einer Nahrungskette unterschiedliche Nahrung zu sich nehmen. So schmecken einem Eichhörnchen nicht nur Eicheln, Bucheckern oder die Samen aus den Zapfen der Fichte, sondern auch Vogeleier oder Jungvögel. In der Regel sind daher viele Nahrungsketten zu *Nahrungsnetzen* verknüpft.

Stabilität. Durch das ständige Fressen und Gefressenwerden in einem Nahrungsnetz sorgt die Natur für eine ausgewogene Anzahl an Lebewesen in einem System. Es stellt sich ein *biologisches Gleichgewicht* ein, das das Überleben der beteiligten Arten ermöglicht. Ein strenger Winter jedoch kann die Insekten, die vielen Vögeln als Nahrung dienen, stark dezimieren und so die Kette stören. Jetzt ist es von Vorteil, wenn ein Konsument nicht nur auf eine Nahrungsart angewiesen ist. Die Meise beispielsweise kann auf Früchte, Beeren und Samen ausweichen. Ein artenreiches Nahrungsnetz ist deshalb wesentlich weniger störanfällig als ein artenarmes.

Menschliche Eingriffe. In unseren einheimischen Wäldern hat der Mensch aus Angst, aber auch aus *Konkurrenzneid* in die Nahrungsnetze eingegriffen. Er hat mit dem *Bär*, dem *Luchs* oder dem *Wolf* wichtige *Endkonsumenten* ausgerottet. Dadurch haben beispielsweise die Rehe keinen natürlichen Feind mehr und verursachen durch den übermäßigen Verbiss an jungen Bäumen große Schäden. Um dies zu verhindern, greift der Mensch nun in Form der Jagd regulierend in diese Nahrungsbeziehungen ein.

2439

61

Die Nahrungspyramide im Wald

Biomasse. Von dem kleinsten Moos bis zum hohen Baum – die beherrschende Lebensform in einem Wald sind die Pflanzen. Die Produzenten sind nicht nur am auffälligsten, sondern stellen auch den größten Mengenanteil an lebendem Material im Ökosystem Wald. Diese *Biomasse* wird in *Gewicht pro Flächeneinheit* gemessen:

Biomasse in g/ha

Buche	313 000 000
Erdmaus	4600
Fuchs	150
Wolf	7

Pflanzenfresser wie die Erdmäuse sind häufig. Ihre Biomasse ist aber beträchtlich kleiner als die der Buchen. Konsumenten wie Füchse, die sich von Pflanzenfressern ernähren, aber auch pflanzliche Nahrung nicht verschmähen, sind seltener und stellen noch weniger Biomasse. Der Wolf, der am Ende der Nahrungskette steht, ist zwar groß, wegen seiner geringen Anzahl ist die Biomasse aber minimal.

Nahrungspyramide. Stapelt man die Biomassen von Erzeugern und Verbrauchern der verschiedenen Ernährungsebenen übereinander, erhält man eine Pyramide. Diese *Nahrungspyramide* zeigt, dass die Biomasse bei den Produzenten am größten ist. Von den Pflanzenfressern bis zu den Endverbrauchern nimmt sie kontinuierlich ab.

Da Räuber meist größer sind als ihre Beute, nimmt die Größe der Tiere innerhalb einer Nahrungskette zu. Dies bedeutet, dass die *energiereichen Stoffe* in den Nahrungsketten *von kleinen zu immer größeren Tieren* gelangen.

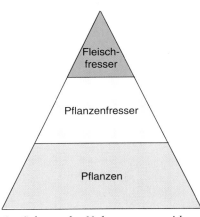

1   *Schema der Nahrungspyramide*

In Kürze

Innerhalb der Nahrungsketten nimmt die Biomasse der Lebewesen von Stufe zu Stufe ab, die Größe der Tiere nimmt zu.

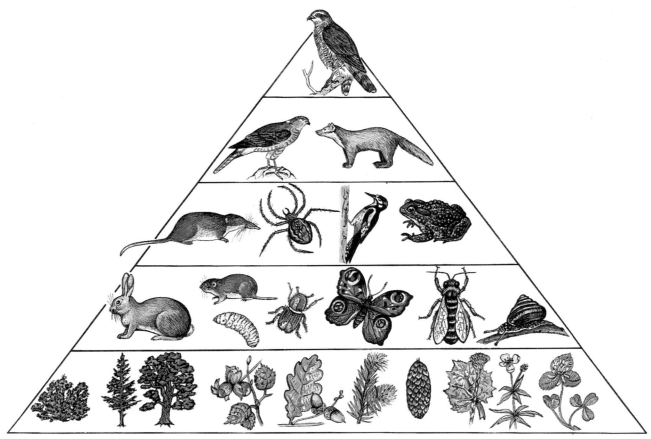

2   *Nahrungspyramide. Jede Ebene stellt die Biomasse von Gliedern verschiedener Nahrungsketten dar.*

1351

Stoffkreisläufe

Kreislauf von Kohlenstoff und Sauerstoff. Die Pflanzen nehmen *Kohlenstoffdioxid* auf. Bei der *Fotosynthese* werden daraus unter Beteiligung von Wasser und Mineralstoffen Glucose und andere Stoffe gebildet. Diese dienen nicht nur den Pflanzen, sondern auch den Tieren als Baustoffe und Betriebsstoffe.

Bei der Fotosynthese wird zusätzlich *Sauerstoff* freigesetzt. Diesen benötigen Tiere und Pflanzen für die *Zellatmung.* Bei diesem Vorgang wird energiereiche Glucose mithilfe von Sauerstoff zur Energiegewinnung eingesetzt. Dabei entstehen Kohlenstoffdioxid und Wasser. Beide Stoffe können von den Pflanzen wieder aufgenommen und erneut verwertet werden. Der *Kreislauf* ist somit geschlossen.

Einen Teil der organischen Stoffe bauen die Tiere zusammen mit *Mineralstoffen* in ihren Körper ein.

Beim Tod zerlegen die Destruenten diese Stoffe ebenfalls wieder in Kohlenstoffdioxid, Wasser und Mineralstoffe. Auch hier schließt sich der *Kreislauf.*

Kohlenstoff und Sauerstoff gehen in den Ökosystemen der Erde im Idealfall also nicht verloren, sondern bleiben in einem Kreislauf erhalten.

Einbahnstraße der Energie. Der Kohlenstoff und Sauerstoff bewegen sich in einem Kreislauf. Die *Energie* dagegen durchwandert die Nahrungsketten nur in einer Richtung: Die bei der Fotosynthese eingefangene Sonnenenergie wird zunächst in Form energiereicher Stoffe gespeichert. Ein Teil davon wird an die Konsumenten weitergegeben. Bei der Zellatmung aller Lebewesen und der Zersetzung durch die Destruenten entweicht die Energie dann in Form von Wärme aus dem Kreislauf und geht somit verloren.

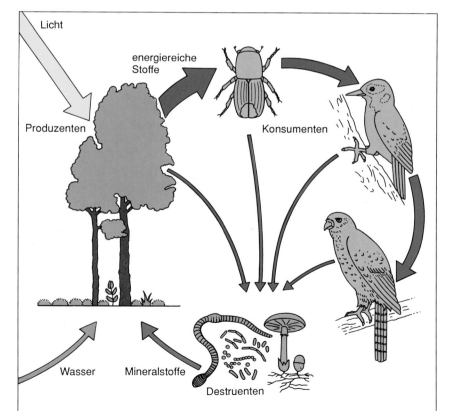

1 *Produktion und Weitergabe energiereicher Stoffe im Ökosystem Wald*

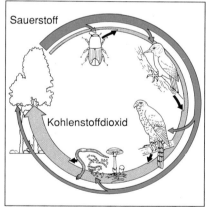

2 *Kreislauf von Kohlenstoffdioxid und Sauerstoff*

Lebewesen im Waldboden

1   Auflösung der Blattoberfläche

2   Kleine Fenster entstehen.

3   Größere Blattstücke fehlen.

In einem Hektar Buchenwald fallen pro Jahr rund 4 t Laub, Äste und Früchte auf den Boden. Alle diese Reste werden im Laufe der Zeit abgebaut.

Bodenorganismen. Der Waldboden besteht zu 85 % aus Humus und zu 10 % aus Wurzeln. Den Rest machen tierische und pflanzliche Lebewesen aus. Sie zersetzen organische Reste und tragen dadurch zur Bildung von neuem Humus bei. Humus ist der fruchtbare, meist dunkel gefärbte Boden, der mit den organischen Resten aus dem Abbau von Lebewesen angereichert ist.

Zersetzung eines Blattes. Der Abbau von abgefallenem Laub erfolgt in mehreren Stufen:
— *Bakterien* greifen zuerst die Blattoberfläche an.
— Würmer, wie die *Enchyträen*, leben von den Bakterien und Einzellern auf der Blatthaut. Sie fressen auch den Kot anderer Tiere, die das Blatt abbauen. Regenwürmer beteiligen sich daran, fressen und verdauen aber auch ganze Blattstücke.
— *Milben, Rindenläuse, Springschwänze* und andere Kleintiere können nun an das weichere Gewebe zwischen den Blattadern gelangen. Mückenlarven fressen kleine Fenster in die Blätter.

4   Endprodukt Humus

— Auch die *Larven von Asseln, Schnecken* und *Ohrwürmern* fressen an den weichen Teilen des Blattes. Übrig bleiben die Blattadern.
— *Pilze* und *Bakterien* zersetzen die Reste zu Mineralstoffen.
An allen Stufen des Abbaus sind *Bakterien, Einzeller* und *Pilze* beteiligt. Nur sie können Holzstoff und Cellulose zersetzen.
Raubmilben, Hundertfüßer und *Bodenspinnen* jagen die Tiere, die am Abbau der Blätter beteiligt sind. Auf diese Weise bilden sich auch im Boden komplizierte Nahrungsnetze.

Häufigkeit von Bodenlebewesen

Tiere	Anzahl in 1000 ml Erde
Einzeller	1 000 000 000
Rädertierchen, Bärtierchen	500
Fadenwürmer	30 000
Springschwänze	1 000
Milben	2 000
Spinnentiere, Krebse, Tausendfüßer, Insekten	100
Borstenwürmer	50
Regenwürmer	2

Aufgaben

1   Erkläre, wie Humus entsteht.

2   Durch welche Lebewesen beginnt die Zersetzung eines Blattes?

3   Welche Lebewesen setzen den Abbau des Blattes fort?

In Kürze

Die organischen Abfälle werden am Waldboden von einem Heer von Lebewesen zersetzt. Humus wird gebildet.

Praktikum: Laubstreu

1 Lichtfalle

Benötigt werden:
Glas- oder Plastiktrichter, grobes Sieb, Pappkarton, Glasschale, angefeuchteter Pinsel, Lampe.
Waldboden.

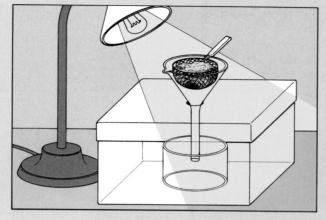

Durchführung:
Bodentiere meiden Licht und Trockenheit, suchen dagegen Dunkelheit und Feuchtigkeit. In das Sieb kommt eine Bodenprobe. Dann setzt man das Sieb auf einen Trichter, der in eine dunkle Schachtel ragt, und lässt es langsam austrocknen. Die Tiere fliehen in das Glas unter dem Trichter. Mit einem feuchten Pinsel bringt man sie in Beobachtungskammern.

2 Tiere der Laubstreu

Benötigt werden:
Leere Konservendose, Lichtfalle aus Versuch 1.
Waldboden.

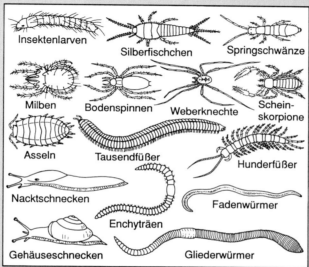

Insektenlarven — Silberfischchen — Springschwänze — Milben — Bodenspinnen — Weberknechte — Scheinskorpione — Asseln — Tausendfüßer — Hunderfüßer — Nacktschnecken — Enchyträen — Fadenwürmer — Gehäuseschnecken — Gliederwürmer

Durchführung:
Eine leere Konservendose, deren Boden und Deckel abgetrennt wurden, lässt sich als Stechzylinder verwenden. Man drückt sie in den Waldboden und entnimmt die obere Bodenschicht unzerstört. Wird der Boden vorsichtig aus der Dose gedrückt, kann man ihn anschließend schichtweise untersuchen, zum Beispiel mit der Lichtfalle.

3 Beobachtungskammer für Kleintiere

Benötigt werden:
Gips oder Füllspachtel, Kohlepulver, Joghurtbecher, Styroporstücke (5 mm Dicke), Deckgläser, Glasschale.
Bodentiere, die mit der Lichtfalle gefangen wurden.

In Beobachtungskammern aus Gips lassen sich Bodentiere längere Zeit halten. Lasse sie wieder frei, ehe sie Schaden nehmen.

Gips oder Füllspachtel — Kohlepulver — Gips — Joghurtbecher — Koh — Beobachtungskammer — Deckglas — Deckglas — Styropor — Wasser — Gipsblock

Durchführung:
So werden die Kammern hergestellt: Auf den Boden von Joghurtbechern legt man ein Deckglas und darauf ein etwa 5 mm dickes Stück Styropor, das etwas kleiner ist als das Deckglas. Dann gießt man in den Becher etwa 3 cm hoch Gipsbrei, dem etwas Kohlepulver zugesetzt wurde. Dadurch sind nachher die hellen Kleintiere besser zu erkennen.
Ist der Gips hart, drückt man den Gipsblock aus dem Becher, nimmt das Styropor heraus und setzt die Tiere in die Kammer. Der Gipsblock wird feucht gehalten.

Waldschäden

*1   Schadstufe 1 bei der Fichte
Beginnende Kronenverlichtung von
innen nach außen. Nadeln oft mit
leichter Gelb- bis Graufärbung.*

*2   Schadstufe 2 bei der Fichte
Deutliche Verlichtung der gesamten
Krone. Stark entnadelte Triebe.
Häufig Gelbfärbung der Krone.*

*3   Schadstufe 3 bei der Fichte
Sehr starke Auflichtung der gesamten
Krone. Starke Gelb- oder Braun-
färbung. Abgestorbene Wipfel.*

Neuartige Waldschäden. Schon seit der Antike stellte man in der unmittelbaren Umgebung von Eisenhütten eine *Schädigung von Nadelbäumen* fest. Seit Beginn der Achtzigerjahre allerdings treten diese Schäden großflächig fast überall, unabhängig vom Standort, dem Klima oder den Bodenverhältnissen, auf. Zudem sind davon jetzt nicht nur die Nadelbäume, sondern auch die Laubbäume betroffen. Im Augenblick, 1996, kann man davon ausgehen, dass in Sachsen nur noch etwa 40% des Waldes als gesund angesehen werden können. 35% sind schwach und 25% mittel bis stark geschädigt.

Gründe. Die Gründe für die Waldschäden sind sehr vielfältig und teilweise noch nicht endgültig geklärt. Sicher trugen dazu *falsche Waldbaumaßnahmen* in der Vergangenheit bei. Man legte Forste mit rasch wachsenden *Fichtenmonokulturen* an, um möglichst schnell und mit geringem Arbeitsaufwand großflächiger ernten zu können. Doch diese Wirtschaftswälder sind anfällig für Wind- und Schneebruch oder für einen extremen Befall durch Schadinsekten. In Sachsen treten dabei regional unterschiedliche Schädlinge auf: Im Norden sind es immer wieder der *Blaue Kiefernprachtkäfer*, im Nordwesten der *Frostspanner* und im Westen und Osten der *Grüne Eichenwickler*, die den Forstleuten sehr zu schaffen machen.

4   Waldsterben bei Zinnwald im Erzgebirge

5   Fichtenmonokultur

Waldschäden

1 *Frostspanner*

2 *Grüner Eichenwickler*

3 *Kiefernprachtkäfer*

Luftverschmutzung. Weit folgenschwerer wirkt sich die *Luftverschmutzung*, die von den Abgasen der Haushalte, Kraftfahrzeuge und der Industrie verursacht wird, auf die Gesundheit unserer Wälder aus. *Schwefeldioxid* und *Stickoxide* fördern den „sauren Regen". Stickoxide sind auch am Entstehen von *Ozon* beteiligt. Zusammen mit den in die Luft abgegebenen Schwermetallen und Kohlenwasserstoffen stören sie den Stoffwechsel der Bäume, vermindern die Fotosynthese und erhöhen die Transpiration. So kommt es zu einem vorzeitigen Altern, einem Nadel- und Blattverlust und zu einer verminderten Widerstandsfähigkeit der Pflanzen gegenüber Insekten, Pilzen oder Bakterien.
Ein Teil der Schadstoffe gelangt zudem in den Boden und führt dort zu einer Versauerung. Diese schädigt die Feinwurzel und vermindert dadurch die Wasseraufnahme. Auch die Bodenverdichtung durch schwere Arbeitsmaschinen sowie Entwässerungsprojekte beeinträchtigen zusätzlich das Pflanzenwachstum.

Forschungsprojekte. Seit 1982, als man auf die neuartigen Waldschäden aufmerksam wurde, fördert der Staat in Deutschland über 800 Projekte, die nach Möglichkeiten suchen, den Wald zu erhalten. In Sachsen spielt dabei die Rauchschadensforschung in Tharandt eine zentrale Rolle. Hier, wo einst die erste Forstakademie der Welt gegründet wurde, untersucht man heute auf speziellen Experimentierfeldern wissenschaftlich den Einfluss von Luftschadstoffen auf die verschiedenen Baumarten.

Neue Waldbaumaßnahmen. Aufgrund der Ergebnisse der verschiedenen Forschungsprojekte hat man in den letzten Jahren damit begonnen, Schadflächen wieder aufzuforsten. Dazu legt man statt der Monokulturen jetzt naturnahe, gemischte Waldgesellschaften an und pflanzt nur solche Bäume, die zum entsprechenden Boden und zum herrschenden Kleinklima passen. Besondere Erfolge können die Forstleute dabei in den sächsischen Mittelgebirgen, vor allem im Erzgebirge, vorweisen. Verschiedentlich hat man auch mit einem Waldumbau begonnen: Man ersetzt kleinere Flächen von Fichtenmonokulturen nach und nach durch Mischwald.

Staatliche Maßnahmen. Durch die gesetzlich vorgeschriebenen Katalysatoren in Kraftfahrzeugen oder durch den Einbau von Filtern und Rauchgasreinigungsanlagen wird versucht, auch auf diese Weise dem Wald zu helfen.

In Kürze

Über die Hälfte des Waldes in Sachsen ist mehr oder weniger geschädigt. Die Schäden sind die Folge von falschen Waldbaumaßnahmen in der Vergangenheit, von Luftverschmutzung oder Bodenversauerung. Durch die Pflanzung von naturnahen Waldgesellschaften und durch geringere Luftverschmutzung soll wieder ein gesunder Wald entstehen.

2442

1 Kranich

2 Ringelnatter

3 Biber

Rote Liste. Alle bei uns in ihrem Bestand gefährdeten Pflanzen und Tiere werden regelmäßig in der *Roten Liste* erfasst. Neben Blaukehlchen, Schwarzstorch, Kranich, Seeadler, Wanderfalke, Biber oder Fischotter zählen dazu auch alle Amphibien und Reptilien, die Rote Waldameise oder der Kleine Schillerfalter.

Bei den Pflanzen zählen zu den gefährdeten Arten unter anderem das Schneeglöckchen, der Seidelbast, das Leberblümchen, die Trollblume.

Biotopschutz. Die Aufnahme in die Rote Liste garantiert allerdings noch nicht das Überleben einer Art. Genauso wichtig ist es, die durch uns Menschen *gefährdeten Lebensräu-*

me dieser Arten zu erhalten, zu pflegen. Verloren gegangene Lebensräume, *Biotope*, müssen durch neu geschaffene ersetzt werden. So waren beispielsweise die Verlandungsgebiete von Gewässern, Moore und Flussauen in der Vergangenheit ohne großen Nutzen für die Landwirtschaft, weshalb sie häufig trockengelegt und zu Ackerflächen umgewandelt wurden. Doch diese Bereiche sind für eine Vielzahl von Tieren und Pflanzen ein unersetzlicher Lebensraum. Daher schreiben Naturschutzgesetze heute die ausdrückliche *Bewahrung von Feuchtflächen* vor. Jede Veränderung ihres charakteristischen Zustandes darf

nur im Einvernehmen mit den zuständigen Naturschutzbehörden erfolgen. Für ihre naturschonende Bewirtschaftung, beispielsweise die Mahd mit der Sense, und Pflege dieser Flächen erhalten die Landwirte vom Staat eine Ausgleichszahlung.

Ruderalstandorte. Auch brachliegende Äcker und Wiesen, ungenutzte Gleisbereiche, ehemalige Grenzsperranlagen oder aufgelassene Kies- und Sandgruben sind ungestörte Lebensräume für eine Reihe gefährdeter Arten. An diesen so genannten Ruderalstandorten wurden auf 1000 m^2 teilweise bis zu 180 verschiedene Pflanzenarten gezählt. Viele Wild- und Heilkräuter, wie der Natternkopf, der Weiße Gänsefuß, Beinwell, Thymian, Kamille, Klatschmohn oder Kornblume, haben fast nur noch dort eine echte Überlebenschance.

Auf diesem *Ödland* findet man auch noch Pflanzen, die aus unseren Gärten und Parks als sogenannte Unkräuter nahezu völlig verbannt wurden, die aber Bienen, Hummeln, Käfer oder Schmetterlinge zum Überleben brauchen. So entwickeln sich zum Beispiel die Raupen des Admirals, des Tagpfauenauges oder des Kleinen Fuchses nur auf ihrer Futterpflanze, den Brennnesseln. Aber auch von der Distel sind viele Schmetterlinge, Hummeln und andere Insekten abhängig.

3 Schneeglöckchen

3 Leberblümchen

2443

Naturschutz

1   *Kirnitschtal. Naturschutzgebiet Sächsische Schweiz*

2   *Hinweisschild Naturschutzgebiet*

Naturdenkmale sind Einzelobjekte in der Natur, die aus ökologischen, wissenschaftlichen, natur- oder erdgeschichtlichen Gründen geschützt sind. Als Naturdenkmale können zum Beispiel alte Bäume unter Schutz gestellt werden.

Aufgaben

1   Was versteht man unter der Roten Liste?

2   Stellt ein Plakat mit den geschützten Pflanzen und Tieren eurer näheren Umgebung auf. Die Untere Naturschutzbehörde bei eurem Landratsamt kann euch dabei mit Informationen weiterhelfen.

3   Erkundige dich, welche Schutzgebiete es in deinem Heimatraum gibt.

In Kürze

Viele Pflanzen und Tiere sind bei uns vom Aussterben bedroht. Die Bewahrung von wertvollen Biotopen und die Einrichtung besonderer Schutzgebiete sollen helfen, die Vielheit in der Natur zu erhalten.
In Naturschutzgebieten dürfen keinerlei Veränderungen hervorgerufen werden.

Schutzgebiete. Der natürlichen Sicherung wertvoller Lebensräume sowie der darin lebenden Pflanzen und Tiere dient bei uns die Einrichtung von ausdrücklich geschützten Landschaftsbereichen. Sie sind durch besondere Hinweisschilder leicht zu erkennen. *Naturschutzgebiete* wollen in erster Linie das Fortbestehen der darin lebenden Arten sichern. Daher ist es dort unter anderem verboten, Pflanzen zu pflücken oder auszugraben sowie Mineralien und Versteinerungen zu sammeln. Das Lärmen ist hier genauso untersagt wie das Fahren mit dem Auto, das Reiten, Zelten oder das Errichten von Feuerstellen. In Landschaftsschutzgebieten soll die Vielfalt und Schönheit der Natur erhalten bleiben. Allerdings sind dort Veränderungen zulässig.

Bei den *Naturparks* handelt es sich in der Regel um großflächige, in sich geschlossene Gebiete, in denen möglichst wenige Veränderungen vorgenommen werden sollen. Diese Räume stehen auch den Menschen zur Erholung zur Verfügung. Sie sind deshalb meist mit Wanderwegen, Lehrpfaden oder Schutz- und Unterkunftshütten ausgestattet.

2444

Der tropische Regenwald ...

1   *Der tropische Regenwald erscheint aus der Vogelperspektive wie eine grüne Mauer.*

Die tropischen Wälder bilden ein grünes Band rund um den Äquator. Sie dehnen sich bis zu 1000 km nach Norden und nach Süden aus. Von oben betrachtet, lässt sich kaum erahnen, welche *Vielfalt* an Leben unter der grünen Decke existiert.

Die Artenvielfalt. Die tropischen Regenwälder weisen eine unvorstellbar hohe Zahl verschiedener Pflanzen- und Tierarten auf. Wissenschaftliche Schätzungen gehen davon aus, dass sie 60 bis 80 % aller weltweit existierenden Tier- und Pflanzenarten beherbergen.

Obwohl die tropischen Regenwälder nur rund 8 % der Landfläche unserer Erde bedecken, wächst in ihnen beinahe die Hälfte allen Holzes auf der Erde. Während unsere Wälder von wenigen Baumarten gebildet werden, sind es im Regenwald unterschiedlichste Arten. In einem mitteleuropäischen Mischwald findet man auf einem Quadratkilometer etwa 10 bis 12 Baumarten, im Regenwald oft über 100. Diese Bäume bilden *mehrere übereinander liegende Stockwerke*. In jeder Schicht lebt eine *eigene Lebensgemeinschaft*.

Der Jaguar, eine Großkatze des Regenwaldes. Der Jaguar ist in Mittel- und Südamerika beheimatet. Er lebt in Waldgebieten mit feuchten Flussniederungen und Überschwemmungsgebieten. Er schwimmt sehr gut und jagt Tapire, Wasserschweine, Sumpfvögel und Schildkröten.

Tapire sind Unpaarhufer des Regenwaldes. Der amerikanische Flachlandtapir geht erst bei Dämmerung auf Nahrungssuche. Dabei dient ihm sein Rüssel als Greiforgan. Er frisst junge Palmblätter, Maniokwurzeln und heruntergefallene Früchte. Tapire haben an den Vorderfüßen vier und an den Hinterfüßen drei Zehen.

Der Tukan, ein Früchtefresser. Der stattliche schwarze Vogel hat einen riesigen, auffällig gefärbten Schnabel. Dieser kann bis zu 15 cm lang werden, trotzdem ist er federleicht. Die leuchtende Färbung des Tukans dient wahrscheinlich als Erkennungszeichen bei der Balz und dazu, Feinde abzuschrecken.

2   *Jaguar*

3   *Tapir*

4   *Tukan*

1068

... ein artenreiches Ökosystem

1 Tropischer Regenwald. Selbst während der Mittagszeit ist es am Boden dämmrig.

Die Lebensbedingungen. Das Laubdach des tropischen Regenwaldes ist ganzjährig völlig geschlossen. Die Bäume sind *immer grün*. Im feuchtwarmen Klima finden die Pflanzen das ganze Jahr hindurch ideale klimatische Bedingungen. Allerdings ist der *Waldboden arm an Mineralstoffen*. Trotzdem ist der tropische Regenwald viel produktiver als der mitteleuropäische Laubwald. Die hohen Temperaturen lassen *Lebensvorgänge*, wie Abbau von Biomasse, Verdunstung und damit schneller Wasser- und Mineralstofftransport, viel *rascher ablaufen*.
Die Hauptfülle an Lebewesen entfaltet sich in der mehrfach geschichteten Kronenregion der Bäume.

Der Kampf ums Licht. Im unablässigen Kampf um einen Platz an der Sonne winden sich *Kletterpflanzen* wie Lianen mit ihren Stängeln an den Stämmen anderer Pflanzen nach oben. Im Gegensatz zu Lianen, die im Erdboden wurzeln, sind *Aufsitzerpflanzen*, auch *Epiphyten* genannt, dazu übergegangen, sich auf den Stämmen oder im Geäst der Baumkronen anzusiedeln. Die Bäume dienen diesen Pflanzen nur als Unterlage.

Orchideenblüten als Lockmittel. Die Blüten der Orchideen zeigen großen Farben- und Formenreichtum. Die verschiedenen Arten locken durch die unterschiedlichsten Einrichtungen Bestäuber an. Bestimmte

Insekten, kleinere Vögel, Kolibris und sogar Fledermäuse bestäuben Orchideen. Unter den Orchideen gibt es auch Arten, die als Epiphyten anderen Pflanzen aufsitzen.
Farbenpracht der Insekten. Einige Schmetterlinge des Regenwaldes sind wahre Meister der Täuschung. Andere sind bunt gefärbt. Die Farben machen die Insekten besonders auffällig und signalisieren den Fressfeinden Ungenießbarkeit.
Baumfarne. Baumfarne wachsen vorwiegend in den höher gelegenen feuchten Berg- und Schluchtwäldern. Im tropischen Regenwald des Tieflandes können sie sich nicht gegen die Konkurrenz schneller wachsender Blütenpflanzen behaupten.

2 Orchidee als Epiphyt

3 Tropischer Schmetterling

4 Baumfarn

Die Bedrohung des tropischen Regenwaldes

1   Ein Stück Wald wird abgebrannt ...

2   ... um es zu bebauen ...

3   ... oder zu besiedeln.

Schon von weitem riecht man den beißenden Rauch brennenden Holzes. Hier, wie an vielen anderen Stellen im Amazonastiefland, brennt der Wald. Jede Minute werden weltweit 40 Hektar *Tropenwald vernichtet.* Dies entspricht einer Fläche von 56 Fußballfeldern. Ein unvorstellbares *Artensterben* ist die Folge. 500 bis 1000 Pflanzenarten verschwinden jährlich unwiederbringlich.

Die sanfte Nutzung durch Ureinwohner. Seit Jahrhunderten haben bestimmte Völker des Regenwaldes Ackerbau betrieben. Vor Beginn der Regenzeit wurde ein Stück Wald durch Abbrennen gerodet. Zwischen verkohlten Bäumen wurde zu Beginn der Regenzeit mit der Hacke oder mit dem Grabstock der Samen eingebracht. War die Fruchtbarkeit des Bodens nach wenigen Jahren erschöpft, rodete man ein neues Stück Land und überließ das alte Ackergelände sich selbst. Nach wenigen Jahren wuchs dort wieder Wald. Diese Anbautechnik nennt man *Brandrodungswanderfeldbau.* Ist die Zeit ausreichend lang, bis die Waldbauern wieder zur ursprünglichen Anbaustelle zurückkehren, ist die *ökologische Belastung* des Waldes äußerst *gering.*

Die Plünderung des Regenwaldes. Die Zerstörung der Regenwälder hat viele Ursachen: In Südostasien dient ein Großteil der jährlichen

Tropenwaldvernichtung der Gewinnung *tropischer Edelhölzer.*

An anderen Stellen des Regenwaldes werden riesige Flächen gerodet und *Straßenschneisen* durch den Regenwald gelegt um Eisenerz-, Bauxitvorkommen und andere Bodenschätze abzubauen.

In Zentralamerika und in Brasilien trägt die *Viehzucht* zur Vernichtung der Tropenwälder bei. Nachdem der Wald niedergebrannt ist, wird er einige Jahre als Viehweide genutzt. Ein neuer Wald kann hier nicht mehr nachwachsen.

In manchen Teilen Afrikas ist die Bevölkerung so stark gestiegen, dass immer mehr Menschen Wald roden um *Ackerbau* für die Selbstversorgung zu betreiben.

Die Zukunft des Regenwaldes. In den vergangenen 40 Jahren hat der Mensch die Hälfte des tropischen Regenwaldes zerstört. Hält die gegenwärtige Entwicklung an, wird durch die jährliche Vernichtung von etwa 7,5 Millionen Hektar Regenwald bis zum Jahr 2030 dieses Ökosystem von der Erde verschwunden sein.

Die Tropenwälder haben nur dann eine Chance, wenn sich bald eine *Änderung der Nutzung* durchsetzt. Ein Verzicht auf Tropenhölzer, die nicht aus Plantagenwirtschaft stammen, kann einen Teil des Regenwaldes retten. Bevor Großprojekte in den Tropenländern durch unsere Regierungen unterstützt werden, muss in Zukunft geprüft werden, ob solche Projekte *umweltverträglich* sind.

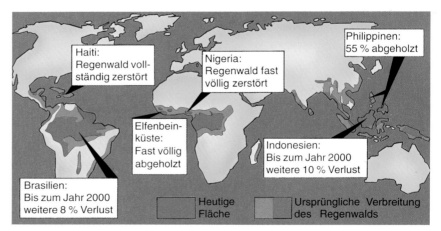

Haiti:
Regenwald vollständig zerstört

Nigeria:
Regenwald fast völlig zerstört

Philippinen:
55 % abgeholzt

Elfenbeinküste:
Fast völlig abgeholzt

Indonesien:
Bis zum Jahr 2000 weitere 10 % Verlust

Brasilien:
Bis zum Jahr 2000 weitere 8 % Verlust

Heutige Fläche

Ursprüngliche Verbreitung des Regenwalds

4   Die Zerstörung der Regenwälder der Erde steigt rapide an.

1070

Die Bedeutung des tropischen Regenwaldes

1 Ausgedörrter Boden

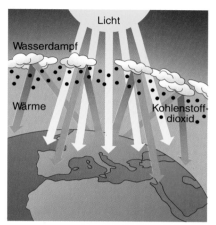

2 Treibhauseffekt

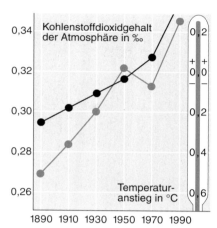

3 CO_2-Gehalt und Temperatur

Fruchtbare Ackerbaugebiete verdorren, ganze Landstriche versinken für immer im Ozean. Anderswo blühen karge Steppengebiete auf, in der Arktis wachsen Wälder, das Eis am Nord- und Südpol schmilzt. Völkerwanderungen und politische Krisen werden die Folge sein. So sagen es Klimaforscher voraus. Wie kann es dazu kommen?

Der Tropenwald als Klimaregulator. Der Regenwald *entnimmt* der Atmosphäre große Mengen *Kohlenstoffdioxid*. Wird er aber weiter abgeholzt, wird er in Zukunft weniger Kohlenstoffdioxid durch Fotosynthese in Biomasse umwandeln können.

Kohlenstoffdioxid wirkt ähnlich wie die Glaswände eines Treibhauses,

die die einfallenden Sonnenstrahlen herein-, die entstandenen Wärmestrahlen jedoch nicht hinauslassen. Dadurch wird die von der Erde abgestrahlte Wärme in der Atmosphäre festgehalten. Man spricht vom *Treibhauseffekt*.

Bild 3 zeigt, wie stark der Gehalt der Atmosphäre an Kohlenstoffdioxid zugenommen hat. Ursache ist einerseits der *gestörte Kreislauf des Kohlenstoffdioxids* durch vermehrte Abgabe dieses Gases. Andererseits *nehmen für die Fotosynthese wichtige Pflanzenbestände ab*. Für beides ist der Mensch verantwortlich. Das Bild zeigt auch, dass die Temperaturen auf der Erde langsam steigen. Ein Zusammenhang zwischen beiden Vorgängen ist offensichtlich.

Die tropischen Regenwälder als Nutzwälder der Zukunft? Mehr als 40 % der heutigen *Medikamente* werden aus Pflanzen, Tieren und Mikroorganismen hergestellt. Niemand weiß, wie viele neue Stoffe uns die Lebewesen des Regenwaldes noch liefern können und welche *Nahrungspflanzen* noch unentdeckt sind, auf die wir aber schon morgen angewiesen sein könnten.

Vernichtung des Artenreichtums. Millionen von Arten wurden bereits ausgerottet oder sind vom Aussterben bedroht. Was dies für die Stoffkreisläufe in den Ökosystemen, für die gesamte Biosphäre und letzten Endes auch für *unsere Existenz* bedeutet, lässt sich heute noch nicht abschätzen.

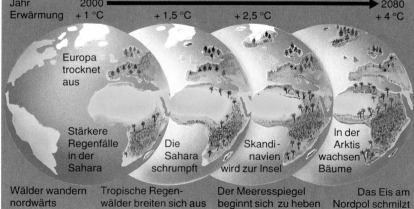

4 Die Folgen der „Klimakatastrophe" als Zukunftsvision

Bedrohte Wälder der Erde

1 Nordischer Nadelwald

2 Waldvernichtung in Kanada

Die nördlichen Nadelwälder. In den kalten Gebieten Sibiriens, Nordeuropas und Kanadas bedecken lichte Nadelwälder riesige Flächen. Im Gegensatz zum tropischen Regenwald sind diese *nördlichen Nadelwälder* artenarm. Neben Fichten, Tannen, Kiefern und Lärchen kommen noch Birken und Erlen vor.

Diese Nadelwälder sind wirtschaftlich von Bedeutung. Für die Zellstoff- und Papierindustrie sind insbesondere Fichten gefragt. Um die Nachfrage rasch und billig befriedigen zu können, werden große Waldflächen kahl geschlagen. Auf Wiederaufforstung wurde meist verzichtet. Dadurch werden die *Stoffkreisläufe* im Ökosystem *stark gestört*. Die Gefahr ist inzwischen erkannt. Der Trend zu einer *naturgemäßeren Bewirtschaftung* der Wälder, bei der einzelne ausgewählte Bäume gefällt werden und der Wald als funktionierendes Ökosystem erhalten bleibt, scheint sich langsam durchzusetzen.

Die Hartlaubwälder der Mittelmeerländer. Die Blätter der immergrünen Bäume im sommerheißen Mittelmeerraum sind derb, oft behaart und mit einer wachsartigen Schicht bedeckt. Dies setzt die Verdunstung herab. Die Zweige vieler Arten tragen Dornen oder Stacheln. Steineiche, Pinie, Zypresse und Lorbeer sind solche *Hartlaubgehölze*.

Seit Jahrtausenden wird dieser Wald für den Bau von Häusern und Schiffen genutzt. Was nachwächst, halten Schafe und Ziegen kurz. Ein Dickicht aus dornigen, hartblättrigen Sträuchern entsteht, die *Macchie*. Wo auch diese zerstört wird, trocknet die Sonne den Boden aus. Starke Regenfälle spülen ihn weg. Eine Wiederaufforstung ist nicht möglich. Zurück bleibt nackter Fels.

Aufgaben

1 Die Bodenzerstörung verstärkt die Klimagegensätze im Mittelmeerraum. Begründe.

3 Hartlaubwald am Mittelmeer

4 Macchie

5 Nackter Fels anstelle von Wäldern

1683

Stichwort: Der Wald, ein Ökosystem

Überblick

Wälder sind Lebensräume für die überwiegende Zahl aller Tier- und Pflanzenarten. Dies gilt besonders für die Tropischen Regenwälder. Ihre Vernichtung zur Gewinnung von Holz und Bodenschätzen sowie zur Rodung für die Landwirtschaft hat schwer wiegende Folgen für das Klima und den Artenreichtum.

Die Bedeutung unseres Waldes wurde jahrhundertelang nur in seiner Nutzung als Holzlieferant gesehen. Raubbau an den Wäldern führte in Mitteleuropa bis in das 19. Jahrhundert zu ihrer weitgehenden Verwüstung. Erst die planmäßige Forstwirtschaft und die Verwendung von Steinkohle als Energieträger führte zur Erholung des mitteleuropäischen Waldes. Fast alle unsere Wälder sind seither keine Naturwälder mehr, sondern Forste. Vielfach wurden Monokulturen aus schnellwüchsigen Nadelhölzern angepflanzt. Sie sind aber anfällig für Schädlinge, Windwurf und Waldbrand und werden daher zunehmend durch naturnahe Mischwälder ersetzt.

Heute werden unsere Wälder für die Erholung und den Schutz von Boden, Wasser und Luft immer wichtiger. Daher sind die neuartigen Waldschäden besorgniserregend. Für ihre Entstehung sind in erster Linie Luftschadstoffe verantwortlich. Nur wenn diese Immissionen drastisch vermindert werden, können unsere Wälder auf Dauer erhalten werden.

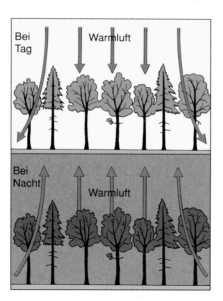

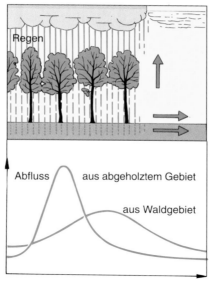

Alles klar?

1   Schreibe zu den Bildern oben zwei kurze Erklärungstexte.

2   Erläutere die Aufgaben, die der Wald heute übernehmen muss.

3   Erkläre, wie der Wald vor Erosion schützt.

4   Schildere, wie sich unser heimischer Wald in den letzten 2000 Jahren entwickelt hat. Welche Bedeutung hatte das „hölzerne Zeitalter" für die Waldentwicklung?

5   Stelle in einer Tabelle Vorzüge und Nachteile von Monokulturen für den Wald gegenüber.

6   Beschreibe Krankheitszeichen der Nadel- und Laubbäume, wie sie für die neuartigen Waldschäden kennzeichnend sind.

7   Welche Ursachen haben die neuartigen Waldschäden aus heutiger Sicht?

8   Stelle in einer Tabelle Unterschiede zwischen Tropischem Regenwald und mitteleuropäischem Mischwald zusammen.

9   Die Tropischen Regenwälder sind bedroht. Erläutere die Folgen ihrer zunehmenden Vernichtung.

Flensburg

Ostsee

Kiel

Lübeck

Rostock

Peene

Hamburg

Nordsee

Elbe

Bremen

Ber

Hunte

Weser

Amsterdam

Kassel

Fulda

Eger

Frankfurt

Main

Rhein

Maas

Mosel

Regnitz

Naab

Jagst

Kocher

Isar

Marne

Stuttgart

Donau

Neckar

Inn

Lech

München

Bodensee

Chiemsee

Gewässer

Wasser ist unabdingbar für alle Lebewesen. In den Trockenzonen der Erde wird deutlich, wie stark Wassermangel alle Lebenserscheinungen hemmt. Bei uns mangelt es nicht an Wasser. Ausgiebige, relativ gleichmäßig über das Jahr verteilte Niederschläge machen Mitteleuropa zu einem der günstigsten Lebensräume der Erde. Und doch sind uns heute Sorgen um das Wasser nicht mehr fremd!

Zahlreiche *Bäche* und *Flüsse* durchziehen die Landschaft. Neben diesen *Fließgewässern* gibt es eine Fülle *stehender Gewässer*:

— natürliche *Seen*, wie die eiszeitlich entstandenen Seen in Nordbrandenburg und im Voralpenland, die Gletscherseen im Gebirge und die Maare in der Eifel, bei denen es sich um mit Wasser gefüllte Explosionstrichter von Vulkanen handelt;
— künstlich angelegte *Stauseen*, die zur Energiegewinnung in Wasserkraftwerken oder als Trinkwasserspeicher dienen, sowie *Tagebaurestseen*;
— flache natürliche *Weiher* sowie künstlich angelegte *Teiche*;
— kleine, zeitweilig austrocknende *Tümpel*.

Mit dem reichlich vorhandenen Wasser ging der Mensch jedoch allzu sorglos um: Flüsse wurden begradigt und nur noch als Verkehrswege und Abwässerkanäle gesehen. Etwa 40 % der Bäche und Flüsse haben heute nicht mehr ihren natürlichen Lauf. Seen entwickeln sich zu Freizeitstätten. Badende, Surfer, Bootsfahrer und Camper tummeln sich im Sommer hier. Immer kleiner werden die Schilfflächen und andere naturnahe Bereiche an den Seeufern. Tümpel, Weiher, feuchte Wiesen, Moore und Sümpfe galten lange Zeit als wertlos und wurden trockengelegt oder zugeschüttet.

Inzwischen ist sauberes Wasser bei uns knapp geworden. Viele Tier- und Pflanzenarten der Gewässer stehen am Rande des Aussterbens. Die *Lebensgemeinschaften*, zu denen sie gehören, sind beeinträchtigt und drohen zu verschwinden. Gleichzeitig entdecken immer mehr Menschen ihre Freude an Gewässern mit Seerosen, Libellen und Fröschen und legen selbst Teiche in ihren Gärten an. Wichtiger noch als das Neuanlegen ist allerdings der Schutz der vorhandenen Gewässer!

Lebewelt der Gewässer in Not
Im Jahr 1911 wurden im Rhein über 80 Tierarten festgestellt. 1980 waren es noch 33 Arten.
Entwässerung, Gewässerausbau und Gewässerverschmutzung sind Ursache dafür, dass etwa 65 Vogelarten in die Rote Liste der gefährdeten Pflanzen- und Tierarten aufgenommen werden mussten.
Von den 19 einheimischen Amphibienarten werden 12 als gefährdet, stark gefährdet oder vom Aussterben bedroht eingestuft.
Am stärksten gefährdet unter den Wirbeltieren sind bei uns die Süßwasserfische mit 51 von 70 Arten.

Aufgaben

1 Welche Gewässer gibt es in der Nähe deines Wohnortes? Zu welchem Gewässertyp gehören sie? Versuche ihren Zustand zu beurteilen.

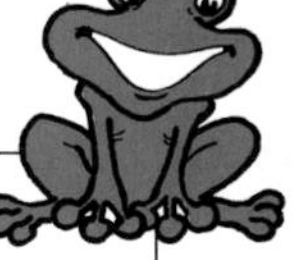

1 Gartenteich im Schnitt

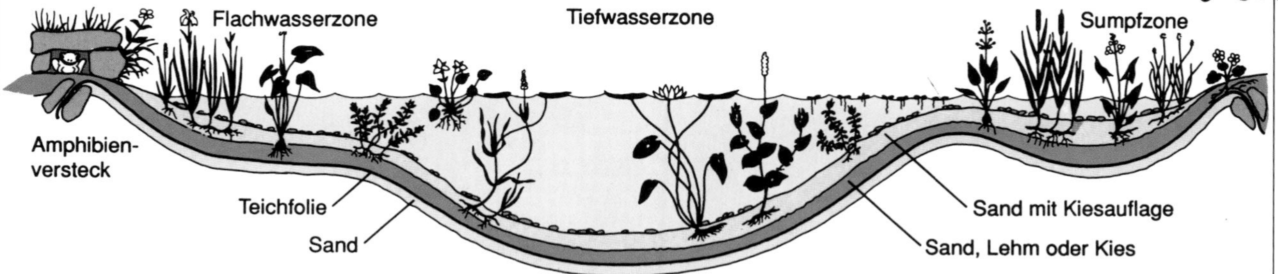

Flachwasserzone
Tiefwasserzone
Sumpfzone
Amphibienversteck
Teichfolie
Sand
Sand mit Kiesauflage
Sand, Lehm oder Kies

Ein Gartenteich als Tümpelersatz
Gartenteiche können sich zu wertvollen Lebensräumen für Pflanzen und Tiere entwickeln. Einen solchen Teich anzulegen ist gar nicht so schwer. Hinweise dazu findest du auf der folgenden Seite. Wichtig ist, dass der Teich einen unregelmäßigen Grundriss mit Buchten besitzt und seine Ufer sanft abfallen. Schon bald finden sich Libellen und Schwimmkäfer am neu angelegten „Tümpel“ ein. In naturnah bewirtschafteten Gärten, besonders wenn sie am Ortsrand liegen, kann man im Frühjahr mit Erdkröten, Grasfröschen und verschiedenen Molcharten rechnen.

An vielen Schulen wurde in den letzten Jahren ein Teich angelegt, beispielsweise im Rahmen einer Arbeitsgemeinschaft oder während einer Projektwoche.

Wenn ihr einen Schulteich anlegen dürft

• Wählt einen geeigneten Standort aus, vielleicht eine schon vorhandene feuchte Geländestelle; besonnt, ohne Laub werfende Gehölze in unmittelbarer Nähe und nicht zu dicht an den Grundstücksgrenzen.

• Plant eine Sumpf-, Flachwasser- und Tiefwasserzone ein sowie einige Beobachtungsplätze, am besten einen Beobachtungssteg.

Schon nach kurzer Zeit besiedeln zahlreiche Tier- und Pflanzenarten den neu geschaffenen Lebensraum.

• Sprecht alle Maßnahmen mit der örtlichen Baubehörde ab. Sie organisiert vielleicht auch den Erdaushub.

• Verwendet eine spezielle Teichfolie. Sie darf während der Arbeiten nicht beschädigt werden. Unter die Teichfolie kommt eine Sandschicht um Beschädigungen zu vermeiden. Die Folie wird mit einem nährstoffarmen Bodensubstrat (Lehm, Sand, Kies) bedeckt.

• Legt Überlaufrillen zur Sumpfzone hin an.

Nun können fast direkt vor der Schultür Pflanzen des Teiches bestimmt und untersucht, Tiere beobachtet und Wasserproben entnommen und analysiert werden.

• Verwendet für die Bepflanzung möglichst nur standortgerechte, einheimische Arten, am besten aus der Aquarienhandlung. Auf keinen Fall dürfen gefährdete oder geschützte Pflanzen aus der Natur entnommen werden.

• Dokumentiert eure Arbeiten und eure Beobachtungen in einer Ausstellung durch Fotos, Zeichnungen, Protokolle. So wird bei Mitschülern, Eltern und Lehrern Verständnis und Interesse für das neu geschaffene Biotop geweckt.

Praktikum: Schulteich II

Mit einfachen Methoden lassen sich Informationen über die Lebensbedingungen im Schulteich gewinnen.

Wassertemperatur

Binde ein Thermometer an eine Schnur mit 10-cm-Markierungen. Miss auf diese Weise die Temperatur in verschiedenen Wassertiefen. Bilde aus mehreren gleichartigen Messungen Mittelwerte. Wiederhole die Messungen möglichst zu verschiedenen Tages- und Jahreszeiten.

Säuregrad

Mit Teststreifen kannst du den Säuregrad des Wassers, den pH-Wert, bestimmen. Ein Teststreifen wird kurz ins Wasser eingetaucht. Die sich verfärbenden Markierungsfelder vergleicht man dann mit einer Farbskala, der die unterschiedlichen pH-Werte zugeordnet sind.

Sauerstoffgehalt

Bestimme mit einem der handelsüblichen Testkits den Sauerstoffgehalt des Teichwassers. Du solltest Wasserproben zu verschiedenen Zeiten und aus unterschiedlichen Tiefen entnehmen und Vergleiche anstellen.

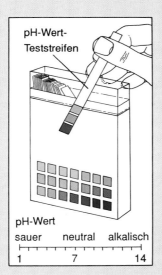

pH-Wert-Teststreifen

pH-Wert

sauer   neutral   alkalisch

1   7   14

Markierungsknoten

Thermometer

Markierungsknoten

Gewicht — Secchi-Scheibe

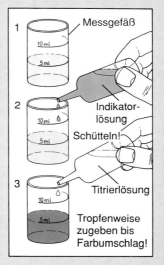

1   Messgefäß

10 ml / 5 ml

2   Indikatorlösung

Schütteln!

3   Titrierlösung

Tropfenweise zugeben bis Farbumschlag!

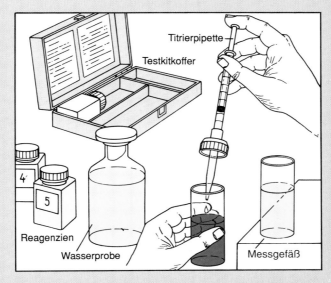

Titrierpipette

Testkitkoffer

Reagenzien

Wasserprobe

Messgefäß

Sichttiefe

Mit der Secchischeibe – einer flachen, weiß gestrichenen Metallscheibe von etwa 25 cm Durchmesser – kann man die Sichttiefe bestimmen. Darunter versteht man die Tiefe, in der die Umrisse der Scheibe gerade verschwinden. Je sauberer das Wasser, desto größer die Sichttiefe.

Wasserhärte

Zur Bestimmung des Kalkgehalts, der Wasserhärte, wird das Messgefäß bis zur Markierung mit Teichwasser gefüllt. Nach Zugabe von 3 Tropfen einer Indikatorlösung wird geschüttelt und dann tropfenweise eine Titrierlösung zugegeben, bis die Farbe umschlägt. Nach jedem Tropfen schütteln. Die Anzahl der Tropfen gibt die Wasserhärte in °d (deutsche Härtegrade) an: 0–4 °d sehr weich, 4–8 °d weich, 8–18 °d mittelhart, 18–30 °d hart, mehr als 30 °d sehr hart.

Sauerstoff ist – abhängig von der Temperatur – unterschiedlich gut in Wasser löslich. Auch davon hängt der Sauerstoffgehalt des Wassers ab.

Wassertemperatur in °C	maximaler Sauerstoffgehalt in mg O_2/l
0	14,6
5	12,7
10	11,3
15	10,1
20	9,1
25	8,3
30	7,6

Bestandsaufnahme

Wenn euer Schulteich schon vor einiger Zeit angelegt wurde, lohnt sich eine Bestandsaufnahme. Welche Pflanzen und Tiere kommen im und am Teich vor? Dazu benötigst du vor allem Fanggeräte für Tiere, Gefäße für deren vorübergehende Aufbewahrung, eine starke Lupe (Vergrößerung mindestens 10fach) und Bestimmungsbücher.

Achtung!

Nach Beobachtung und Bestimmung werden alle Tiere gleich wieder in ihren Lebensraum zurückgesetzt.

Planktonuntersuchung

Zum Plankton gehören alle Lebewesen, die ohne stärkere Eigenbewegung im freien Wasser treiben. Man unterscheidet zwischen tierischem Plankton oder Zooplankton und pflanzlichem Plankton oder Phytoplankton.

1 Zooplankton

Einen Überblick über das Zooplankton erhältst du durch Planktonfänge aus verschiedenen Gewässerbereichen. Wirf dazu ein Planktonnetz mittlerer Maschenweite aus und ziehe es langsam und gleichmäßig durch das Wasser. Zur Beobachtung mit der Lupe wird der Netzbecher in eine Petrischale entleert. Für die spätere Untersuchung mit dem Mikroskop füllst du die Fänge am besten in kleine, beschriftbare Probefläschchen.

2 Phytoplankton

Um pflanzliches Plankton zu fangen, verwendest du ein Planktonnetz mit geringer Maschenweite. Für die Bestimmung benötigst du ein Mikroskop.

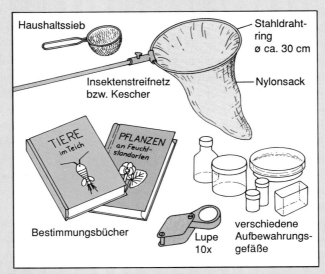

Haushaltssieb

Stahldrahtring ø ca. 30 cm

Insektenstreifnetz bzw. Kescher

Nylonsack

TIERE im Teich

PFLANZEN an Feuchtstandorten

Bestimmungsbücher

Lupe 10x

verschiedene Aufbewahrungsgefäße

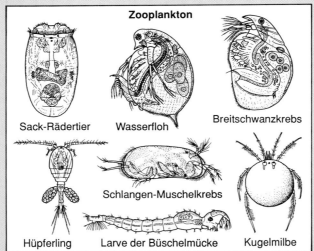

Zooplankton

Sack-Rädertier   Wasserfloh   Breitschwanzkrebs

Schlangen-Muschelkrebs

Hüpferling   Larve der Büschelmücke   Kugelmilbe

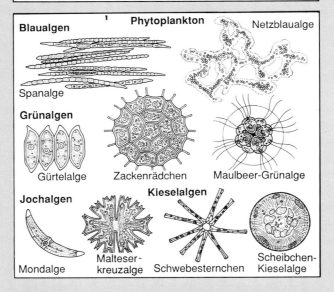

Phytoplankton

Blaualgen

Netzblaualge

Spanalge

Grünalgen

Gürtelalge   Zackenrädchen   Maulbeer-Grünalge

Jochalgen

Kieselalgen

Mondalge   Malteserkreuzalge   Schwebesternchen   Scheibchen-Kieselalge

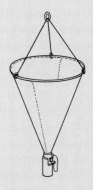

Mit einem Planktonnetz der Maschenweite 0,1 mm (Netzgaze 12) fängt man Zooplankton. Für Phytoplankton brauchst du dagegen ein Planktonnetz der Maschenweite 0,06 mm (Netzgaze 25).

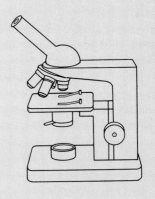

Das Plankton wird mit dem Mikroskop untersucht.

Praktikum: Schulteich IV

Der Teich verändert sich

Falls ihr den Schulteich neu angelegt habt, ist es interessant zu beobachten, wie er nach und nach von Pflanzen und Tieren besiedelt wird.

Stelle zunächst einen Beobachtungsplan auf. Am besten führst du jeden Monat eine Untersuchung durch. Untersucht man den Teich in noch größeren Zeitabständen, übersieht man solche Arten, die nur zu bestimmten Jahreszeiten in Erscheinung treten.

Wichtig ist nicht nur festzustellen, wie viele und welche Arten vorkommen, sondern auch, wie häufig sie sind. Meist genügt es, die Häufigkeit zu schätzen, zum Beispiel so:

+   = vereinzelt vorkommend
++   = wenige Exemplare vorhanden
+++ = häufig
++++ = massenhaft vorhanden

Um die Lebensbedingungen im Teich über einen längeren Zeitraum vergleichen zu können, solltest du möglichst immer zur gleichen Tageszeit und an denselben Punkten messen. Lege die Messpunkte vor der ersten Untersuchung fest und markiere sie im Teich durch Holzstangen.

Man erleichtert sich die Arbeit, wenn man gleich zu Beginn einen übersichtlichen Protokollbogen entwirft, in den jeweils alle Daten eingetragen werden.

Untersuchung unseres Schulteiches

Datum: Uhrzeit:

Wetter: ❏ Regen   ❏ bedeckt   ❏ heiter - bewölkt   ❏ sonnig

Wassertemperatur: _____ °C an der Oberfläche
_____ °C an der tiefsten Stelle

Sichttiefe: _____ cm
pH-Wert des Wassers: _____

Sauerstoffgehalt: _____ mg/l an der Oberfläche
_____ mg/l in 50 cm Tiefe
_____ mg/l an der tiefsten Stelle

	Nr.	Art	Häufigkeit
Sumpfpflanzen			
Wasserpflanzen			
Phytoplankton			
Zooplankton			
Insekten			
Weichtiere			

Wirbeltiere
   Fische
   Amphibien
   Vögel			

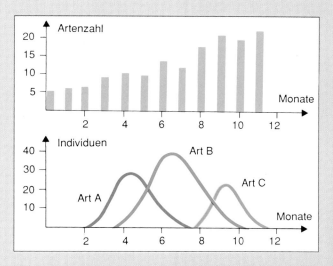

Nach einiger Zeit lassen sich oft interessante Entwicklungen erkennen. Die Daten aus den verschiedenen Protokollbögen werden kombiniert und grafisch dargestellt.

Pflanzen am Teich ...

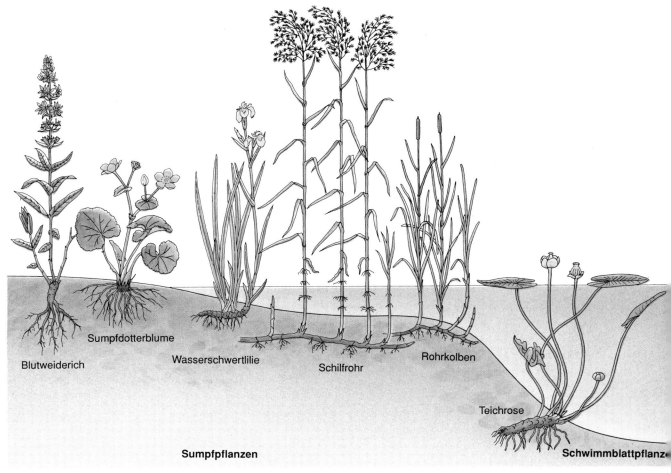

Blutweiderich

Sumpfdotterblume

Wasserschwertlilie

Schilfrohr

Rohrkolben

Teichrose

Sumpfpflanzen

Schwimmblattpflanze

1 Pflanzen des Teiches

Nicht überall am und im Teich wachsen die gleichen Pflanzen. Jede Pflanzenart bevorzugt ganz bestimmte Standortbedingungen. Das muss man berücksichtigen, wenn man einen neu angelegten Teich bepflanzt.

Sumpfpflanzen. Nur im Uferbereich wachsen die *Sumpfpflanzen.* Zu ihnen gehören *Blutweiderich, Sumpfdotterblume* und *Wasserschwertlilie,* aber auch *Rohrkolben* und *Schilfrohr.* Sumpfpflanzen haben einen höheren Wasserbedarf als Landpflanzen oder können zumindest ein Überangebot an Wasser besser ertragen. Ihre Wurzeln ziehen meist flach durch das nasse Erdreich. Hier ist die Versorgung mit Sauerstoff günstiger als in der schlammigen Tiefe. Manche Sumpf-

pflanzen besitzen in den Blättern und Stängeln zusätzlich ein besonderes *Durchlüftungsgewebe,* durch das Sauerstoff aus der Fotosynthese von den Blättern bis zu den Wurzeln gelangt.

Wasserpflanzen. Im Teich wachsen die Wasserpflanzen. Sie lassen sich in drei verschiedene Gruppen unterteilen: Schwimmblattpflanzen, Tauchblattpflanzen und Schwimmpflanzen.

Schwimmblattpflanzen sind beispielsweise *Seerose* und *Teichrose.* Ihr unterirdischer Spross und ihre Wurzeln stecken im Teichgrund, ihre Blätter dagegen schwimmen an langen, biegsamen Stängeln auf der Wasseroberfläche. Schließzellen und Spaltöffnungen sitzen nur auf der Oberseite der Blätter.

Aufgaben

1   Stelle an eurem Schulteich oder einem anderen Gewässer fest, welche Pflanzen dort wachsen.
Ordne dann in einer Tabelle nach Sumpfpflanzen, Schwimmblattpflanzen, Tauchblattpflanzen und Schwimmpflanzen.

2   Seerose und Teichrose sind auch auf Seen mit beträchtlichem Wellengang anzutreffen. Weshalb werden ihre Blätter nicht unter Wasser gedrückt?

3   Die meisten Zimmerpflanzen gehen sehr schnell ein, wenn man zu stark gießt und das Wasser im Untersetzer stehen lässt. Warum? Vergleiche mit Sumpfpflanzen wie der Wasserschwertlilie.

82

Durchlüftungsgewebe ist bei den Schwimmblattpflanzen stets vorhanden. Im Teich setzt man See- oder Teichrosen an die tiefste Stelle. In Seen besiedeln ·sie den Bereich zwischen 1 und 3 m Wassertiefe. *Tauchblattpflanzen* leben gänzlich untergetaucht. Nur der Blütenstand erhebt sich bei manchen Arten über das Wasser. Tauchblattpflanzen haben keine Spaltöffnungen. Mit ihren dünnen, zarten Blättern nehmen sie Kohlenstoffdioxid direkt aus dem Wasser auf. Auch einen Teil der Mi-

neralstoffe beziehen sie über die Blätter aus dem Wasser. Wasserleitungsgefäße und Wurzeln sind nur schwach ausgebildet. In Seen können Tauchblattpflanzen bis in eine Wassertiefe von 10 m vordringen. Voraussetzung dafür ist allerdings relativ klares Wasser, das noch genug Licht bis an den Seegrund gelangen lässt. Im Teich können sich Tauchblattpflanzen nur dort halten, wo ihnen die Blätter der Schwimmblattpflanzen und Schwimmpflanzen nicht das Licht nehmen. Zu den

Tauchblattpflanzen gehören *Hornblatt, Tausendblatt,* verschiedene *Laichkrautarten* und die *Wasserpest.*
Schwimmpflanzen wie der *Froschbiss* und die nur wenige Millimeter großen *Wasserlinsen* schwimmen an der Wasseroberfläche. Ihre Wurzeln hängen frei ins Wasser. Schwimmpflanzen kommen besonders in nährstoffreichen Gewässern vor. Im Teich können vor allem die Wasserlinsen in kurzer Zeit die gesamte Wasseroberfläche bedecken.

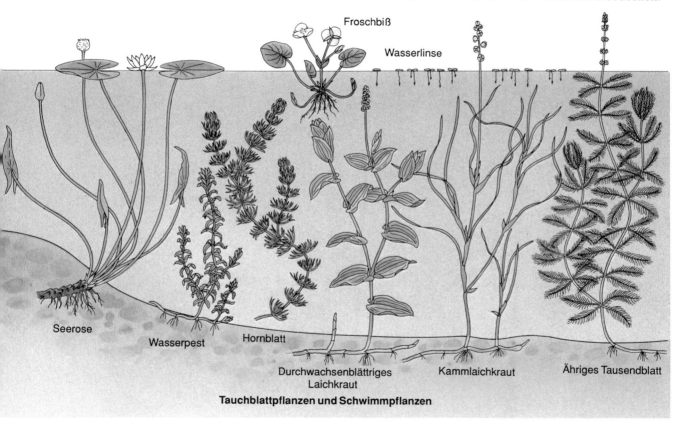

Tauchblattpflanzen und Schwimmpflanzen

In Kürze

Am Teichufer wachsen Sumpfpflanzen, im Teich Wasserpflanzen. Bei den Wasserpflanzen unterscheidet man zwischen Schwimmblattpflanzen, Tauchblattpflanzen und Schwimmpflanzen. Sumpf- und Wasserpflanzen sind an die Lebensbedingungen des Teiches jeweils besonders angepasst.

Vögel an Teichen und Seen

An einem Gewässer leben oft viele Vogelarten auf engstem Raum zusammen ohne sich gegenseitig zu stören. Wie ist das möglich? Einige Arten halten sich nur in Ufernähe auf, manche im Schilfgürtel. Andere trifft man fast nur im Freiwasserbereich an. Auch bezüglich der Nahrung und der Brutplätze gibt es Unterschiede zwischen den Arten. Diese *unterschiedliche Nutzung eines Lebensraums* verringert die Konkurrenz zwischen den Arten.

Ralle. Im Flachwasser tauchen Rallen nach Nahrung. Sie können nicht gut fliegen und suchen die Deckung des Ufers. Die *Teichralle*, auch Teichhuhn genannt, bevorzugt Teiche und kleine Seen oder auch langsam fließende Gewässer mit dichtem, üppigem Pflanzenwuchs. Ihre Nahrung sind Pflanzen, Insekten, Würmer und kleine Fische. Die Teichralle baut ein umfangreiches Nest aus altem Pflanzenmaterial, gut versteckt zwischen Uferpflanzen. Die *Blässralle* wird auch als Blässhuhn bezeichnet. Man findet sie an Seen und langsam fließenden Flüssen. Ihre Nahrung besteht überwiegend aus Wasserpflanzen, kleinen Weichtieren und Wasserinsekten. Sie baut ein großes Nest aus Pflanzen am oder schon im Wasser.

Haubentaucher. Den Haubentaucher kann man vor allem an größeren Seen beobachten. An Land bewegt er sich nur unbeholfen. Umso besser eignen sich seine Beine zum Schwimmen und Tauchen. Auf seinen Tauchgängen bis zu 40 m Tiefe erbeutet er Fische, Krebse, Kaulquappen und Insekten. Sein schwimmendes Nest aus Pflanzenmaterial ist oft an einer kleinen Insel oder zwischen Wasserpflanzen verankert.

Stockente. Die Stockente trifft man auf Gewässern jeder Art an. Durch das unscheinbare braune Gefieder ist das Weibchen beim Brüten gut getarnt. Bei der Wahl ihrer Nahrung sind Stockenten sehr anpassungsfähig. Ihre Nahrung – Wasserpflanzen, Weichtiere, Insekten und Früchte – nehmen sie mit ihrem Seihschnabel von der Wasseroberfläche auf oder sie erreichen sie gründelnd im Flachwasser bis zu 50 cm Tiefe. Die Nester befinden sich am Boden in Wassernähe, gelegentlich auch in Baumhöhlen.

Höckerschwan. Der Höckerschwan hält sich auf stehenden und langsam fließenden Gewässern auf. Seine Nahrung besteht hauptsächlich aus Wasser- und Uferpflanzen, die er aus einer Tiefe bis zu 1,5 m heraufholt. Sein mächtiges Nest steht am Ufer, im Schilf oder auf kleinen Inseln.

Lachmöwe. Die Lachmöwe kommt an Flüssen und Seen und an der Meeresküste vor. Sie ist die häufigste europäische Möwenart. Ihre Nahrung besteht aus Pflanzenteilen, Wassertieren und auch Abfällen, die sie am und im Gewässer, auf Äckern und Müllkippen findet. Sie brütet in Kolonien in der Verlandungszone von Seen und Teichen. Ihr Nest baut sie meist in Pflanzenbüscheln.

Teichrohrsänger. Ein typischer Bewohner des Röhrichtgürtels ist der Teichrohrsänger. Aufgrund seiner Tarnfärbung ist er im Schilf schwer zu entdecken. Insekten sind seine Hauptnahrung. In unseren Breiten ist er nur von Ende April bis September anzutreffen. Sein napfförmiges Nest ist kunstvoll zwischen Schilfhalmen eingeflochten. Es wird meist über dem Wasser angelegt. So ist es besonders geschützt.

Wasservögel mit Nestern in ihrem Lebensraum

1 Stockente
2 Haubentaucher
3 Lachmöwe
4 Blässralle
5 Teichralle
6 Teichrohrsänger
7 Höckerschwan

Die Vögel am Gewässer nisten in verschiedenen Bereichen und ernähren sich auf unterschiedliche Weise.

Aufgaben

1 Vergleiche die Schnäbel von Stockente und Lachmöwe miteinander. Woran lässt sich erkennen, dass es sich nicht um Nahrungskonkurrenten handelt?

In Kürze

Viele Vogelarten leben an einem Gewässer. Da sie jeweils andere Lebensbereiche, andere Nahrung oder unterschiedliche Brutplätze nutzen, ist die Konkurrenz zwischen ihnen klein.

Eintagsfliege und
Eintagsfliegenlarve

Köcherfliege und
Köcherfliegenlarve

Großlibelle und
Großlibellenlarve

1   Tierwelt eines kleinen Teiches

Gewässer sind reich an Leben. Ungefähr *9000 Tierarten* kommen an mitteleuropäischen Binnengewässern vor. Noch im kleinsten Teich kann man eine Vielzahl *wirbelloser Tiere* entdecken.

Eintagsfliegen leben als erwachsene Tiere nur Stunden bis Tage. Sie nehmen keine Nahrung auf.

Die Larven entwickeln sich im Wasser. Man erkennt sie an den drei Schwanzfäden und den blatt- oder büschelförmigen Atemorganen, den *Tracheenkiemen,* seitlich am Hinterleib. Pflanzliche und tierische Abfallstoffe sind die Nahrung der Larven.

Köcherfliegen sehen mit ihren langen Fühlern und den fein behaarten Flügeln mottenähnlich aus. Sie lecken höchstens Wasser oder Nektar.

Die Larven leben in fließenden oder stehenden Gewässern. Bei den meisten Arten bauen sie ein köcherförmiges Gespinst, das mit Sand, Pflanzenteilen oder kleinen Steinchen verfestigt wird. Darin bergen sie den weichen Hinterleib. Nach diesem *Köcher* hat die Insektengruppe ihren Namen. Die Larven einiger Arten ernähren sich von Algen oder Pflanzenteilen, andere leben räuberisch.

Libellen sind gewandte Flugjäger. Ihre Beute bilden andere Insekten. Sie lassen sich in zwei Gruppen einteilen. *Kleinlibellen* haben einen schlanken Körper. Ihre Vorder- und Hinterflügel sind gleich gestaltet und werden in Ruhe nach hinten geklappt. Der Körper der *Großlibellen* ist wesentlich kräftiger. Die Hinterflügel sind breiter als die Vorderflügel. Ruhig sitzende Großlibellen halten ihre Flügel ausgebreitet.

Die Libellenlarven leben räuberisch im Wasser. Ihre Unterlippe ist zu einer *Fangmaske* umgestaltet. Damit erbeuten sie Kleinkrebse, Würmer, Fischbrut und Kaulquappen.

... und im Teich

Gelbrandkäfer finden sich als gute Flieger schnell am neu angelegten Teich ein. An den Beinen haben sie lange *Schwimmhaare*. Unter Wasser atmen Gelbrandkäfer mithilfe einer Luftblase zwischen Rücken und Deckflügeln. Diesen Luftvorrat müssen sie von Zeit zu Zeit an der Wasseroberfläche erneuern.

Gelbrandkäfer und Gelbrandkäferlarve leben räuberisch von anderen Wasserinsekten, kleinen Fischen und Kaulquappen. Der Käfer misst 3,5 cm, die Larve bis 8 cm.

Wasserläufer bevölkern fast jedes stehende Gewässer. Es sind keine Käfer, sondern *Wanzen*. Sie können bis 2 cm lang werden. Mit ihren langen, flach ausgebreiteten Beinen gleiten sie geschickt über die Wasseroberfläche. Das mittlere Beinpaar dient als Antrieb, das hintere als Steuer. Mit den Vorderbeinen wird die Beute gefangen, vor allem ins Wasser gefallene Insekten.

Die Weibchen legen ihre Eier unter Wasser an Pflanzen ab. Die Larven ähneln in Aussehen und Lebensweise den erwachsenen Tieren.

Schnecken kann man überall im Teich antreffen. Die *Moosblasenschnecke* besitzt ein turmförmiges Gehäuse. Man findet sie oft auf Falllaub in Ufernähe. Die *Tellerschnecke* hat ein flaches, posthornartig gewundenes Gehäuse. Sie hält sich meist am Gewässergrund auf. Die größte Schneckenart im Teich ist die *Spitzschlammschnecke*. Das Foto unten zeigt sie. Häufig kriecht sie auf einem Schleimband unmittelbar unter der Wasseroberfläche entlang. Sie frisst Pflanzenteile, tote Tiere und Algenaufwuchs.

Gelbrandkäfer und
Gelbrandkäferlarve

Wasserläufer

Spitzschlammschnecke

Aufgaben

1 Vergleiche die abgebildeten Insekten und Insektenlarven im Hinblick auf ihre Ernährung. Lege dazu eine Tabelle in deinem Heft an.

In Kürze

Gewässer sind sehr artenreich. Rund 9 000 Tierarten – ein Viertel aller Tierarten Mitteleuropas – leben hier. Den größten Anteil stellen die Wirbellosen.

Fressen und Gefressenwerden. Eine *Kaulquappe* raspelt an einem Büschel *Wasserpestpflanzen.*

Über der Kaulquappe hängt eine *Gelbrandkäferlarve* unbeweglich an der Wasseroberfläche. Plötzlich stößt sie herab und schlägt die dolchartigen Oberkiefer in die Kaulquappe. Dann spuckt sie Gift und Verdauungssäfte in die Beute. Während sie noch das verdaute Gewebe einsaugt, nähert sich ein *Wasserfrosch.* Für ihn stellt wiederum die Gelbrandkäferlarve eine Beute dar.

Nahrungskette und Nahrungsnetz. So wie hier zwischen Wasserpest, Kaulquappe, Gelbrandkäferlarve und Wasserfrosch bestehen zwischen zahlreichen Lebewesen des Teiches Nahrungsbeziehungen. Man spricht von *Nahrungsketten.* Die Nahrungskette Wasserpest ▶ Kaulquappe ▶ Gelbrandkäferlarve ▶ Wasserfrosch ist nur eine von den vielen möglichen: An der Wasserpest fressen nicht nur Kaulquappen, sondern auch Schlammschnecken. Kaulquappen ernähren sich außer von der Wasserpest auch von anderen Wasserpflanzen und von Algen. Gelbrandkäferlarven fressen alle Wassertiere, die sie

bewältigen können. Wasserfrösche haben ebenfalls einen reichhaltigen Speisezettel. Er umfasst die verschiedensten Insekten und Insektenlarven, Kaulquappen, Schnecken und Fischbrut. Auf diese Weise ist jede Nahrungskette mit anderen Nahrungsketten verknüpft. Es entsteht ein *Nahrungsnetz.* Die Grafik auf der rechten Seite zeigt einen Ausschnitt aus einem solchen Nahrungsnetz.

Produzenten und Konsumenten. Grundlage aller Nahrungsbeziehungen sind die *grünen Pflanzen.* Die Algen des *Phytoplanktons* und des Aufwuchses an Holz, Pflanzenteilen und Steinen gehören ebenso dazu wie die Tauchblatt-, Schwimmblatt- und Sumpfpflanzen. Sie alle verwerten die Strahlungsenergie der Sonne bei der *Fotosynthese* und bauen aus Kohlenstoffdioxid, Wasser sowie Mineralstoffen körpereigene, *organische Stoffe* auf. Die Pflanzen sind demnach die *Erzeuger* oder *Produzenten.*

Alle *Tiere* leben direkt oder indirekt von den grünen Pflanzen. Man bezeichnet sie daher als *Verbraucher* oder *Konsumenten.* Die Pflanzenfresser unter ihnen sind die *Konsumenten erster Ordnung;* sie selbst

werden die Beute kleinerer Fleischfresser, der *Konsumenten zweiter Ordnung.* Diese wiederum können von größeren Fleischfressern erbeutet werden, den *Konsumenten dritter Ordnung.* Auf der höchsten Konsumentenstufe steht im Teich der Hecht. Zu seiner Beute gehören alle anderen Fleischfresser.

Aufgaben

1 Wissenschaftler haben in einem Teich die Masse der Pflanzen, der Pflanzenfresser und der von ihnen lebenden Fleischfresser bestimmt. Dabei stellten sie fest, dass auf etwa 1000 kg Pflanzen ungefähr 100 kg Pflanzenfresser als Konsumenten erster Ordnung und nur 10 kg Fleischfresser als Konsumenten zweiter Ordnung kamen. Hast du für die starke Abnahme organischer Stoffe in der Nahrungskette eine Erklärung? Denke daran, dass die Tiere aus der aufgenommenen Nahrung nicht nur körpereigene Stoffe aufbauen.

1 Die Kaulquappe ist ein Pflanzenfresser. Mit ihren Hornzähnchen raspelt sie Algen und zarte Blätter von Wasserpflanzen.

2 Die Larve des Gelbrandkäfers ist ein Fleischfresser. Sie ernährt sich von Kaulquappen, Wasserinsekten und Insektenlarven.

3 Als Fleischfresser lebt auch der Wasserfrosch. Er fängt vor allem fliegende Insekten. Im Wasser erbeutet er selbst Gelbrandkäferlarven.

... Nahrungsnetz im Teich

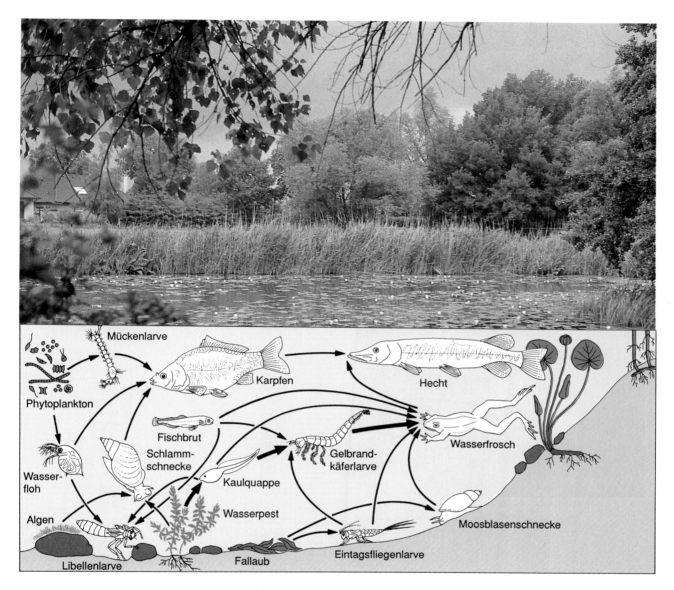

Phytoplankton · Mückenlarve · Karpfen · Hecht · Fischbrut · Schlammschnecke · Wasserfloh · Kaulquappe · Wasserfrosch · Algen · Wasserpest · Gelbrandkäferlarve · Libellenlarve · Fallaub · Eintagsfliegenlarve · Moosblasenschnecke

1 Ausschnitt aus dem Nahrungsnetz in einem Teich. Die Nahrungskette Wasserpest ▶ Kaulquappe ▶ Gelbrandkäferlarve ▶ Wasserfrosch ist mit vielen anderen Nahrungsketten verknüpft.

Aufgaben

1 Verfolge in der Grafik oben verschiedene Nahrungsketten. Wende auf die Glieder der Nahrungsketten die Begriffe Produzenten, Konsumenten erster Ordnung, zweiter Ordnung und so weiter an. Welche Rolle spielt eine Tierart in verschiedenen Nahrungsketten?

2 Ein Gartenteich, in dem viele Tierarten leben, ist leichter zu pflegen als einer mit nur wenigen Arten. Warum? Worauf sollte man beim Anlegen des Teiches achten?

In Kürze

Zwischen den Lebewesen im Teich bestehen Nahrungsbeziehungen. Diese kann man in Nahrungsketten ordnen. Anfangsglied einer Nahrungskette ist immer eine grüne Pflanze als Erzeuger. Darauf folgen ein oder mehrere Glieder von Verbrauchern.

Abbau durch Destruenten

Am Teichufer treibt ein toter Fisch. Die Blätter der Seerose sind zum Herbst hin abgestorben. Ein Klumpen vertrockneter Algen hängt zwischen fahlen Schilfhalmen. Was geschieht eigentlich mit all dem toten organischen Material?

Aasfresser. Sieht man genauer hin, bemerkt man vielleicht die Schlammschnecke, die auf der Fischleiche sitzt, oder die zahlreichen Moosblasenschnecken zwischen den verrottenden Seerosenblättern. *Schnecken,* aber auch viele *Würmer* ernähren sich von toten Pflanzen und Tieren. Diese *Aasfresser* tragen damit schon erheblich zur Beseitigung von Tierleichen und abgestorbenen Pflanzen bei.

Destruenten. Der Verwesungsprozess beginnt schon schon bald nach dem Tod der Lebewesen. Deren körpereigene *Enzyme* arbeiten nach dem Tod noch eine Zeit lang weiter und beginnen Gewebe und Zellen aufzulösen. Den entscheidenden Anteil an der Zersetzung haben jedoch verschiedene Gruppen der überall vorkommenden *Bakterien*. Sie finden in dem abgestorbenen organischen Material ideale Lebensbedingungen und vermehren sich unvorstellbar rasch. So können diese *Zersetzer* oder *Destruenten* innerhalb kurzer Zeit die noch verbliebenen organischen Stoffe der toten Tiere und Pflanzen vollständig abbauen. Viele Bakterienarten benötigen für den Abbau *Sauerstoff*. Als Endprodukte entstehen dabei *Kohlenstoffdioxid* und Mineralstoffe wie *Nitrat, Sulfat* und *Phosphat*. Bei *Sauerstoffmangel* erfolgt der Abbau durch andere Bakterien und bleibt unvollständig. Dann bildet sich am Teichgrund *Faulschlamm*. Als Abbauprodukte entstehen das Sumpfgas *Methan* und die giftigen Gase *Schwefelwasserstoff* und *Ammoniak*.

1 *Abbauvorgänge im Teich*

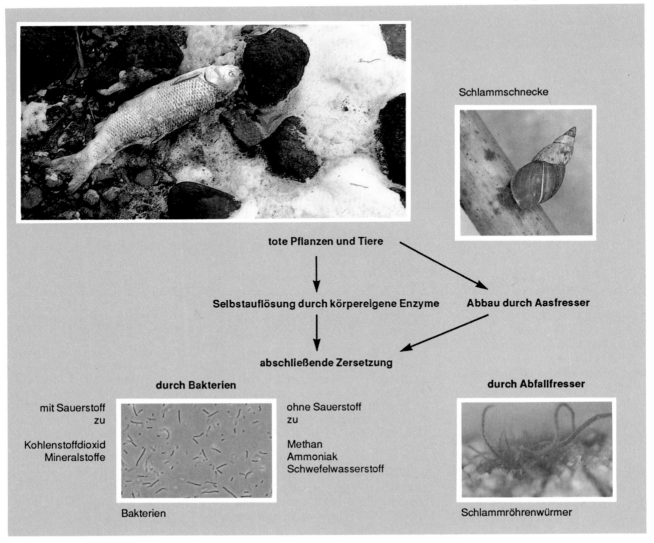

Schlammschnecke

tote Pflanzen und Tiere

Selbstauflösung durch körpereigene Enzyme

Abbau durch Aasfresser

abschließende Zersetzung

durch Bakterien

durch Abfallfresser

mit Sauerstoff zu

Kohlenstoffdioxid
Mineralstoffe

ohne Sauerstoff zu

Methan
Ammoniak
Schwefelwasserstoff

Bakterien

Schlammröhrenwürmer

Stoffkreisläufe

Alle Nahrungsketten im Teich gehen von den grünen Pflanzen aus. In anderen Lebensräumen verhält es sich ebenso. Allein die grünen Pflanzen können aus anorganischen Stoffen organische Stoffe herstellen. Die nachfolgenden Glieder der Nahrungsketten müssen organische Stoffe aufnehmen. Sie sind von der Fotosyntheseleistung der Pflanzen abhängig.

Ausgangsstoffe für die *Fotosynthese* sind *Kohlenstoffdioxid* und *Wasser*. Um körpereigenes Gewebe aufzubauen, benötigen die Pflanzen zusätzlich *Mineralstoffe,* die sie aus dem Boden oder dem Wasser aufnehmen. Besteht damit nicht die Gefahr, dass die Mineralstoffe irgendwann einmal aufgebraucht sind?

Kreislauf der Mineralstoffe. In einem naturnahen Gewässer kommt dieser Fall nicht vor. Die Destruenten, also vor allem Bakterien, sorgen dafür, dass den Pflanzen ausreichend Mineralstoffe zur Verfügung stehen. Sie stellen beim Abbau organischer Stoffe die anorganischen Ausgangsstoffe, Kohlenstoffdioxid und Mineralstoffe, wieder her. Für die Mineralstoffe entsteht damit ein *geschlossener Kreislauf.*

Kreislauf von Kohlenstoffdioxid und Sauerstoff. Ähnlich verhält es sich beim Kohlenstoffdioxid. Es wird allerdings nicht nur beim Abbau organischer Stoffe, sondern auch bei der *Atmung* von Tieren und Pflanzen frei. So steht es den grünen Pflanzen rasch wieder für die Fotosynthese zur Verfügung. Umgekehrt liefert die Fotosynthese den *Sauerstoff,* der von Tieren und Pflanzen als Atemgas sowie von den Destruenten zum Abbau organischer Stoffe benötigt wird.

Biologisches Gleichgewicht. In einem naturnahen Gewässer herrscht ein Gleichgewicht zwischen Produzenten, Konsumenten und Destruenten. Man spricht vom *biologischen Gleichgewicht.* Ein Verbrauch der Nahrungsgrundlagen ist daher nicht zu befürchten.

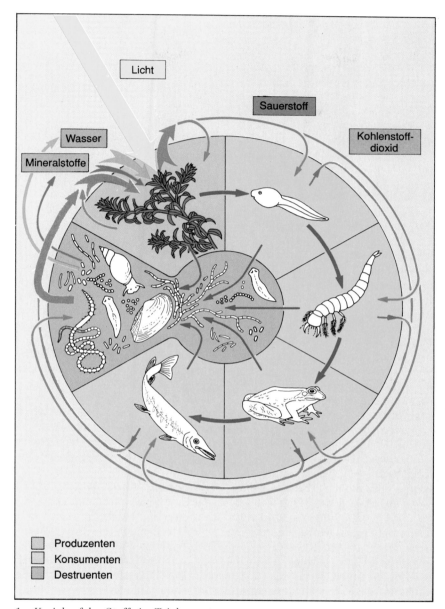

Licht

Sauerstoff

Kohlenstoffdioxid

Wasser

Mineralstoffe

☐ Produzenten
☐ Konsumenten
☐ Destruenten

1   *Kreislauf der Stoffe im Teich*

Aufgaben

1   Gib mit deinen Worten die Aussagen der Grafik wieder.

2   Welche Folgen hat Sauerstoffmangel in einem Teich? Überlege, wodurch Sauerstoffmangel entstehen könnte.

3   „Bakterien – das sind doch Krankheitserreger." Stelle diese Auffassung richtig.

In Kürze

Destruenten bauen organische Stoffe zu Kohlenstoffdioxid und Mineralstoffen ab.
Zwischen Produzenten, Konsumenten und Destruenten bilden sich Stoffkreisläufe aus. In naturnahen Lebensräumen ist das Verhältnis zwischen ihnen ausgeglichen, es herrscht ein biologisches Gleichgewicht.

Der Teich kippt um

1 Ein Teich zwischen Wiesen. Schön – und ein wichtiger Lebensraum.

2 Häufig werden die Wiesen im Frühjahr mit Gülle gedüngt.

3 Einschwemmen von Dünger kann zum Umkippen des Teiches führen.

Eutrophierung. Ein idyllischer kleiner Teich inmitten von Wiesen. Im Frühjahr dient er sämtlichen Grasfröschen und Erdkröten der Umgebung als Laichplatz. Er beherbergt auch zahlreiche Fische und ist reich an Wasser- und Sumpfpflanzen. Wenige Monate nachdem die Wiesen um den Teich herum *gedüngt* wurden, ist das Teichufer mit toten Fischen und schmierigen, gelbgrünen Algenwatten bedeckt. Was ist geschehen?

Ein Teil des Düngers – in diesem Fall war es *Gülle*, also Flüssigmist – wurde in den Teich geschwemmt. Die darin enthaltenen Mineralstoffe *Phosphat* und *Nitrat* düngten statt der Wiese nun die Pflanzen im Teich. Der Teich wurde *nährstoffreich* oder *eutroph*. Besonders die kurzlebigen Algen vermehrten sich massenhaft, aber auch das Zooplankton, das von Phytoplankton lebt. Abgestorbene Algen und Kleinkrebse sammelten sich am Gewässergrund und wurden von Bakterien zersetzt. Der Sauerstoff begann im tieferen Wasser knapp zu werden. Jetzt fand nur noch eine *unvollständige Zersetzung* statt. Faulschlamm entstand. Als sich das Wasser bei hochsommerlichen Temperaturen zunehmend erwärmte und der Sauerstoffgehalt dadurch noch mehr abnahm, *kippte der Teich um*. Die Fische und alle sauerstoffbedürftigen Kleintiere starben, die Blätter der Wasserpflanzen verfaulten. Das biologische Gleichgewicht zwischen Produzenten, Konsumenten und Destruenten war zerstört.

Zur *Eutrophierung* kommt es auch, wenn ungeklärtes *Abwasser* in einen Bach, Teich oder See gelangt. Fäkalien und phosphathaltige Waschmittelreste im Abwasser wirken ebenfalls als Dünger.

Nicht immer führt die Eutrophierung zum Umkippen des Gewässers. Nach geringfügigen, kurzfristigen Störungen kann sich das biologische Gleichgewicht von selbst wieder einpendeln.

Verlandung. Auch ohne menschliches Zutun verändern sich stehende Gewässer im Laufe der Zeit. Vom Ufer her dringen die Sumpf- und Wasserpflanzen immer stärker gegen die Gewässermitte vor. Abgestorbenes Pflanzenmaterial lagert sich – mehr oder weniger zersetzt – am Boden ab und ermöglicht weiteren Pflanzen die Besiedlung. Das Gewässer wird flacher und nährstoffreicher. Die freie Wasserfläche nimmt ab, das Gewässer *verlandet*. Am Ende ist der Teich oder See ganz verschwunden. Aus ihm ist ein *Flachmoor* geworden.

Bei großen Seen dauert diese Entwicklung mehr als 10 000 Jahre; bei kleinen Weihern und Teichen kann man jedoch oft schon nach 10 Jahren eine deutliche Veränderung feststellen.

Die Trophie eines Gewässers bezeichnet dessen Nährstoffgehalt.

Eutroph sind Gewässer mit hohem Nährstoffgehalt, üppigem Pflanzenwachstum und reichem Tierbestand.

Oligotroph sind Gewässer, die arm an Nährstoffen sind. Die Anzahl der vorkommenden Organismen ist gering.

Mesotroph nennt man Gewässer mit einem mittleren Gehalt an Nährstoffen.

Dystroph nennt man moorige, durch torfige Huminstoffe oft braun gefärbte Gewässer mit meist niedrigem Nährstoffgehalt.

Aufgaben

1 Manche unserer Seen mussten in den letzten Jahren zeitweise künstlich belüftet werden. Wozu sollten diese Maßnahmen dienen? Welche Ursachen lagen ihnen zugrunde?

In Kürze

Unter Eutrophierung versteht man die Anreicherung von Nährstoffen in einem Gewässer. Sie kann zum Umkippen, also der Zerstörung des biologischen Gleichgewichtes führen.

Die Verlandung ist ein natürlicher Prozess, dem alle stehenden Gewässer unterworfen sind.

R 178

Zur Diskussion: Kleingewässer

Von den Libellen Sachsens sind	Anzahl der Arten	%
ausgestorben	1	1,6
vom Aussterben bedroht	10	16,4
stark gefährdet	14	23,0
gefährdet	10	16,4
potentiell gefährdet	1	1,6

1   Viele der gefährdeten Libellen Sachsens benötigen zu ihrer Entwicklung Kleingewässer.

2   Erdkröten wandern zu dem Gewässer, in dem sie geschlüpft sind.

3 und 4   Kleingewässer – Zierde der Landschaft oder zu beseitigendes Hindernis für die Landwirtschaft?

Info 1

Fließgewässer in Sachsen

Fließgewässer sind in Sachsen zweifellos die am stärksten beeinträchtigten Lebensräume für Libellen. Während Libellenarten, die vorwiegend in den Quellbereichen und Oberläufen siedeln sich in kleine, anthropogen wenig beeinflußte Gewässereinzugsgebiete zurückziehen konnten, wurden die Libellen der Mittelläufe von Begradigung und Ausbau der Flüsse sowie ihrer Abwasserbelastung so stark beeinträchtigt, dass sie in Sachsen fast völlig ausgestorben sind.

Aus: Arbeitsmaterialien Naturschutz, Rote Liste Libellen, Freistaat Sachsen, Landesamt für Umwelt und Geologie

Info 2

Amphibienwanderungen

Statistisch gesehen musste ein Grasfrosch im vorigen Jahrhundert eine durchschnittliche Entfernung von 320 m bis zum nächsten Laichplatz zurücklegen. 1970 waren es bereits 480 m. 1989 betrug die Entfernung in vielen Regionen bereits mehr als 800 m. Dies ist jedoch etwa der maximale Aktionsradius eines Grasfrosches. Hinzu kommt: Je weiter der Wanderweg, desto mehr Gefahren drohen den Amphibien unterwegs.

5 und 6   Rotbauchunke (links) und Laubfrosch sind in Sachsen stark gefährdete Arten. Beide leben in und an Kleingewässern.

Am Fluss entlang

Ein Fließgewässer stellt von seiner Quelle bis zur Mündung eine *Kette verschiedenartiger Lebensräume* und *Lebensgemeinschaften* dar.

Oberlauf. Die meisten Flüsse entspringen in den Bergen. Recht bald vereinigen sich ihre *Quellbäche* zu größeren *Bächen,* die wiederum zusammenfließen und einen kleinen Fluss bilden. Den Abschnitt von der Quelle bis zur Bildung eines kleinen Flusses nennt man *Oberlauf.* Das *Gefälle* ist hier stark. Der Oberlauf zeichnet sich daher durch Mitführung von *Geröll* und *Schotter,* durch hohe Fließgeschwindigkeit und klares kaltes Wasser aus.

Mittellauf. Der Fluss wird breiter und tiefer, das Wasser fließt jetzt langsamer über groben *Kies* und *Sand* dahin. Die Wassertemperaturen schwanken stärker. Mehr und mehr mitgeschlepptes Material wird am Ufer und in Buchten abgelagert.

Unterlauf. Der Fluss fließt in seinem Unterlauf langsam in *Mäandern* dahin. Das Flussbett ist sehr breit. Die feinsten mittransportierten Stoffe, *Sand* und *Schlamm,* werden hier abgelagert und bilden einen nährstoffreichen Untergrund. Das Wasser kann sich im Sommer relativ stark erwärmen. Der Sauerstoffgehalt nimmt ab. Im Mündungsgebiet vermischen sich Süß- und Meerwasser zu *Brackwasser*.

Den sich ändernden Lebensbedingungen entsprechen jeweils andere Pflanzen- und Tierarten. Manche Fische sind so charakteristisch für bestimmte Gewässerabschnitte, dass man sie als *Leitarten* zur Feingliederung eines Flusses heranzieht.

Aufgaben

1   Der Sauerstoff des Wassers nimmt bei einem Fluss von der Quelle zur Mündung hin ab. Versuche dafür eine Begründung zu geben.

2   Im Unterlauf eines Flusses findet sich oft ein starker Bewuchs von Wasserpflanzen. wie läßt sich dies erklären?

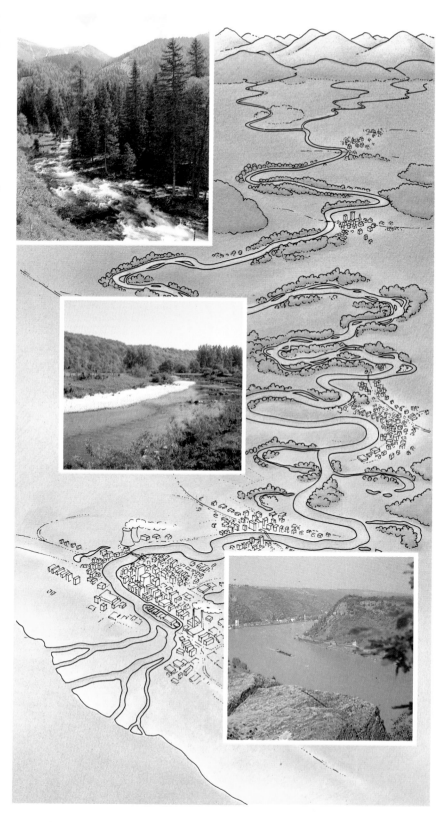

R 180

Fischregionen

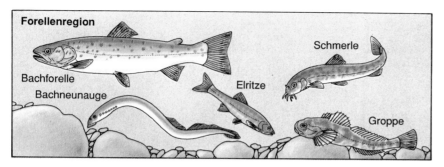

Forellenregion
Schmerle
Bachforelle
Bachneunauge
Elritze
Groppe

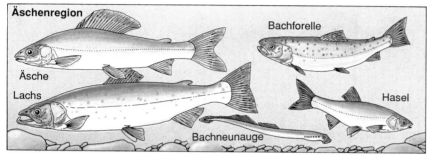

Äschenregion
Bachforelle
Äsche
Lachs
Hasel
Bachneunauge

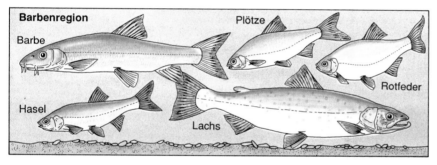

Barbenregion
Plötze
Barbe
Rotfeder
Hasel
Lachs

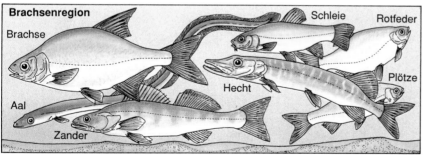

Brachsenregion
Schleie
Rotfeder
Brachse
Plötze
Hecht
Aal
Zander

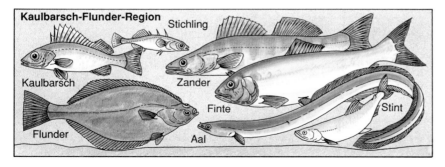

Kaulbarsch-Flunder-Region
Stichling
Kaulbarsch
Zander
Finte
Stint
Flunder
Aal

Forellenregion
Strömung: sehr stark bis reißend
Wassertemperatur: 5 bis 10 °C, wenig schwankend
Sauerstoffgehalt: sehr hoch
Bodengrund: Fels, größere Steine, Kies

Äschenregion
Strömung: wechselnd, meist stark, an tieferen Stellen gering
Wassertemperatur: zwischen 3 °C und 15 °C, selten darüber
Sauerstoffgehalt: hoch
Bodengrund: Kies, Steine

Barbenregion
Strömung: gleichmäßig, geringer als in Forellen- und Äschenregion
Wassertemperatur: kann im Winter zufrieren, im Sommer häufig über 15 °C
Sauerstoffgehalt: hoch im freien Wasser, niedriger am Boden
Bodengrund: Kies, Sand

Brachsenregion
Strömung: langsam
Wassertemperatur: friert im Winter zu, im Sommer häufig auf 20 °C ansteigend
Sauerstoffgehalt: ausreichend im freien Wasser, gering am Boden
Bodengrund: Sand mit Schlamm

Kaulbarsch-Flunder-Region
Strömung: Richtung und Stärke durch den Gezeitenfluss wechselnd (Brackwasser)
Wassertemperatur: friert im Winter zu, im Sommer häufig über 20 °C
Sauerstoffgehalt: niedrig
Bodengrund: Schlamm

In Kürze

Die Lebensbedingungen im Fluss verändern sich von der Quelle zur Mündung. Entsprechend verschieden sind die Lebensgemeinschaften im Fluss. Nach den jeweiligen Leitarten unterscheidet man Forellen-, Äschen-, Barben-, Brachsen- und Kaulbarsch-Flunder-Region.

Anpassung an das Leben im Bach

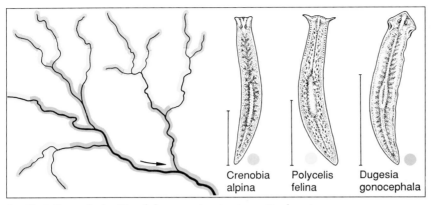

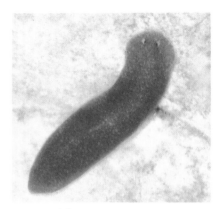

1   Verteilung dreier Strudelwurmarten in einem Bachsystem

2   Strudelwurm

Beispiel Strudelwürmer. Die *Strudelwürmer* gehören zum Tierstamm der Plattwürmer. Mehr als 150 Arten kommen bei uns vor. Die meisten erreichen nur eine Größe von wenigen Millimetern, manche Arten werden etwa 2 cm groß.

Strudelwürmer kann man in stehenden wie in fließenden Gewässern antreffen. Die meisten Arten sind auf sauberes Wasser angewiesen. In Gebirgsbächen findet man eine stets wiederkehrende typische Aufeinanderfolge dreier Strudelwurmarten: *Crenobia alpina* ist an die Lebensbedingungen in der *Quellregion* angepasst. Sie kommt nur dort vor. *Polycelis felina* lebt nur im *Oberlauf, Dugesia gonocephala* im *Mittel-* und *Unterlauf.* Die *Zonierung* beruht sowohl auf *unterschiedlichem Sauerstoffbedarf* dieser drei Arten als auch darauf, dass sie *unterschiedliche Wassertemperaturen* bevorzugen.

Beispiel Eintagsfliegenlarven. Die Larven vieler *Eintagsfliegen* leben in Fließgewässern. Einige von ihnen bewohnen selbst rasch fließende *Gebirgsbäche.* Sie sind an die starke Strömung angepasst. Dazu gehören die Larven der Eintagsfliege *Ecdyonurus.* Sie leben auf Steinen. Ihr Körper ist vorn breit und hinten schmal, also ausgesprochen strömungsgünstig. Zudem ist er so stark *abgeflacht,* dass diese Eintagsfliegenlarven die nur wenige Millimeter hohe *Grenzschicht* unmittelbar über dem Stein als Lebensraum nutzen können. Die Grenzschicht ist nahezu strömungsfrei.

Auch die Larven der Eintagsfliege *Baëtis* vermögen die Grenzschicht zu nutzen, obgleich sie schlanker und höher gebaut sind als die Ecdyonurus-Larven. Je stärker die Strömung, desto mehr schmiegen sie sich dem Stein an.

3   Larve von Ecdyonurus

In Kürze

Bachbewohnende Strudelwürmer sind an eng begrenzte Lebensbedingungen angepasst. Sie kommen jeweils nur in bestimmten Bachabschnitten vor. Bachbewohnende Eintagsfliegenlarven nutzen die strömungsfreie Grenzschicht über Steinen und können so auch in Bachabschnitten mit starker Strömung leben.

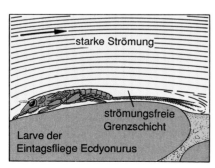

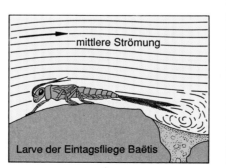

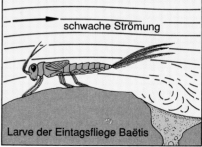

4   Die Larven von Ecdyonurus sind an starke Strömung angepasst.

5 und 6   Die Larven der Eintagsfliege Baëtis können in Gewässern unterschiedlicher Strömung leben.

96

Praktikum: Untersuchung eines Fließgewässers

Pflanzen

Benötigt werden:
Bestimmungsbuch für Pflanzen, Karopapier, Lupe, Messer.

Durchführung:
- Stellt mithilfe von Bestimmungsbüchern fest, welche Pflanzen im und in unmittelbarer Nähe des Gewässers wachsen. Wachsen sie nur dort oder kommen sie auch in größerer Entfernung vor? Bei manchen Blütenpflanzen, zum Beispiel dem Wasser-Hahnenfuß, weisen schon die Namen auf den Standort hin.

Vögel

Benötigt werden:
Fernglas, Bestimmungsbuch, Notizbuch.

Durchführung:
- Sucht euch – zu zweit oder zu dritt – einen getarnten Beobachtungspunkt am Ufer, von dem aus ihr einen Teil des Gewässers überblicken könnt.
- Welche Vogelarten kommen dort vor?
- Beschreibe die Verhaltensweisen, die sie am Gewässer zeigen.

Gewässerschutz

Durchführung:
- Wählt ein Fließgewässer in eurer Nähe aus. Erkundigt euch, wem das Gelände gehört, und bittet gegebenenfalls um Erlaubnis, eine Gewässeruntersuchung durchführen zu dürfen.
- Stellt fest, in welchem Zustand sich das Gewässer befindet. Auf den Praktikumsseiten dieses Kapitels findet ihr Anleitungen dazu. Um aussagefähige Messwerte zu erhalten, müsst ihr die Untersuchungen über einen längeren Zeitraum hinweg durchführen.

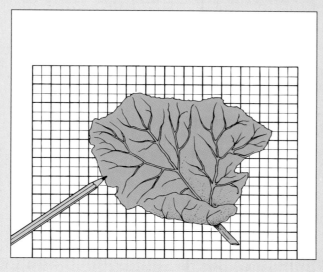

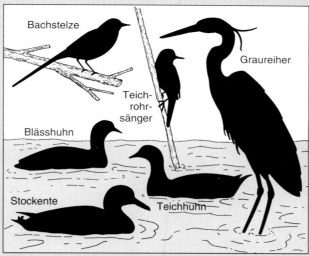

- Seht euch den Stängel- und Blattquerschnitt zum Beispiel von Brunnenkresse oder einer Sumpfdotterblume mit einer Lupe an. Wie unterscheidet er sich von Pflanzen trockener Standorte?
- Messt die Fläche eines Pestwurzblattes. Legt es dazu auf Karopapier, umrandet es und zählt die Flächeneinheiten. Ermittelt die Anzahl der Blätter pro Pflanze und somit deren gesamte Blattfläche. Vergleicht mit Blättern anderer Pflanzen.

- Notiert von unbekannten Vögeln die Gefiederfärbung und ihre ungefähre Größe, zum Beispiel „so groß wie ein Sperling" oder „so groß wie eine Ente". Dies erleichtert die spätere Bestimmung.
- Auch die Silhouette kann als Bestimmungsmerkmal herangezogen werden. Versucht von einem schwimmenden oder fliegenden Vogel die Silhouette zu skizzieren.

- Stellt fest, wie das Gewässer vom Menschen genutzt oder beeinflusst wird. Berücksichtigt dabei auch das angrenzende Gelände.
- Fragt bei der Gemeinde oder dem Naturschutzbeauftragten des Landkreises nach, ob etwas zum Schutz des Gewässers getan wird oder geplant ist. Erkundigt euch auch bei Naturschutzgruppen.
- Macht selbst Vorschläge, wo naturnahe Verhältnisse mit einfachen Mitteln wiederhergestellt werden könnten.

Abwasserbelastung und Selbstreinigung der Gewässer

Was ist nur aus dem schönen Bach geworden? Verschwunden ist sein klares Wasser, verschwunden die flutenden Quellmoosbüschel. Unter den Steinen keine Insektenlarven mehr, sondern schwarzer, übel riechender Faulschlamm. Du ahnst die Ursache? Abwassereinleitung!

Veränderte Lebensbedingungen. Abwasser enthält in hoher Konzentration Stoffe, die in einem Gewässer von Natur aus überhaupt nicht oder nur in sehr geringer Menge vorkommen. Durch *Abwassereinleitung* ändern sich die *Lebensbedingungen* für die Lebewesen des Gewässers schlagartig und einschneidend.

Alles entscheidend: Sauerstoff. Doch ein Fließgewässer, das eine Abwasserfracht aufnehmen musste, kann sich „selbst" reinigen! Diese natürliche Selbstreinigung besteht aus einem *vielstufigen biologischen Abbauprozess* durch zahlreiche Lebewesen. *Bakterien* und *Mikropilze* stehen am Anfang der Abbau-Nahrungsketten. *Wimpertiere* und andere *tierische Einzeller*, *Schlammröhrenwürmer* und *Zuckmückenlarven* sind weitere Zersetzer. Ihre Lebenstätigkeit erfordert Sauerstoff. Daher hängt es vor allem vom *Sauerstoffgehalt des Wassers* ab, wie viel Abwasser das Gewässer „verträgt". Umgekehrt kann man aus dem Sauerstoffbedarf für den Abbau der Abwasserfracht auf die Menge der abbaubaren Stoffe schließen.

Gewässerbewohner als Gütezeiger. Steigt stromab der Sauerstoffgehalt des Wassers in dem Maß wieder an, wie sich die Abwasserstoffe abbauen, stellen sich auch wieder Lebewesen mit höherem Sauerstoffbedürfnis ein: *Wasserasseln, Strudelwürmer* oder *Eintagsfliegenlarven*. Da vielen Arten in ihren Lebensbedingungen sehr enge Grenzen gesetzt sind, zeigt ihr Vorkommen eine bestimmte Gewässergüte an. Solche *Zeigerorganismen* oder *Bioindikatoren* erlauben meist verlässlichere Aussagen über die Lebensbedingungen als Messgeräte.

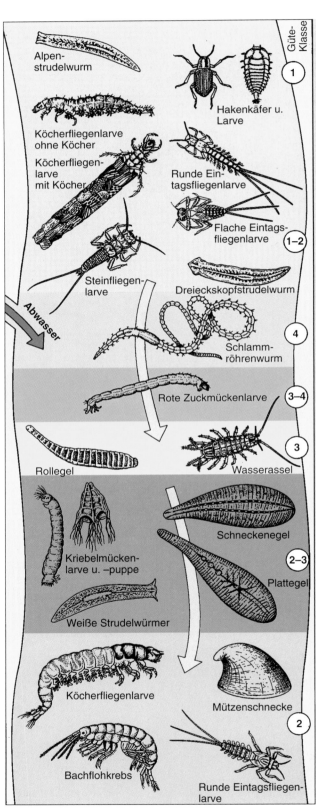

Güte-Klasse

Alpenstrudelwurm

Köcherfliegenlarve ohne Köcher

Köcherfliegenlarve mit Köcher

Hakenkäfer u. Larve

Runde Eintagsfliegenlarve

Flache Eintagsfliegenlarve

Abwasser

Steinfliegenlarve

Dreieckskopfstrudelwurm

Schlammröhrenwurm

Rote Zuckmückenlarve

Rollegel

Wasserassel

Kriebelmückenlarve u. –puppe

Weiße Strudelwürmer

Schneckenegel

Plattegel

Köcherfliegenlarve

Mützenschnecke

Bachflohkrebs

Runde Eintagsfliegenlarve

1

1–2

4

3–4

3

2–3

2

Reinwasserzone (unbelastet bis gering belastet); Wasser annähernd sauerstoffgesättigt und arm an organischen Stoffen; mäßig dicht besiedelt, vorwiegend von Moosen, Strudelwürmern und Insektenlarven; wenige Bakterien; Laichgewässer für Forellen.

Abwasserzone (übermäßig verschmutzt); Wasser übermäßig durch organische Abwässer verschmutzt, Sauerstoffgehalt stets sehr niedrig oder fehlend; vorwiegend von Bakterien besiedelt.

Verschmutzungszone (stark bis sehr stark verschmutzt); meist stark mit organischen Stoffen verschmutzt und sauerstoffarm; gegen Sauerstoffmangel unempfindliche Tiere, oft in großer Zahl.

Belastungszone (mäßig bis kritisch belastet); Wasser mäßig verunreinigt, meist sauerstoffreich; viele Arten von Schnecken, Kleinkrebsen, Insektenlarven; Algen und andere Wasserpflanzen bedecken größere Flächen; meist ertragreiches Fischgewässer.

Praktikum: Abschätzung der Gewässergüte

Kleine Fließgewässer mit steinigem Bett und niedrigem Wasserstand, die gefahrlos zu untersuchen sind, eignen sich am besten. Untersuche aus gesundheitlichen Gründen nicht direkt an einer Abwassereinleitung, nimm alle Chemikalienreste zur Entsorgung wieder mit in die Schule und schädige das Gewässer und seine Bewohner so wenig wie möglich!
Setze alle Tiere nach der Bestimmung und Zählung vom Gewässerrand aus wieder zurück ins Wasser!

Chemische Untersuchung

Benötigt werden:
Reagenziensätze zur Wasseruntersuchung, v. a. Sauerstoff, pH-Wert, Wasserhärte, Nitrat.

Durchführung:
Arbeite nach den Anleitungen der Reagenziensätze. Miss besser weniger Werte genau und regelmäßig über längere Zeit als viele Werte nur einmal. Halte alle Messergebnisse in einem Protokoll fest.

Biologische Untersuchung

Benötigt werden:
flache Kunststoffschalen, Petrischalen, Federstahlpinzetten, Plastiksiebe, weiche Bürsten; Bestimmungsbücher, Protokollbogen (Bild rechts).

Durchführung:

Gewinnung der Lebewesen. Nimm einen Stein aus dem Bachbett. Sammle Tiere von der Steinunterseite mit einer Pinzette ab oder bürste den ganzen Stein in ein Sieb oder direkt in eine Schale mit etwas Wasser. Wiederhole das Sammeln mit Steinen aus verschiedenen Bachbettzonen, Laub, Ästen, Wasserpflanzen.

Bestimmen. Bestimme die gefundenen Lebewesen mit Hilfe von Bestimmungsbüchern. Die meisten Tiere, die als Bioindikatoren in kleinen Fließgewässern leben, sind nach etwas Übung gut zu unterscheiden.

Ordnen und zählen. Ordne die gleichen Arten aller Fänge zusammen. Zähle dann die Tiere und vermerke die Ergebnisse im Protokollbogen.

Güteabschätzung. Mit dem Rechenverfahren, wie es auf dem Protokollbogen angegeben ist, kannst du die Gewässergüte des untersuchten Gewässer abschätzen. Die Gewässergüteklassen 1 bis 4 sind auf der Seite gegenüber beschrieben.

Gewässer:		Datum:	
Abschnitt:		Uhrzeit:	
Untersuchung durch:			
Bio-Indikator	**Anzahl**	**Ind.-Wert**	**Produkt**
Alpenstrudelwurm		x 1 =	
Steinfliegenlarven		x 1,5 =	
Hakenkäfer u. larven		x 1,5 =	
Köcherfliegenlarven (Ohne Köcher)	1	x 1,5 =	1,5
Flache Eintagsfliegenlarven		x 1,5 =	
Dreieckskopfstrudelwürmer		x 1,5 =	
Köcherfliegenlarve (mit Köcher)	2	x 1,5 =	3,0
Runde Eintagsfliegenlarv. (m. Kiemen)	17	x 1,5 =	25,5
Runde Eintagsfliegenlarv. (m. Kiemenblättchen)	4	x 2 =	8,0
Mützenschnecke	10	x 2 =	20,0
Bachflohkrebse		x 2 =	
Köcherfliegenlarven (m. 3 Rückenschildern)		x 2 =	
Weiße Strudelwürmer		x 2,5 =	
Schneckenegel	2	x 2,5 =	5,0
Plattegel		x 2,5 =	
Kriebelmückenlarven u. -puppen		x 2,5 =	
Wasserasseln	1	x 3 =	3,0
Rollegel		x 3 =	
Rote Zuckmückenlarven		x 3,5 =	
Schlammröhrenwürmer		x 4 =	
		S	

Zur Diskussion: Unser Trinkwasser

1 Ohne Wasser überlebt der Mensch nur wenige Tage.

3 Nitratbelastetes Trinkwasser ist das Ergebnis übermäßiger Düngung.

4 Durch 1 l Öl werden 1 Million l Trinkwasser unbrauchbar.

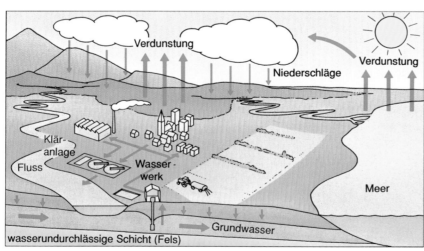

2 Kreislauf des Wassers. Wasser entsteht darin weder neu, noch wird es verbraucht. Als Trinkwasser eignet sich nur ein geringer Teil.

5 Ausbringen von Pestiziden. Sie kommen schon im Trinkwasser vor.

100

Gewässernutzung. Der Mensch nutzt das Wasser auf vielfältige Weise und greift damit drastisch in den Wasserhaushalt ein:

— Gewässer, besonders die großen Flüsse und das Meer, sind wichtige *Transportwege*.

— Gigantische Wassermengen benötigen die Kraftwerke zur Erzeugung von Elektrizität. Das Wasser dient nicht nur zum Antrieb der Turbinen, sondern vor allem als *Kühlwasser*. Das erwärmte Wasser wird den Flüssen wieder zugeleitet oder über Kühltürme als Wasserdampf an die Atmosphäre abgegeben. Ein Kernkraftwerk zum Beispiel gibt in der Sekunde 1 t Wasserdampf ab!

— Wasser wird als *Reinigungs-* und *Lösungsmittel* im Haushalt und in der Industrie verwendet und ist für die meisten industriellen Produktionswege unentbehrlich.

— Flüsse werden als *Vorfluter* genutzt. Sie nehmen ungeheure Mengen geklärter wie ungeklärter Abwässer auf und transportieren sie ab. Zum Teil kann der eingeleitete Schmutz von den Destruenten abgebaut werden. Damit tragen die Flüsse mit ihren Lebensgemeinschaften zur Abwasserreinigung und Schadstoffbeseitigung bei.

— Wasser ist das wichtigste *Lebensmittel* überhaupt. Trinkwasser muss besonders hohen Qualitätsansprüchen genügen. Es soll von einwandfreiem Geschmack, geruchlos, frei von Krankheitserregern und Schadstoffen sein.

Nicht selten muss ein und dasselbe Gewässer allen diesen verschiedenen Zwecken gleichzeitig dienen.

Gefährdung des Grundwassers. Das beste Trinkwasser wird aus *Grundwasser* gewonnen. Anders als das Wasser aus Flüssen und Seen braucht es normalerweise nicht oder nur wenig aufbereitet zu werden. Grundwasser bildet sich, wenn Regenwasser versickert, langsam tiefer ins Erdreich eindringt und sich über wasserundurchlässigen Bodenschichten sammelt. Kies- und Sandschichten wirken dabei als natürliche Wasserfilter. Soweit das Grundwasser nicht als Quelle wieder zutage tritt, fließt es unterirdisch den Flüssen zu.

Gefahr besteht bei uns nicht nur für Fluss und See. Auch die Grundwasservorräte sind bedroht. Im Grundwasser findet man heute *Nitrate*, die aus Düngemitteln stammen, *Öl, problematische Kohlenwasserstoffverbindungen* aus der Industrie, *Pflanzenschutzmittel* sowie *gesundheitsschädliche Stoffe von Mülldeponien*. Immer häufiger müssen *Wasserwerke* Brunnen schließen, Wasser unterschiedlicher Herkunft vermischen oder teure Aufbereitungsanlagen bauen, damit sie die in der *Trinkwasserverordnung* festgelegten Grenzwerte für Nitrate und andere Schadstoffe nicht überschreiten. Zum Schutz des Grundwassers wurden bislang mehrere tausend *Wasserschutzgebiete* ausgewiesen. Nach Meinung der Fachleute wären doppelt so viele nötig.

Aufgaben

1 In den alten Bundesländern wurde von 1989 bis 1992 eine Fläche von 260 km^2 pro Jahr für Straßen, Wohnhäuser und Industrieanlagen genutzt. Überlege, welche Folgen das für das Grundwasser hat.

2 Wie wirkt sich die Einleitung von erwärmtem Kühlwasser auf die Lebensgemeinschaften im Fluss aus?

In Kürze

Gewässer dienen unterschiedlichen Zwecken. Die großen Flüsse werden als Vorfluter, aber auch zur Trinkwassergewinnung genutzt. Grundwasser liefert das beste Trinkwasser. Es muss vor Verschmutzung und Verschwendung bewahrt werden.

Was jeder tun kann

• den häuslichen Wasserverbrauch einschränken, zum Beispiel duschen statt ein Vollbad zu nehmen;
• eine WC-Spülung mit Wassersparvorrichtung einbauen lassen;
• zu einer umweltgerechten Abfallbeseitigung beitragen; die Toilette ist kein Abfalleimer, schon gar nicht für wassergefährdende Stoffe wie Farbreste und Lösungsmittel!

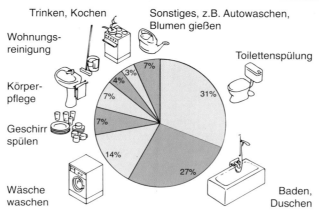

Trinken, Kochen
Wohnungsreinigung
Sonstiges, z.B. Autowaschen, Blumen gießen
Toilettenspülung
Körperpflege
7%
4% 3%
7%
31%
Geschirr spülen
7%
14%
27%
Wäsche waschen
Baden, Duschen

1 Jeder Haushalt verbraucht etwa 150 l Wasser pro Tag.

• umweltschonende Wasch- und Reinigungsmittel verwenden und sparsam dosieren;
• im Garten keine Spritz- und Düngemittel einsetzen, die das Grundwasser gefährden können;
• Regenwasser auffangen und zum Gießen verwenden; Regenwasser eignet sich auch zum Wäschewaschen.

Früher wurde in den Städten der Unrat auf Gassen und in Gräben gekippt. Dadurch kam es immer wieder zu verheerenden Seuchen. Erst vor etwa hundert Jahren begann man mit dem Bau von Kanalisationen. Die Abwässer wurden in Bäche, Flüsse und Seen eingeleitet und brachten diese zunehmend aus dem biologischen Gleichgewicht. Bei den heutigen Mengen an Haushalts- und Industrieabwässern ist eine möglichst vollständige Reinigung der Abwässer vor der Einleitung in die Gewässer unabdingbar.

Kläranlagen beseitigen in einer ersten mechanischen Stufe alle groben mitgeführten Bestandteile aus dem Abwasser. Dazu dienen Rechen, Siebe, Filter und besondere Absetzbecken. Das Foto zeigt ein solches Absetzbecken.

Als zweite Stufe schließt sich eine biologische Reinigung an. Wie in der Natur, nur auf viel engerem Raum und in äußerst konzentrierter Form, bauen Destruenten in riesiger Zahl die organischen Bestandteile des Abwassers ab. Dies erfolgt in großen, ständig belüfteten Belebtschlammbecken ...

... oder in Tropfkörper-Türmen. Das mechanisch vorgeklärte Abwasser sickert hier durch locker geschichtetes Koks-, Lava- oder Schlackenmaterial, das eine gute Durchlüftung gewährleistet. Auf der so vergrößerten Oberfläche sind dieselben Organismen tätig wie im Belebtschlammbecken.

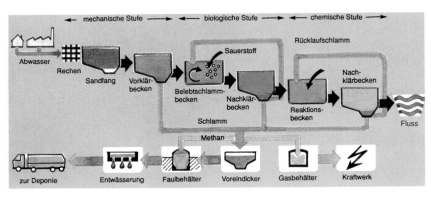

Noch wesentlich effektiver arbeiten die neuen Biohochreaktoren. Als „Belebungsräume" dienen bis zu 30 m hohe Stahltanks. Über Düsen am Tankboden wird Druckluft in die Tanks eingeblasen. Der biologische Abbau verläuft in zwei übereinander liegenden, durch einen Lochboden getrennten Kammern.

Das biologisch gereinigte Wasser ist entgegen dem Anschein noch nicht frei von belastenden Stoffen. Vor allem enthält es nach wie vor Phosphate und Nitrate, also die Stoffe, die für die Eutrophierung der Gewässer verantwortlich sind.
Nur eine dritte, chemische Reinigungsstufe kann Abhilfe schaffen:

Hier werden die chemischen Verunreinigungen durch besondere Fällungsreaktionen entfernt. Industrieabwässer bedürfen je nach ihrer Schadstofffracht spezieller Reinigungsverfahren in industrieeigenen Anlagen. Der zurückbleibende Klärschlamm muss häufig als Sondermüll behandelt werden.

Überblick

Unsere Gewässer bieten Lebensraum für eine Fülle von Tier- und Pflanzenarten. Diese sind an die im Gewässer vorherrschenden Lebensbedingungen, wie Wassertiefe, Sauerstoff- und Nährstoffgehalt, Wassertemperatur, Beschaffenheit des Gewässergrunds, Strömungsstärke, in unterschiedlicher Weise angepasst. Alle Lebewesen eines Gewässers sind über Nahrungsbeziehungen und andere Wechselwirkungen miteinander verbunden. Sie bilden eine Lebensgemeinschaft. Wie in anderen Lebensgemeinschaften sind die grünen Pflanzen die Produzenten. Sie liefern die Grundlage für die Nahrungsketten, in denen die Tiere als Konsumenten unterschiedlicher Ordnung auftreten. Destruenten führen tote organische Substanz und organische Abfallstoffe wieder in anorganische Verbindungen zurück. Dadurch schließen sie die Stoffkreisläufe und halten das System im Gleichgewicht. Durch ein Überangebot an Nährstoffen wird das biologische Gleichgewicht gestört: Eutrophierung. Reicht die Selbstreinigungskraft des Gewässers aus, stellt sich nach einiger Zeit wieder ein Gleichgewicht ein. Andernfalls „kippt das Gewässer um". Für den Menschen ist Wasser ein unverzichtbares Lebensmittel. Daher tun wir gut daran, stehende und fließende Gewässer in möglichst naturnahem Zustand zu erhalten. Die Abwassermengen müssen verringert und vor der Einleitung in die Gewässer weitestgehend gereinigt werden.

Alles klar?

1 Welche Bedeutung haben Gewässer für den Menschen? Betrachte dazu auch die Grafik oben.

2 Was versteht man unter Eutrophierung eines Gewässers?

3 In den Sommermonaten „blühen" manche Teiche, Seen oder auch langsam fließende Gewässer: An der Oberfläche zeigt sich ein ausgedehnter grüner Belag. Bei mikroskopischer Untersuchung stellt er sich als eine Massenansammlung von Grün- und Blaualgen heraus. Wie kommt es zu dieser „Wasserblüte"? Welche Folgen sind zu erwarten?

4 Warum liefert der Sauerstoffgehalt wichtige Hinweise auf den Zustand eines Gewässers?

5 Welche Wirbeltierklassen sind bei ihrer Entwicklung auf den Lebensraum „Wasser" angewiesen?

6 Erläutere an verschiedenen Beispielen, wie Insekten und Insektenlarven an das Leben im Wasser angepasst sind.

7 Welche Pflanzengruppen sind für ein stehendes Gewässer charakteristisch? Wo wachsen sie jeweils? Gib für jede Gruppe einige typische Vertreter an.

Vererbung

Heute ist Lisas Geburtstag. Die Großeltern und die Patentante sind gekommen. „Groß bist du geworden, Lisa. Und mit den dunklen Haaren und den braunen Augen ganz die Mama." „Sogar die langen Wimpern hat sie von ihr geerbt!" „Ja, aber Augenbrauen und Nase hat sie vom Vater, genau wie die zwei Kleinen." – Ganz selbstverständlich ist uns heute der Gedanke, dass die Ähnlichkeit zwischen Eltern und Kindern auf Vererbung beruht. Aber was heißt das eigentlich? Wie soll man sich das vorstellen?

Vererbung und Vererbungswissenschaft. Menschen und alle anderen Lebewesen ähneln in ihren Eigenschaften oder *Merkmalen* ihren Eltern und Vorfahren. Von ihnen haben sie die Information für die Ausbildung der Merkmale mitbekommen. Die Weitergabe dieser *Erbinformation* von Generation zu Generation nennt man *Vererbung*. Die *Vererbungswissenschaft* oder *Genetik* untersucht, wie die Informationsweitergabe geschieht und welchen Regeln sie folgt. Viele ihrer Erkenntnisse gelten für Menschen, Tiere und Pflanzen gleichermaßen.

Je näher verwandt, desto ähnlicher. Auf Fotos gelingt es uns oft erstaunlich leicht, Verwandte und Fremde zu unterscheiden. In der Regel sind wir einander *umso ähnlicher*, je näher wir verwandt sind, das heißt, *je stärker die Erbinformation übereinstimmt.*
Selbst wenn die Ähnlichkeit in Körpergestalt, Gesichtszügen oder Charakter auffallend ist, lässt sie

sich meist schwer beschreiben. Sie beruht auf der Ähnlichkeit in vielen Einzelmerkmalen, die man nicht alle erfassen oder messen kann. Sogar scheinbar eindeutige Merkmale wie blaue oder braune Augenfarbe sind nicht immer klar gegeneinander abzugrenzen, weil es fließende Übergänge gibt, von Hellblau über Grau- und Grüntöne bis zu Dunkelbraun.

Der Mensch – ein schwieriger Untersuchungsgegenstand. Aussagen über Regeln der Vererbung sind nur möglich bei *auffälligen und gut abgrenzbaren Einzelmerkmalen*, deren Auftreten sich über die Generationen hinweg verfolgen lässt. Solche eindeutigen Merkmale gibt es beim Menschen nur wenige. In jedem Fall ist es eine große Besonderheit, wenn ihre Vererbung über mehrere Generationen bekannt ist: Bei kaum einem von uns waren die Vorfahren so berühmt, dass von ihnen Porträts und Dokumente über ihre Abstammung überliefert sind.

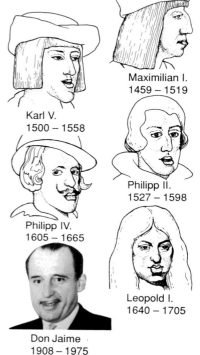

Karl V.
1500 – 1558

Maximilian I.
1459 – 1519

Philipp II.
1527 – 1598

Philipp IV.
1605 – 1665

Leopold I.
1640 – 1705

Don Jaime
1908 – 1975

1 Die „Habsburger Unterlippe" gehört zu den wenigen Merkmalen beim Menschen, deren Auftreten über viele Generationen dokumentiert ist.

Alte Vorstellungen über die Vererbung

Schon vor 2500 Jahren suchten griechische Philosophen und Ärzte nach einer Erklärung für die beobachtete Familienähnlichkeit. Sie entwickelten verschiedene Vorstellungen zu Zeugung und Vererbung. Eine davon war die *Präformationslehre des Anaxagoras*. Sie nahm an, dass im

Samen des Vaters alle kindlichen Merkmale vorgeformt, *präformiert*, seien. Im mütterlichen Körper sollte sich der Samen nur entwickeln. Diese Lehre wirkte lange nach.
Als im 17. Jahrhundert erstmals Gelehrte Samenzellen im Mikroskop sahen, glaubten sie präformierte Lebewesen zu erkennen und zeichneten sie auch so!

Aufgaben

1 Weshalb ist es falsch zu sagen, dass Lisa die langen Wimpern von der Mutter geerbt hat? Formuliere den Sachverhalt korrekt.

2 Beschreibe Merkmale, in denen sich Mitglieder der auf der *linken Seite* abgebildeten Familie ähnlich sind.

3 Prüfe auf Fotos deiner Vorfahren, ob sich bestimmte Merkmale zurückverfolgen lassen. Wie viele Generationen reichen die Bilder zurück?

4 Was erklärt die Präformationslehre nicht? Verdeutliche den Unterschied zu unserer heutigen Auffassung!

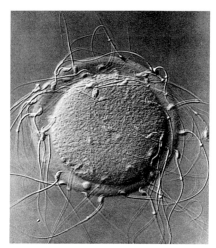

1 Spermien auf einer Eizelle

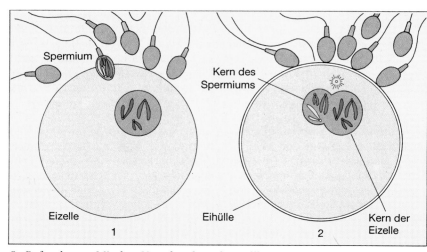

2 Befruchtung. Mit dem Verschmelzen der Zellkerne ist sie abgeschlossen.

Befruchtung. Das Leben des Menschen wie der meisten Tiere und Pflanzen beginnt mit der *Befruchtung,* dem Verschmelzen von Eizelle und Spermium zur Zygote.

Millionen von Spermien schwimmen, angelockt von Signalstoffen, mit Hilfe ihres Schwanzfadens auf die Eizelle zu. Das schnellste Spermium dringt in die Eizelle ein. Dazu durchbohrt der Spermienkopf, der den Zellkern enthält, mit Enzymen die als Glashaut bezeichnete Eihülle und die Zellmembran. Der Schwanzfaden bleibt zurück. Die blitzschnelle Verhärtung der Eihülle verhindert, dass weitere Spermien eindringen. Dies hätte normalerweise das Absterben der Zygote zur Folge.

Anschließend folgt der entscheidende Vorgang der Befruchtung, die *Kernverschmelzung.* Die Chromosomen von Eizelle und Spermium vereinigen sich in einem gemeinsamen Zellkern.

Haploide Keimzellen – diploide Zygote. Spermium und Eizelle unterscheiden sich deutlich: Im Gegensatz zu den Spermien sind die Eizellen unbeweglich, reich an Zellplasma und beim Menschen rund 70 000 mal größer.

Trotz dieser Unterschiede ist das Erbgut der weiblichen und männlichen Keimzellen *gleichwertig.*

Eine Hälfte der Erbinformation für die Zygote wird vom *haploiden Satz der Eizellen-Chromosomen,* die andere Hälfte vom *haploiden Satz der Spermium-Chromosomen* geliefert. Zusammen bilden sie aus n Paaren homologer Chromosomen wieder den *doppelten Chromosomensatz (2n).* Die Zygote ist also *diploid* und besitzt die *vollständige Erbinformation.*

Nach 30 bis 50 Mitosen wird sich die Zygote zu einem ausgewachsenen Lebewesen mit Milliarden oder Billionen Zellen entwickelt haben.

Kombination des Erbguts. Der Ablauf von Meiose und Befruchtung lässt sich erkennen, dass man sich die Vererbung nicht als willkürliche Durchmischung, sondern als geordnete *Kombination von Teil-Informationen* vorstellen muss.

Der geringe Raumbedarf und die hohe Informationsdichte des Genoms, wie das komplette Erbprogramm eines Lebewesens genannt wird, sind erstaunlich.

Der Zellkern einer Zygote mit einem Durchmesser von nur 0,01 mm speichert eine Informationsmenge, die sich mit der Information in einem Buch mit 2 Millionen Seiten vergleichen lässt. Umgerechnet entspricht dies 2000 Büchern mit einem Umfang von je 1000 Seiten.

Aufgaben

1 „Das Kind hat mehr vom Vater als von der Mutter."
Kann diese Behauptung zutreffen? Was ist damit tatsächlich gemeint?

2 Wie unterscheidet sich die Erbinformation der Gehirnzellen von der Erbinformation der Hautzellen?

In Kürze

Bei der Befruchtung verschmelzen die haploiden Zellkerne von Eizelle und Spermium zum diploiden Zygotenkern. Dadurch wird mütterliches und väterliches Erbgut kombiniert.

2519

Die Chromosomen

Entdeckung der Chromosomen.
Beim Mikroskopieren von Zellen, die sich teilten, wurden vor gut 100 Jahren erstmals schleifenförmige Gebilde beobachtet. Der Mediziner Flemming und der Botaniker Strasburger entdeckten sie fast gleichzeitig in tierischen und pflanzlichen Zellen. Man nannte sie nach ihrer Form *Kernschleifen*, später wegen ihrer guten Färbbarkeit *Chromosomen*. Da sie unter dem Mikroskop erst durch Anfärben sichtbar wurden und nach der Zellteilung wieder verschwanden, war ihre Bedeutung lange strittig. Eine Zeit lang vermutete man in ihnen sogar durch Farbstoffe erzeugte Kunstgebilde!

Arbeitsform und Transportform.
Inzwischen gibt es keinen Zweifel mehr, dass die Chromosomen die Erbanlagen tragen und in den Zellen ständig vorhanden sind. Allerdings verändern sie ihre Gestalt. Solange die Zelle sich nicht teilt, liegen sie als lange, dünne Chromatinfäden im Zellkern. Mit bis zu 2 mm Länge erreichen sie dann den 300fachen Kerndurchmesser. Dabei sind sie nur 10 bis 35 nm stark (1 nm entspricht $\frac{1}{1\,000\,000}$ mm!). Einzelne Chromatinfäden sind deshalb im Lichtmikroskop nicht sichtbar.

Die *Chromatinfäden* stellen die *Arbeitsform der Chromosomen* dar. In der Arbeitsform wird die Erbinformation im Zellkern abgelesen und im Zellplasma verwirklicht.

Wenngleich die Chromatinfäden im Zellkern hundertfach verschlungen liegen, sind sie offenbar dennoch geordnet. Das zeigt sich, wenn sie *zur Zellteilung* aus der Arbeitsform in die *Transportform* übergehen. Sie ziehen sich zusammen, verdichten sich sehr stark und nehmen eine bestimmte Größe und Gestalt an. Jetzt können sie als Chromosomen unter dem Mikroskop erkannt und voneinander unterschieden werden.

Die beobachtete Schleifenform erklärt sich so: Jedes Chromosom besteht aus zwei Längshälften, den *Chromatiden*, die an einer Stelle zusammenhängen. Diese Stelle nennt man *Centromer*. Befindet sich das Centromer in der Mitte, sind die vier *Chromosomenarme* gleich lang. Sitzt das Centromer weiter oben oder unten, hat das Chromosom zwei lange und zwei kurze Arme oder überhaupt nur zwei Arme.

Chromosomenzahlen. Bei der Zellteilung lässt sich die *Zahl der Chromosomen* feststellen. Sie ist für die jeweilige Pflanzen- oder Tierart typisch. Beim Menschen beträgt sie

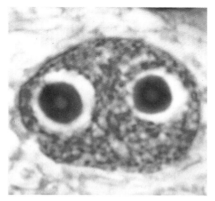

1 Zellkern: Chromatin und Nucleolen

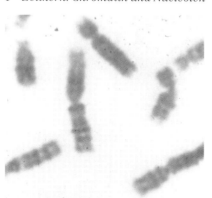

2 Menschliche Chromosomen

46 Chromosomen in jeder Körperzelle. Von der Chromosomenzahl kann man jedoch nicht ohne weiteres auf die Organisationshöhe eines Lebewesens schließen. Zum Beispiel hat die Gartenschnirkelschnecke zwei Chromosomen mehr als der Mensch. Die Länge der Chromosomen spielt eine wichtige Rolle. Von ihr hängt es wohl ab, wie viele Erbanlagen auf den Chromosomen liegen. Für das kleinste menschliche Chromosom nimmt man 1500 an.

Chromosomenzahlen verschiedener Lebewesen

Spulwurm	2
Schnirkelschnecke	48
Taufliege	8
Stubenfliege	12
Haussperling	76
Haustaube	80
Mensch	46
Schimpanse	48
Wurmfarn	164
Natternzunge (Farn)	480
Zwiebel	16
Gerste	14

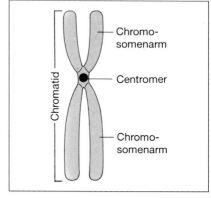

3 Bau eines Chromosoms

Aufgaben

1   Früher nannte man den Zellkern, der sich nicht teilt, ungeschickterweise „Ruhekern". Heute spricht man dagegen von „Arbeitskern". Erkläre.

2   Betrachte die Tabelle oben. Lassen sich darin Regeln erkennen?

In Kürze

Der Zellkern enthält die Erbinformation und ist Steuerzentrum der Zelle. Er besteht in der Hauptsache aus den Trägern der Erbanlagen, den Chromosomen. Sie sind nur in ihrer Transportform während der Zellteilung mikroskopisch sichtbar. Die Zahl der Chromosomen ist artspezifisch.

DNA: Der Stoff, aus dem die Gene sind

„Alphabet des Lebens" Die *Erbanlagen* oder *Gene* aller Lebewesen bestehen aus *Desoxyribonukleinsäure,* abgekürzt DNS oder DNA. DNA ist ein fadenförmiges Molekül aus Millionen bis Milliarden Bausteinen, den *Nukleotiden.* Jedes Nukleotid setzt sich aus einem *Zuckermolekül Desoxyribose,* einer *Phosphat-Gruppe* und einer der vier *Basen Adenin (A), Cytosin (C), Guanin (G) oder Thymin (T)* zusammen. Die Reihenfolge dieser Basen ist die verschlüsselte Erbinformation, ähnlich den Buchstaben einer Schrift. Ein Gen entspricht einem DNA-Abschnitt von über hundert bis zu mehreren zehntausend Nukleotiden.

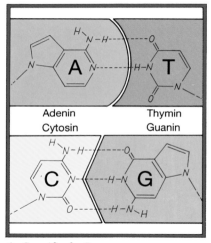

1 *Spezifische Basenpaarung*

Doppelstrang-Moleküle. Stets sind zwei DNA-Fäden – einer verdrillten Strickleiter oder Wendeltreppe ähnlich – zu einem *Doppelstrang* umeinander gewunden. Die Treppenholme entsprechen in diesem Modell zwei *Zucker-Phosphat-Ketten.* Die einzelnen Treppenstufen bestehen aus jeweils einem *Basenpaar.* Aufgrund ihrer Molekülstruktur verbinden sich immer nur A mit T und C mit G. Durch diese *spezifische Basenpaarung* entsprechen sich die beiden DNA-Fäden eines Doppelstrangs wie Positiv und Negativ bei einem Foto.

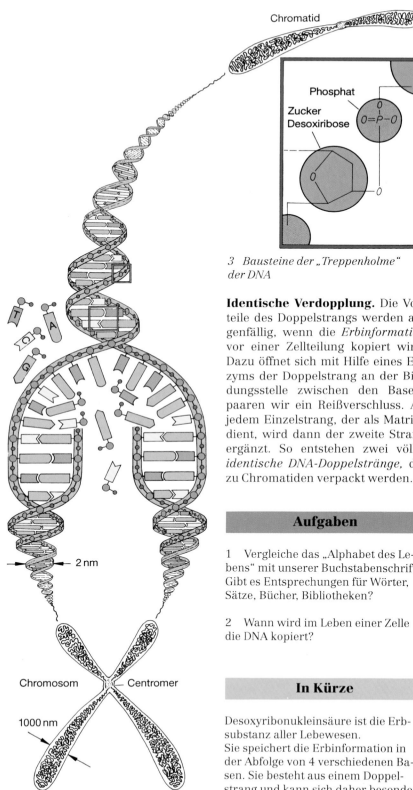

2 *Aufbau und Verdoppelung der DNA.*

3 *Bausteine der „Treppenholme" der DNA*

Identische Verdopplung. Die Vorteile des Doppelstrangs werden augenfällig, wenn die *Erbinformation* vor einer Zellteilung kopiert wird. Dazu öffnet sich mit Hilfe eines Enzyms der Doppelstrang an der Bindungsstelle zwischen den Basenpaaren wir ein Reißverschluss. An jedem Einzelstrang, der als Matrize dient, wird dann der zweite Strang ergänzt. So entstehen zwei völlig *identische DNA-Doppelstränge,* die zu Chromatiden verpackt werden.

Aufgaben

1 Vergleiche das „Alphabet des Lebens" mit unserer Buchstabenschrift. Gibt es Entsprechungen für Wörter, Sätze, Bücher, Bibliotheken?

2 Wann wird im Leben einer Zelle die DNA kopiert?

In Kürze

Desoxyribonukleinsäure ist die Erbsubstanz aller Lebewesen.
Sie speichert die Erbinformation in der Abfolge von 4 verschiedenen Basen. Sie besteht aus einem Doppelstrang und kann sich daher besonders einfach identisch verdoppeln.

108

1851

James D. Watson wurde 1928 in Chicago geboren. Schon während des Studiums in seiner Heimatstadt interessierte er sich neben der Ornithologie vor allem für das Phänomen der Vererbung. Nach einem Studienaufenthalt in Stockholm wechselte er nach Cambridge (1951). Dort lernte er Francis H. C. Crick (geb. 1916) kennen, dessen Interesse zu dieser Zeit ebenfalls der Molekularbiologie galt. Während in der Wissenschaft damals die Meinung vorherrschte, man müsse zur Aufklärung der Vererbungsvorgänge vor allem die Strukturen der Proteine erforschen, glaubten Watson und Crick von Anfang an, dass dazu das Wissen um den Aufbau der DNA weit wichtiger sei. Bei ihren gemeinsamen Forschungen gingen sie nicht von komplizierten Berechnungen anhand von Röntgenaufnahmen aus, sondern sie experimentierten mit Modellen. Dabei versuchten sie die damals schon bekannten Bausteine der DNA zu einem Molekül zusammenzufügen, dessen Struktur den physikalischen und chemischen Gesetzen nicht widersprach. Dennoch trugen zur Entdeckung der DNA-Struktur ganz wesentlich auch die Röntgenfotos von M. Wilkins und R. Franklin bei. Nachdem Watson und Crick ihr Modell von der Doppelhelix 1953 veröffentlicht hatten, erhielten sie zusammen mit Wilkins im Jahre 1962 dafür den Nobelpreis für Medizin.

Aufgaben

1 Beschreibe die Arbeitsmethode, mit der Watson und Crick die DNA-Struktur entdeckten.

2 Was verstehen Watson und Crick unter der Skelettform der DNA?

Die Entdeckung der Doppelhelix

Auf welche Weise es zur Entdeckung der DNA-Struktur kam, schildert J. D. Watson in seinem Buch „Die Doppelhelix": „... Der Schlüssel zu Paulings* Erfolg war sein Vertrauen auf die einfachen Gesetze der Strukturchemie. Die Alpha-Spirale war nicht etwa durch ewiges Anstarren von Röntgenaufnahmen gefunden worden. Der entsprechende Trick bestand vielmehr darin, sich zu fragen, welche Atome gern nebeneinander sitzen. Statt Bleistift und Papier war das wichtigste Werkzeug bei dieser Arbeit ein Satz von Molekülmodellen, die auf den ersten Blick dem Spielzeug der Kindergar-

G-C-Paare die gleiche Form hatten, kehrte er zu Messungen für seine Dissertation (Doktorarbeit) zurück, aber alle seine Bemühungen waren fruchtlos. Ständig sprang er von seinem Stuhl auf, schaute bekümmert auf die Pappmodelle, spielte andere Kombinationsmöglichkeiten durch. ... Es stellte sich nun die Frage, ob sich solche A-T- und G-C-Basenpaare leicht in die Skelettform einfügen ließen, die wir im Laufe der vergangenen zwei Wochen entworfen hatten. Auf den ersten Blick schien es zu klappen, denn ich hatte in der Mitte einen großen Raum für die Basen frei gelassen. Wir wussten jedoch beide,

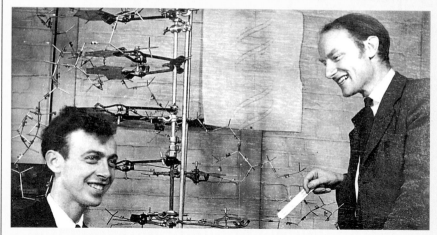

1 Watson und Crick vor ihrem DNA-Modell

ten-Kinder glichen. Wir sahen also keinen Grund, warum wir das DNA-Problem nicht auf die gleiche Weise lösen sollten. Alles was wir zu tun hatten, war, einen Satz Molekülmodelle zu bauen und dann damit zu spielen – wenn wir ein bisschen Glück hatten, würde die Struktur eine Spirale sein. Jede andere Art der Anordnung würde sich als ungleich komplizierter erweisen ...

Bald beschäftigte sich Francis von morgens bis abends mit der DNA. Am ersten Nachmittag nach der Entdeckung, dass die A-T-Paare und die

dass wir nicht am Ziel waren, bevor wir nicht ein vollständiges Modell gebaut hatten ...

Nach etwa einer Stunde hatte ich die Atome an die Stellen gesetzt, die sowohl den Röntgenbefunden als auch den Gesetzen der Stereochemie entsprachen. Die Spirale, die sich daraus ergab, war rechtsläufig, und die beiden Ketten verliefen in entgegengesetzter Richtung."

*Linus Pauling entdeckte die Molekülstrukturen der Proteine (Eiweißstoffe)

Die Mitose

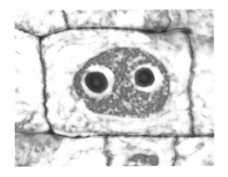

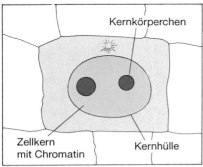

Kernkörperchen

Zellkern
mit Chromatin

Kernhülle

*1 und 2   Zellkern während der
Arbeitsphase*

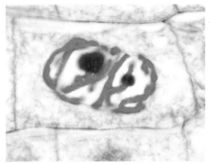

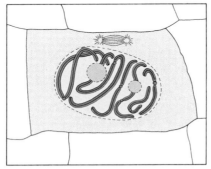

*3 und 4   Vorbereitung der Teilung:
Die Chromosomen werden sichtbar.*

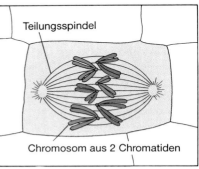

Teilungsspindel

Chromosom aus 2 Chromatiden

*5 und 6   Die Chromosomen ordnen
sich in der Zellmitte an.*

Jeder Mensch besteht aus rund 60 Billionen Zellen. Sie sind durch *Zellteilung* oder *Mitose* aus der einen befruchteten Eizelle hervorgegangen. Was geschieht bei den zahlreichen Zellteilungen mit der Erbinformation? Wie wird sie auf die je zwei Tochterzellen verteilt?

Sollen zwei Personen eine Information erhalten, einen Zeitungsartikel etwa, ist Teilen durch Zerschneiden wenig sinnvoll. Der Artikel muss vor dem Verteilen kopiert werden. Tatsächlich verhält es sich mit der Erbinformation ganz ähnlich. Sie wird *vor der Zellteilung* in der Arbeitsphase des Zellkerns *kopiert* und während der Zellteilung auf die Tochterzellen verteilt.

Vorbereitung der Teilung. Kernkörperchen und Kernhülle lösen sich auf. Gleichzeitig bildet sich ein spindelförmiger Faserapparat aus zahlreichen dünnen Proteinfasern, die *Teilungsspindel.*

Inzwischen haben die Chromosomen ihre Arbeit eingestellt und verdichten sich zur Transportform. Es

wird erkennbar, dass *jedes Chromosom zweiteilig* und damit *zur Teilung vorbereitet* ist. Eine der beiden *Chromatiden* stellt bereits die *Kopie* dar. Sie wurde während der vorausgegangenen Arbeitsphase des Zellkerns hergestellt.

Anordnung der Chromosomen. Wenn die Chromosomen sich am stärksten zusammengezogen haben und ihre größte Dichte erreicht ist,

ordnen sie sich in einer Ebene in der Zellmitte an. Ihre Chromatiden sind am Centromer mit Fasern der Teilungsspindel verbunden.

Trennung der Chromatiden. Die beiden Chromatiden eines jeden Chromosoms hingen bisher noch über das Centromer zusammen. Nachdem sich auch das Centromer geteilt hat, werden die Chromatiden getrennt. Dazu verkürzen sich die

Chromosomenuntersuchung
Chromosomen lassen sich unter dem Mikroskop am besten betrachten, während sie die größte Dichte erreicht haben und sich in der Zellmitte anordnen. Gibt man *Colchicin*, das Gift der Herbstzeitlose, zum Zellpräparat, wird die Zellteilung in dieser Phase gestoppt.

Zur genauen Untersuchung muss man das Präparat speziell *anfärben*. Die Chromosomen zeigen dann charakteristische helle und dunkle Bänder. Jetzt werden sie fotografiert. Anschließend schneidet man aus

dem Foto die Chromosomen aus und ordnet sie nach Größe, Gestalt und Bänderungsmuster. Den so geordneten Chromosomensatz nennt man *Karyogramm.*

Karyogramme von Körperzellen aller höher entwickelten Tiere, Pflanzen und des Menschen zeigen, dass sich jeweils zwei Chromosomen völlig entsprechen. Sie sind *homolog. Jede Körperzelle* verfügt demnach über einen *doppelten Chromosomensatz,* abgekürzt 2 n, mit zwei Ausgaben der Erbinformation. Man sagt dafür auch: Körperzellen sind *diploid.*

Die Mitose

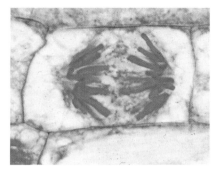

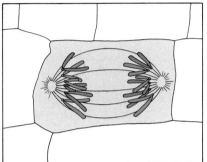

1 und 2   Die Chromatiden werden getrennt.

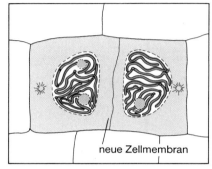

neue Zellmembran

3 und 4   Zwei erbgleiche Zellen sind entstanden.

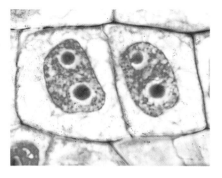

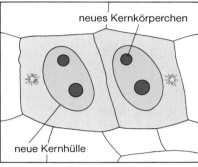

neues Kernkörperchen

neue Kernhülle

5 und 6   Die zwei Zellkerne gehen zur Arbeitsphase über.

Spindelfasern. Sie ziehen die Chromatiden jeweils zu den entgegengesetzten Polen der Zelle.

Abschluss der Kernteilung. An den beiden Zellpolen angekommen verlieren die Chromatiden ihre dichte Transportform. Sie lockern sich auf und nehmen die Arbeitsform an. Um sie herum werden neue Kernhüllen erzeugt. Auch Kernkörperchen entstehen wieder. Am Ende der Kern-teilung liegen zwei Zellkerne mit gleicher Erbinformation vor.

Teilung des Zellplasmas. Noch während sich die beiden Zellkerne bilden, setzt die Teilung des Zellplasmas ein. Zellen von Mensch und Tier schnüren sich durch. Pflanzenzellen bilden von innen her die trennende Zellwand. In rund einer Stunde sind damit *aus einer Zelle zwei erbgleiche Zellen entstanden.*

Aufgaben

1   Bei jedem von uns sterben täglich etwa 2 % der Zellen ab und müssen ersetzt werden. Berechne die Zahl der Zellteilungen je Sekunde.

2   Wie kann man Chromosomen voneinander unterscheiden? Lies dazu den Abschnitt „Chromosomenuntersuchung" und betrachte das Karyogramm.

3   Erkläre die folgenden Begriffe: Chromatid, diploid, homologe Chromosomen.

In Kürze

Vor der Zellteilung oder Mitose wird das Erbgut kopiert. Bei der Zellteilung liegt jedes Chromosom bereits als zwei identische Chromatiden vor. Diese werden getrennt und auf die zwei entstehenden Zellen verteilt. Alle durch Mitose aus einer Zelle hervorgegangenen Zellen sind daher erbgleich.

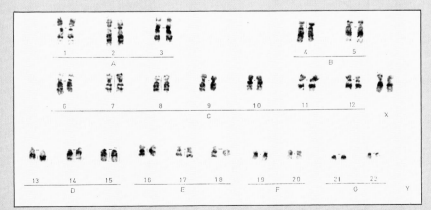

7   Zum Karyogramm geordnete menschliche Chromosomen

Praktikum: Mitose

Anzucht
von Wurzelspitzen

Benötigtes Material:
Becherglas, Küchenzwiebel,
Wasser.

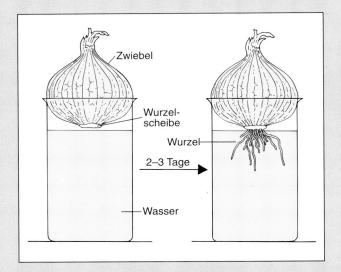

Durchführung:
2 bis 3 Tage vor Versuchs-
beginn entfernt man von
einer Küchenzwiebel die
äußeren Schalen.
Die Zwiebel wird so auf ein
Becherglas mit Wasser ge-
setzt, dass die Wurzelschei-
be die Wasseroberfläche gerade noch nicht berührt.
Verbrauchtes Wasser wird
täglich ergänzt.

Präparieren
der Wurzelspitzen

Benötigt werden:
Objektträger, Deckglas,
Rasierklinge oder Skalpell,
Pinzette, Pipette, Bunsen-
brenner, Orcein-Essigsäure
oder Karminessigsäure,
Wurzelspitzen.

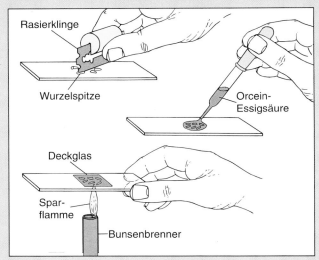

Durchführung:
Etwa 2 cm lang gewachsene
Wurzeln werden 2 bis 3 mm
hinter der Spitze abge-
schnitten und mit der Pinzette auf einen Objektträger
gelegt.
Mit der Rasierklinge oder
dem Skalpell teilt man die
Wurzelspitzen mehrmals
längs.
Nach Zugabe eines Trop-
fens Orcein-Essigsäure legt
man ein Deckglas auf und
erhitzt etwa 10 Minuten
vorsichtig über der Spar-
flamme des Bunsenbren-
ners.

Mikroskopieren
eines Quetschpräparates

Benötigt werden:
Filterpapier,
Essigsäure (50 %),
Orcein-Essigsäure,
Mikroskop.

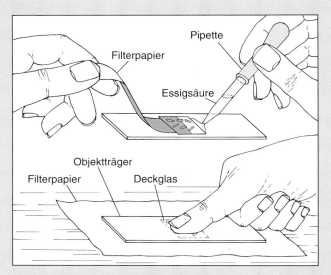

Durchführung:
Unter dem Deckglas werden
einige Tropfen Essigsäure
durchgesaugt. Mit dem
Deckglas nach unten wird
das Präparat kräftig auf
Filterpapier gequetscht
ohne es seitlich zu verschieben.
Nochmals etwas Orcein-
Essigsäure durchsaugen.
Bei etwa 500facher Ver-
größerung kann man unter
dem Mikroskop verschiede-
ne Mitosestadien erkennen.
Skizze anfertigen.

2206R

Ungeschlechtliche Fortpflanzung

Ungeschlechtliche Fortpflanzung. Die Mitose dient nicht allein der Vermehrung oder der Erneuerung von Körperzellen. Vor allem im Pflanzenreich ist sie auch ein Mittel der *biologischen Reproduktion*. Bei dieser ungeschlechtlichen, *vegetativen Fortpflanzung* entsteht aus diploiden Körperzellen nur eines elterlichen Organismus durch mitotische Teilungen ein neues Lebewesen. Dieses ist mit dem Elternteil, von dem es stammt, genetisch völlig identisch: es wird als *Klon* bezeichnet .

Natürliche Klone. In der Natur entstehen durch ungeschlechtliche Fortpflanzung nicht selten Klone. Im Tierreich pflanzen sich zum Beispiel Nesseltiere wie der Süßwasserpolyp mit Hilfe der *Knospung* fort. Bei diesem Vorgang bildet sich aus Körperauswüchsen des Muttertieres ein neuer Polyp. Im Pflanzenreich sind natürliche Klone noch weit häufiger: Aus *Zwiebeln, Knollen* oder *Ausläufern* entwickeln sich neue Lebewesen, die in ihren Zellen denselben Chromosomensatz besitzen wie die Pflanze, von der sie stammen.

Biotechnische Pflanzenklone. In der Pflanzenzüchtung produziert der Mensch Klone auf biotechnischem Weg. Sehr alt ist die Methode des Klonierens mit Hilfe von *Stecklingen*: Bei vielen Pflanzen bewurzeln sich abgetrennte Teile, beispielsweise die Zweige einer Weide, und wachsen wieder zu ganzen Organismen heran.

Um Klone zu erzeugen, reichen inzwischen auch schon einzelne Zellen aus. Dazu gibt man Teile von Pflanzenorganen, etwa von einem Laubblatt, auf ein geeignetes Nährmedium. Dort bildet sich an den Schnittstellen nach kurzer Zeit eine *Kallus* genannte Zellwucherung. Zerteilt man den Kallus wiederum in Zellhaufen oder Einzelzellen, lassen sich daraus auf einem entsprechenden Nährboden neue genetisch identische Pflanzen heranziehen. Mit Hilfe dieser Gewebekulturen werden heute nicht nur eine Reihe von Zierpflanzen, beispielsweise Orchideen, für den Blumenhandel gezüchtet, sondern auch Waldbäume für die Forstwirtschaft.

Biotechnische Tierklone. In England klonte man im Jahre 1996 aus der Körperzelle eines Schafes ein identisches Tier, das man Dolly

1   Das Schaf Dolly, das 1996 aus der Körperzelle eines Schafes geklont wurde

nannte. Dazu brachte man den Kern einer Euterzelle eines Schafes, der *Genmutter* in eine vom Zellkern befreite Eizelle eines zweiten Schafes, der *Eimutter*. Diese veränderte Eizelle ließ man dann von einem dritten Schaf, der *Leihmutter* austragen. Da diese Methode auch beim Menschen denkbar ist, ergeben sich daraus schwerwiegende ethische und rechtliche Probleme, die bisher noch nicht gelöst sind.

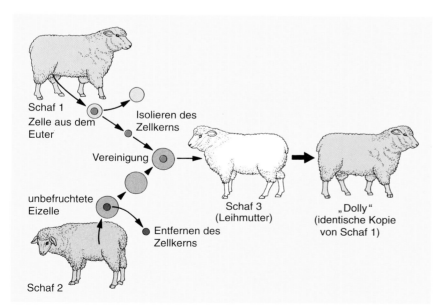

2   Schema der Klonierung des Schafes Dolly aus einer Euterzelle. Dolly hat drei Mütter, die Eimutter, die Genmutter und die Leihmutter, jedoch keinen Vater.

Schaf 1
Zelle aus dem Euter

Isolieren des Zellkerns

Vereinigung

unbefruchtete Eizelle

Entfernen des Zellkerns

Schaf 2

Schaf 3 (Leihmutter)

„Dolly" (identische Kopie von Schaf 1)

Aufgaben

1   Versuche mit eigenen Worten eine Definition für einen Klon zu geben.

2   Überlege, welchen Vorteil das Klonen von Pflanzen hat.

3   Welche Einstellung hast du zur Klonung von Tieren?

In Kürze

Die Mitose ermöglicht eine ungeschlechtliche Fortpflanzung. Dabei entstehen stets Klone. Klone sind Lebewesen, die genetisch mit dem Organismus, von dem sie abstammen, identisch sind.

Reifeteilung

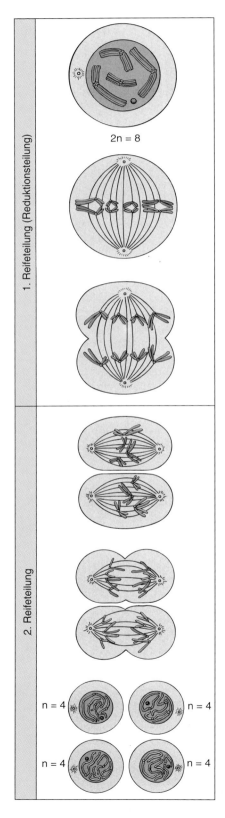

1. Reifeteilung (Reduktionsteilung)

2n = 8

2. Reifeteilung

n = 4   n = 4

n = 4   n = 4

Körperzellen des Menschen enthalten stets $2 \times 23 = 46$ Chromosomen. Dabei entsprechen sich jeweils zwei Chromosomen völlig. Man bezeichnet sie als *homologe Chromosomen*.

Eizellen und Spermien besitzen nur einen *einfachen Chromosomensatz* mit 23 Chromosomen. Sie sind *haploid*. Bei ihnen wird im Laufe ihrer Entwicklung der doppelte, *diploide* Chromosomensatz (2 n) auf den einfachen (n) reduziert. Dies geschieht durch die *Reifeteilung* oder *Meiose*.

Ablauf der Reifeteilung. Der Ablauf der Meiose vom Sichtbarwerden der Chromosomen bis zur Teilung des Zellplasmas ähnelt der Mitose. Es gibt aber wichtige Unterschiede:

– Bei der Meiose folgen *immer zwei Teilungen* aufeinander, die *erste* und die *zweite Reifeteilung*.

– Während der *ersten Reifeteilung* ordnen sich die homologen Chromosomen nebeneinander in der Zellmitte an. Dann werden die *homologen Chromosomen*, aber nicht die Chromatiden wie bei der Mitose, *auf die Tochterzellen verteilt*. Dadurch entstehen aus diploiden Urkeimzellen haploide Keimzellen. Weil in ihr die Reduktion auf den einfachen Chromosomensatz erfolgt, nennt man die erste Reifeteilung auch *Reduktionsteilung*.

– Bei der *zweiten Reifeteilung* werden genau wie bei der Mitose die *Chromatiden getrennt*.

Was wird durch die Reifeteilung erreicht? Die Chromosomenzahl reduziert sich auf den einfachen Satz. Zugleich wird das *Erbgut völlig umgeordnet*. Es bleibt nämlich dem Zufall überlassen, welche der von der Mutter und welche der vom Vater geerbten Chromosomen zusammen in eine Tochterzelle gelangen.

1 *Ablauf der Reifeteilung (Meiose). Bei der 1. Reifeteilung werden die homologen Chromosomen getrennt. Die Trennung der Chromosomen bei der 2. Reifeteilung entspricht der Mitose.*

Bei Lebewesen mit nur vier Chromosomenpaaren im diploiden Satz, wie der Taufliege Drosophila, ergeben sich $2^4 = 16$ Möglichkeiten der Kombination mütterlicher und väterlicher Chromosomen. Beim Menschen mit 23 Chromosomenpaaren sind dagegen $2^{23} = 8\,388\,608$ verschiedene Kombinationen möglich! Es ist daher unwahrscheinlich, dass zwei Keimzellen dieselbe Kombination von Chromosomen besitzen.

Unterschiede in der Reifeteilung bei Mann und Frau. Die Kernteilung verläuft bei Mann und Frau gleich, nicht jedoch die Teilung des Zellplasmas. Aus einer diploiden Spermienmutterzelle reifen *vier haploide Spermien* heran. Aus einer diploiden Eimutterzelle entstehen *eine große, plasmareiche haploide Eizelle* und drei kleine, an Zellplasma arme haploide Zellen, die *Polkörper*. Diese sterben bald ab.

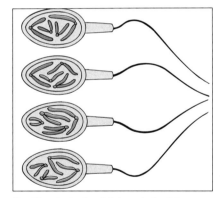

2 *Ergebnis der Meiose beim Mann*

3 *Ergebnis der Meiose bei der Frau*

Gregor Mendel (Unterschrift)

Gregor Johann Mendel wurde 1822 im mährischen Heinzendorf in der heutigen Tschechischen Republik geboren. Er entstammte einer Bauernfamilie und pflegte als Kind die Obstbäume des Gutsherrn. Im Kloster Brünn trat er in den Augustinerorden ein. 1847 wurde er zum Priester geweiht. Später sandte ihn der Orden zum Studium der Mathematik und Naturwissenschaften nach Wien. Dreimal fiel Mendel durch das Examen für Lehrer an höheren Schulen. Dennoch unterrichtete er anschließend 14 Jahre lang Naturlehre an der Oberrealschule in Brünn. Dann wurde er Abt seines Klosters.

Zwischen 1857 und 1864 führte Mendel im Klostergarten Kreuzungsexperimente mit der Gartenerbse durch und wertete sie statistisch aus. Dadurch fand er Regeln der Vererbung. Die Ergebnisse seiner „Versuche über Pflanzen-Hybriden" trug er 1865 dem Naturforschenden Verein zu Brünn vor und veröffentlichte sie 1866 in dessen Zeitschrift. Seine bahnbrechenden Ergebnisse fanden jedoch selbst unter Botanikern keine Beachtung. Mendel starb 1884. Erst 16 Jahre danach wurden seine Versuchsergebnisse in ihrer Bedeutung erkannt und „mendelsche Regeln" genannt.

Versuche über Pflanzen-Hybriden

Gregor Mendel

Die Auswahl der Pflanzengruppe, welche für Versuche dieser Art dienen soll, muss mit möglichster Vorsicht geschehen, wenn man nicht im Vorhinein allen Erfolg in Frage stellen will ...

Eine besondere Aufmerksamkeit wurde gleich Anfangs den Leguminosen wegen ihres eigenthümlichen Blüthenbaues zugewendet. Versuche, welche mit mehreren Gliedern dieser Familie angestellt wurden, führten zu dem Resultate, dass das Genus Pisum den gestellten Anforderungen hinreichend entspreche.

Einige ganz selbständige Formen aus diesem Geschlechte besitzen constante, leicht und sicher zu unterscheidende Merkmale und geben bei gegenseitiger Kreuzung in ihren Hybriden vollkommen fruchtbare Nachkommen. Auch kann eine Störung durch fremde Pollen nicht leicht eintreten, da die Befruchtungs-Organe vom Schiffchen enge umschlossen sind und die Antheren schon in der Knospe platzen, wodurch die Narbe noch vor dem Aufblühen mit Pollen überdeckt wird. Dieser Umstand ist von besonderer Wichtigkeit. Als weitere Vorzüge verdienen noch Erwähnung die leichte Cultur dieser Pflanze im freien Lande und in Töpfen, sowie die verhältnismässig kurze Vegetationsdauer derselben. Die künstliche Befruchtung ist allerdings etwas umständlich, gelingt jedoch fast immer ...

Aus mehreren Samenhandlungen wurden im Ganzen 31 ... Erbsensorten bezogen und einer zweijährigen Probe unterworfen ... Für die Befruchtung wurden 22 davon ausgewählt und jährlich, während der ganzen Versuchsdauer angebaut ... Die ... ausgewählten Erbsenformen zeigten Unterschiede in der Länge und Färbung des Stengels, in der Grösse und Gestalt der Blätter, in der Stellung, Farbe und Grösse der Blüthen, in der Länge der Blüthenstiele, in der Farbe, Gestalt und Grösse der Hülsen, in der Gestalt und Grösse der Samen, in der Färbung der Samenschale und des Albumens. Ein Theil der angeführten Merkmale lässt jedoch eine sichere und scharfe Trennung nicht zu, indem der Unterschied auf einem oft schwierig zu bestimmenden „mehr oder weniger" beruht. Solche Merkmale waren für die Einzel-Versuche nicht verwendbar, diese konnten sich nur auf Charaktere beschränken, die an den Pflanzen deutlich und entschieden hervortreten.

Begriffserklärungen

Leguminosen: Schmetterlingsblütler, eine Pflanzenfamilie
Genus Pisum: Gattung Erbse
Hybriden: Nachkommen aus einer Kreuzung verschiedener Sorten
Anthere: Staubbeutel, Endabschnitt des Staubblatts, enthält den Pollen
Albumen: eiweißreiches Nährgewebe im Samen

Aufgaben

1   Mendel suchte nach Regeln der Vererbung. Hierzu kreuzte er jeweils zwei Erbsensorten miteinander, die sich in einem Merkmal unterschieden, und verfolgte das Merkmal über die Generationen hinweg. Er hatte Erfolg dank seiner klugen Vorüberlegungen. Schildere sie mit deinen Worten.

*1 Zur Kreuzung werden die Staub-
blätter bei der einen Sorte entfernt.*

*2 Pollen der zweiten Sorte wird zur
Bestäubung der ersten abgenommen.*

*3 Zum Schutz vor Fremdbestäubung
werden die Blüten umhüllt.*

Gregor Mendel (1822–1884) war
nicht der erste Wissenschaftler, der
das Geheimnis der Vererbung zu lüf-
ten versuchte. Er überragte jedoch
alle seine Vorgänger durch den Umfang seiner Versuche, durch die
Sorgfalt bei Planung und Durchführung und durch die scharfsinnige
Deutung seiner Ergebnisse.

Wahl der Versuchspflanze. Mendel führte seine Versuche mit der
Gartenerbse durch. Klar erkannte er
ihre Vorteile: Die verschiedenen
Erbsensorten zeigen Merkmale, die
über Generationen hinweg unverändert auftreten. Sie sind *reinerbig*.
Die Reinerbigkeit erklärt sich aus
der bei Erbsen üblichen *Selbstbestäubung*.

Kreuzungstechnik. Grundlage von
Mendels Arbeit waren *gezielte
Kreuzungen zwischen zwei verschiedenen Sorten*. Dazu werden die
Blüten der einen Sorte rechtzeitig
vor der Selbstbestäubung geöffnet
und die Staubblätter entfernt. Dann
wird jeweils die Narbe mit Pollen
der zweiten Sorte bestäubt und die
Blüte mit einer Hülle umschlossen.

Untersuchte Merkmale. Mendel
untersuchte an seinen Erbsenpflanzen immer nur ein oder zwei *Merkmale, die eine sichere Unterscheidung zuließen*, zum Beispiel die
Samenfarbe (gelb oder grün), die

Samenform (rund oder kantig), die
Blütenfarbe (rot oder weiß).

Auswertung. Ungewöhnlich für die
damalige Zeit war Mendels quanti-
tatives Vorgehen. Er gewann seine
Ergebnisse durch Auszählen und
berechnete daraus die Zahlenver-
hältnisse, in denen die Merkmale
auftraten. Nur durch die *statistische
Auswertung* konnte er Regeln der
Vererbung erkennen.

Ergebnisse. Als Mendel reinerbige
Erbsenpflanzen mit gelber Samenfarbe und solche mit grüner Samenfarbe kreuzte *(Elterngeneration P)*,
waren die Nachkommen aus dieser
Kreuzung alle gelbsamig. Vergleichbares fand er bei anderen Kreuzungen zwischen reinerbigen Elternpflanzen, die sich in einem Merkmal
unterschieden. Ihre Nachkommen,
die Pflanzen der *ersten Tochtergeneration oder F₁*, waren stets untereinander gleich: *Uniformitätsregel*.
Wurden die gelbsamigen Erbsenpflanzen der ersten Tochtergeneration miteinander gekreuzt, traten in
der *zweiten Tochtergeneration oder
F₂* beide Samenfarben auf, doch
überwogen gelbe Samen. Mendel
zählte 6022 gelbe und 2001 grüne
Samen. Das entspricht einem Zah-
lenverhältnis von rund 3:1. Dieses
Aufspalten im Verhältnis 3:1 stellte
Mendel bei allen Kreuzungen zwi-

schen Pflanzen der ersten Tochtergeneration fest: *Spaltungsregel*.
Die Kreuzung von Erbsenpflanzen,
die sich in zwei Merkmalen unterschieden, beispielsweise Samenform und Samenfarbe (gelb und
rund oder grün und kantig), ergab in
der ersten Tochtergeneration einheitliche Nachkommen. In der zweiten Tochtergeneration traten Erbsen
mit allen denkbaren Merkmalskom-
binationen der Elterngeneration im
Verhältnis von etwa 9:3:3:1 auf. Es
waren 315 Erbsen rund und gelb,
101 kantig und gelb, 108 rund und
grün, 32 kantig und grün. Die
Merkmale der Elterngeneration waren demnach nicht miteinander gekoppelt, sondern kamen in der zweiten Tochtergeneration unabhängig
voneinander vor: *Unabhängigkeitsregel*.

In Kürze

Gregor Mendel entdeckte erstmals Vererbungsregeln. Mit seinen Kreuzungs-
experimenten beginnt die wissenschaftliche Genetik. Reinerbigkeit der
Versuchspflanzen, Beschränkung auf
wenige, klar unterscheidbare Merkmale und statistische Auswertung der
Ergebnisse führten zu seinem Erfolg.

Die mendelschen Regeln

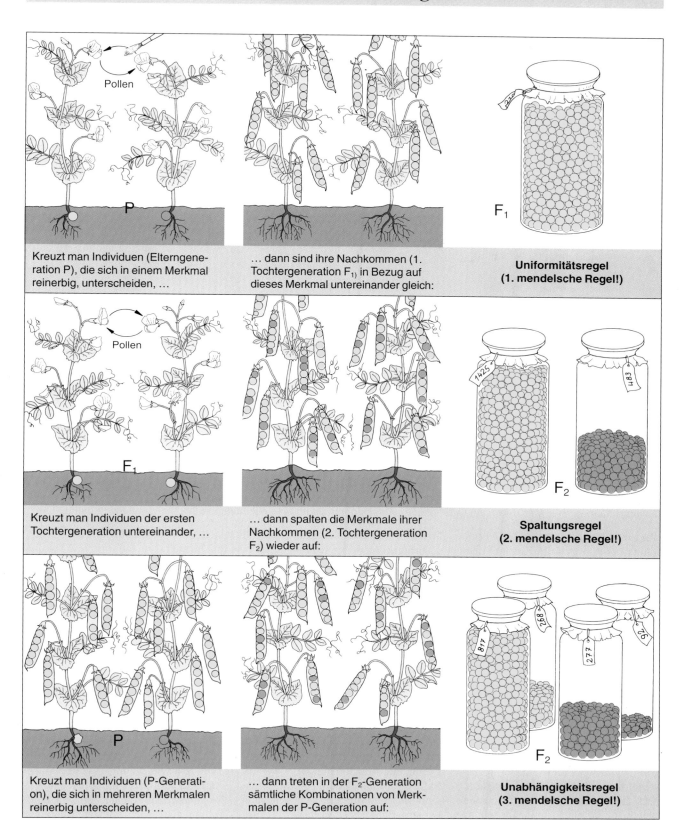

Kreuzt man Individuen (Elterngeneration P), die sich in einem Merkmal reinerbig, unterscheiden, …

… dann sind ihre Nachkommen (1. Tochtergeneration F_1) in Bezug auf dieses Merkmal untereinander gleich:

**Uniformitätsregel
(1. mendelsche Regel!)**

Kreuzt man Individuen der ersten Tochtergeneration untereinander, …

… dann spalten die Merkmale ihrer Nachkommen (2. Tochtergeneration F_2) wieder auf:

**Spaltungsregel
(2. mendelsche Regel!)**

Kreuzt man Individuen (P-Generation), die sich in mehreren Merkmalen reinerbig unterscheiden, …

… dann treten in der F_2-Generation sämtliche Kombinationen von Merkmalen der P-Generation auf:

**Unabhängigkeitsregel
(3. mendelsche Regel!)**

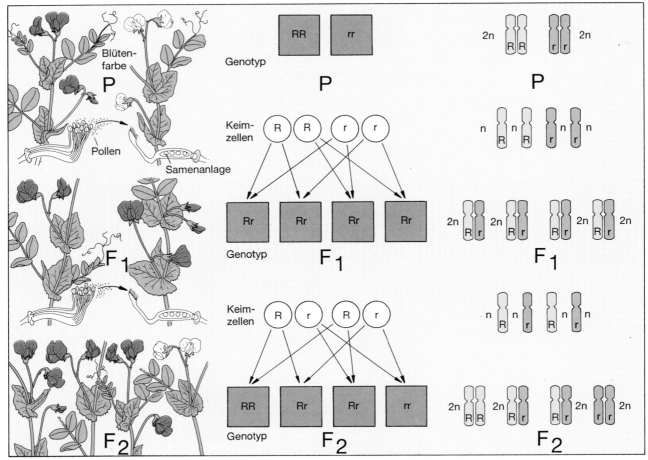

1 Mendels Kreuzungsversuch, seine Deutung des Versuchs (dargestellt als Erbschema) und die Deutung nach der Chromosomentheorie. Im Erbschema bedeuten Großbuchstaben dominante, Kleinbuchstaben rezessive Erbanlagen.

Gregor Mendel war zu seinen Vererbungsregeln durch die Beobachtung von Merkmalen gelangt. Da er mit einer großen Zahl von Versuchspflanzen arbeitete und die Ergebnisse statistisch auswertete, fielen zufällige Abweichungen bei Einzelpflanzen nicht ins Gewicht. Die Gesetzmäßigkeiten traten klar zutage und forderten eine Erklärung.

Mendels Deutung der Versuchsergebnisse. Mendel unterschied als erster Wissenschaftler zwischen den beobachteten *Merkmalen* und den ihnen zugrunde liegenden *Erbfaktoren* – wir sagen heute: zwischen dem *Phänotyp*, dem äußeren Erscheinungsbild eines Lebewesens, und dem *Genotyp*, seiner Ausstattung mit Erbanlagen oder *Genen*. Zu

Mendels Zeit glaubte man, dass sich väterliche Substanz aus dem Spermium und mütterliche Substanz aus der Eizelle bei der Befruchtung vermischen und daraus der Plan für das neue Lebewesen entsteht. Mendel kam zu völlig anderen Schlüssen:
Die beobachtete Aufspaltung in der zweiten Tochtergeneration lässt sich nur erklären, wenn man *feste Erbanlagen* annimmt, die sich *nicht vermischen*. Jedem Merkmal müssen zwei Erbanlagen zugrunde liegen. Die Keimzellen der Eltern liefern je eine Erbanlage. Bei Reinerbigkeit sind beide Erbanlagen gleich, bei Mischerbigkeit – wie im Falle der ersten Tochtergeneration – sind sie verschieden. Von den zwei verschiedenen Erbanlagen prägt

sich nur eine im Merkmal aus. Mendel bezeichnete eine solche Erbanlage als *dominant*, die von ihr überdeckte Erbanlage als *rezessiv*.

Mendelsche Regeln und die Chromosomentheorie der Vererbung. Mendel wusste nichts über die Natur der Erbfaktoren. Er konnte sie nur durch seine Untersuchungen vorhersagen. Heute ist sicher, dass die Chromosomen Träger der Erbanlagen sind. Die *Chromosomentheorie der Vererbung* bestätigt und erklärt die mendelschen Regeln:
Körperzellen sind diploid. Sie besitzen, wie Mendel es gefordert hatte, *zwei Erbanlagen* für dasselbe Merkmal *auf den zwei homologen Chromosomen*. Keimzellen sind haploid, haben also nur eine Erbanlage für

das Merkmal. Die Erbanlagen für ein Merkmal können auf den homologen Chromosomen gleich sein – dann ist das Lebewesen *reinerbig* oder *homozygot* für das Merkmal – oder sie sind verschieden – dann ist das Lebewesen *mischerbig* oder *heterozygot* für das Merkmal. Die zwei einander entsprechenden Erbanlagen auf den homologen Chromosomen nennt man *Allele*.

Bei der Meiose gelangen die vom Vater geerbten und die von der Mutter geerbten Chromosomen zufallsgemäß in die Keimzellen. *Erbanlagen, die auf verschiedenen Chromosomen liegen, sind daher unabhängig voneinander.* Sie werden dem Zufall entsprechend neu kombiniert. Daraus erklärt sich Mendels Unabhängigkeitsregel. Sie gilt nicht für Erbanlagen, die auf dem gleichen Chromosom liegen.

Heutige Bedeutung der mendelschen Regeln. Die mendelschen Regeln sind noch immer von grundlegender Bedeutung für die Genetik. Sie werden zum Beispiel zur Analyse von Stammbäumen in der Humangenetik benötigt und in der angewandten Genetik bei der Tier- und Pflanzenzucht.

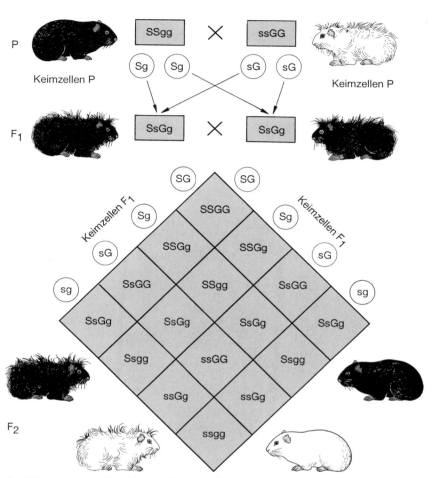

1 *Erbschema zur Unabhängigkeitsregel.* S *bedeutet Erbanlage für schwarz,* s *für weiß,* G *für wirbelhaarig,* g *für glatthaarig.*

Aufgaben

1 Die Kreuzung reinerbig weiß blühender und reinerbig rot blühender Malven ergibt in der F₁ rosafarbene, in der F₂ weiße, rosa und rote Malven. Um welchen Erbgang handelt es sich? Zeichne dazu ein Erbschema. Verwende für die Allele die Symbole B^W (weißblütig) und B^R (rotblütig).

2 Mendel erhielt durch Kreuzung von gelb- und grünsamigen Erbsen in der F₂ reinerbig und mischerbig gelbe Erbsen. Wie ging er vermutlich vor um beide Gruppen zu unterscheiden?

In Kürze

Die Chromosomentheorie der Vererbung erklärt die mendelschen Regeln.

Intermediäre Vererbung

Der Botaniker Carl Correns, einer der Wiederentdecker der mendelschen Regeln, führte um 1900 Vererbungsversuche mit der Wunderblume durch. Dabei stieß er auf ein interessantes Phänomen: Die Kreuzung von reinerbig dunkelrosa und weiß blühenden Elternpflanzen ergab eine erste Tochtergeneration, deren Blütenfarbe zwischen denen der Elterngeneration lag. In der zweiten Tochtergeneration erfolgte eine Aufspaltung im Verhältnis 1:2:1. Diesen Erbgang nannte Correns intermediär und stellte ihn dem dominant-rezessiven Erbgang gegenüber. Er beruht darauf, dass sich hier bei Mischerbigkeit beide Allele gleichermaßen ausprägen.

Praktikum: Statistische Modelle der Vererbung

1 Modell zur Spaltungsregel

Benötigt werden:
kleiner Sack oder undurchsichtige Plastiktüte sowie je 20 Kugeln oder Murmeln in zwei verschiedenen Farben;
außerdem Heft oder Protokollblatt, Schreibgerät.

Durchführung:
Die 40 Kugeln kommen in den Sack oder die Plastiktüte. Jeder Schüler greift mehrmals nacheinander aus dem Sack „blind" 2 Kugeln heraus. Im Protokoll wird jedes Mal festgehalten, welche Farbkombination gezogen wurde. Nach jedem Zug kommen die Kugeln in den Sack zurück. Erneut durchmischen.

- Wie häufig werden die drei möglichen Farbkombinationen gezogen?
- Inwiefern entspricht das Modell der 2. mendelschen Regel?
- Warum müssen die Kugeln nach jedem Zug wieder in den Sack zurück?
- Was veranschaulichen die Kugeln?
- Beeinflussen sich die Kombinationen aufeinander folgender Züge?
Wie könnte man diese Frage klären?

2 Modell zur Chromosomenverteilung

Benötigt werden:
je etwa 50 Plastikwäscheklammern in zwei verschiedenen Farben, kleiner Sack oder undurchsichtige Plastiktüte;
außerdem zwei Stativgeräte, Klemmen und Stativstangen. Sie werden so zusammengebaut, wie im Bild rechts gezeigt.

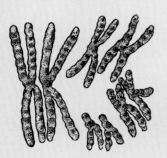

Durchführung:
Je vier Wäscheklammern von jeder Farbe kommen in den Sack und werden durchmischt. Durch „blindes" Zugreifen nimmt man nacheinander vier davon heraus und klammert sie in der gezogenen Reihenfolge an die oberste Stativstange. Die übrigen vier Klammern befestigt man in entgegengesetzter Farbfolge an der obersten Stange des zweiten Stativgerätes.
Das Vorgehen, bei dem die Wäscheklammern als Chromosomenmodelle dienen, wiederholt man mehrfach in gleicher Weise.

- Welcher Vorgang wird im Modell nachgeahmt?
- Welche Bedeutung haben die beiden Farben?
- Was simuliert die verschiedenen Chromosomen?
- Wie viele Farbfolgen gibt es theoretisch?

641

Vererbung beim Menschen

Gelten die mendelschen Regeln auch für Menschen? Der Bau der Chromosomen und die Vorgänge bei der Meiose sind bei Mensch und vielen Tieren und Pflanzen gleich. Daher ist zu erwarten, dass die mendelschen Regeln auch für den Menschen gelten. Das ist aber oft schwierig nachzuweisen: *Vererbungsversuche* schließen sich beim Menschen aus. Außer bei *Krankheiten* und *Missbildungen* gibt es kaum Aufzeichnungen, die über mehrere Generationen reichen. Oft ist auch die *Zahl der Nachkommen* für eine aussagekräftige Auswertung zu gering. Die meisten Merkmale des Menschen zeigen außerdem *fließende Übergänge* und sind daher nicht eindeutig abgrenzbar. Dies gilt beispielsweise für die Farbe der Haut und der Haare. Heute weiß man, dass in solchen Fällen häufig nicht nur ein, sondern mehrere Paare von Erbanlagen die Ausprägung des Merkmals bewirken.

Erbmerkmale. Trotz dieser Probleme sind heute etwa 2000 Merkmale des Menschen bekannt, deren Vererbung den mendelschen Regeln folgt.

1 *Bei der Form und Farbe der Haare sind die Übergänge fließend.*

Bei 2000 weiteren Merkmalen vermutet man dies. Die meisten davon sind allerdings äußerlich nicht erkennbar, sondern entsprechen Stoffwechselvorgängen.

Zu den auffälligsten Erbmerkmalen, für die die Gültigkeit der mendelschen Regeln nachgewiesen ist, zählen die *erbliche Kurzsichtigkeit* und *erbliche Taubstummheit*, *überzählige Finger und Zehen*, *Kurzfingrigkeit*, *Augenfarbe*, *Körperbehaarung* und *Haarfarbe*.

Stammbaumanalyse. Die wichtigste Methode zur Ermittlung von Erbgängen beim Menschen ist die *Stammbaumanalyse*. Tritt ein Merkmal in einer Familie gehäuft auf, kann man vermuten, dass es erblich ist. In einem Stammbaum, der über Geschlecht und Verwandtschaftsbeziehung Auskunft gibt, werden die Merkmalsträger markiert. Bild 2 zeigt dafür ein Beispiel. Anschließend wird geprüft, ob sich der Erbgang mit den mendelschen Regeln erklären lässt.

Aufgaben

1 Analysiere den Stammbaum in Bild 2. Folgt der Erbgang den mendelschen Regeln?

In Kürze

Die mendelschen Regeln gelten auch für den Menschen. Die wichtigste Methode zur Untersuchung menschlicher Erbgänge ist die Stammbaumanalyse.

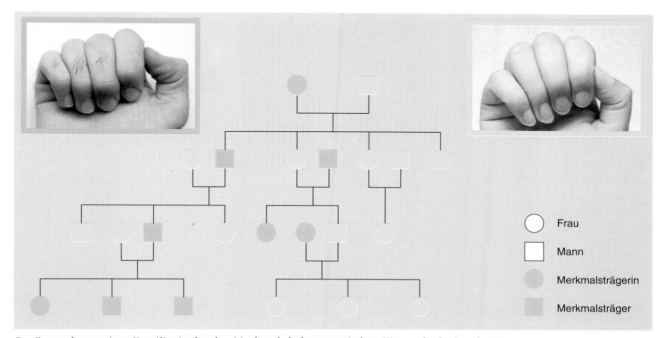

Frau
Mann
Merkmalsträgerin
Merkmalsträger

2 *Stammbaum einer Familie, in der das Merkmal „behaarte mittlere Fingerglieder" auftritt.*

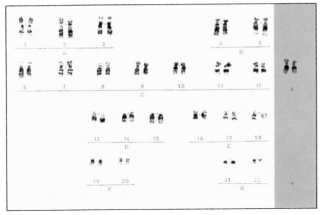

1 Karyogramm einer Frau

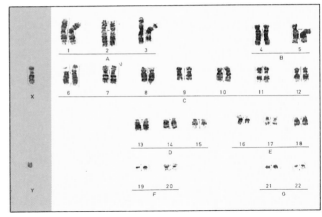

2 Karyogramm eines Mannes

Die Zugehörigkeit zum einen oder anderen Geschlecht bestimmt unser Leben sehr stark. Es ist daher nicht verwunderlich, dass die Menschen schon früh hinter das Geheimnis der *Geschlechtsbestimmung* zu kommen suchten. Ende des 17. Jahrhunderts zählte ein Gelehrter mehr als 250 Annahmen, Behauptungen und Lehren darüber auf. Nachdem zu Anfang unseres Jahrhunderts die Chromosomen als Bestandteile des Zellkerns und als Träger der Erbanlagen erkannt waren, trat begründete Vermutung an die Stelle von Spekulation. Man entdeckte, dass sich die Geschlechter bei vielen Lebewesen in ihrer Ausstattung mit Chromosomen unterscheiden.

Autosomen und Gonosomen. Karyogramme von Frau und Mann zeigen neben 22 Chromosomenpaaren, die bei beiden Geschlechtern vorhanden sind und *Autosomen* genannt werden, jeweils zwei Geschlechtschromosomen oder *Gonosomen*. Sie bestimmen das Geschlecht.

Beim Menschen und allen Säugetieren enthalten die Zellen *im weiblichen Geschlecht zwei homologe Gonosomen, die X-Chromosomen.* Die Zellen *im männlichen Geschlecht* besitzen dagegen *ein X-* und ein zu diesem *nicht homologes Y-Chromosom.* Bei der Meiose werden nicht nur die Autosomenpaare, sondern auch die Gonosomen getrennt und

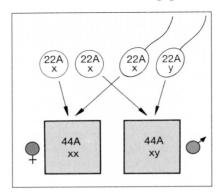

3 Geschlechtsbestimmung

4 und 5 Ob Mädchen oder Junge, steht schon seit der Befruchtung fest.

auf die Keimzellen verteilt: Neben einem Satz Autosomen enthalten *Eizellen immer ein X-Chromosom, Spermien entweder ein X- oder ein Y-Chromosom.*

Geschlechtsbestimmung bei der Befruchtung. Vereinigt sich bei der Befruchtung eine Eizelle mit einem Spermium, das ein Y-Chromosom besitzt, ist die entstehende Zygote männlich. Verschmelzen dagegen eine Eizelle und ein Spermium mit X-Chromosom, wird die Zygote weiblich. Da die Zahl der Spermien mit X- und mit Y-Chromosom gleich groß ist, liegt auch das Geschlechterverhältnis bei etwa 1:1.

Bereits bei der Befruchtung ist damit das *genetische Geschlecht* eines Kindes festgelegt. In einem komplizierten Zusammenspiel von Erbanlagen, Keimdrüsen und Hormonen bilden sich im Laufe der Entwicklung alle weiteren Geschlechtsmerkmale aus. Welchem Geschlecht sich jemand seelisch zugehörig fühlt, hängt jedoch von der Erziehung ab.

1 Die ersten drei Kinder eines Paares sind Jungen. Wie groß ist die Wahrscheinlichkeit, dass das nächste Kind ein Mädchen wird?

2 In manchen Kulturen darf ein Mann seine Frau verstoßen, wenn sie keine Söhne bekommt. Welche irrige Auffassung steckt dahinter?

Das genetische Geschlecht des Menschen wird bei der Befruchtung durch die Ausstattung mit Geschlechtschromosomen festgelegt.

Die *Blutgruppen* A, B, AB und 0 gehören zu den Merkmalen des Menschen, deren Erbgang den mendelschen Regeln folgt. Das gilt auch für eine Reihe von weiteren Blutfaktoren wie den *Rhesusfaktor*.

AB0-System. Die Blutgruppen A, B, AB und 0 unterscheiden sich durch bestimmte Merkmale auf der Oberfläche der roten Blutkörperchen, die Antigene. Stimmt bei Blutübertragungen die Blutgruppe von Spender und Empfänger nicht überein, können die Blutkörperchen verklumpen. Es besteht Lebensgefahr.

Die Vererbung der Blutgruppen ist ein Beispiel dafür, dass eine Erbanlage für ein bestimmtes Merkmal in mehr als zwei Allelen existieren kann. Von den drei Blutgruppenallelen A, B und 0 besitzt jeder Mensch nur zwei auf den homologen Chromosomen. Hinter den Phänotypen A, B, AB und 0 verbergen sich folgende Genotypen:

Blutgruppe A: AA oder A0
Blutgruppe B: BB oder B0
Blutgruppe AB: AB
Blutgruppe 0: 00

Gegenüber 0 sind die Allele *A* und *B* dominant. Eine Besonderheit im Erbgang des AB0-Systems besteht darin, dass die Allele A und B gleich stark ausgeprägt werden, wenn sie zum Genotyp AB kombiniert sind. Sie sind *kodominant*.

Rhesusfaktor. 85 % der Europäer sind *rhesuspositiv*. Ihr Erbgut enthält ein oder zwei dominante Allele des Rhesusfaktor-Gens D. Sie haben den Genotyp DD oder Dd. *Rhesusnegative* Menschen besitzen den Genotyp dd.

Die Kenntnis des Rhesusfaktors und seiner Vererbung ist von großer praktischer Bedeutung: Bei der Geburt gelangen oft rote Blutkörperchen des Kindes in den Blutkreislauf der Mutter. Ist das Kind rhesuspositiv und die Mutter rhesusnegativ, bilden sich im Blut der Mutter Antikörper. Dadurch können bei weiteren Schwangerschaften rhesuspositive Kinder geschädigt werden.

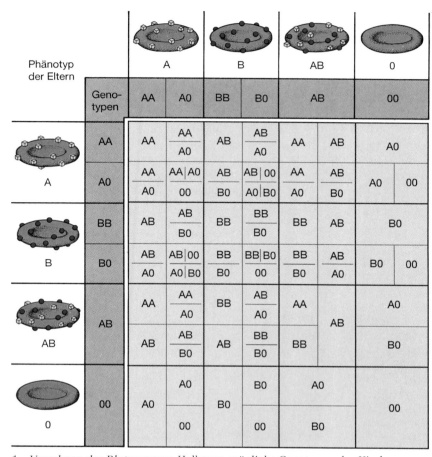

1 *Vererbung der Blutgruppen.* Hellgrau: *mögliche Genotypen der Kinder*

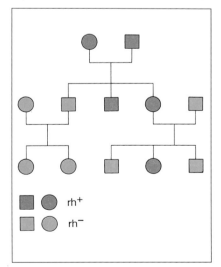

2 *Stammbaum zur Vererbung des Rhesusfaktors. Welche Genotypen lassen sich den einzelnen Personen zuordnen?*

Aufgaben

1 Charlie Chaplin wurde 1940 in einem Vaterschaftsprozess zu Unterhaltszahlungen verurteilt. Das Kind hat die Blutgruppe B, seine Mutter die Blutgruppe A, Chaplin 0. Entschied das Gericht richtig?

2 Ein Vater hat die Blutgruppe 0 und ist rhesuspositiv. Die Mutter besitzt die Blutgruppe AB und ist rhesusnegativ. Nenne Blutgruppen und Blutfaktoren, die ihre Kinder haben können.

In Kürze

Die Vererbung der Blutgruppen und des Rhesusfaktors folgt den mendelschen Regeln. Die Blutgruppenallele A und B sind gegenüber 0 dominant.

Zwillinge und Zwillingsforschung

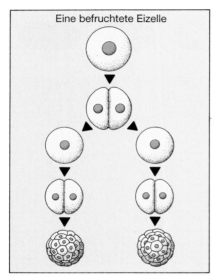

1 Entstehung eineiiger Zwillinge

2 Eineiige Zwillinge

Seit jeher sind die Menschen fasziniert von *Zwillingen*. Viele Anekdoten, Geschichten und Legenden ranken sich um ihre Gleichheit. Ob man Zwillinge als Laune oder Programm der Natur ansehen muss, ist bis heute ungeklärt. Doch dass sie für die *Erbforschung am Menschen* einen Glücksfall darstellen, ist unbestritten. „Die Lebensgeschichte der Zwillinge gestattet uns ... zwischen dem Einfluss von Naturanlage und Umwelt zu unterscheiden." Dies erkannte 1876 als Erster Francis Galton, ein Vetter von Charles Darwin. Er gilt als Begründer der *Zwillingsforschung* oder *Zwillingsmethode*, die von folgenden Überlegungen ausgeht:

— *Eineiige Zwillinge* sind aus *einer Zygote* entstanden, haben also – vom seltenen Fall einer Mutation abgesehen – *dasselbe Erbgut*.

— *Zweieiige Zwillinge* haben sich aus *zwei* verschiedenen *Zygoten* entwickelt und sind daher *erbverschieden*.

— Zwillingspaare zeigen in bestimmten Merkmalen *Übereinstimmung* oder *Verschiedenheit*.

— Die Merkmalsunterschiede innerhalb eineiiger Zwillingspaare sind *umweltbedingt*.

— Zeigt ein Merkmal bei eineiigen Zwillingen einen hohen Grad an Übereinstimmung und bei zweieiigen Zwillingen einen geringen Grad an Übereinstimmung, ist der Unterschied vorwiegend *erbbedingt*, das Merkmal also *umweltstabil*.

— Zeigt ein Merkmal bei eineiigen und zweieiigen Zwillingen einen ähnlich hohen Grad an Übereinstimmung, ist dies vorwiegend durch die *Umwelt bedingt*, das Merkmal also *umweltlabil*.

— Die Verschiedenheit eineiiger Zwillinge, die von früher Kindheit an getrennt, also in unterschiedlicher Umwelt aufgewachsen sind, gibt Aufschluss über das Ausmaß der *umweltbedingten Veränderlichkeit*.

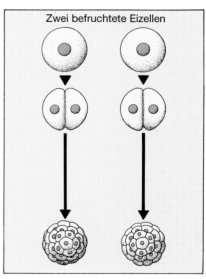

3 Entstehung zweieiiger Zwillinge

4 Zweieiige Zwillinge

Grad der Übereinstimmung für ein bestimmtes Merkmal bei eineiigen Zwillingen

Zeitpunkt des Sitzens	82 %
Zeitpunkt des Laufens	68 %
Haarfarbe	89 %
Augenfarbe	99 %
Blutdruck	63 %
rechts-/linkshändig	79 %
Zuckerkrankheit	65 %
Downsyndrom	89 %

Grad der Übereinstimmung für ein bestimmtes Merkmal bei zweieiigen Zwillingen

Zeitpunkt des Sitzens	76 %
Zeitpunkt des Laufens	31 %
Haarfarbe	22 %
Augenfarbe	28 %
Blutdruck	36 %
rechts-/linkshändig	77 %
Zuckerkrankheit	18 %
Downsyndrom	7 %

758

Personengruppe	Verwandt-schaftsgrad	festgestellte Übereinstimmung im IQ	erwartete Übereinstimmung bei völliger Erbbedingtheit	erwartete Übereinstimmung bei völliger Umweltbedingtheit
Nichtverwandte, zusammen aufgewachsen	0	0,29	0	1
Pflegeeltern und Kind	0	0,19	0	1
Geschwister, zusammen aufgewachsen	0,5	0,47	0,5	1
Zweieiige Zwillinge, zusammen aufgewachsen	0,5	0,62	0,5	1
Eineiige Zwillinge, getrennt aufgewachsen	1	0,72	1	0
Eineiige Zwillinge, zusammen aufgewachsen	1	0,86	1	1

1 *Übereinstimmung im IQ bei verwandten und nichtverwandten Personen*

Auch wenn die Zwillingsmethode im Grundsatz einfach ist, so sind ihren Anwendungen und Aussagen doch Grenzen gesetzt:

— In seltenen Fällen kann durch *Mutation* bei einem der Zwillinge Verschiedenheit vorgetäuscht werden.

— Die *vorgeburtliche Umwelt* der Gebärmutter kann auch für eineiige Zwillinge durch verschiedene Blutversorgung sehr unterschiedlich sein.

— Zwillinge wachsen stets mit einem gleichaltrigen Partner auf, den sie nachahmen oder von dem sie sich bewusst unterscheiden können. Dies erschwert den Vergleich mit „Nichtzwillingen".

— Zwillingsgruppen sind häufig zu klein für statistisch einwandfreie Vergleiche. Das gilt vor allem für getrennt aufgewachsene eineiige Zwillinge. Sie wachsen fast nie in ganz verschiedener Umwelt auf und ohne Kenntnis voneinander.

Trotz dieser Probleme bleibt die Zwillingsmethode noch immer das beste Verfahren um den *Anteil der Genwirkung* an der Unterschiedlichkeit eines Merkmals abzuschätzen. Besondere Aufmerksamkeit gilt der *Erblichkeit von Intelligenz*, hat sie doch vielfältige Konsequenzen für Bildung, Erziehung und unser Selbstverständnis. Aus Untersuchungen an eineiigen Zwillingen und anderen verwandten sowie nichtverwandten Personen schlossen einige Forscher, dass der Erblichkeitsanteil für das Merkmal *Testintelligenz (IQ)* etwa zwei Drittel bis drei Viertel betrage. Doch sind viele dieser Untersuchungen wissenschaftlich sehr umstritten. Oft wird zudem außer Acht gelassen, dass sie sich nur auf Testintelligenz beziehen, also auf die Intelligenz, die man mit Intelligenztests misst. Sie geben keinen Aufschluss darüber, welchen Anteil Erbe oder Umwelt an der Intelligenz des Einzelnen hat.

Aufgaben

1 Erich Kästner irrte sich, als er dem Dackel „Peperl" zuschrieb, das „Doppelte Lottchen" unterscheiden zu können. Auch ein Hund kann eineiige Zwillinge an ihrem Geruch nicht unterscheiden. Was kann man daraus folgern?

In Kürze

Mit der Zwillingsmethode lassen sich der erbbedingte und der umweltbedingte Anteil an der Veränderlichkeit eines Merkmals in der Bevölkerung abschätzen.

Der Intelligenzquotient, IQ

Unter Intelligenz versteht man Denkfähigkeit, Auffassungsgabe und geistige Beweglichkeit. Beim Intelligenztest versucht man sie mithilfe von Fragebögen zu messen. Die Ergebnisse werden durch den Intelligenzquotienten, IQ, ausgedrückt. Die Bezeichnung Intelligenzquotient rührt daher, dass man die von einer Testperson im Test erreichte Punktzahl durch einen Korrekturfaktor für das Lebensalter dividiert.

Intelligenztests werden herangezogen um intelligente Leistungen verschiedener Personen miteinander zu vergleichen.

Die Aussagekraft von Intelligenztests ist jedoch begrenzt. Zum Beispiel sind sie nie frei davon, schicht- oder kulturbedingtes Wissen abzufragen. Daher messen sie nur eine spezielle Form der Intelligenz, die Testintelligenz. Zwischen einem hohen IQ und Erfolg in Studium oder Beruf gibt es kaum einen Zusammenhang.

Mutationen

1 *Blutform der Buche. Die Mutation kommt auch bei anderen Bäumen vor.*

2 *Katze von der Insel Man. Die Rasse entstand durch Mutation.*

3 *Albino-Mädchen. Die Eltern sind dunkelhäutige Bantus.*

Im Laufe des Lebens muss die Erbinformation vielfach kopiert, umgeschrieben und übersetzt werden. Dabei können sich Fehler einschleichen. Man spricht dann von *Mutation* und versteht darunter eine *sprunghafte Veränderung der Erbinformation.* Ob eine *Veränderung im Phänotyp* auf eine Mutation zurückzuführen ist, lässt sich jedoch nicht ohne weiteres entscheiden. Sie kann *ebenso Folge einer Neukombination von mütterlichen und väterlichen Erbanlagen* während der Meiose sein. Bekannte Beispiele für durch Mutation entstandene Veränderungen im Phänotyp sind links abgebildet. Mutationen können in allen Zellen des Körpers vorkommen. *Vererbt* werden sie jedoch *nur, wenn Keimzellen betroffen sind.*

Umfang der Mutationen. Die Erbinformation kann in verschiedenem Ausmaß verändert sein. Je nach dem Umfang der veränderten Erbinformation unterscheidet man:

— *Genommutationen.* Das Erbgut oder *Genom* ist insgesamt gegenüber dem normalen Chromosomensatz verändert. Es kann zum Beispiel der ganze Chromosomensatz vervielfacht sein oder ein einzelnes Chromosom zu viel oder zu wenig vorliegen.

— *Chromosomenmutationen.* Der im Mikroskop sichtbare Bau von Chromosomen ist verändert. So können Stücke eines Chromosoms verloren gegangen oder Teile eines anderen Chromosoms eingebaut sein.

— *Genmutationen.* Der im Mikroskop nicht sichtbare Bau der DNA ist verändert. Die Reihenfolge ihrer Bausteine kann beispielsweise vertauscht sein.

Mutationsrate. Mutationen entstehen *spontan,* also zufällig und ohne erkennbaren Anlass. Die *Mutationsrate* gibt die Häufigkeit an, mit der eine Mutation auftritt. Sie ist für die einzelnen Erbanlagen und Chromosomenabschnitte unterschiedlich hoch. Bei den am häufigsten betroffenen Genen oder Chromosomen des Menschen liegt sie bei 1 : 10 000 bis 1 : 1 000 000. Mutationen sind also *seltene Ereignisse.* Dennoch muss man bei der großen Zahl von Erbanlagen – beim Menschen ca. 100 000 – damit rechnen, dass fast jeder von uns Träger einer Mutation ist!

Mutagene. Verschiedene Einflüsse können die Mutationsrate um das Zehn- bis Hundertfache erhöhen. Sie werden als *Mutagene* bezeichnet. Dazu gehören *UV-Strahlung, Röntgen-* und *radioaktive Strahlung* sowie *viele Chemikalien.* Keines von ihnen kann jedoch eine bestimmte Mutation gezielt auslösen.

ERBINFORMATION

ERBINFORM

ERBINFORFORMATION

ERBINFAMROTION

ERBINFORMATION BOT

4 *Verschiedene Formen von Chromosomenmutationen (Schema)*

Aufgaben

1 Kann man sich vor Mutationen schützen?

2 Welche Mutationen bei Haustieren kennst du? Zähle auf.

In Kürze

Mutationen sind sprunghaft auftretende, unvorhersehbare Veränderungen der Erbinformation. Nach ihrem Umfang unterscheidet man Gen-, Chromosomen- und Genommutationen.

645

Modifikation

Wenn wir uns im Sommer im Freien aufhalten, bildet unsere Haut vermehrt Pigmente und färbt sich dunkler. Die stärkere Pigmentierung ist eine Schutzreaktion gegen die Ultraviolett-Strahlen der Sonne. Bei Bergsteigern, die sich 2 bis 3 Wochen in Höhen über 4000 m aufhalten, nimmt die Zahl der roten Blutkörperchen um 20 bis 25 % zu. So stellt sich ihr Körper auf das geringe Sauerstoffangebot ein, das die dünne Luft in großer Höhe bewirkt.

Modifikation. Offensichtlich wird die Ausprägung der Merkmale durch die Gene nicht starr festgelegt, sondern kann innerhalb bestimmter Grenzen von der Umwelt beeinflusst werden. Solche umweltbedingten, nicht erblichen Merkmalsveränderungen nennt man *Modifikationen.* Wie sehr sich einzelne Merkmale durch Umwelteinflüsse modifizieren lassen, ist höchst unterschiedlich: *Umweltstabile Merkmale* wie die Blutgruppen oder die Hautleisten

1   Helle und sonnengebräunte Haut

der Fingerkuppen werden weitgehend unabhängig von Umwelteinflüssen ausgeprägt. *Umweltlabile Merkmale* wie das Körpergewicht sind dagegen in hohem Maße durch die Umwelt modifizierbar. Ihre Gene zeichnen sich durch eine *weite Reaktionsnorm* auf unterschiedliche Lebensbedingungen aus. Sie räumen also der Umwelt einen großen Spielraum an der Merkmalsbildung ein. Doch auch einem umweltlabilen Merkmal setzen die Gene Grenzen der Veränderlichkeit.

Die *meisten Modifikationen* zeigen zwischen den verschiedenen Merkmalsausprägungen *fließende Übergänge*, entsprechend den gradweise abgestuften Wirkungen der Umwelteinflüsse. So wird zum Beispiel die Ausbildung der Baumkrone je nach Lichtmenge mehr zur Licht- oder Schattenform hin verändert. Es gibt aber auch *umschlagende Modifikationen*. Sie können so verschieden sein, dass sie Alternativmerkmale unterschiedlicher Genotypen vortäuschen. Sie entstehen dann, wenn ein bestimmter Umweltfaktor die Wirkung von Genen schalterartig beeinflusst. So bewirkt beispielsweise der Faktor Tageslänge die beiden sich stark voneinander unterscheidenden Formen des *Landkärtchens*, eines einheimischen Tagfalters.

2 und 3   Freistehende Buche und Buchen im Bestand

Aufgaben

1   Betrachte die Buchen auf den Fotos unten. Nenne Unterschiede in ihrer Kronenform. Wodurch werden sie verursacht?

2   Sammle Licht- und Schattenblätter eines Baumes und vergleiche.

3   Welche Faktoren können – in Bezug auf Modifikationen – noch eine Rolle für die Wuchsform von Pflanzen spielen?

In Kürze

Die Merkmale eines Lebewesens entstehen durch Wechselwirkung von Erbe und Umwelt. Für viele Merkmale setzen die Gene nur den Rahmen, innerhalb dessen die Umwelt die Merkmalsausprägung steuert. Umweltbedingt veränderte, nicht erbliche Merkmale bei gleicher Genausstattung nennt man Modifikationen.

4 und 5   Frühjahrsform (oben) und Sommerform des Landkärtchens

Praktikum: Modifikationen

Linkshänder oder Rechtshänder?

Ist die Bevorzugung einer Hand genetisch festgelegt oder spielt die Erziehung eine Rolle? Teste selbst. Benötigt werden: Papier, Filzstift, Bleistift, Stoppuhr, Kopiergerät.

Durchführung:
Notiere die Zahl der Linkshänder in der Klasse. Zeichne ein Gitter von 100 Quadraten mit je 1 cm Länge. Kopiere das Blatt für jeden Mitschüler zweimal. Teste alle nacheinander.

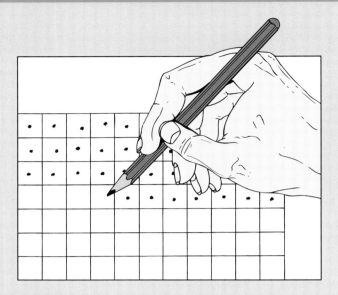

Die Versuchsperson hat die Aufgabe in jedes Quadrat so schnell wie möglich einen Punkt mit dem Bleistift zu setzen. Sie soll die erste Reihe von links nach rechts, die zweite von rechts nach links bearbeiten und so weiter. Der Versuch wird erst mit der rechten, dann mit der linken Hand (zweites Blatt!) durchgeführt und die Zeit jeweils gestoppt.
Wie viele Personen sind mit der linken Hand schneller? Versuche eine Deutung.

Länge von Bohnensamen

Benötigt werden: mindestens 200 Bohnensamen derselben Sorte, Lineal, mehrere gleich große Reagenzgläser im Haltegestell oder Messzylinder, Heft, Schreibgerät.

Durchführung:
Die Bohnensamen werden zwischen den einzelnen Schülern oder Arbeitsgruppen aufgeteilt. Jede Gruppe misst die Länge aller ihrer Samen auf 1 mm genau und bestimmt die Zahl der Samen in jeder Längenklasse.

(Samen gleicher Länge bilden eine Klasse.) Aus den Zahlen aller Arbeitsgruppen wird ein Säulendiagramm erstellt: waagerechte Achse Samenlänge, senkrechte Achse Anzahl.
Die Samen einer Längenklasse werden jeweils in einem beschrifteten Reagenzglas gesammelt. Ordnet man die Gläser nach der Samenlänge, ergibt sich ein Bild, das dem Säulendiagramm entspricht. Wie lässt sich das Diagramm erklären?
Beachte: Bohnen einer Sorte sind reinerbig.

Modifikationen bei Buntnesselblättern

Benötigt werden: je eine buschig verzweigte Topfpflanze der Buntnessel von zwei deutlich verschiedenen Sorten, Blumenerde-Sand-Mischung (etwa 1:1), mehrere kleine Blumentöpfe, eventuell ein großes, leeres Aquarium als Anzuchtkasten, Messer.

Durchführung:
Von jeder Mutterpflanze werden 10 Stecklinge angezogen. Dazu schneidet man mit dem Messer Triebspitzen mit 4 bis 6 Blättern unmittelbar

unter einem Stängelknoten ab. Die Stecklinge kommen einzeln in Blumentöpfe mit feuchter Erde-Sand-Mischung. Wenn die Stecklinge nach drei Wochen bewurzelt sind und neue Blätter bilden, wird ein Teil der Töpfe sonnig, der andere schattig aufgestellt. Vergleiche nach mehreren Wochen die Pflanzen hinsichtlich Wuchsform, Blattform, Blattrand und Blattfärbung. Zeichne dazu typische Blätter.
Zeigen sich lichtbedingte Unterschiede zwischen den erbgleichen Pflanzen?

2449

Fehler bei der Chromosomenverteilung

1 Kind mit Downsyndrom

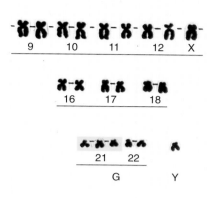

2 Ausschnitt aus dem Karyogramm

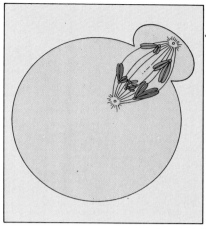

3 Ursache des Downsyndroms

Fehler bei der Chromosomen-verteilung und ihre Ursachen. Zu den relativ häufigen Ursachen von Mutationen beim Menschen ge-hören *Fehler bei der Verteilung der Chromosomen*. So kommt es vor, dass sich *homologe Chromosomen bei der Meiose nicht trennen*, son-dern beide in dieselbe Keimzelle ge-langen. Nach der Befruchtung ist in der Zygote das betreffende Chromo-som dreifach vorhanden. Der Mensch, der aus der Zygote hervor-geht, besitzt in allen seinen Zellen ein Chromosom zu viel. Diesen Ver-teilungsfehler nennt man *Trisomie*. Erhält dagegen eine Keimzelle gar kein Chromosom des Chromoso-menpaares, entsteht eine Zygote, in der das betreffende Chromosom nur einfach vorliegt. Dieser Verteilungs-fehler heißt *Monosomie*. Im Karyo-gramm stellt man solche Verände-rungen der Chromosomenzahl fest.

Auswirkungen. Die Folgen der ver-änderten Chromosomenzahl sind oft so schwerwiegend, dass der Embryo oder Fetus abstirbt. Es kommt zur Fehl- oder Totgeburt. Mit Ausnahme des X-Chromosoms gilt das für Monosomien immer. Es fehlt ja ein Chromosom mit der Information von mehreren tausend Erbanlagen. Doch können auch Trisomien solche Folgen haben. Offensichtlich ist für die richtige Funktion des Erbguts nicht allein das Vorhandensein der

Erbanlagen notwendig, sondern auch ihr ausgewogenes Mengenver-hältnis. Weniger gravierend – für die Betroffenen jedoch schlimm ge-nug – sind Trisomien bei den Ge-schlechtschromosomen und bei re-lativ kleinen Chromosomen wie dem Chromosom 21.

Downsyndrom. Auf 650 Geburten kommt im Durchschnitt ein Kind, bei dem das Chromosom 21 drei-fach vorhanden ist. Man spricht von einer *Trisomie 21* oder dem *Down-syndrom*. Es ist der häufigste Vertei-lungsfehler beim Menschen.

Kinder mit Downsyndrom bleiben in verschiedenen geistigen Bereichen unterschiedlich stark gegenüber der Normalentwicklung zurück. Rech-nen zum Beispiel wie überhaupt ab-straktes Denken bereitet ihnen größte Schwierigkeiten. Lesen dage-gen fällt ihnen leichter. Auch Schrei-ben können sie lernen. Für ihre Entwicklung ist entscheidend, dass sie *in den ersten Lebensjahren in-tensiv gefördert* werden. In der Freude am Spielen und Toben, an Musik und Rhythmus sind Kinder mit Downsyndrom genau wie alle anderen. Sie empfinden ebenso Trauer, Freude, Zuneigung und Ab-neigung, doch zeigen sie ihre Gefüh-le viel offener. Auch als Erwachsene bedürfen sie besonderer Fürsorge, zumal sie oft in ihrer Gesundheit be-einträchtigt sind.

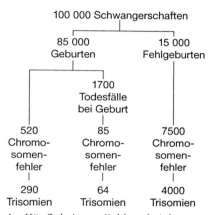

4 Häufigkeit von Fehlern bei der Chromosomenverteilung (Zahlen nach UNSCEAR-Report)

Aufgaben

1 An manchen Schulen besteht die Möglichkeit, dass nichtbehinderte Kinder und Kinder mit Downsyndrom dieselbe Klasse besuchen. Überlege dir, was damit erreicht werden kann.

2 Ein Mann hat die Geschlechts-chromosomen XXY. Erkläre.

In Kürze

Fehler bei der Chromosomenvertei-lung in der Meiose führen zu überzäh-ligen oder fehlenden Chromosomen mit oft schwersten Folgen. Relativ häufig ist das Downsyndrom. Dabei liegt das Chromosom 21 dreifach vor.

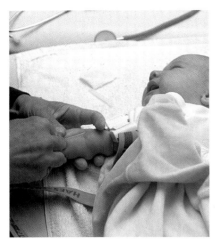

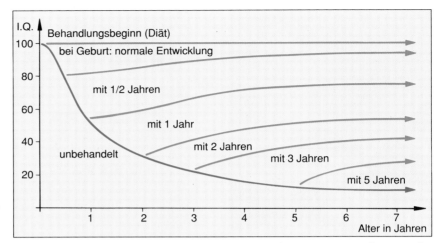

1 Blutentnahme bei Neugeborenem

2 Bei Phenylketonurie hängt die geistige Entwicklung vom Beginn der Diät ab.

Häufige Erbkrankheiten. Es gibt Krankheiten, die auf den Durchschnitt der Bevölkerung bezogen selten sind, in manchen Familien jedoch gehäuft auftreten. Für diese *Erbkrankheiten* gilt, dass sie nach den Vererbungsregeln an die Nachkommen weitergegeben werden.

Zu diesen Krankheiten zählt auch die *Mukoviszidose*. Sie wird rezessiv vererbt und verursacht unter anderem Hustenreiz, Lungenentzündung und schwere Verdauungsstörungen. Dies sind die Folgen einer Genmutation auf dem *Chromosom 7*. Sie führt zu Funktionsstörungen der Drüsen, deren Sekrete dadurch einen zähen Schleim enthalten, der vor allem die Bronchien und Ausfuhrgänge der Bauchspeicheldrüse verstopft.

Beim *Albinismus* können die Pigmentzellen der Haut kein Melanin bilden, da ein dafür notwendiges Gen mutiert ist. Haut und Haare von Albinos erscheinen weiß, die Augen rot.

Phenylketonurie. Auch diese Krankheit wird rezessiv vererbt. Bei uns leidet einer von 10 000 Menschen daran. Die Ursache ist eine Genmutation auf dem *Chromosom 12*. Den Betroffenen fehlt ein Enzym der Leber. Dadurch kann die Aminosäure Phenylalanin, die in allen natürlichen Proteinen der Nahrung vorkommt, nicht verwertet werden.

Sie reichert sich im Blut, der Rückenmarks- und Gehirnflüssigkeit sowie in den Geweben an. Unbehandelt verursacht dies Hirnschädigungen und Krämpfe oder verkürzt die Lebenserwartung.

Bei uns hat die Phenylketonurie, PKU genannt, allerdings ihren Schrecken weitgehend verloren. Kurz nach der Geburt werden alle Neugeborenen in Deutschland auf diesen Gendefekt hin untersucht und können dadurch im Falle einer Erkrankung entsprechend behandelt werden. Dies geschieht durch eine phenylalaninarme Diät. Ging man lange davon aus, dass hierfür die ersten 10 Lebensjahre, in denen das Gehirn ausreift, ausreichten, weiß man inzwischen, dass diese Diät lebensbegleitend eingehalten werden muss.

Häufigkeit rezessiv vererbter Krankheiten

Mukoviszidose	1:	2000
Taubstummheit	1:	3000
Phenylketonurie	1:10 000	
Milchunverträglichkeit	1:17 000	
Albinismus	1:10 000	

X- chromosomal rezessiv vererbt
Rotgrün-Verwechslung	8:	100
Bluterkrankheit	1:5000	

Bei den X-chromosomalen Erbgängen beziehen sich die Angaben nur auf Männer.

Aufgaben

1 Was versteht man unter rezessiven Erbmerkmalen? Wann erscheinen sie im Phänotyp?

2 Versuche zu erklären, warum bei Verwandtenehen für die Kinder ein erhöhtes Risiko besteht, an einem rezessiv vererbten Leiden zu erkranken.

In Kürze

Phenylketonurie ist eine Krankheit, die rezessiv vererbt wird. Ausgelöst wird sie durch eine Genmutation. Durch Früherkennung und eine spezielle Diät lassen sich die Symptome des Leidens weitgehend beseitigen.

1859

Rotgrün-Verwechslung

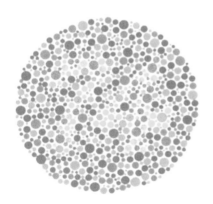

1   *Testkarte für die Farbtüchtigkeit*

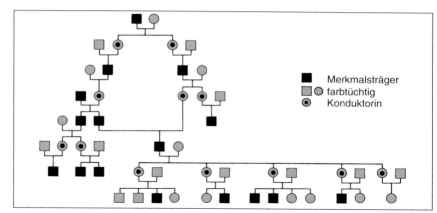

■ Merkmalsträger
■ ● farbtüchtig
⊙ Konduktorin

2   *Stammbaum einer Familie, in der Rotgrün-Verwechslung vorkommt*

„Es ist ein Familienleiden: Mein Vater hat genau dieselbe Schwäche; meine Mutter und eine meiner Schwestern konnten alle Farben fehlerfrei sehen; meine andere Schwester und ich in der gleichen Weise unvollkommen; diese letzte Schwester hat zwei Söhne, beide unvollkommen, aber sie hat eine Tochter, die ganz normal ist; ich habe einen Sohn und eine Tochter, und beide sehen alle Farben ohne Ausnahme; so ging es auch ihrer Mutter; meiner Mutter Bruder hatte denselben Fehler wie ich. (…) Ich kenne kein Grün in der Welt; eine rosa Farbe und ein blasses Blau sehen gleich aus, ich kann sie nicht unterscheiden. Ein kräftiges Rot und ein kräftiges Grün ebenfalls, ich habe sie oft verwechselt …" (aus dem Brief eines Mr. J. Scott, geschrieben 1777).

Erst 150 Jahre nachdem dieser Brief verfasst worden war, konnte der Erbgang für den Sehfehler *Rotgrün-Verwechslung* geklärt werden: Die Erbanlagen für die Unterscheidung von Rot und Grün liegen auf dem *X-Chromosom*. Anders als auf dem kleinen Y-Chromosom, das ausschließlich geschlechtsbestimmende Gene trägt, finden sich auf dem großen X-Chromosom noch viele Gene, die mit der Bestimmung des Geschlechts nichts zu tun haben. Über 130 solcher Gene auf dem X-Chromosom sind bisher erkannt. Ihren Erbgang nennt man daher

X-chromosomal, fälschlich auch „geschlechtsgebunden".

Da Frauen neben den Autosomen immer zwei X-Chromosomen in ihren Körperzellen besitzen, Männer aber nur eines, wirkt sich eine X-chromosomale Vererbung bei den beiden Geschlechtern unterschiedlich aus.

Die Rotgrün-Verwechslung wird *rezessiv* vererbt. Aus diesem Grund sind Männer als Merkmalsträger viel häufiger, da sich bei ihnen das Merkmal schon ausprägt, wenn sie – mit dem X-Chromosom ihrer Mutter – ein einziges Allel des defekten Gens geerbt haben. Man nennt sie dann für das betreffende Merkmal *hemizygot*. Frauen können dagegen – wie bei autosomal-rezessiver Vererbung – merkmalsfrei sein und dennoch als *Konduktorinnen* das betreffende Allel mitführen.

Auch *brauner Zahnschmelz* oder *gestörter Phosphatstoffwechsel* haben einen X-chromosomalen Erbgang, doch werden sie *dominant* vererbt. Merkmalstragende Väter haben dabei stets merkmalstragende Töchter und merkmalsfreie Söhne, wenn die Mutter der Kinder merkmalsfrei ist.

In Kürze

Geschlechtschromosomal gebundene Vererbung von Genen, die auf dem X-Chromosom liegen, folgt anderen Erbgängen als autosomale Vererbung.

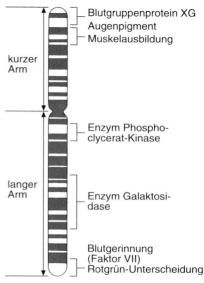

├ Blutgruppenprotein XG
├ Augenpigment
├ Muskelausbildung

kurzer Arm

├ Enzym Phosphoclycerat-Kinase

langer Arm

├ Enzym Galaktosidase

├ Blutgerinnung (Faktor VII)
├ Rotgrün-Unterscheidung

3   *Erbanlagen auf dem X-Chromosom*

Aufgaben

1   Teste dein Farbunterscheidungsvermögen mit Bild 1. Welche Zahl erkennst du?

2   Stelle nach der Schilderung in dem Brief von Mr. Scott einen Stammbaum auf und erkläre den Erbgang. Welche der Frauen sind Konduktorinnen?

3   Man vermutet, dass die geringere Lebenserwartung der Männer im Vergleich mit Frauen etwas mit der X-chromosomalen Hemizygotie der Männer zu tun hat. Erkläre den Grundgedanken dieser Vermutung.

Bluterkrankheit

Bluterkrankheit. Noch immer gilt die *Bluterkrankheit* oder *Hämophilie* als Krankheit der Zaren und Könige, da sie in europäischen Herrscherhäusern große Bekanntheit erlangte. In Wirklichkeit sind aber weltweit über 200 000 Menschen von ihr betroffen, allein in Deutschland rund 7 500. Bei diesen *Blutern* ist die *Gerinnungsfähigkeit* des *Blutes stark vermindert.* Selbst kleinste Blutungen nach Schürfung, Schnitt oder Stoß können für sie *lebensbedrohlich* werden. Früher starben daher die meisten Bluter in der Kindheit. Noch um 1960 betrug ihre Lebenserwartung nur 20 Jahre. Inzwischen ist es gelungen, den *Gerinnungsstoff*, den die Bluter selbst nicht bilden können, aus gespendetem Blut zu gewinnen und als Medikament zu verabreichen.

Dieser Gerinnungsstoff wirkt als *Faktor VIII* neben über 30 anderen Gerinnungsstoffen mit, Fibrin als Wundverschluss zu bilden. *Faktor VIII* ist ein Eiweißstoff des Blutes, der nach Vorschrift *eines Gens* in den Zellen der Leber und Milz zusammengebaut wird.

Das Gen mit der Information für den Aufbau des Faktor-VIII-Gerinnungsstoffs liegt auf dem *X-Chromosom.* Ist es durch Mutation krankhaft verändert, verhält sich dieses Allel *rezessiv* gegenüber dem normalen Allel. Damit erklärt sich die Tatsache, dass praktisch alle Bluterkranken Männer sind: Erbt ein Mann von seiner Mutter ein X-Chromosom mit dem mutierten Allel, wird er Bluter sein, eine Frau dagegen nicht, da sie ja noch ein zweites X-Chromosom mit dem normalen Allel besitzt. Frauen sind daher fast immer nur *Konduktorinnen*, also Gen-Überträgerinnen für die Bluterkrankheit.

In Kürze

Die Bluterkrankheit beruht auf einer Mutation im X-Chromosom und wird rezessiv vererbt.

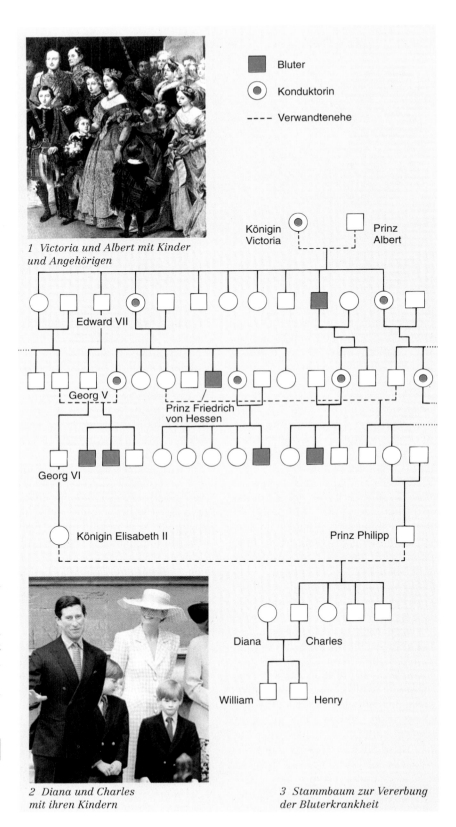

1 *Victoria und Albert mit Kinder und Angehörigen*

■ Bluter
◉ Konduktorin
---- Verwandtenehe

Königin Victoria — Prinz Albert

Edward VII

Georg V

Prinz Friedrich von Hessen

Georg VI

Königin Elisabeth II

Prinz Philipp

Diana — Charles

William — Henry

2 *Diana und Charles mit ihren Kindern*

3 *Stammbaum zur Vererbung der Bluterkrankheit*

Dominant vererbte Krankheiten

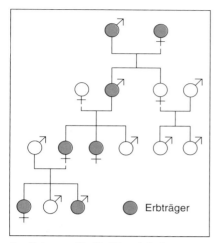

1   *Erbgang für Vielfingrigkeit*

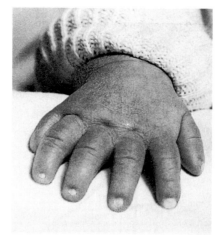

2   *Foto einer Kinderhand mit sechs Fingern und Röntgenbild dieser Hand*

Häufigkeit dominant vererbter Krankheiten

Schielen	1:75
Vielfingrigkeit	1:500
Kurzfingrigkeit	1:5000
Chondrodystropher Zwergwuchs (Arme und Beine sind extrem kurz)	1:10 000
Veitstanz	1:15 000
Erblicher Augenkrebs (Retinazerfall)	1:20 000
Spaltfuß (Verwachsung von Fingern und Zehen)	1:100 000
Erbliche Nachtblindheit	1:100 000

4   *Angeborene Schwerhörigkeit wird dominant vererbt.*

Dominante Erbkrankheiten. Ein Teil der menschlichen Erbkrankheiten wird nicht *rezessiv,* sondern *dominant* an die Nachkommen weiter gegeben. Es genügt, wenn die Kinder das mutierte Gen nur von einem Elternteil besitzen, damit – im Gegensatz zur rezessiven Vererbung – die Krankheit dennoch zur Ausprägung kommt.

Zu diesen dominant vererbten Krankheiten gehören unter anderem die *angeborene Schwerhörigkeit, der Spaltfuß, der Minderwuchs* oder *die angeborene Nachtblindheit.* Auch die *Kurzfingrigkeit* zählt zu dieser Art von Krankheiten. Bei ihr

sind aufgrund eines Gendefektes die Finger- oder Handwurzelknochen verkürzt oder sie fehlen ganz. Anhand der Kurzfingrigkeit konnte man im Jahre 1905 erstmals den dominanten Erbgang beim Menschen nachweisen.

Vielfingrigkeit. Verschiedentlich kommen Kinder mit mehr als 5 Fingern oder Zehen zur Welt. Bei ihnen ist meist ein Fingerstrahl verdoppelt. Man spricht dann von *Polydaktylie.* Auch diese Krankheit, die häufig in Verbindung mit anderen Leiden auftritt, wird dominant vererbt. Auch sie beruht auf einem fehlerhaften Gen. Während man die Vielfingrig-

keit schon weitgehend operativ behebt oder einem Schwerhörigen mit einem Hörapparat sein Leben erleichtern kann, gibt es bei vielen anderen Erbkrankheiten noch kaum eine Hilfe. Heilen lassen sich die meisten Erbkrankheiten bis heute überhaupt noch nicht. Betroffene verdienen daher rücksichtsvolle Beachtung und sensible Behandlung.

Aufgaben

1   Wie groß ist die Wahrscheinlichkeit, dass Kinder mit Vielfingrigkeit geboren werden, wenn ein Elternteil diese Krankheit besitzt?

2   Ein Kind leidet an angeborener, dominant vererbter Schwerhörigkeit. Skizziere ein Kreuzungsschema, das zu diesem Phänotyp führt. Bezeichne das Normalgen mit A, das mutierte Gen mit a.

In Kürze

Wird ein mutiertes Gen dominant vererbt, tritt die Krankheit in jedem Fall bei dem Betroffenen, dem Empfänger, auf. Eine Heilung der meisten Erbkrankheiten ist bisher noch nicht möglich.

Genetische Familienberatung

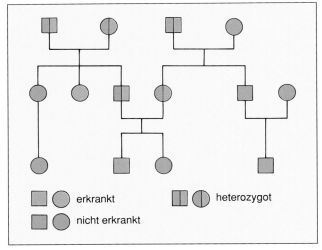

1   *Grundlage der Beratung: die Stammbaumanalyse*

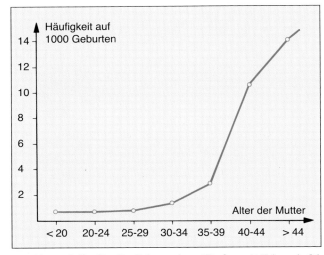

2   *Altersrisiko für die Geburt eines Kindes mit Trisomie 21*

Ziele und Aufgaben. Die genetische Beratung durch einen Fachmann kann Ratsuchenden im Hinblick auf ihre Nachkommenschaft Hilfen zu verantwortungsbewussten Entscheidungen bieten. Andererseits ist bei einer tatsächlichen Erkrankung frühzeitig die Einleitung therapeutischer Maßnahmen möglich.

Risikofälle. Eine genetische Beratung scheint dann angebracht, wenn es sich um einen der folgenden Risikofälle handelt:

– Einer der beiden Partner leidet selbst an einer erblichen Krankheit oder bei einem nahen Verwandten ist ein derartiges Leiden aufgetreten.

– Gesunden Eltern wird ein Kind mit einer Erbkrankheit geboren.

– Die Eltern waren vor der Zeugung oder die Frau während der Schwangerschaft besonderen Belastungen ausgesetzt, etwa radioaktiver Strahlung, starken Medikamenten oder besonderen Virusinfektionen.

– Die Schwangere ist älter als 35 Jahre. Die Erfahrung zeigt, dass ältere Mütter überdurchschnittlich viele Kinder mit Trisomien zur Welt bringen, beispielsweise der Trisomie 21, dem Down-Syndrom. Ein Zusammenhang zwischen diesen erblichen Krankheiten und dem Alter des Vaters konnten Wissenschaftler bisher nicht eindeutig belegen.

– Die Ratsuchende hatte schon mehrere vorangegangene Fehlgeburten.

– Die Eltern sind miteinander verwandt. Kinder aus Verwandtenehen sind dann gefährdet, wenn die Eltern Träger von rezessiv vererbten Leiden sind. Das Risiko zu erkranken kann dann bis zu 50 % betragen.

Familienanalyse. Am Anfang der genetischen Beratung steht meist eine Stammbaumanalyse, die möglichst viele Familienmitglieder erfassen sollte. Deren Krankheitsdaten können Aufschluss geben, ob weitere Untersuchungen notwendig sind.

Gründe, die für pränatale Diagnostik sprechen

• Erbkrankheiten in der Verwandschaft
• Geburt eines erbkranken Kindes
• besondere Belastungen, zum Beispiel:
– radioaktive Strahlung
– Einnahme von starken Medikamenten
– bestimmte Virusinfektionen
• Alter der Schwangeren
• mehrere Fehlgeburten
• Verwandtschaft der Eltern

Aufgaben

1   Nenne Gründe für eine genetische Familienberatung.

2   Begründe, weshalb Kinder aus Verwandtenehen häufiger von Erbkrankheiten betroffen sind als Kinder nicht verwandter Partner.

3   Eine Stammbaumanalyse steht in der Regel am Anfang jeder genetischen Beratung. Erläutere.

In Kürze

Die genetische Familienberatung will den Ratsuchenden helfen, anhand einer Familienanalyse das Risiko abschätzen zu können, ein erbkrankes Kind zu zeugen.

Am Beginn der genetischen Beratung steht die Stammbaumanalyse.

2503

Zur Diskussion: Erblich behindert

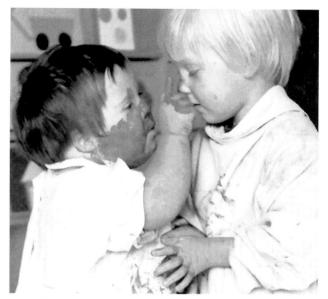

1 Behinderung ist vor allem soziale Behinderung: Die Umwelt kann sie verringern oder verstärken.

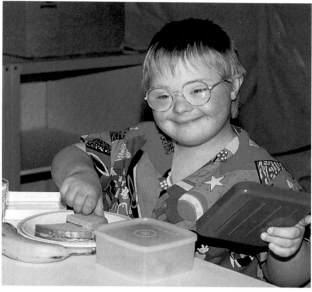

2 Kind mit Downsyndrom. Die intensive Förderung dieser Kinder in den ersten Lebensjahren ist besonders wichtig.

Info 1

Aus dem Gesetz zur Verhütung erbkranken Nachwuchses vom 14. Juli 1933

„§ 1 Wer erbkrank ist, kann durch chirurgischen Eingriff unfruchtbar gemacht (sterilisiert) werden, wenn … mit großer Wahrscheinlichkeit zu erwarten ist, dass seine Nachkommen an schweren körperlichen oder geistigen Erbschäden leiden werden.

Erbkrank im Sinne dieses Gesetzes ist, wer an einer der folgenden Krankheiten leidet: 1. angeborener Schwachsinn, … 6. erblicher Blindheit, 7. erblicher Taubheit …

Ferner kann unfruchtbar gemacht werden, wer an schwerem Alkoholismus leidet."

3 Aus dem Tagebuch einer 25-jährigen Frau mit Downsyndrom

Info 2

Aus einer Stellungnahme der AG Erwachsener mit Mukoviszidose

„Wir Betroffenen sollten uns klar gegen die Pränatal-Diagnostik aussprechen. Es gilt nicht nur, dagegen Stellung zu beziehen, dass andere über die Werthaftigkeit unseres Lebens urteilen bzw. diesem Leben die Werthaftigkeit absprechen.

Es geht auch darum, zu verhindern, dass mit der angewandten Pränatal-Diagnostik und dem damit eng verknüpften Schwangerschaftsabbruch in unserer Bevölkerung ein Bewusstsein entsteht, welches Behinderten und ihren Angehörigen zunächst immer ablehnender, vielleicht bald feindlich gegenübersteht.

Nicht zuletzt gilt es auch, mit den Behinderten ihre speziellen Tugenden … zu erhalten – in einer und für eine Gesellschaft, die an menschlichen Werten zu verarmen droht."

Info 3

Das sagen Eltern eines Kindes mit Downsyndrom

„Es dauerte lange, bis wir unser Kind so annehmen konnten, wie es ist, aber heute ist es super."

Erbanlagen und Umwelt

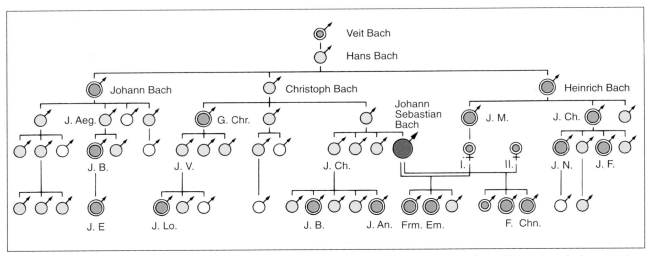

1 *Johann Sebastian Bach – seine Vorfahren und seine Nachkommen. Gelbe Kreise: Berufsmusiker, orangefarbene Kreise: Berufsmusiker und Komponisten, großer roter Kreis: Johann Sebastian Bach, grüne Kreise: Komponisten.*

Menschliche Individualität. Mit Ausnahme von eineiigen Zwillingen gibt es keine zwei identischen Menschen auf der Erde. Dies ist die Folge der Einmaligkeit der Erbanlagen, die in den Chromosomen als DNA verschlüsselt vorliegen. Sie stammen bei jedem Menschen zu gleichen Teilen aus der *haploiden Spermazelle* des Vaters und der *haploiden Eizelle* der Mutter. Vererbt werden allerdings nicht fertige Eigenschaften, sondern *Erbanlagen* in Form von *Genen.* Deren Gesamtheit trägt zur Verwirklichung der Persönlichkeit bei, das heißt, zur Ausformung der individuellen Merkmale. Untersuchungen haben gezeigt, dass es nicht nur *Gene* für die *körperlichen,* sondern auch für die *geistigen* und *seelischen Eigenheiten* gibt. Es bestehen daher kaum noch Zweifel, dass bestimmte *Begabungen* – etwa Musikalität oder logisches Denken – genauso genetisch bedingt sind wie etwa die Körpergröße oder das Lebensalter.

Wechselbeziehung mit der Umwelt. Im Laufe seines Lebens steht jeder Mensch in dauernder Wechselbeziehung mit seiner Umwelt. Ständig wird er in seiner Individualentwicklung von dieser Umwelt beeinflusst: Er nimmt Bau- und Betriebsstoffe, Reize und Informationen auf. Wie diese allerdings auf seinen Organismus wirken, das hängt weitgehend von seinen Erbanlagen ab. Beispielsweise konnte man feststellen, dass Menschen aufgenommene Giftstoffe, Pharmaka oder Genussmittel in der Regel mit deutlich ungleicher Geschwindigkeit oder Intensität abbauen und wieder ausscheiden. Andererseits aber wirken auch die Menschen aufgrund ihrer differenten genetischen Anlagen unterschiedlich auf die Umwelt ein: In einem Verkehrsstau etwa reagieren die festsitzenden Menschen – je nach ererbtem Temperament – völlig anders auf ihre Mitwelt ein: ruhig, aufgeregt oder aggressiv.

Dominanz der Erbanlagen. Es wird heute kaum mehr bestritten, dass die *menschliche Individualentwicklung* sowohl von den *Erbanlagen* als auch von der *Umwelt* gesteuert wird. Noch nicht endgültig entschieden ist aber die Frage, wem von beiden die größere Bedeutung zukommt. Vieles spricht gleichwohl dafür, dass die Erbanlagen eine *Dominanz* gegenüber den normalen Umwelteinflüssen besitzen. Als Beleg dafür kann die Familie des Barockmusikers *Johann Sebastian Bach (1685 – 1750)* gelten. Zwischen 1550 und 1845 spielte die Familie Bach eine führende Rolle im Musikleben Mitteldeutschlands. Von den 55 männlichen Angehörigen des Geschlechtes gelten 48 als besonders musikalisch, 28 waren zudem Berufsmusiker und 19 sind als bedeutende Komponisten anerkannt. Eine genetisches Übergewicht ist in diesen Fällen, selbst wenn die Umgebung die Begabungen noch förderte, mehr als wahrscheinlich.

Aufgaben

1 Diskutiere die Aussage Goethes: Vom Vater hab ich die Statur … vom Mütterchen die Frohnatur.

2 Stelle zusammen, durch welche Faktoren die Ausbildung einer Persönlichkeit beeinflusst wird.

In Kürze

Die Gene steuern die individuelle Ausformung der körperlichen, geistigen und seelischen Merkmale.
Die Individualentwicklung des Menschen wird von Erbanlagen und Umwelt gesteuert.

Somatische Mutation

1 Ausgedehnte Sonnenbäder können gefährlich sein.

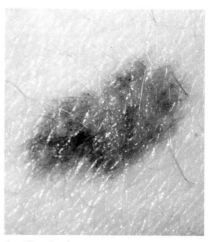

2 Hautkrebs

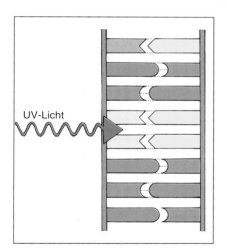

3 DNA unter UV- Bestrahlung

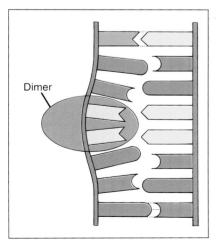

4 Dimer in der DNA

Somatische Mutationen. Tritt eine Mutation nicht in Keimzellen, sondern in Körperzellen auf, spricht man von einer *somatischen Mutation*. Sie schädigt stets nur den Erkrankten, wird aber nicht an dessen Nachkommen vererbt. Mit seinem Tod verschwindet auch die Mutation. Somatische Mutationen, die man für eine Reihe von Krebserkrankungen, wie zum Beispiel Lungen- oder Kehlkopfkrebs, verantwortlich macht, können neben den bereits erwähnten Stoffen unter anderem auch von *Insektiziden* und *Fungiziden* sowie durch *Aflatoxine*, den Stoffwechselprodukten verschiedener Schimmelpilze, ausgelöst werden.

Hautkrebs. Auch die UV-Strahlung löst somatische Mutationen aus. Beim *Hautkrebs* ist dieser Mechanismus schon weitgehend aufgeklärt: Geht man in die Sonne, dringt ein Teil des UV-Lichtes in die Zellen tieferer Hautschichten ein. Dort wird es vor allem von der DNA absorbiert, in der es zu Veränderungen der Struktur kommen kann. Dabei verbinden sich beispielsweise zwei benachbarte Basen, vor allem Thymin, zu einem sogenannten *Doppelmolekül*, einem *Dimer*.
Solche Fehler korrigiert die Zelle normalerweise mit Hilfe eines eigenen Reparatursystems. Dazu besitzt sie spezielle Enzyme, die das Dimer

wieder lösen. Bei langer und intensiver Bestrahlung der Haut treten die DNA-Fehler jedoch so gehäuft auf, dass nicht jeder Defekt wieder behoben werden kann. Zellen mit einer fehlerhaften DNA geraten aber oft außer Kontrolle. Sie zeigen vielfach ein ungebremstes Teilungswachstum, sie beginnen zu wuchern: Ein Tumor entwickelt sich.

Aufgaben

1   Worin besteht der Unterschied zwischen einer somatischen Mutation und einer Mutation der Keimzellen-DNA?

2   Begründe, weshalb man auf keinen Fall verschimmelte Lebensmittel essen soll.

3   Erkläre, wie beim Menschen Hautkrebs entstehen kann.

In Kürze

Somatische Mutationen betreffen nur die DNA von Körperzellen. Sie können unter anderem durch Chemikalien oder Strahlung ausgelöst werden. Hautkrebs kann die Folge von intensiver UV-Bestrahlung sein.

Angewandte Genetik: Pflanzen- und Tierzucht

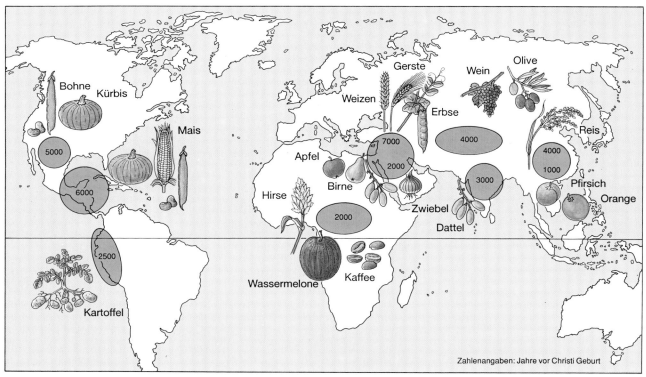

Zahlenangaben: Jahre vor Christi Geburt

1 Unsere heute bekannten Kulturpflanzen haben ihren Ursprung in den verschiedensten Teilen der Erde.

Lange bevor die Menschen die *Regeln der Vererbung* kannten, nahmen sie schon Einfluss auf das Erbgut von Pflanzen und Tieren: Aus der Fülle von *Wildarten* wählten sie solche aus, die ihnen aus bestimmten Gründen zusagten, vermehrten, schützten und bewahrten sie. Diese *Domestikation* von Wildpflanzen zu Kulturpflanzen und von Wildtieren zu Haustieren nahm zu Beginn der *Jungsteinzeit* vor rund 10 000 Jahren im „fruchtbaren Halbmond" Vorderasiens ihren Ausgang, als hier Jäger und Sammler zur sesshaften Lebensweise übergingen. Sowohl die ältesten Kulturpflanzen *Gerste* und *Weizen* als auch die ältesten Haustiere *Ziege* und *Schaf* entstammen daher dieser Region.

Zuchtziele. Bei den Pflanzen waren vor allem leichte Ernte und Verarbeitung, Lagerfähigkeit und hoher Ertrag von Interesse, bei den Tieren waren es Friedfertigkeit und die Bereitschaft sich in Gefangenschaft fortzupflanzen.

Heute verfolgen die Züchter eine Vielzahl weiterer Ziele. Bei der Zucht einer Kartoffelsorte achtet der Züchter beispielsweise auf 50 bis 100 verschiedene Merkmale: bestimmte Qualitätsmerkmale, Widerstandsfähigkeit gegen Krankheiten und Schädlinge, Anpassung an Kulturbedingungen.

Eine große Schwierigkeit für den Züchter besteht darin, dass die Zuchtziele heute sehr rasch wechseln, die Züchtung einer neuen Pflanzensorte oder neuen Tierrasse jedoch mindestens 10 bis 15 Jahre dauert.

Bedeutung der Züchtung. Nur der zehntausendste Teil aller Pflanzen- und Tierarten, die auf der Erde vorkommen, wird heute als Kulturpflanzen und Nutztiere zur Ernährung der explosionsartig wachsenden Menschheit genutzt. Man schätzt, dass an den bisher erzielten Ertrags- und Produktivitätssteigerungen dieser Pflanzen- und Tierarten die Züchtung etwa zu einem

Viertel beteiligt ist, drei Viertel hingegen auf Ausdehnung der Anbaugebiete und auf landwirtschaftliche Techniken der Bodenbearbeitung und Düngung zurückzuführen sind. Die Anbaugebiete der Kulturpflanzen können jedoch kaum noch ausgeweitet werden und auch die Erträge lassen sich durch Bodenbearbeitung und Düngung bald nicht mehr steigern. Der Pflanzen- und Tierzucht kommt daher in Zukunft immer größere Bedeutung zu.

Aufgaben

1 Welche Ursachen bewirken neben der Züchtung die Leistungssteigerung bei Kulturpflanzen und Nutztieren?

2 „Züchtung hat immer auch Artenverarmung zur Folge." Erkläre, wie diese Aussage zu verstehen ist.

655

Züchtungsmethoden

Auslesezüchtung. Die Grundlage aller Züchtungsmethoden ist die *Auslese* oder *Selektion* von Individuen mit erwünschten Merkmalen. Anfangs geschah diese Auswahl eher unbewusst und nicht nach einem geplanten Zuchtziel: Getreide, dessen Ähren bei der Ernte nicht zerbrachen, oder Schafe, die sich gut fortpflanzten, wurden beispielsweise bevorzugt. Da Merkmalsunterschiede häufig durch Erbunterschiede verursacht sind, führt die stete, viele Generationen dauernde Auslese zu *Merkmalsänderungen* bei den kultivierten Arten. Bis zum Ende des 19. Jahrhunderts waren durch die *Auslesezüchtung* als einzige Methode zahlreiche regional verschiedene „Landrassen" oder „Landsorten" entstanden. Sie waren ihren Standorten angepasst, robust und anspruchslos, aber nicht besonders ertragreich.

Kombinationszüchtung. Die Erkenntnisse der mendelschen Vererbungsregeln gaben der Züchtung im 20. Jahrhundert eine völlig neue Grundlage: Durch Kreuzung konnten nun *Merkmale* gezielt *kombiniert* werden. So gelang es beim Weizen durch Kombination der Gene für hohen Körnerertrag und kurze Reifezeit, weite Gebiete Kana-

1 Landsorten der Kartoffel aus Peru

das und Russlands für den Weizenanbau zu erschließen.

In der Regel wird die erwünschte *Merkmalskombination* durch *Inzucht*, das heißt Kreuzung der nahe verwandten Mischlinge untereinander über mehrere Generationen, „sortenfest", also *reinerbig*. Je mehr Merkmale kombiniert werden, umso seltener sind jedoch günstige Kombinationen aller Merkmale und umso häufiger müssen Kompromisse zwischen verschiedenen Zuchtzielen gefunden werden.

Hybridzüchtung. Als Folge ihrer hohen Reinerbigkeit beobachtet man bei Inzuchtrassen oft *mangelnde Vitalität*, *eingeschränkte Frucht-*

barkeit oder *geringe Wüchsigkeit*. Kreuzt man zwei dieser reinerbigen Inzuchtlinien miteinander, sind die F_1-Hybriden, also die Mischlinge in der ersten Generation, häufig viel *vitaler* als ihre Eltern. Man nennt diese Erscheinung *Heterosis-Effekt* und vermutet darin eine Folge der teilweise erzielten *Mischerbigkeit*. Da sich der Heterosis-Effekt in den Folgegenerationen wieder verliert, müssen *Hybridsaatgut* oder *Hybridtiere* stets neu durch *Kreuzung der Inzuchtlinien* erzeugt werden.

Mutationszüchtung. Die Züchtung nutzt auch solche Veränderungen bei Pflanzen- und Tierrassen aus, die durch eine *Mutation* entstanden sind. Da Mutationen erbfest sind, können sie zur Weiterzucht verwendet werden. Bekannte Beispiele für solche Mutationen sind: *Trauerformen bei Bäumen, Früchte ohne Kerne, Dackelbeine bei Hunden und Schafen* oder *Angorafell bei Katzen und Kaninchen*.

Seit einigen Jahren ist man dazu übergegangen, bei Pflanzen Mutationen *künstlich* zu erzeugen, indem man die Pflanzen *radioaktiver Strahlung* aussetzt. Anschließend werden aus der Fülle der entstehenden Mutationen die ausgewählt, die sich zur Weiterzucht eignen.

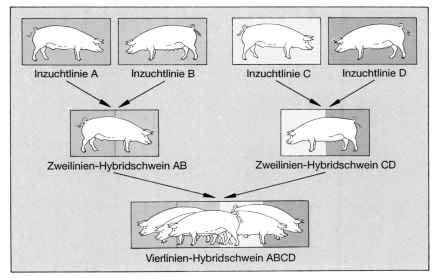

2 In der Schweinezucht wird oftmals die Hybridzüchtung angewandt.

Aufgaben

1 Ständige Inzucht führt zu Reinerbigkeit. Zeige diese Folge für eine Gruppe von Individuen, die sich in einem Merkmal unterscheiden und in jeder Generation nur untereinander fortpflanzen.

In Kürze

Vor allem durch Auslese und Kreuzung züchtet der Mensch aus Wildformen Kulturpflanzen und Nutztiere, die seinen Bedürfnissen entsprechen. Die Kenntnis der Vererbungsvorgänge gewinnt dabei zunehmend an Bedeutung.

Züchtungsmethoden

1 bis 3   In den Siebzigerjahren gelang es, aus der Schwarzen Johannisbeere und der Stachelbeere die neue Art Jostabeere zu züchten. Das war nur möglich, weil die Chromosomensätze der Ausgangsarten zuvor verdoppelt wurden.

Die Jostabeere weist neue Merkmale und Merkmale der beiden Ausgangsarten auf: Sie hat einen hohen Vitamin-C-Gehalt wie die Schwarze Johannisbeere. Sie widersteht Mehltau und Blattfallkrankheit wie die Stachelbeere. Sie liefert reiche Erträge an aromatischen Früchten.

4   Das Hinterwälderrind, eine alte, trittsichere Rinderrasse

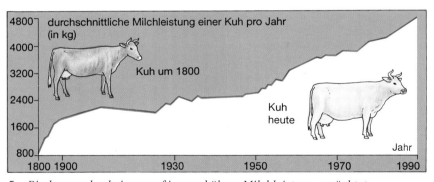

5   Rinder wurden bei uns auf immer höhere Milchleistung gezüchtet.

6   Von Hunden gibt es derzeit über 400 Rassen.

Polyploidie. Viele unserer Kulturpflanzen wie der Weizen, der Raps oder der Reis sind *polyploid*. Da diese Pflanzen meist größere Organe besitzen, bringen sie auch *höhere Erträge*. Die Polyploidie lässt sich mit dem Gift der Herbstzeitlose, dem *Colchicin*, künstlich auslösen.

Die Polyploidie ist in manchen Fällen auch die Voraussetzung um verschiedene Arten miteinander kreuzen zu können. Zum Beispiel züchtete man auf diese Weise in den Siebzigerjahren die *Jostabeere,* eine Kreuzung aus Schwarzer Johannisbeere und Stachelbeere.

Protoplasten. Grenzen zwischen Arten kann man auch mit Hilfe von *Protoplasten* überwinden. Protoplasten sind Blattzellen, deren Zellwände man mit Hilfe von Enzymen aufgelöst hat. Solche „nackten" Zellen lassen sich miteinander verschmelzen. Auf diese Weise erzielte man beispielsweise die *Tomoffel*, ein Verschmelzungsprodukt aus Tomate und Kartoffel.

Grenzen der Züchtung. Pflanzen- und Tierzüchtung sind zu rechtfertigen, wenn der Mensch mit Pflanzen und Tieren dabei verantwortungsvoll umgeht. Fragwürdig ist eine Züchtung immer dann, wenn sie für das Lebewesen mit gesundheitlichen Problemen verbunden ist, wie etwa die Zucht winzig kleiner Schoßhündchen oder die Züchtung von Kühen mit übergroßen Eutern. Bedenklich ist es auch, Tiere zu züchten, die in der Natur nicht mehr überleben könnten, wie etwa Kühe, die zwar eine hohe Milchleistung erbringen, aber meist ohne Kaiserschnitt nicht mehr gebären können. Durch die Züchtung solcher Rassen gehen oft widerstandsfähigere, natürlichere Rassen für immer verloren. Aus der genetischen Vielfalt wird so schnell eine *genetische Einöde*. Die genetische Vielfalt aber ist ein notwendiges Reservoir für die Anpassungsfähigkeit der Lebewesen an sich ändernde Umweltbedingungen.

1865

Biologie aktuell: Neue Züchtungstechniken

Neue Techniken erweitern seit Mitte der Siebzigerjahre die Methoden der Züchtung. Dazu zählen der Umgang mit Fortpflanzungszellen außerhalb des Tier- und Pflanzenkörpers, die Gefrierkonservierung von Zellen und Embryonen sowie künstliche Nährmedien für Zellen und Gewebe von Pflanzen und Tieren. Wie die Gentechnik, also die direkte Übertragung einzelner Gene, die Züchtung verändern wird, ist noch nicht abzusehen. Sinn und Nutzen dieser neuen Techniken für die Züchtung sind umstritten.

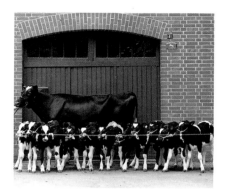

Embryotransfer
Bei Hochleistungsrindern wird hormonell die gleichzeitige Reifung mehrerer Eizellen ausgelöst. Nach der künstlichen Besamung werden die Embryonen im Maulbeerkeim-Stadium aus der Gebärmutter ausgespült und in die Gebärmutter von Ammenkühen übertragen.

Künstliche Mehrlinge
Wenn man aus der Gebärmutter ausgespülte Maulbeerkeime unter dem Mikroskop mit einer Glasnadel teilt, kann man auf diese Weise aus einem Embryo eineiige Mehrlinge herstellen, die allesamt vollkommen identische Eigenschaften besitzen.

Anzucht aus haploiden Zellen
Aus haploiden Pollenzellen der Staubbeutel von Gerste, Kartoffel und anderen Pflanzen wachsen auf geeigneten Nährböden vollständige, aber haploide Pflanzen. Verdoppelt man ihren Chromosomensatz mit Colchicin, können völlig reinerbige diploide Pflanzen entstehen.

Klone aus Einzelzellen
Bei vielen Kulturpflanzen wachsen auf passenden Nährböden aus teilungsfähigen Einzelzellen wieder vollständige Pflanzen heran. Aus einer Stammpflanze lassen sich damit unbegrenzte Mengen erbgleicher Nachkommen erzeugen. Solche vegetativ gewonnenen erbgleichen Nachkommen nennt man Klone.

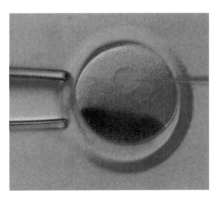

Genübertragung
Vielfache Kopien eines Gens in Form identischer DNA-Moleküle können mithilfe einer Mikropipette direkt in den Zellkern von zuvor zellwandlos gemachten Pflanzenzellen oder Tierzellen übertragen werden. Bisher gelingt es jedoch nur in wenigen Fällen, ihre Geninformation auch phänotypisch auszuprägen.

Transgene Lebewesen
In einigen Fällen ist es gelungen, Lebewesen mit artfremden Genen auszustatten, deren Merkmale sich ausprägen und vererbt werden: Karpfen mit Forellen-Wachstumsgenen (im Foto rechts), Coli-Bakterien mit dem menschlichen Insulin-Gen. Diese Technik ist wegen ihrer möglichen Folgen sehr umstritten.

Zur Diskussion: Gentechnik in der Verantwortung

Professor B. Heydemann, Umweltminister in Schleswig-Holstein, 1987

„Rinderwachstumshormone, noch größere Getreideerträge, Resistenzerzeugungen bei Pflanzen, die nur das Ziel haben, den Einsatz größerer Mengen von Herbiziden zu ermöglichen, sind das Gegenteil von umweltverträglich. Ziele, deren Realisierung schon im Ansatz erkennbar falsch ist, müssen mit einem Verbot belegt werden."

Texterklärungen
Rinderwachstumshormon: Das Rinderwachstumshormon wird gentechnisch hergestellt und an Rinder verfüttert.
Herbizid: Unkrautvernichtungsmittel

Aus einer Broschüre des Fonds der chemischen Industrie, 1989

„Der Wirkungsmechanismus von Herbiziden in Pflanzen, aber auch der Resistenzmechanismus von Pflanzen gegenüber Herbiziden ist in einigen Fällen geklärt. Isoliert man ... das Resistenzgen ... und implantiert diese Information in die gewünschte Kulturpflanze, so wird diese Resistenz auf die Kulturpflanze übertragen."

„... auch Behandlungen mit tiereigenen Wirkstoffen (zum Beispiel Wachstumshormon) ... werden wesentlich zur Verbesserung der Lebensmittelproduktion auf der Basis von Nutztieren beitragen."

1   *Herbizidresistente Pflanze* (rechts)

Eine Degradierung von Leben zur Ware

Mit einer Demonstration und einem Verfahrensstreit hat die Anhörung zum Patent der genmanipulierten Krebsmaus gestern vor dem Europäischen Patentamt in München begonnen. (...) In dem Verfahren stehen der US-Firma Du Pont als Patentinhaber 17 Beschwerdeführer gegenüber. Sie lehnen die Patentierung von Lebewesen aus ethischen, rechtlichen und wissenschaftlichen Gründen ab. Die Einwände richten sich gegen das 1992 erteilte Patent der sogenannten Harvard-Maus, der ein menschliches Krebsgen ins Erbgut eingeschleust worden ist.

Für Versuche mit Krebsmitteln soll das Tier schnell und zuverlässig an Krebs erkranken. (...)
Die Patentgegner forderten in ihren Einzelbeiträgen das Patent zu widerrufen. Es sei unter Forschern umstritten, Ergebnisse aus Tierversuchen auf den Menschen zu übertragen. Dies gelte vor allem bei genmanipulierten Tieren. Die Patentierung von Lebewesen degradiere Leben zur Ware.

Aus: *Rhein-Neckar-Zeitung vom 22.11.1995*

2   *Mit Mausköpfen protestierende Gegner der Patentierung der „Krebsmaus"*

Gentechnisch erzeugte Arzneimittel

Produkt	Jahr	Anwendung bei
Insulin	1982	Diabetes
Wachstumshormon	1985	Zwergwuchs
Interferon	1985	Leukämie
Hepatitis-B-Impfstoff	1986	Leberentzündung
Interleukin-2	1989	Nierenkrebs
Glukagon	1993	Diabetes
Faktor VIII	1994	Bluterkrankheit

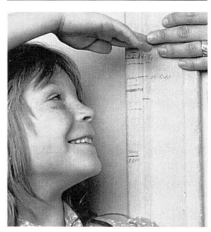

3   *Tracy freut sich, dass sie gewachsen ist. Sie leidet an Zwergwuchs und wurde mit gentechnisch hergestelltem Wachstumshormon behandelt.*

Überblick

Die Merkmale der Lebewesen entstehen durch das Zusammenwirken von Erbgut und Umwelt. Erbsubstanz ist die Desoxiribonukleinsäure, DNA. In der Reihenfolge ihrer Bausteine ist die Erbinformation verschlüsselt. Ein Abschnitt der DNA entspricht einer Erbanlage. Die Weitergabe der Erbinformation von Generation zu Generation nennt man Vererbung. Beim Menschen und den meisten anderen Lebewesen liegt die DNA in Chromosomen vor, deren Zahl artspezifisch ist. Der Zellkern jeder Körperzelle enthält einen doppelten Chromosomensatz. Jeweils ein Satz stammt von jedem der Eltern.

Vor jeder Mitose wird die Erbinformation kopiert. Es entstehen erbgleiche Zellen. Bei der Meiose, der Bildung der Keimzellen, wird der doppelte Chromosomensatz auf den einfachen Satz reduziert und so das Erbgut umgeordnet. Nach der Befruchtung besitzt die Zygote wieder den doppelten Chromosomensatz.

Gregor Mendel entdeckte die wichtigsten Regeln, nach denen Vererbung abläuft. Um Vererbung beim Menschen zu untersuchen, analysiert man vor allem Stammbäume. Heute kennt man für viele Merkmale den Erbgang. Manche Erbkrankheiten entstehen durch Mutationen. In der Pflanzen- und Tierzucht werden genetische Erkenntnisse angewendet.

Der Eingriff in das Erbgut, die Gentechnik, birgt Risiken, aber auch Chancen. So lassen sich durch Organismen Heilmittel produzieren und in Zukunft vielleicht sogar Erbkrankheiten heilen.

Alles klar?

1 Das Foto oben zeigt einen amerikanischen Lehrer mit Schülern. Betrachte das Bild und äußere dich zur Übereinstimmung der abgebildeten Personen im Erbgut.

2 Formuliere die mendelschen Regeln. Welche Bedeutung haben sie?

3 Faktor VIII ist ein Protein, das zur Blutgerinnung benötigt wird. Verdeutliche an diesem Beispiel die Begriffe Merkmal und Erbanlage.

4 An der Bluterkrankheit leiden fast ausschließlich Männer. Erkläre.

5 Was versteht man unter einer Mutation? Nenne Beispiele.

6 Das Geschlechterverhältnis Männer zu Frauen ist etwa 1:1. Erkläre, wie es zustande kommt.

7 Neugeborene mit Phenylketonurie können sich völlig normal entwickeln oder schwer geistig behindert werden. Wovon hängt das ab? Inwiefern lässt sich der Begriff Modifikation darauf anwenden?

8 Beschreibe an Beispielen verschiedene Methoden der Züchtung.

9 Erläutere Chancen und Risiken der Gentechnik.

Lebewesen haben sich entwickelt

In den *Jahrmillionen*, die unsere Erde schon existiert, hat sich ihr Gesicht ständig gewandelt. Aber auch die Lebewesen haben sich verändert. In langen Zeiträumen entstand eine Vielfalt verschiedenster Formen. Über das Leben in früheren Erdzeitaltern geben Überreste und Spuren Auskunft. Vor 170 Jahren wurden die ersten Knochen von *Dinosauriern* identifiziert. Seither stehen die Dinosaurier wegen ihrer Größe und faszinierenden Gestalten im Mittelpunkt des Interesses. Durch jede neue Entdeckung wird unser Wissen über sie vervollkommnet.

Der Riese von Tendaguru. Tagelang hatte es über den Taranguru-Hügeln in Tansania wolkenbruchartig geregnet. Die vom Himmel niedergehenden Wassermassen spülten das Land aus. Riesige Schlammlawinen bewegten sich hügelabwärts. Dabei wurde ein Knochen freigelegt. Er hatte ungewöhnliche Ausmaße und konnte keinem lebenden Wirbeltier zugeordnet werden. Ausgrabungen an dieser Stelle förderten im Jahre 1906 weitere Skelettreste zutage.

Von 1909 bis 1913 wurden durch Ausgrabungen 225 Tonnen versteinerter Knochen freigelegt! Sie stammten überwiegend von riesigen Dinosauriern aus der Gruppe der Sauropoden (Echsenfüßer). Darunter waren der gewaltige *Brachiosaurus* und *Dicraeosaurus*. Auch Skelette von *Kentrurosaurus* und *Dysalotosaurus* konnten geborgen werden. Alle diese Funde sind im *Naturkundemuseum* in Berlin ausgestellt.

Was erzählt das Brachiosaurus-Skelett? Die meisten Knochen des Skeletts stammen von einem einzigen Tier. Die Schwanzwirbelsäule gehört zu einem zweiten Brachiosaurier und wurde in der Nähe gefunden. Die Wirbel von Hals und Rumpf weisen Fenster auf. Dadurch wurde ihre Masse verringert, die Stabilität jedoch erhöht, wie bei den Streben und Stützen eines Kranauslegers. Auch der Schädel ist leicht gebaut. Öffnungen und Knochenspangen vermindern das Gewicht. Die Schädelkapsel umschloss ein winziges Gehirn. Es wog nur etwa 1/200 000 des gesamten Körpergewichts. Das Brachiosaurus-Skelett ist das größte, das in einem Museum aufgestellt ist.

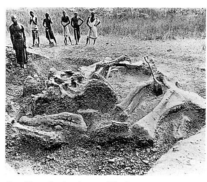

1   Das freigelegte Skelett von Brachiosaurus am Tendaguru-Berg

Was weiß man heute über Brachiosaurus? Brachiosaurus gehörte zu den größten Landsauriern. Sein Gewicht betrug nach neueren Berechnungen etwa 80 Tonnen. Mit den meißelartigen Zähnen riss er Blätter von Bäumen ab, dann zerkleinerte er sie. Im Magen unterstützten „Magensteine" die weitere Zerkleinerung. Der Tagesbedarf an Blättern wird auf eine Tonne geschätzt. Brachiosaurus war wahrscheinlich *Warmblüter*, seine Körpertemperatur jedoch niedriger als bei den heute lebenden Vögeln oder Säugetieren. Der massige Körper speicherte Wärme, sodass die Tiere im Gegensatz zu heutigen Reptilien auch nachts aktiv waren. Brachiosaurus zog wahrscheinlich in kleinen Herden umher. Ausgewachsene Tiere schützten so die Jungtiere.

2   Das Brachiosaurus-Skelett im Naturkundemuseum in Berlin. Es ist über 22 m lang, fast 12 m hoch und 145 Millionen Jahre alt!

Aufgaben

1   Betrachte das Bild auf der *linken Seite*. Welchem heute lebenden Säugetier ähnelt die Gestalt von Brachiosaurus? Gibt es auch Ähnlichkeiten in der Lebensweise?

2   Woraus schließen Wissenschaftler, dass Brachiosaurus Blätter von den Bäumen fraß?

3   Einmal einen Dinosaurier in seinem Lebensraum sehen, diesen Wunsch erfüllt der Saurierpark von Kleinwelka bei Bautzen – jedenfalls fast. Falls du schon einmal dort warst, berichte über deine Eindrücke.

Arten wandeln sich

„Und Gott schuf große Walfische und alles Getier, das da lebt und webt, davon das Wasser wimmelt, ein jedes nach seiner Art, und alle gefiederten Vögel, einen jeden nach seiner Art ...“

Bis in das 18. Jahrhundert nahm man den Schöpfungstext der Bibel wortwörtlich. Doch immer wieder kamen den Naturforschern Zweifel. Sie beriefen sich vor allem auf die vielen Fossilfunde, die man kannte. Fossilien bezeugen, dass früher andere Tiere und Pflanzen lebten als heute und dass viele Pflanzen- und Tierarten vor langer Zeit noch nicht existierten.

Lamarck (1744–1829)

Woher kamen die neuen Pflanzen- und Tierarten? Der französische Naturforscher Jean-Baptiste de Lamarck hatte um 1800 unterschiedlich alte Fossilien aus der Umgebung von Paris untersucht und festgestellt, dass sich viele Lebewesen im Laufe der Erdgeschichte *verändert* hatten. Daraus gewann er die Überzeugung, dass *aus vorhandenen Arten neue Arten* entstehen können. Immer mehr Wissenschaftler schlossen sich dieser Meinung an. Diese Vorstellung, die damals revolutionär anmuten musste, wurde nun als *stammesgeschichtliche Entwicklung* und *Evolution der Lebewesen* bekannt.

Lamarck glaubte auch die Ursachen für solche Veränderungen gefunden zu haben:

– Organe, die häufig gebraucht werden, entwickeln sich stärker.
– Wenig gebrauchte Organe bilden sich während des Lebens zurück.

Falls es möglich wäre, dass im Laufe des Lebens *erworbene Eigenschaften* an die Nachkommen *vererbt* werden, könnten über viele Generationen hinweg neue Arten entstehen. Bis heute gibt es allerdings keinen Hinweis darauf, dass erworbene Eigenschaften vererbbar sind.

Darwin (1809–1882)

Wie Lamarck war auch der Engländer Charles Darwin der Ansicht, dass sich Arten im Laufe der Zeit verändern. Davon hatten ihn vor allem Beobachtungen überzeugt, die er während einer 5 Jahre dauernden Weltreise sammeln konnte.

Im Gegensatz zu Lamarck gab Darwin eine andere, bis heute anerkannte Erklärung, wie es zur Entstehung neuer Arten kommen kann: Pflanzen und Tiere bringen in der Regel mehr Nachkommen hervor als nötig wäre, um die Eltern zu ersetzen. Die Nachkommen wiederum unterscheiden sich in verschiedenen Merkmalen, die weitervererbt werden. Diejenigen Nachkommen, die besser an die Umwelt angepasst sind, haben größere Chancen, selbst wieder Nachkommen zu haben. Daher vererben sie ihre positiven Eigenschaften weiter. Darwin bezeichnete dies als *natürliche Zuchtwahl.*

Haeckel (1834–1919)

Bereits 1853 bekannte sich der in Potsdam geborene Zoologe Ernst Haeckel offen zur Evolutionstheorie Darwins. Als streitbarer Wissenschaftler und Philosoph wandte er sich leidenschaftlich gegen die Schöpfungsgeschichte der Kirche.

Er versuchte mit vielfältigen Belegen der Abstammungs- oder Deszendenztheorie zum Durchbruch zu verhelfen. Das von ihm formulierte Biogenetische Grundgesetz besagt: Die Entwicklung des Lebewesens ist eine kurze und schnelle, durch die Gesetze der Vererbung und Anpassung bedingte Wiederholung der Phylogenesis oder der Entwicklung des dazugehörigen Stammes, das heißt der Vorfahren, welche die Ahnenkette des betreffenden Individuums bilden.

Aufgaben

1 Wie hätte Lamarck deiner Ansicht nach die Entstehung der Schildkröten, Fledermäuse oder des Maulwurfs erklärt?

In Kürze

Die Lebewesen haben sich im Laufe der Erdgeschichte verändert. Diese Entwicklung nennt man stammesgeschichtliche Entwicklung oder Evolution.

Kurzhalsige, kurzbeinige „Urgiraffen" versuchten immer wieder saftiges Laub von den Bäumen zu fressen. Hals und Beine wurden länger.

Diese Eigenschaften vererbten sich an ihre Nachkommen. Deren Hälse und Beine wurden durch das ständige Strecken noch länger.

Auf diese Weise entstanden im Laufe der Zeit die heutigen Giraffen mit langem Hals und langen Beinen.

1 *Lamarcks Vorstellung von der Entstehung neuer Arten am Beispiel der Giraffe*

Charles Darwin

Charles Darwin wurde 1809 in Shrewsbury, England, geboren. Sein Vater war Arzt. Auch Charles Darwin begann ein Medizinstudium. Auf Wunsch seines Vaters wechselte er zur Theologie über. Häufig besuchte er naturwissenschaftliche Lehrveranstaltungen. Durch die Vermittlung eines Botanikprofessors erhielt er die Einladung an einer Expedition mit dem Segelschiff Beagle teilzunehmen. Die Reise dauerte fünf Jahre.

Besonders faszinierte Darwin die Artenvielfalt der vorgefundenen Tier- und Pflanzenwelt. Auf den Galapagosinseln westlich von Südamerika fiel ihm eine Gruppe von Finkenvögeln auf, die nur dort vorkamen. Obgleich sie einander ähnelten, gehörten sie offensichtlich verschiedenen Arten an. Dies brachte ihn auf den Gedanken einer Evolution der Lebewesen. Veröffentlicht hat Darwin seine Theorie in den Werken „On the Origin of Species by Means of Natural Selection" (1859) und „The Descent of Man, and Selection in Relation to Sex (‚Die Abstammung des Menschen und die geschlechtliche Zuchtwahl', 1871)". Er wurde in der Öffentlichkeit heftig angegriffen, aber viele Wissenschaftler stimmten ihm zu. 1882 starb Darwin.

On the Origin of Species by Means of Natural Selection

Natürliche Zuchtwahl oder **Überleben des Tüchtigsten**

„... Ich bin fest überzeugt, dass die Arten nicht unveränderlich, sondern dass die zu einer Gattung gehörenden die Nachkommen anderer, meist schon erloschener Arten und dass die anerkannten Varietäten einer bestimmten Art Nachkommen dieser sind. Und ebenso fest bin ich überzeugt, dass die natürliche Zuchtwahl das wichtigste, wenn auch nicht einzige Mittel der Abänderung war."

„... Die natürliche Zuchtwahl kann einzig und allein zum Nutzen eines Wesens wirken, und wir sehen, dass sie auch Eigenschaften und Strukturen berücksichtigt, denen wir nur geringe Bedeutung zuschreiben. Wenn blattfressende Insekten grün und rindefressende Insekten grau gesprenkelt sind, wenn das Alpenschneehuhn im Winter weiß ist und das schottische Schneehuhn die Farbe der Heide trägt, so müssen wir annehmen, dass diese Farben den Insekten und Vögeln nützen, insofern sie sie vor Gefahren behüten. Wären die Waldhühner nicht in einer gewissen Zeit ihres Lebens vernichtenden Einflüssen ausgesetzt, so müssten sie sich riesig vermehren. Bekanntlich haben sie viel unter Raubvögeln zu leiden; der Habicht z. B. entdeckt seine Beute durch sein scharfes Auge, weshalb in manchen Gegenden Europas die Leute häufig davor gewarnt werden, weiße Tauben zu halten. Die Zuchtwahl dürfte demnach dahin wirken, jeder Art von Waldhuhn eine eigentümliche Farbe zu verleihen und diese, wenn sie einmal hergestellt ist, dauernd und rein zu erhalten ..."

H.M.S. Beagle

3   Alpenschneehühner im Winterkleid

Aufgaben

1   Das Alpenschneehuhn lebt in den Felsregionen der Alpen und in den Gebirgen Skandinaviens und Schottlands. Im Sommer ist es graubraun gefärbt. Im Herbst bekommt es ein weißes Winterkleid.
Versuche mit Darwins Theorie von der natürlichen Zuchtwahl (Auslese) diesen Wechsel in der Gefiederfarbe zu erklären.

2   Was meint Darwin, wenn er sagt, die natürliche Zuchtwahl wirke allein „zum Nutzen eines Wesens"?

Wie die Artenvielfalt entstand

Mutation. Auf einem Bauernhof in Clackmanshire, Schottland, wurde im Jahre 1961 eine ganz besondere Katze geboren. Anders als ihre Geschwister hatte sie keine Stehohren, sondern seitlich abgeknickte Ohren. Die ungewöhnliche Eigenschaft war durch eine *Mutation*, eine sprunghafte Veränderung der Erbinformation, entstanden. Betreffen Mutationen – wie hier – die Keimzellen, werden sie an die Nachkommen weitergegeben. Auch die Jungen dieser Katze hatten Kippohren. Eine neue Katzenrasse hatte sich gebildet, die Schottische Faltohrkatze. Mutationen kommen bei allen Lebewesen vor. Im Jahre 1190 trat erstmals die Blutbuche, im Jahre 1836 die Trauerbuche auf. Sie entstanden durch Mutationen der Rotbuche.

Selektion. Viele Mutationen wirken sich für die betroffenen Lebewesen negativ aus. In manchen Fällen führt die Mutation jedoch zu Eigenschaften, durch die die Lebewesen an ihre Umgebung besser angepasst sind als die Artgenossen. Das zeigt ein Beispiel aus England: Dort lebt der Birkenspanner, ein Nachtfalter. Noch zu Beginn des letzten Jahrhunderts gab es fast nur helle Exemplare mit grauen Flügeln. Tagsüber ruhte der Falter an Ästen und Stämmen, die mit grauen Flechten bewachsen waren. Dort war er gut ge-

1   Junge Faltohrkatzen. Erst von der dritten Lebenswoche an zeigt es sich, welche Kätzchen Stehohren und welche Faltohren haben.

tarnt und wurde von seinen Fressfeinden nur schwer erkannt.

Mit Einsetzen der Industrialisierung vor etwa 150 Jahren wurde die Luft in weiten Gebieten Großbritanniens verschmutzt. Die Flechten starben ab und die Rinde der Bäume wurde rußig. Auf ihr wurde der helle Birkenspanner von den Vögeln leicht entdeckt und gefressen.

Immer wieder traten aber durch eine Mutation Birkenspanner mit dunklen Flügeln auf. Auf der dunklen Baumrinde waren solche Falter schwer zu erkennen. Sie hatten bes-

sere Überlebenschancen und konnten sich ausbreiten. So findet man heute in Industriegebieten Englands die dunkle Form des Birkenspanners, in industriearmen Landschaften aber noch die helle Form.

Von der Umwelt hängt es ab, ob sich eine Mutation für ein Tier als vorteilhaft erweist. Lebewesen mit einem ungünstigen Merkmal (hier die helle Flügelfarbe) haben weniger Nachkommen als ihre Artgenossen. Das betreffende Merkmal wird also nach einiger Zeit verschwinden. Man spricht dann von *Selektion*.

2   Die Blätter der Blutbuche sind rot.

3   Die Trauerbuche hat hängende Seitenäste.

4   Nur der dunkle Birkenspanner ist gut getarnt.

1798

Wie die Artenvielfalt entstand

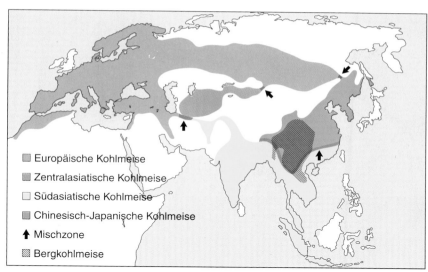

Europäische Kohlmeise
ähnlich:
Bergkohlmeise

Südasiatische Kohlmeise
ähnlich: Zentralasia-
tische Kohlmeise

Chinesisch-Japanische
Kohlmeise

Legende:
☐ Europäische Kohlmeise
☐ Zentralasiatische Kohlmeise
☐ Südasiatische Kohlmeise
☐ Chinesisch-Japanische Kohlmeise
↑ Mischzone
▨ Bergkohlmeise

1 Heutige Verbreitung der Kohlmeisen

2 Formen der Kohlmeise

Isolation. Ein wichtiger Faktor für das Entstehen neuer Arten ist die räumliche Trennung, die *geographische Isolation*. Das lässt sich am Beispiel der Kohlmeise zeigen.

Die letzte Eiszeit überstand die Kohlmeise in kleinen, klimatisch begünstigten Gebieten in Europa und Asien. Durch Mutationen bildeten sich zwischen den isolierten Meisen der verschiedenen Gebiete Unterschiede heraus. So entstanden fünf verschiedene Kohlmeisenformen. Nach der Eiszeit breiteten sie sich aus. Wo benachbarte Kohlmeisenformen aufeinander trafen, konnten

sie sich meist noch miteinander verpaaren. Sie sind also Rassen einer Art. Für die Europäische und die Chinesisch-Japanische Kohlmeise, die sehr lange voneinander getrennt waren, gilt das nur mit Einschränkungen: Als sie am Amur in Sibirien aufeinander trafen, waren die Unterschiede in Färbung und Gesang schon zu beträchtlich; zudem bevorzugten sie verschiedene Lebensräume – die Europäische Kohlmeise menschliche Siedlungen, die Chinesisch-Japanische Kohlmeise lichten Wald. Mischlinge zwischen beiden treten daher nur selten auf.

Ganz zu einer neuen Art wurde die Bergkohlmeise. Sie ähnelt der Europäischen Kohlmeise, singt aber anders. Sie vermischt sich nirgends mehr mit den übrigen Kohlmeisenformen.

Evolution. Fossilien wie auch Beobachtungen an lebenden Tieren hatten Charles Darwin an einem einmaligen Schöpfungsakt zweifeln lassen. Seine Forschungsergebnisse fasste er zur *Evolutionstheorie* zusammen. Nach ihr entwickeln sich durch *Mutation*, *Selektion* und *Isolation* ständig neue Rassen und Arten aus gemeinsamen Vorfahren.

Evolutionsspiel

Die Wirkungsweise der Selektion kann man sich gut mit einem Evolutionsspiel klarmachen. Bildet dazu drei Gruppen. Jede Gruppe benötigt:
- 1 Stück bunt gemusterten Stoff (je 1 m x 1 m, unterschiedliche Muster!) als Spielfläche,
- Papierplättchen in 10 Farben (mit Locher aus Tonpapier ausstanzen, pro Farbe 100 Stück).

Spielbeginn: Je 10 Plättchen von jeder Farbe werden wahllos auf der Spielfläche verteilt. Die Spieler sollen 75 Plättchen absammeln.

Anschließend wird notiert, wie viele Plättchen jeder Farbe auf der Spielfläche „überlebt" haben.
2. Durchgang: Die „überlebenden" Plättchen vermehren sich, sie und ihre je 3 „Nachkommen" (gleiche Farbe!) werden neu wahllos auf der Spielfläche verteilt. Dann wieder 75 Plättchen absammeln und „überlebende" nach Farbe getrennt auszählen.
Wertet nach 4 Durchgängen aus. Wie hat sich die Anzahl der Plättchen jeder Farbe verändert? Gibt es Unterschiede zwischen den drei Gruppen? Ursache?

Aufgaben

1 Erkläre, warum Mutationen die Voraussetzung für das Entstehen neuer Arten sind.

2 Erläutere den Begriff geographische Isolation.

In Kürze

Durch das Zusammenwirken von Mutation, Selektion und Isolation entstehen immer wieder neue Arten. Die Weiterentwicklung von Lebewesen bezeichnet man als Evolution.

Homologe und analoge Organe

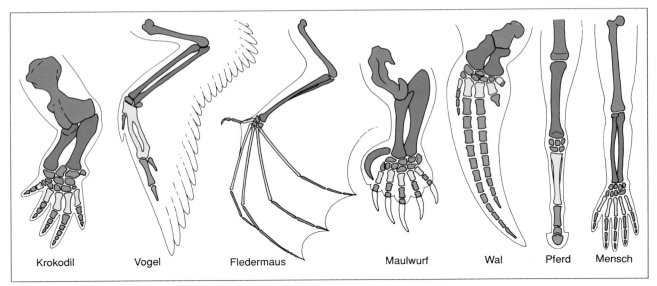

1 *Homologe Vordergliedmaßen bei Wirbeltieren*

Labels: Krokodil, Vogel, Fledermaus, Maulwurf, Wal, Pferd, Mensch

Außer den Fossilienfunden gibt es noch eine ganze Reihe weiterer Hinweise darauf, dass sich die Lebewesen im Laufe der Erdgeschichte entwickelt haben. Vergleicht man beispielsweise die heute lebenden Pflanzen und Tiere untereinander, so erkennt man viele *Gemeinsamkeiten im Grundbauplan.*

Homologe Organe. Die *Vordergliedmaßen der Wirbeltiere* werden ganz unterschiedlich genutzt. Der Schimpanse setzt die Hand zum Klettern, Gehen, aber auch zum Greifen ein. Der Fuß des Pferdes befähigt auf hartem Untergrund zu schnellem Lauf. Auf weichen Tatzen schleicht sich die Katze geräuschlos an ihre Beute. Auch die Grabschaufeln des Maulwurfs, die Flossen des Wals und die Flügel der Fledermäuse und Vögel werden von den Vordergliedmaßen gebildet. Trotz der Unterschiede im Aussehen und in der Funktion weisen diese Vordergliedmaßen alle denselben Grundbauplan auf: Sie bestehen aus einem *Oberarmknochen, zwei Unterarmknochen,* den *Handwurzelknochen, Mittelhandknochen* und *Fingerknochen.* Aber nicht nur der Grundbauplan, auch die *Lage am Körper* stimmt überein.

Organe, die bei verschiedenen Lebewesen die gleiche Lage einnehmen und den gleichen Grundbauplan aufweisen, bezeichnet man als *homolog.* Homologien sind ebenfalls ein Hinweis auf Verwandtschaft. Man bezeichnet sie daher auch als *Verwandtschaftsähnlichkeiten.* Je mehr sich homologe Organe ähneln, umso enger ist die Verwandtschaft.

Analoge Organe. Die Flügel der Insekten dienen wie die Flügel der Vögel zum Fliegen. Vogelflügel sind umgewandelte Gliedmaßen, Insektenflügel dagegen Ausstülpungen der Chitinhaut. Entscheidend für die Ähnlichkeit zwischen Vogel- und Insektenflügel ist allein die *Anpassung* an den Lebensraum Luft.

Organe, die bei verschiedenen Lebewesen die *gleiche Aufgabe* erfüllen, aber *unterschiedlichen Grundbauplan* haben, bezeichnet man als *analog.* Es handelt sich dabei um *Anpassungsähnlichkeiten.*

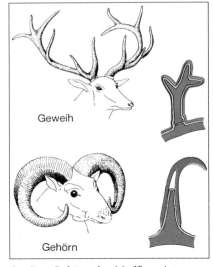

Labels: Geweih, Gehörn

2 *Das Gehörn des Mufflons ist ein analoges Organ zum Geweih des Hirschs:*
Das Horn besteht aus einem Knochenzapfen, der von einer Hornscheide umgeben ist. Das Geweih besteht nur aus Knochen.

Aufgaben

1 Gib weitere Beispiele für homologe und analoge Organe an.

In Kürze

Homologe Organe haben gleichen Grundbauplan und gleiche Lage. Analoge Organe haben einen unterschiedlichen Grundbauplan, erfüllen aber die gleichen Aufgaben.

1037

Entwicklungsreihen

Beim Vergleich homologer Organe und Organsysteme lässt sich oft eine *Höherentwicklung* erkennen.

Lungen. Unter den Wirbeltieren nimmt die Oberfläche der Lungen immer mehr zu. Die Lungen der *Amphibien* sind *glattwandige Säcke,* deren Oberfläche teilweise durch nach innen ragende Falten vergrößert ist. Bei *Reptilien* ist die Innenfläche der Lungen durch *Falten* und *Kammern* noch stärker vergrößert. Bei den *Säugetieren* enden die feinen Verzweigungen der Bronchien an einer riesigen Zahl traubig angeordneter *Lungenbläschen.* Dadurch wird die atmende Innenfläche der Lungen gewaltig vergrößert.

Mit der Oberflächenvergrößerung steigt die Fähigkeit der Lungen, Sauerstoff ins Blut aufzunehmen. Die *Leistungsfähigkeit nimmt zu.*

Herz und Kreislauf. Das Kreislaufsystem wird so verändert, dass es den Körper besser mit Sauerstoff und Nährstoffen versorgen kann. Auch dies führt zu einer *Steigerung der Leistungsfähigkeit:* Während die *Amphibien* eine *einheitliche Herzkammer* haben, ist die Herzkammer bei den *Reptilien teilweise,* bei *Vögeln* und *Säugetieren vollständig* durch eine Scheidewand *getrennt.* Sauerstoffreiches und sauerstoffarmes Blut vermischen sich jetzt nicht mehr.

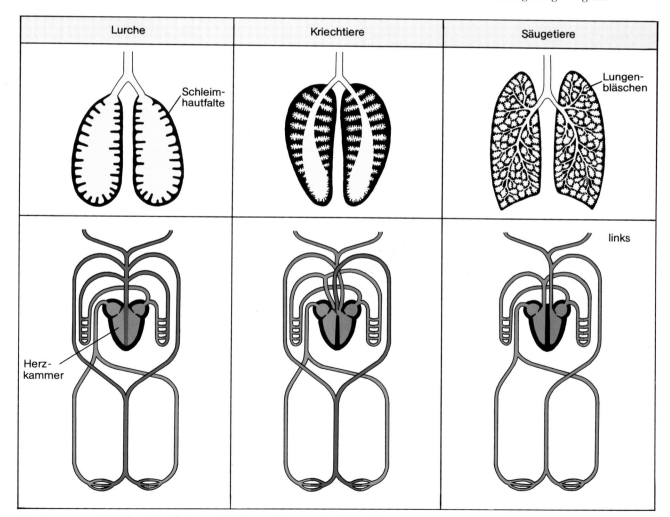

1   *Atmung und Blutkreislauf bei verschiedenen Klassen der Wirbeltiere*

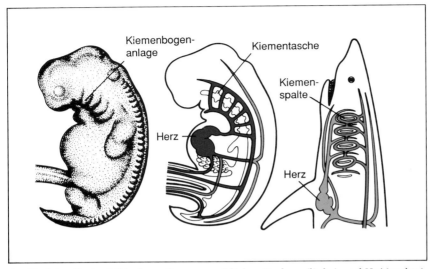

1 *Kreislauf beim 5 Wochen alten menschlichen Embryo* (links) *und Hai* (rechts)

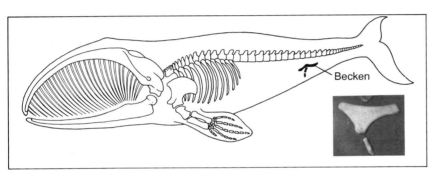

2 *Rudimente von Becken und Beinskelett beim Grönlandwal*

3 *Skink*

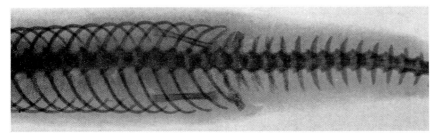

4 *Pythonschlange mit rudimentärem Beinskelett. Röntgenaufnahme*

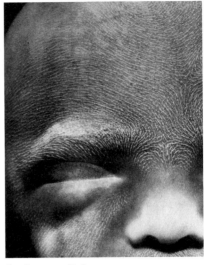

5 *Lanugo-Behaarung*

Keimesentwicklung. Auch die Keimesentwicklung der Wirbeltiere gibt Hinweise auf Verwandtschaft:
Die Embryonen aller Wirbeltierarten – ob sie später an Land oder im Wasser leben – zeigen Gebilde, die an Kiemenspalten erinnern. In diesem Stadium haben sie zudem einen Blutkreislauf, der dem der Fische sehr ähnlich ist. Auch der Mensch macht keine Ausnahme. Er entwickelt außerdem im 5. Monat für kurze Zeit ein dichtes Haarkleid, die Lanugo-Behaarung. Vorübergehend hat er auch eine Schwanzanlage. Diese *Übereinstimmungen in der Keimesentwicklung* lassen darauf schließen, dass die Wirbeltiere sich im Laufe ihrer Stammesgeschichte aus gemeinsamen Vorfahren entwickelt haben.

Rückentwicklung. Beim *Grönlandwal* findet man im Körper winzige Reste vom Becken und von den Ober- und Unterschenkelknochen.
Unter den Glattechsen gibt es die Gruppe *Skink* mit vielen Arten. Einige von ihnen haben verkürzte Beine. Der *Blindschleiche* fehlen die Beine. Sie hat aber einen Schultergürtel und Reste des Beckengürtels.
Bei der *Pythonschlange* zeigt das Röntgenbild, dass im Körper Skelettreste einer Hinterextremität liegen.

Der Gedanke liegt nahe, dass Vorläufer dieser Tiere einmal voll ausgebildete Gliedmaßen hatten. Beim Wal könnten diese funktionslos geworden sein, als seine Vorfahren vom Land- zum Wasserleben übergingen. Sie verkümmerten im Laufe der Zeit. Man spricht bei solchen nicht mehr gebrauchten, verkümmerten Organen von *rudimentären Organen* oder *Rudimenten*. Auch rudimentäre Organe sind ein Beleg dafür, dass die Wirbeltiere miteinander verwandt sind und sich im Laufe langer Zeiträume veränderten.

Mikroskopische und molekulare Ähnlichkeiten. Alle Lebewesen bestehen aus Zellen. Ihre Zellorganellen haben dieselben Funktionen. Stets ist die *DNA* Träger der Erbinformation.

Auch die *Proteine* verschiedener Arten ähneln einander. Wie stark, das lässt sich mit einem Test nachweisen: Spritzt man einem Kaninchen Menschenblut ein, so bildet es gegen die darin enthaltenen Fremdproteine Antikörper. Nach einiger Zeit entnimmt man diesem Kaninchen Blut und isoliert das Serum mit den Antikörpern. Gibt man zu dem Serum erneut Menschenblut, dann werden durch die Antikörper die Fremdproteine verklumpt und ausgefällt. Das Serum wird trüb. Diese Reaktion bezeichnet man als *Präzipitinreaktion*. Auch wenn man zu dem Serum aus dem Kaninchenblut Blut anderer Arten gibt, erfolgt eine Trübung. Da aber nur die Proteine ausgefällt werden, die mit den menschlichen Proteinen identisch sind, nimmt der Grad der Trübung ab, je weniger die Arten mit dem Menschen verwandt sind. Mit der Präzipitinreaktion kann man daher den *Verwandtschaftsgrad zwischen verschiedenen Arten ermitteln*.

Ähnlichkeiten im Verhalten. Die Frage, ob Ähnlichkeiten im Verhalten verschiedener Tierarten als Homologien und damit als Hinweis auf Verwandtschaft gedeutet werden können, ist meist nur schwer zu

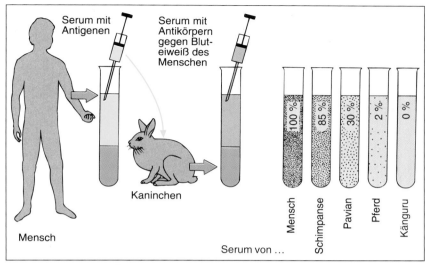

1 Bestimmung der Ähnlichkeit von Proteinen verschiedener Arten

2 Bei der Balz verschiedener Entenarten tritt häufig das sogenannte „Scheinputzen" auf. Dabei handelt es sich vermutlich um homologe Verhaltensweisen, die auf Verwandtschaft beruhen.

beantworten. Es kann nämlich sein, dass Verhaltensähnlichkeiten das Ergebnis gleichartiger Anpassungen und demnach analoge Entwicklungen sind. Stimmen allerdings Verhaltensweisen bei verschiedenen Tierarten in *sehr vielen Einzelmerkmalen* überein und treten sie an der *gleichen Stelle* im Verhaltensablauf auf, dann können sie mit großer Wahrscheinlichkeit als *homolog* angesehen werden.

Aufgaben

1 Welche Belege für die stammesgeschichtliche Entwicklung der Lebewesen gibt es?

2 Warum ist es nicht möglich, einen ganz genauen und völlig sicheren Stammbaum für alle heute lebenden Arten zu erstellen? Nenne die Schwierigkeiten, die sich bei Stammbaumrekonstruktionen ergeben.

Fossilien

1 *Präparation eines Ichthyosaurus mit Hammer, Meißel und Grobstichel. Ein feiner Farbunterschied zeigt die Grenze zwischen Fossil und Gestein.*

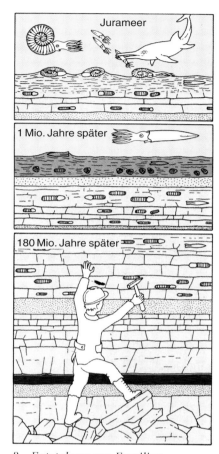

2 *Entstehung von Fossilien*

Die Saurier sind längst ausgestorben. Wie es dazu kam, ist trotz vieler Vermutungen bis heute nicht bekannt. Mehr dagegen weiß man über den Bau und die Lebensweise einzelner Arten.

Versteinerte Überreste. Von vielen Saurierarten gibt es versteinerte Überreste. Selbst Eier und Abdrücke von Füßen wurden gefunden.

Versteinerungen oder *Fossilien* (lat. fossilis = ausgegraben) entstehen, wenn tote Pflanzen oder Tiere im Wasser absinken und von Sand und Schlamm zugedeckt werden. Im Laufe der Zeit werden diese Ablagerungen zu Gestein.

Anhand der vielen Fossilfunde konnte man feststellen, dass die Saurier eine Wirbelsäule und zwei Paar Gliedmaßen hatten. Spitze Zähne bei Skelettresten lassen auf tierische Nahrung, stumpfe Zähne auf Pflanzennahrung schließen. Der Bau der Knochen gibt Auskunft über die Körpergröße, aber auch über die Art der Fortbewegung. Mit wenigen Ausnahmen legten die Saurier Eier. Auch bei den mächtigsten Arten waren diese kaum größer als 20 cm und von einer pergamentartigen Haut umgeben. Sie wurden an Land abgelegt, sich selbst überlassen und von der Sonnenwärme ausgebrütet.

Altersbestimmung. Woher weiß man aber, wann die verschiedenen Saurierarten lebten? Wie genau lässt sich das Alter von Fossilien überhaupt bestimmen?

Fossilien sind meist in eine Gesteinsschicht eingeschlossen. Je älter diese ist, umso tiefer liegt sie in der Regel. In einem Steinbruch wird man *unten* also immer *ältere Fossilien* finden als oben. Damit hat man schon erste Anhaltspunkte. Mit *chemischen und physikalischen Methoden* lässt sich heute das Alter von Gesteinen und damit auch der Fossilien *recht genau bestimmen.*

Auswertung. Wertet man alle bekannten *Fossilien von Wirbeltieren* aus, so stellt man fest, dass die ältesten Funde 480 Millionen Jahre alt sind. Es handelt sich um kieferlose Fische. Die ältesten Fossilien von Amphibien sind rund 360 Millionen Jahre, die ältesten Fossilien von Reptilien 300 Millionen Jahre alt. Die ältesten Säugetierfossilien haben ein Alter von 190 Millionen, die ältesten Vogelfossilien von etwa 160 Millionen Jahren.

Daraus muss man schließen, dass die *Fische die älteste Wirbeltierklasse* bilden. Dann folgen die Klassen der *Amphibien* und *Reptilien*. Die *Säugetiere* und *Vögel* sind am *jüngsten.*

Aufgaben

1 Welcher Wirbeltierklasse müssen die Saurier zugeordnet werden? Begründe!

2 Wie lässt sich das Alter von Fossilien ermitteln?

In Kürze

Fossilien sind versteinerte Überreste von Lebewesen aus früheren Erdzeitaltern.

Als erste Wirbeltiergruppe traten die Fische auf der Erde auf. Amphibien, Reptilien, Vögel und Säugetiere folgten später.

2505

Praktikum:

Fossilien sind Überreste oder Spuren von Lebewesen vergangener Erdzeitalter. Betrachte die verschiedenen Fossilien in eurer Schulsammlung. Mit welchen heute lebenden Arten haben sie jeweils Ähnlichkeit? Ordne die Beispiele den jeweiligen Fossilienformen zu.

Fossilien selber sammeln
Fossilien kannst du in abgeschütteten Kieshaufen

oder bei Wanderungen am Strand der Ostsee finden. Auch wo Kalkstein zutage tritt oder abgebaut wird, wie bei Rüdersdorf, kann man auf einen Fossilfund hoffen. Vielleicht hast du Lust dir eine eigene Sammlung anzulegen? Anregungen dazu findest du auf der nächsten Seite.
Falls du bereits eine Fossiliensammlung besitzt: Stelle sie deiner Klasse in einer kleinen Ausstellung vor.

Wie entstehen Fossilien?
1 Einbettungssubstanz
Benötigt werden:
drei leere Margarinebecher, Herzmuschel oder anderes kleines Naturobjekt mit Oberflächenstruktur, als Einbettungssubstanzen angefeuchteter grobkörniger Sand, angefeuchteter feinkörniger Sand, Gipsbrei (Gips und Wasser im Verhältnis 1:1 gut verrühren!).

Durchführung:
Fülle jeweils die Einbettungssubstanz 3 cm hoch in den Margarinebecher. Drücke die Muschel leicht hinein und lass etwas antrocknen. Notiere deine Beobachtungen. Wie ist die ideale Einbettungssubstanz beschaffen?

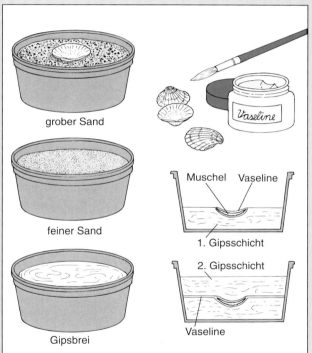

grober Sand

feiner Sand

Gipsbrei

Muschel   Vaseline

1. Gipsschicht

2. Gipsschicht

Vaseline

2 Wie entsteht ein Abdruck?
Benötigt werden:
Margarinebecher, Muschelschale oder hartes Laubblatt, Pinsel, Vaseline, Gummibecher, Gips, Wasser.

Durchführung:
Bestreiche Muschel oder Laubblatt mit dem Pinsel von beiden Seiten mit Vaseline. Rühre wie unter 1 einen Gipsbrei im Gummibecher an und fülle ihn 2 cm hoch in den Margarinebecher. Drücke die Muschel (Außenseite nach unten!) vorsichtig bis zum Rand in den Gips. Laubblatt nur auflegen! Ist der Gips fest, bestreiche die Oberfläche mit Vaseline. Fülle eine zweite Schicht ein. Sobald der Gipsblock durchgehärtet ist, nimm ihn heraus. An der Vaseline lassen sich die Schichten trennen.

Foraminiferen
Foraminiferen – das heißt „Lochträger" – sind relativ große tierische Einzeller, die von einer glatten oder durchlöcherten Kalkschale umgeben sind. Im Erdmittelalter besiedelten sie die Meere massenhaft. Nach ihrem Tod sanken die Gehäuse auf den Meeresboden. Die Kreidefelsen der Insel Rügen bestehen fast nur aus unzähligen solcher Foraminiferenschalen.

Zerkleinere grobe, ungereinigte Schreibkreide möglichst fein. Schlämme sie dann in Wasser auf. Fertige dir von der Aufschlämmung ein Mikropräparat an und betrachte es unter dem Mikroskop.
Anstelle eines selbst hergestellten Mikropräparates kannst du natürlich auch – falls in der Schule vorhanden – ein Dauerpräparat verwenden.
Zeichne einige Formen.

Fossilfunde in Deutschland

Farn aus dem Karbon von Dudweiler (Saarland). Länge des Fossils ungefähr 40 cm. Typische Pflanzen der Karbonzeit waren in Deutschland Farne und Schachtelhalme. In den Wäldern dominierten riesige Schuppen- und Siegelbäume. Aus den Überresten der Pflanzen aus der Karbonzeit entstanden teilweise mächtige Steinkohlenlager.

Dinosaurierspuren aus dem Jura von Barkhausen (Niedersachsen). Die Spuren sind in der Wand eines Steinbruchs im Wiehengebirge zu sehen. Die rundlichen, etwa 27 cm großen, elefantenartigen Trittsiegel stammen von einem pflanzenfressenden Saurier. Die dreizehigen, ungefähr 63 cm großen Abdrücke werden einem räuberisch lebenden Dinosaurier zugeschrieben.

In Deutschland gibt es zahlreiche *Fossilfundstätten* aus ganz verschiedenen *Erdzeitaltern*. Manche von ihnen sind weltberühmt. Erforscht werden die Fossilien von der *Paläontologie*. So nennt man die Wissenschaft vom Leben in vergangenen Erdzeitaltern.

Vogel aus der Grube Messel bei Darmstadt (Hessen). Der Ölschiefer, in dem das Fossil gefunden wurde, entstand im Tertiär aus Ablagerungen in einem Süßwassersee. Er ist ungefähr 50 Millionen Jahre alt. Länge des Fossils etwa 9 cm. Es ist ungewöhnlich gut erhalten, sogar Federreste sind zu erkennen.

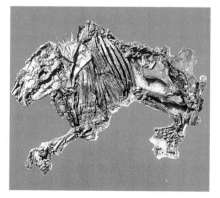

Urpferd aus dem Geiseltal bei Halle/Saale (Sachsen-Anhalt). Vor etwa 50 Millionen Jahren, im Tertiär, war hier ein subtropischer Sumpf. Länge des Fossils gut 50 cm; Vorderbeine mit 3, Hinterbeine mit 4 Zehen.

Trilobit aus dem Kambrium von Wildenstein im Frankenwald (Bayern). Länge des Fossils etwa 5 cm. Der Körper der Trilobiten, auch Dreilapper genannt, war in der Längs- und Querrichtung in drei Abschnitte untergliedert. Die Trilobiten bewohnten vorwiegend küstennahe Flachmeere.

1794

Die Erdzeitalter

Wie die Geschichte der Menschheit wird auch die *Erdgeschichte* in Abschnitte gegliedert, die *Erdzeitalter*. Die Einteilung erfolgt dabei nach den Entwicklungsstufen der Tierwelt.

Erdurzeit. Im ersten Zeitabschnitt nach Entstehen der Erde vor etwa 5 Milliarden Jahren entwickelten sich die *Wirbellosen*. Dieses Zeitalter wird *Erdurzeit* genannt. Es umfasst mit mehr als 4 Milliarden Jahren den größten Teil der Erdgeschichte.

Erdaltertum. Im *Erdaltertum* entwickelten sich die *Wirbeltiere*. Es begann vor etwa 600 Millionen Jahren, nach Ansicht anderer Wissenschaftler vor 530 Millionen Jahren. Das Erdaltertum endete vor etwa 245 bis 220 Millionen Jahren. Es wird in sechs Unterabschnitte unterteilt: *Kambrium, Ordovicium, Silur, Devon, Karbon* und *Perm*. Unter den Wirbeltieren waren *Fische* und – mit der Eroberung des Landes – *Amphibien* die vorherrschenden Gruppen.

Erdmittelalter. Das *Erdmittelalter* dauerte bis vor etwa 70 Millionen Jahren. Es wird in die Abschnitte *Trias, Jura* und *Kreide* unterteilt. Im Erdmittelalter waren die *Reptilien* die vorherrschende Tiergruppe.

Erdneuzeit. Mit dem *Tertiär* begann die *Erdneuzeit*. *Säugetiere* und *Vögel* beherrschten jetzt die Erde. Vor 2 Millionen Jahren ging das Tertiär in das *Quartär* über. Der Mensch beginnt die Erde zu erobern.

Aufgaben

1   Gib das ungefähre Alter der Fossilien auf der *linken Seite* an. Benutze dazu die Grafik rechts.

2   Entwirf eine Einteilung nach den Entwicklungsstufen der Pflanzen.

In Kürze

Die Erdgeschichte wird nach den Entwicklungsstufen der Tiere in die Erdzeitalter Erdurzeit, Erdaltertum, Erdmittelalter und Erdneuzeit gegliedert.

Beginn vor Millionen Jahren		Tierwelt	Pflanzenwelt
Erd-neu-zeit	Quartär 2	Zeitalter der Vögel und Säuger	Zeitalter der Bedecktsamer
	Tertiär		
	70		
Erd-mittel-alter	Kreide	Zeitalter der Reptilien	
	135		Zeitalter der Nacktsamer
	Jura		
	180		
	Trias		
	220		
Erd-alter-tum	Perm	Zeitalter der Fische und Amphibien	
	270		Zeitalter der Farngewächse
	Karbon		
	330		
	Devon		
	400		
	Silur 420		
	Ordovicium		Zeitalter der Algen
	480		
	Kambrium	Zeitalter der Wirbellosen	
	600		
Erd-urzeit	Präkambrium		Zeitalter der Bakterien und Blaualgen
	5000		

1   *Die Erdzeitalter mit charakteristischen Tieren und Pflanzen*

Die Entfaltung der Lebewesen

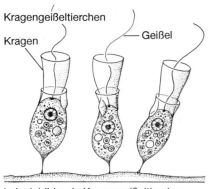

koloniebildende Kragengeißeltierchen

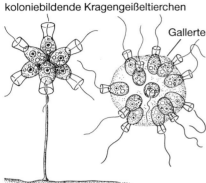

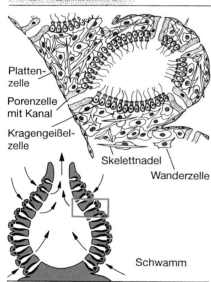

1 *Die Kragengeißelzellen der Schwämme ähneln manchen Geißeltierchen. Vermutlich entwickelten sich die Schwämme aus solchen Einzellern über koloniebildende Formen.*
Dieses Beispiel kann als Modell für die Entwicklung von Vielzellern angesehen werden.

Vielzeller. Erst vor ungefähr 1 Milliarde Jahren traten die ersten *Vielzeller* auf. Möglicherweise entstanden sie aus *einzelligen Organismen,* die sich nach der Zellteilung nicht trennten, sondern in *Kolonien* zusammenblieben. Fossilien von Vielzellern mit unterschiedlichen Zelltypen sind ungefähr 700 Millionen Jahre alt. Es handelte sich um weichhäutige, wirbellose *Meerestiere.* Am häufigsten sind dabei Tiere, die an Quallen und andere Hohltiere erinnern. Andere ähnelten Gliedertieren.

Bei echten Vielzellern übernehmen *spezialisierte Zellen* verschiedene Aufgaben. Sinneszellen, Nervenzellen, Muskelzellen und Keimzellen entstehen. Die Zellen schließen sich zu *Geweben* und *Organen* zusammen. Nur noch die Keimzellen werden an die nächste Generation weitergegeben.

Neben der Erhöhung des Sauerstoffgehaltes der Atmosphäre könnte ein weiterer Entwicklungsschritt die Evolution beschleunigt haben: die *geschlechtliche Vermehrung.* Durch die Kombination des Erbguts nach der Verschmelzung der Keimzellen wurde eine Vielzahl von Erbvarianten möglich. Dadurch erhöhte sich das Angebot an die Selektion.

Die Lebewesen des Kambriums. Die erste erdgeschichtliche Periode des *Erdaltertums,* das vor knapp 600 Millionen Jahren begann, bezeichnet man als *Kambrium.* Fossilien in Gesteinsschichten aus dieser Zeit zeigen, dass fast schlagartig eine Fülle neuer Lebewesen die Erde besiedelte. Vor allem unter den Tieren traten jetzt die verschiedensten Baupläne auf. Auffällig ist dabei, dass viele dieser Meereslebewesen harte Skelette oder Schalen hatten. Manche Fossilfunde stammen von Tiergruppen, die es heute nicht mehr gibt, zum Beispiel die zu den Gliederfüßern gehörenden *Trilobiten.* Sie ähnelten Asseln und bildeten eine vorherrschende Tiergruppe jener Zeit. Andere stimmten im Grundmuster mit heute lebenden Tieren überein. Sie sind die Vorfahren dieser Tiere. Von fast allen heute bekannten Tierstämmen lassen sich verwandte Formen unter den kambrischen Fossilien nachweisen. Mit *urtümlichen Fischen* traten gegen Ende des Kambriums vor ungefähr 500 Millionen Jahren auch die *ersten Wirbeltiere* auf. Warum es im Kambrium zu einer so auffälligen Entwicklung neuer Arten kam, ist bis heute ein Rätsel.

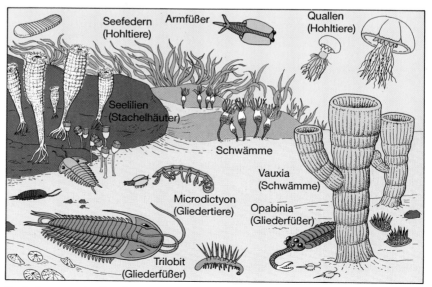

2 *Lebewesen im Kambrium*

1047

Pflanzen erobern das Land

Wasserpflanzen. Im Wasser herrschen für Pflanzen günstigere Lebensbedingungen als auf dem Land: Wasser *gibt Auftrieb* und es enthält ausreichend *Sauerstoff, Kohlenstoffdioxid* und *Mineralstoffe*. Es schützt vor dem *Austrocknen* und kann als *Transportmittel* für Keimzellen dienen.

Die ersten Pflanzen sind in Meeren und Seen entstanden. Viele Wasserpflanzen, wie Algen, sind klein und kommen ohne Wurzeln und Leitungsbahnen aus.

Landpflanzen. Rechnet man die gesamte Evolutionszeit von rund 4,5 Milliarden Jahren auf einen Tag um, so begann die Eroberung des Landes durch Pflanzen erst gegen 21.00 Uhr. Wahrscheinlich stammen die Landpflanzen von *Grünalgen* ab. Pioniere waren vermutlich Süßwasserpflanzen, die in Ufernähe wuchsen und als Anpassung an das Leben im Flachwasser Schutzvorrichtungen gegen ein zeitweiliges Austrocknen entwickelt hatten.

Die ersten Wälder bildeten sich im Devon. Sie bestanden vor allem aus *Schachtelhalmen, Bärlappgewächsen* und *Farnen,* die Höhen von bis zu 40 m erreichten. Sie vermehrten sich durch *Sporen* und bevorzugten feuchte Lebensräume. Wie ihre heutigen Vertreter waren sie bei der Fortpflanzung an das Wasser gebunden. In einem Wassertropfen schwimmen die männlichen Samenzellen zur Eizelle und befruchten sie. Fossile Reste der sogenannten *Steinkohlewälder* des Karbons sind die mächtigen Steinkohlelager in Europa und Nordamerika.

Samenpflanzen. Im Perm breiteten sich die *Nacktsamer* aus. Sie waren an das trockenere Klima angepasst. Hinsichtlich der Fortpflanzung waren sie vom Wasser unabhängig. Als urtümlicher Nacktsamer gilt der Ginkgobaum, ein lebendes Fossil. In der jüngeren Kreide entstanden die *Bedecktsamer* und eroberten in kurzer Zeit alle Kontinente.

Heutige Landpflanzen sind stark an das Landleben angepasst: Die Blätter haben ein *Abschlussgewebe,* das vor Verdunstung und Überhitzung schützt. Zur Aufnahme von Kohlenstoffdioxid und Abgabe von Wasserdampf dienen *Spaltöffnungen.* Meist übernehmen *Leitungsbahnen* den Transport von Wasser und Mineralstoffen. *Stützzellen* verleihen dem Spross Festigkeit. *Wurzeln* verankern ihn im Boden und nehmen Wasser und Nährstoffe auf.

2   Ein lebendes Fossil – der Ginkgo

Tiere. Nachdem die Pflanzen das Land besiedelt hatten, fanden dort allmählich auch Tiere günstige Lebensbedingungen vor. Die ersten Landtiere waren vermutlich *Gliedertiere* wie Tausendfüßer und Skorpione. Ihr *Chitinpanzer* schützte sie vor Austrocknung.

Zwischen den Samenpflanzen und den Insekten entwickelten sich enge Beziehungen. Blütenpflanzen werden meist von Insekten bestäubt. Diese nutzen den Nektar und Pollen der Blüte als Nahrungsquelle. Dadurch beeinflussten sich beide Gruppen gegenseitig in der Evolution.

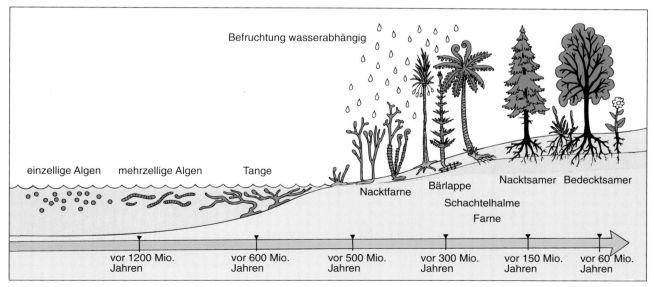

1   Evolution der Pflanzen

Tiere erobern das Land

Quastenflosser. Bei den *Wirbeltieren* erfolgte der Übergang aufs Land durch die *Quastenflosser*. Sie hatten Kiemen und eine Lunge. Ihre muskulösen Flossen besaßen ein Innenskelett. Wahrscheinlich konnten sie über den Grund kriechen.

Urlurche. Aus Quastenflossern entwickelten sich *Urlurche*. In etwa 400 Millionen Jahre alten Gesteinsschichten in Grönland wurden Fossilien von Urlurchen gefunden. Wegen ihres Schädels, der noch stark an den von Fischen erinnert, bezeichnet man sie auch als *Fischschädellurche* oder *Ichthyostega*. Die seitlich abstehenden Beine mit je fünf Zehen sind jedoch schon Merkmale, die man von Landwirbeltieren kennt. Sie ermöglichten vermutlich noch kein richtiges Laufen, sondern eher ein Schieben des Körpers. Sicher hat sich das Leben der Fischschädellurche noch weitgehend im Wasser abgespielt.

Da diese Urlurche sowohl Fisch- als auch Lurchmerkmale besaßen, betrachtet man sie als eine *Übergangsform* zwischen Fischen und Lurchen. Wie der Übergang vom Wasser zum Land erfolgt sein könnte, zeigt uns heute noch der *Schlammspringer*. Dieser Fisch kommt in den Mangrovensümpfen an tropischen Küsten vor. Er kann sowohl im Wasser als auch an Land leben. Man bezeichnet dies auch als amphibisch.

Urkriechtiere. Aus Urlurchen entstanden neben den Lurchen auch *Urkriechtiere*, auf die alle übrigen landlebenden Wirbeltiere zurückgehen. Mit *Seymouria* glaubt man, eine Übergangsform zwischen den Lurchen und Kriechtieren zu kennen.

Die Kriechtiere wurden zunehmend vom Wasser unabhängig. *Hornschuppen* in der Haut und die dicke Schale der *Eier* verringerten die Gefahr des Austrocknens an Land.

Im Erdmittelalter wurden die Kriechtiere zur beherrschenden Tiergruppe der Erde. Zu ihnen gehörten die Dinosaurier, die größten Landwirbeltiere, die jemals auf der Erde lebten.

Warmblütigkeit. Wahrscheinlich konnten schon manche Kriechtiere des Erdmittelalters ihre Körpertemperatur konstant halten. So wurden sie von der Außentemperatur unabhängig. Urvögel und Ursäuger erbten diese Fähigkeit der *Warmblütigkeit* von ihren Reptilienvorfahren. Sie konnten Lebensräume erschließen, in denen es für wechselwarme Tiere zu kalt war.

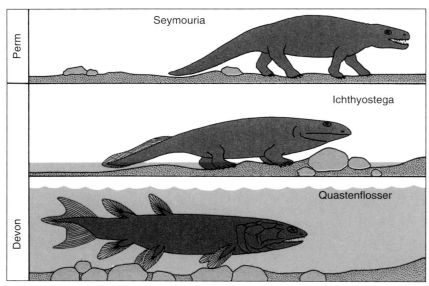

1 *Übergangsformen zwischen Fischen, Lurchen und Kriechtieren*

2 *Schlammspringer*

Übergangsform: Quastenflosser

Ein sensationeller Fund. Am 22. Dezember 1938 erhielt Marjorie Courteney-Latimer, eine Mitarbeiterin des Museums von East London in Südafrika, von einem Fischdampfer einige Fische für das Museum. Ein blauer, kräftig beschuppter Fisch war ihr unbekannt. Er war etwa ein-einhalb Meter lang, wog etwas mehr als 50 Kilogramm und hatte einen kräftigen Unterkiefer mit einem Raubfischgebiss.

Besonders auffällig an diesem Fisch waren die *Flossen*. Mit Ausnahme der vorderen Rückenflosse saßen alle auf fleischigen, muskulösen Stielen, die im Innern von Knochen gestützt wurden. Die paarigen Brust- und Bauchflossen standen seitlich vom Körper ab. Ihr Aussehen und ihr Bau erinnerte an die Gliedmaßen landlebender Wirbeltiere.

Ein lebendes Fossil. Die Sensation war perfekt, als man erkannte, dass es sich bei diesem Fisch um einen *Quastenflosser* handelte. Man gab ihm den Namen *Latimeria*. Durch Fossilfunde wusste man, dass diese Fischgruppe schon im Erdaltertum vor 400 Millionen Jahren vorkam. Seit dem Ende der Kreidezeit vor rund 70 Millionen Jahren fehlten jedoch Fossilien, sodass man Quastenflosser für längst ausgestorben hielt. Das Aussehen von Latimeria hat sich im Vergleich zu 200 Millionen Jahre alten Fossilfunden von Quastenflossern kaum geändert. Man bezeichnet Latimeria daher auch als *lebendes Fossil*.

Lebensweise. Nur eine Art dieser Fischgruppe hat im Gebiet um die Inselgruppe der Komoren diese lange Zeit überlebt. Die nachtaktiven Tiere leben in einer Tiefe von 200 bis 800 m an den erstarrten Lavahängen der Inselgruppe. Auf der Suche nach Beutefischen driften sie langsam über den Untergrund. Obwohl die fleischigen Flossen nicht zum Schreiten eingesetzt werden, erinnert die schlängelnde Bewegung doch stark an landlebende Lurche oder Kriechtiere.

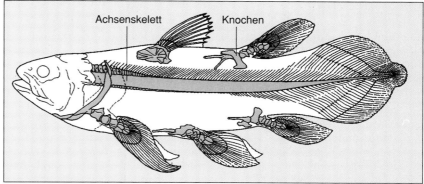

1 und 2   Der Quastenflosser Latimeria. Seine Flossen werden von einem Innenskelett gestützt.

Vorfahren der Landwirbeltiere. Heute geht man davon aus, dass Quastenflosser im Devon die Eroberung des Landes durch Wirbeltiere einleiteten. Anders als Latimeria lebten sie in relativ kleinen, flachen Süßwassertümpeln unter tropischen Klimabedingungen. Diese Gewässer waren sauerstoffarm und trockneten leicht aus. Die einfache *Lunge,* die sie zusätzlich zu den Kiemen besaßen, ermöglichte es den Quastenflossern, an der Wasseroberfläche durch Luftschnappen zu atmen. In den flachen Gewässern spielte möglicherweise die Fortbewegung durch *Kriechen* mithilfe der muskulösen, gliedmaßenartig ausgebildeten Flossen eine große Rolle. Die Flossen und die Lunge ermöglichten es ihnen auch, beim Austrocknen ihres Gewässers ein anderes Gewässer auf dem Landweg zu erreichen. So konnten sie Trockenzeiten überstehen.

Übergangsform: Archaeopteryx

Im Juragestein bei Eichstätt/Bayern wurde im Jahre 1860 der Abdruck einer Feder entdeckt. Er musste rund 160 Millionen Jahre alt sein und von einem Vogel stammen, denn nur Vögel haben Federn. Man suchte einen Namen für den Träger dieser Feder und benannte ihn *Urvogel, Archaeopteryx* (griech. *archaios:* uralt; *pteryx:* Feder). Archaeopteryx war taubengroß. 1877 endlich wurde das erste vollständige Skelett gefunden. Man stellte fest: Archaeopteryx besaß
— Federn,
— Zähne,
— einen Hornschnabel,
— eine lange Schwanzwirbelsäule,
— eine nach hinten gerichtete erste Zehe,
— freie Fingerglieder mit Krallen,
— teilweise miteinander verwachsene Mittelfußknochen,
— zwei nicht verwachsene Unterschenkelknochen,
— ein Gabelbein,
— Bauchrippen.

Wissenschaftler verglichen das Skelett des Urvogels Stück für Stück mit den Skeletten der verschiedenen Wirbeltierklassen. Ihr Urteil fiel einhellig aus: Archaeopteryx vereinte Reptilienmerkmale und Vogelmerkmale in sich. War Archaeopteryx etwa eine *Übergangsform* zwischen den Reptilien und den Vögeln?
Die *Federn* von Archaeopteryx entsprachen in allen wesentlichen Merkmalen den Federn heute lebender Vögel. An den zum *Gabelbein* verwachsenen Schlüsselbeinen waren wahrscheinlich kräftige Flugmuskeln befestigt. Hohle Knochen könnten das Fliegen erleichtert haben – auch wenn sie noch nicht mit Luft gefüllt waren, wie dies bei den heutigen Vögeln der Fall ist. Auch die *teilweise verwachsenen Flügelknochen*, der *Gehirnschädel* und das im Vergleich zu den Kriechtieren deutlich *vergrößerte Kleinhirn* deuten darauf hin, dass Archaeopteryx wahrscheinlich *fliegen* konnte.

Aufgaben

1 Stelle in einer Tabelle Reptilienmerkmale und Vogelmerkmale des Archaeopteryx einander gegenüber.

2 Was soll der Begriff „Übergangsform" ausdrücken?

In Kürze

Archaeopteryx lebte vor rund 160 Millionen Jahren. Er besitzt sowohl Merkmale der Reptilien als auch der Vögel. Daher wird er als Übergangsform zwischen diesen beiden Wirbeltierklassen angesehen.

1 *Der 1877 gefundene Archaeopteryx. Er befindet sich heute im Naturkundemuseum in Berlin.*

2 *Reptilienmerkmale* (blau) *und Vogelmerkmale* (rot) *des Archaeopteryx*

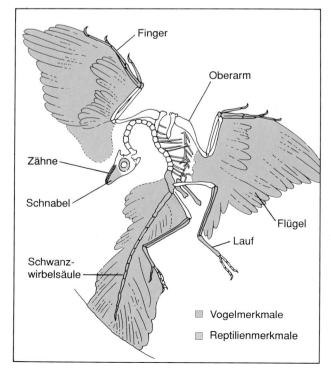

Finger

Oberarm

Zähne

Schnabel

Flügel

Lauf

Schwanz-
wirbelsäule

☐ Vogelmerkmale
☐ Reptilienmerkmale

1986

Biologie aktuell: Archaeopteryx

Seit 1860 fand man im Gebiet von Solnhofen/Eichstätt sieben unterschiedlich gut erhaltene Fossilien von Archaeopteryx. Einige Wissenschaftler hielten sie noch bis vor wenigen Jahren für Fälschungen. Doch Untersuchungen mit modernsten technischen Geräten haben inzwischen die Echtheit der Fossilien bestätigt. Heute diskutiert man in erster Linie darüber, wie der Urvogel wirklich aussah, wie er lebte und ob er schon richtig fliegen konnte.

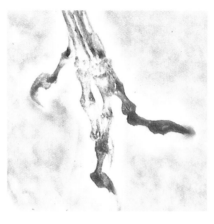

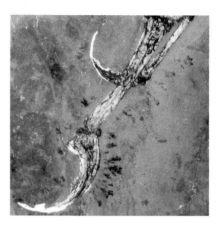

Federn

Archaeopteryx hatte Federn, die wie die Federn der Vögel aus einem Kiel, einem Schaft und einer Fahne mit Federstrahlen und Häkchen bestanden. Mit der Lupe sind die Häkchen am Fossil gut zu sehen.

Fuß

In der Röntgenaufnahme des neuesten Fundes aus Solnhofen sieht man, dass die erste Zehe wie bei den Vögeln nach hinten zeigt und die Mittelfußknochen auch schon teilweise verwachsen waren.

Krallen

Bei Archaeopteryx tragen alle Zehen wie bei den Vögeln eine scharfe, spitze Kralle. Man nimmt an, dass der Urvogel damit greifen und sich im Geäst festklammern konnte. Aufnahme im ultravioletten Licht.

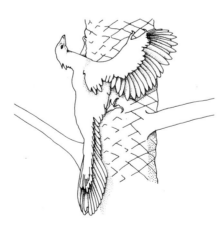

Läufer?

Einige Forscher nehmen an, dass der Urvogel nicht fliegen konnte. Die Federn dienten lediglich als Schutz vor Wärme, Kälte und Wasser. Das Tier lief am Boden und fing mit den Krallen an den Flügeln herumschwirrende Insekten. Oder hielt es sich damit Feinde vom Leib?

Kletterer?

Dass Archaeopteryx mit seinen Krallen klettern konnte, daran zweifelt kaum jemand. In schnellem Lauf hätte er bei Gefahr zum nächsten Baum eilen und sich dort durch Hochklettern retten können. Oder suchte er in der Rinde Insektenlarven und andere Nahrung?

Gleitflieger?

Wie kam Archaeopteryx wieder zum Boden herab? Die Vermutung liegt nahe, dass er die Flügel ausbreitete und im Gleitflug niederging. Aus dem Gleitflug entwickelte sich im Laufe der Zeit der Schlagflug. Diese Leistung wird ihm von Wissenschaftlern durchaus zugetraut.

Übergangsform: Schnabeltier

Merkmale. Im Jahre 1798 wurde in Australien ein sonderbares Lebewesen entdeckt. Es hält sich dort meist im Wasser auf, baut im Uferbereich einen Kessel und ist nur in der Dämmerung aktiv.

— Das Tier hat die Größe eines Hasen.

— Sein dichter Pelz gleicht dem eines Fischotters.

— Die Schwimmhäute und Krallen an den Füßen erinnern ebenso an einen Biber wie der breite Ruderschwanz.

— Die Männchen tragen am Fußgelenk einen Stachel, in dem sich ein starkes Gift befindet. Dieser Fersendorn lässt sich mit dem Giftzahn von Schlangen vergleichen.

— Besonders auffällig aber ist der entenartige Schnabel des Tieres.

Lebensweise. Der Schnabel gab dem *Schnabeltier* seinen Namen. Mit ihm gründelt es im Schlamm der Gewässer nach Schnecken, Insektenlarven oder Würmern. Dabei bleibt es etwa eine Minute unter Wasser und taucht dann zum Luftholen auf. Wegen seines *Felles*, das bei den Säugetieren zur Erhaltung einer konstanten Körpertemperatur beiträgt, hielt man das Tier zunächst für ein gleich warmes Lebewesen. Zudem wiesen die *Milchdrüsen* an seinem Bauch auf ein *Säugetier* hin. Daher war die Verwirrung groß, als man 1884 beobachtete, dass das Schnabeltier *Eier* legt. Diese sind wie bei den Reptilien mit einer *pergamentartigen Hülle* umgeben. Wie bei den *Reptilien* gelangen die Eier über die *Kloake* nach außen. Heute weiß man, dass das Schnabeltier zwar Eier legt und sie sieben bis zehn Tage ausbrütet, die Jungen dann aber mit Milch aufzieht. Auch stellte sich bald heraus, dass die Schnabeltiere *weder richtig gleich warm noch richtig wechselwarm* sind: Die Körpertemperatur liegt bei 30 °C, ist aber erheblichen Schwankungen unterworfen.

Aufgrund all dieser Merkmale kann man das Schnabeltier ebenfalls als eine *Übergangsform* ansehen: Vor über 200 Millionen Jahren leiteten solche Tiere wahrscheinlich die *Entwicklung von den Reptilien zu den Säugetieren* ein.

Aufgaben

1 Als 1798 die ausgestopfte Haut eines Schnabeltieres nach Europa kam, glaubte man zunächst, der Balg stamme von verschiedenen Tieren und sei zusammengesetzt. Erkläre.

2 Warum kann man das Schnabeltier als Übergangsform zwischen Reptilien und Säugern ansehen?

In Kürze

Das Schnabeltier, das noch heute in Australien und Tasmanien vorkommt, gilt als eine lebende Übergangsform. Es legt Eier wie die Reptilien, hat wie die Säugetiere ein Fell und ernährt die Jungen mit Milch.

Es ist weder richtig wechselwarm noch richtig gleich warm.

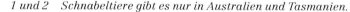

1 und 2 Schnabeltiere gibt es nur in Australien und Tasmanien.

164

1987

Stichwort: Lebewesen haben sich entwickelt

Überblick

Im Laufe der chemischen Evolution bildeten sich auf der Erde biologisch wichtige organische Moleküle. Die ältesten Lebewesen, kernlose Protocyten, traten vor 3,5 Milliarden Jahren auf. Kernhaltige Einzeller, die Eucyten, entstanden vor 1,3 Milliarden Jahren. Vielzeller sind seit 700 Millionen Jahren bekannt. Am Ende des Kambriums waren alle heute bekannten Tierstämme auf der Erde vertreten.

Die biologische Evolution zeichnet sich durch eine Höherentwicklung und eine ständig bessere Nutzung der sich bietenden Lebensmöglichkeiten aus. Der Engländer Charles Darwin fand als Erster eine Begründung für die Evolution: Mutationen des Erbguts, Überproduktion an Nachkommen und Selektion durch die Umwelt.

Fossilien zeigen, dass die Lebewesen vergangener Erdzeitalter anders ausgesehen haben als heute. Gelingt es, das Alter der Fossilien zu bestimmen und Entwicklungslinien zwischen verschiedenen Fossilien zu erkennen, lassen sich Stammbäume rekonstruieren. Homologien, Entwicklungsreihen, Rudimente sowie Ähnlichkeiten vor allem im mikroskopischen und molekularen Bereich ermöglichen es, eine stammesgeschichtliche Verwandtschaft aufzudecken.

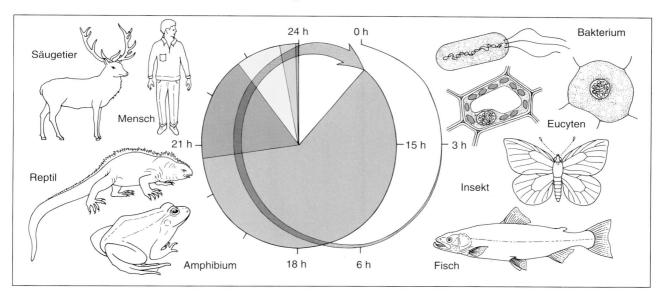

Alles klar?

1 In der Grafik wird die Erdgeschichte mit einem 24-Stunden-Tag gleichgesetzt. Rechne aus, zu welchen Uhrzeiten dann die folgenden Lebewesen erstmals aufgetreten wären. Das Alter der Erde beträgt 4,5 Milliarden Jahre.
Protocyten: 3,5 Milliarden Jahre alt,
Eucyten: 1,3 Milliarden Jahre alt,
Insekten: 400 Millionen Jahre alt,
Fische: 500 Millionen Jahre alt,
Amphibien: 350 Millionen Jahre alt,
Reptilien: 300 Millionen Jahre alt,
Säugetiere: 200 Millionen Jahre alt,
Mensch: 2 Millionen Jahre alt.

2 Erläutere die Entstehung von Fossilien.
3 Erkläre an Beispielen, was mit „Übergangsform" gemeint ist.
4 Nenne „Erfindungen" der Evolution, die den Verlauf der Entwicklung der Lebewesen auf der Erde stark beeinflusst haben.
5 Tiere, die in dunklen Höhlen leben, sind häufig hell, sehen schlecht oder haben gar keine Augen. Wie lässt sich dies nach Lamarck und wie nach Darwin erklären?
6 Was versteht man unter chemischer und biologischer Evolution?

Schon seit Tagen steigen dunkle Wolken aus dem Innern des Vulkans empor und lassen Asche auf das Land herabrieseln. Ein leichter Regenschauer verwandelt den Aschenteppich in eine weiche, zementartige Masse, in der die umherlaufenden Tiere ihre Spuren hinterlassen. Die tropische Sonne brennt alles rasch steinhart. Auch menschenähnliche Fußspuren sind zu sehen: Die großen Abdrücke weisen auf einen Mann hin. Ein kleineres Wesen, vielleicht eine Frau, geht in den Spuren des Mannes – wahrscheinlich um in dem Matsch leichter voranzukommen. Neben ihnen läuft ein Kind.

So oder so ähnlich hat es sich in der Nähe des heutigen Laetoli in Tansania zugetragen – aber bereits vor rund 3,6 Millionen Jahren. Woher wissen wir heute, dass die Abdrücke von Menschen stammen? Waren es Menschen wie wir?

Evolution und Schöpfung. Eine Antwort auf die Frage nach der Abstammung des Menschen gibt der biblische *Schöpfungsbericht.* Im christlichen Kulturkreis wurde er bis vor 150 Jahren, wie alles in der Heiligen Schrift, wortwörtlich ausgelegt: Demzufolge war die Erde mit allen Lebewesen innerhalb von sechs Tagen geschaffen worden. Der irische Bischof James Ussher hat sogar das Schöpfungsjahr nach Angaben aus der Bibel errechnet. Er kam auf das Jahr 4004 vor Christus.

Dieses Weltbild erschütterte *Charles Darwin* mit seinem 1859 erschienenen Buch „On the Origin of Species by Means of Natural Selection". Darin widerspricht er der herrschenden Meinung von der *Unveränderlichkeit der Arten.* Er behauptet, dass alle Lebewesen im Laufe einer langen Entwicklung, während der *Evolution,* entstanden seien. Über den Menschen heißt es in dem Buch nur ganz kurz und vorsichtig: „Viel Licht wird auch auf den Ursprung ... des Menschen fallen."

Darwins Lehre – in Deutschland vor allem durch Ernst Haeckel verbreitet – wurde anfangs heftig bekämpft. Für die Kirchen stellte die Lehre lange Zeit eine Gotteslästerung dar. Den Gedanken, womöglich vom Affen abzustammen, empfanden die Menschen als Beleidigung.

◁ *Versteinerte Fußabdrücke von Hominiden bei Laetoli in Tansania.*
Sie sind etwa 3,6 Millionen Jahre alt.

1 *Karikatur auf Darwin aus einer englischen Zeitschrift von 1871*

2 *Mary Leakey, die Entdeckerin der Fußspuren von Laetoli*

Heute gilt die Abstammungslehre – auch für den Menschen – als eines der am besten belegten Forschungsgebiete der Biologie.

Fossilien. Die *Paläoanthropologie, die Kunde von den alten Menschen,* erforscht die Ursprünge unserer Herkunft. Wie haben sich die *Hominiden, die Familie der Menschenartigen,* entwickelt? Wie sahen sie aus? Wie bewegten sie sich? Was führte dazu, dass aus ihnen die Wesen wurden, die die Erde bis heute am stärksten geprägt haben?

Fossilien klären viele dieser Fragen. Unterkiefer und Zähne sind die häufigsten Fossilienfunde. Sie lassen wertvolle Schlüsse auf die *Ernährung* zu. Aus Becken- und Fußknochen kann man die Art der *Fortbewegung* ableiten, aus Schädelfragmenten auf das *Gehirnvolumen* schließen. Werkzeuge und Höhlenmalerei belegen die Entwicklung von *Kultur.* Funde wie die Fußspuren von Laetoli, das älteste Zeugnis für den aufrechten Gang, sind ein seltener Glücksfall.

Der Mensch …

Die nächsten Verwandten. Von allen Tieren sind die Menschenaffen, vor allem die Schimpansen, dem Menschen am ähnlichsten. Viele ihrer Merkmale stimmen völlig überein. So sind zum Beispiel die Schwanzwirbel zurückgebildet und zum *Steißbein* verwachsen. Die Hände eignen sich zum *Greifen*. Finger und Zehen tragen *Nägel* statt Krallen. Die Augen sind nach vorn gerichtet und ermöglichen ein *räumliches Sehen*. Große Ähnlichkeiten im molekularen Bereich konnten bei *Chromosomen* und *Proteinen* nachgewiesen werden. Bei Menschen und Menschenaffen sind die *Blutgruppen* A, B, AB und 0 ausgebildet. Die *Kindheitsentwicklung* dauert bei Menschen und Menschenaffen mehrere Jahre. In der ersten Zeit werden die Kinder oder Jungen von der Mutter getragen und intensiv betreut.

Auch viele *Verhaltensweisen* ähneln sich: das Umarmen beim Begrüßen, die Mimik bei Wut, Angst oder Freude. *Lebenslanges Lernen*, die *Weitergabe erlernter Verhaltensweisen* und der *Gebrauch von Werkzeugen* sind weitere Gemeinsamkeiten.

All diese Übereinstimmungen weisen auf eine *enge Verwandtschaft* zwischen dem Menschen und den Menschenaffen hin.

Der aufrechte Gang. Menschenaffen gehen nur zeitweise aufrecht. Meist bewegen sie sich auf allen Vieren, wobei sie sich mit den Handknöcheln abstützen. Der Mensch ist das einzige Säugetier, das dauernd *aufrecht geht*. Sein Körper ist an diese Art der Fortbewegung angepasst. Die Beine sind länger als die Arme. Das *schüsselförmige Becken* trägt die nach unten drückenden Eingeweide. Die *doppelt S-förmig gebogene Wirbelsäule* ermöglicht eine aufrechte Haltung. Die Großzehe ist nicht abspreizbar, der Fuß zu einem *Standfuß* geformt. Menschen haben einen *flacheren Brustkorb*. Der Körperschwerpunkt liegt daher weiter hinten, sodass der Körper beim Gehen nicht nach vorne gezogen wird.

1 und 2   Menschenaffen verfügen aufgrund ihrer Gesichtsmuskulatur über eine vielfältige Mimik.
Sie spielt bei der Verständigung eine wesentliche Rolle.

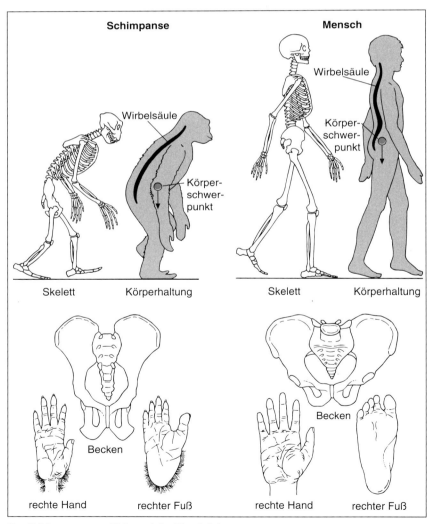

3   Schimpanse und Mensch im Vergleich

... und seine „Verwandtschaft"

Schädel. Ein weiterer Unterschied zwischen Mensch und Menschenaffen besteht in der Form des Schädels. Durch die große, vorspringende Schnauze ist bei den Menschenaffen der *Gesichtsschädel* fast doppelt so groß wie der *Gehirnschädel*. Beim Menschen jedoch wölbt sich der Gehirnschädel über die hohe, fast senkrecht aufsteigende Stirn mächtig nach hinten. Sein Ober- und Unterkiefer sind zudem stark verkürzt, sodass der Gesichtsschädel kleiner ist als der Gehirnschädel.

Bei den Menschenaffen sind *Überaugenwülste* und der *Stirnkamm* zum Ansatz der starken Kaumuskulatur deutlich ausgeprägt. Sie fehlen beim Menschen vollständig. Dagegen treten bei ihm der *Nasenvorsprung* und das *Kinn* deutlich hervor. Das *Hinterhauptsloch*, die Ansatzstelle für die Wirbelsäule, liegt fast genau in der Mitte der Schädelbasis, sodass der Schädel beim Menschen auf der Wirbelsäule „balanciert".

Gebiss. Das Gebiss eines Menschenaffen unterscheidet sich von dem eines Menschen so stark, dass man sie kaum miteinander verwechseln kann. Es spielt deshalb eine wichtige Rolle bei der Festlegung, ob ein Fossil zu den Affen oder bereits zu den Hominiden zählt.

Bei den Menschenaffen sind die Zähne so angeordnet, dass sie ein nach hinten offenes *Rechteck* bilden. Auffallend sind die zwei großen und spitzen *Eckzähne* in beiden Kiefern. Zwischen ihnen und den Schneidezähnen ist eine Zahnlücke. In diese auch als *Affenlücke* bezeichnete Spalte greift der Eckzahn des jeweils gegenüberliegenden Kiefers. Menschenaffen haben außerdem einen flachen Gaumen.

Der menschliche Kiefer ist dagegen *bogenförmig*. Die Eckzähne sind viel kleiner als bei den Menschenaffen, sodass eine seitliche Bewegung der Kiefer, etwa beim Zermahlen von Körnern, möglich ist. „Affenlücken" fehlen beim Menschen. Sein Gaumen ist deutlich nach oben gewölbt.

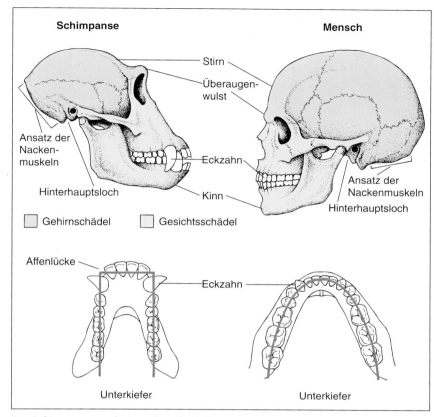

1   *Schimpanse und Mensch: Schädel und Unterkiefer*

Aufgaben

1   Fasse in einer Tabelle Gemeinsamkeiten und Unterschiede zwischen Mensch und Menschenaffe zusammen.

2   Der Mensch hat keine „Affenlücke" in seinem Gebiss. Erkläre.

In Kürze

Viele ähnliche oder übereinstimmende Merkmale weisen auf eine enge Verwandtschaft zwischen Menschen und Menschenaffen hin. Eine Reihe von Merkmalen sind jedoch „typisch menschlich": der aufrechte Gang, der Gegensatz zwischen großem Gehirn- und kleinem Gesichtsschädel, der bogenförmige Kiefer.

2   *Menschenaffen: Orang-Utan, Gorilla, Schimpanse und Zwergschimpanse*

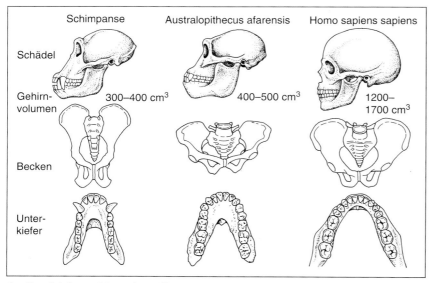

1 *Vergleich von Menschenaffe, Australopithecus und Homo sapiens sapiens*

Auf der Suche nach den ersten Hominiden haben Forscher eine Vielzahl von Skelett- und Schädelknochen zusammengetragen. Sie liefern einen – lückenhaften – Überblick über die Entwicklung der Hominiden.

Australopithecus. Die frühesten Funde, die in die menschliche Abstammungslinie gehören, fasst man unter der Bezeichnung Australopithecus, „Südaffe", zusammen. Diese Hominiden lebten in der Zeit vor 4,5 Millionen bis 1 Million Jahren.

Es gab mehrere Australopithecus-Arten, die zum Teil gleichzeitig vorkamen. Die 1 bis 1,5 m großen Hominiden waren vorwiegend Pflanzenfresser. Schädel, Gebiss und Becken zeigen Merkmale, die sie *zwischen Mensch und Menschenaffen* stellen. Ihr Gehirn war noch relativ klein. Das Becken lässt erkennen, dass sie bereits aufrecht gingen. Die deutlich verkürzten Zehen konnten beim Gehen abrollen. Das Fußgewölbe federte die Schritte ab.

Die 3,6 Millionen Jahre alten Fußspuren von Laetoli belegen, dass diese Hominiden aufrecht gegangen sind. Sie lassen auch auf ein *Zusammenleben* in einer Gruppe oder Familie schließen. Die Spuren von Savannentieren neben den Fußabdrücken dieser Hominiden deuten darauf hin, dass sie das offene Grasland bewohnten.

Bei den Fossilien lagen häufig bearbeitete Steine oder Knochen. Möglicherweise stellte Australopithecus bereits einfache *Werkzeuge* her.

1993 fand man in Äthiopien die Überreste des bisher ältesten Hominiden, des 4,5 Millionen Jahre alten *Australopithecus ramidus*. Er könnte das Bindeglied zum Urahn von Mensch und Schimpanse sein. Ob er aufrecht ging, wissen wir nicht.

Der aufrechte Gang. Wie es zur Entstehung des aufrechten Ganges kam, kann man nur vermuten. Als vor etwa 5 Millionen Jahren das Klima trockener wurde, dehnten sich Savannen aus und drängten die Regenwälder zurück. In der Savanne dürfte ein aufrechter Gang von Vorteil gewesen sein: Feinde waren früher zu erkennen, die Hände waren frei zum Tragen von Gegenständen und zur Verteidigung. Zudem verbraucht das aufrechte Gehen weniger Energie als die Fortbewegung auf allen Vieren. Ein aufgerichteter Körper ist der Sonne weniger ausgesetzt. Er erhitzt sich nicht so stark.

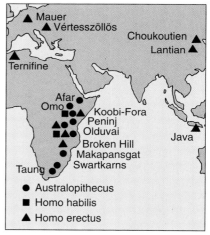

2 *Fundorte von Australopithecus, Homo habilis und Homo erectus*

3 *Australopithecus africanus*

... die Wiege des Menschen

Homo habilis – der älteste Mensch. Die Olduvai-Schlucht in Tansania ist eine der reichsten Hominiden-Fundstätten der Welt. Über 35 Jahre forschte hier das englische Ehepaar Leakey nach den Ursprüngen des Menschen. Neben zahlreichen Hominiden-Funden stießen sie immer wieder auf Steinwerkzeuge, die wesentlich feiner gearbeitet waren als die, die man von Australopithecus kannte.

1960 fand Louis Leakey in Olduvai einen Schädel, der ein erheblich *größeres Gehirnvolumen* als Australopithecus hatte. Er vermutete, dass die Werkzeuge von diesem Lebewesen geschaffen worden waren. Mit seiner Fähigkeit, Werkzeuge herzustellen, besaß es die Voraussetzung zur Schaffung von *Kulturen*. Diesen „Werkzeugmacher" nannte man daher *Homo habilis*, „geschickter Mensch". Er war etwa 1,45 m groß, sein Gehirnvolumen betrug 500 bis 650 cm^3. Er ernährte sich auch von Fleisch. Die ältesten Funde reichen 2,5 Millionen Jahre zurück.

Homo erectus. Vor 1,8 Millionen Jahren tauchte in Ostafrika *Homo erectus*, der „aufgerichtete Mensch", auf. Sein großes Hirn versetzte ihn in die Lage die vielfältigsten Gerätschaften herzustellen. Die Werkzeuge waren aus Feuerstein, Holz, später sogar aus Horn und Quarz gefertigt. Auch das Feuer beherrschte Homo erectus bereits.

Die etwa 1,65 m großen Menschen kleideten sich mit Tierfellen und lebten in Höhlen, aber auch in hüt-

1   Baumsavanne in Ostafrika. Hier lebten die ersten Hominiden.

tenähnlichen Unterständen. Sie waren Jäger, die in Treibjagden auch große Tiere, wie zum Beispiel Elefanten, erlegten.

Homo erectus war der erste Hominide, der sich vor knapp einer Million Jahren über Afrika hinaus ausbreitete. Die Sahara war damals keine zusammenhängende Wüste und stellte somit kein Hindernis dar. Fossilien von Homo erectus wurden in Nordafrika, in Europa, in der Nähe von Peking und auf Java gefunden. Der bekannteste Fund in Deutschland ist ein etwa 600 000 Jahre alter Unterkiefer, den man in Mauer, in der Nähe von Heidelberg, fand. Vor etwa 300 000 Jahren verschwand Homo erectus von der Erde.

Wie alt sind Fossilien?

Kohlenstoff ist in allen Pflanzen und Tieren enthalten. Er besteht aus verschiedenen Isotopen. Das radioaktive Isotop ^{14}C hat eine Halbwertszeit von etwa 5700 Jahren. In dieser Zeit zerfällt die Hälfte des ^{14}C in Stickstoff. Geht man davon aus, dass früher der Gehalt an ^{14}C in Pflanzen und Tieren so hoch war wie heute, so kann man aus dem ^{14}C-Gehalt eines Fundes auf dessen Alter schließen.

Mit ^{14}C lässt sich bis zu 40 000 Jahre zurückrechnen. Isotope mit höheren Halbwertszeiten, wie Kalium und Uran, erschließen noch größere Zeiträume.

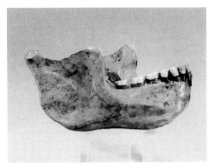

2   Homo erectus aus Mauer

Aufgaben

1   Die Bezeichnung „Australopithecus" ist nicht ganz korrekt. Erkläre.

2   Erläutere, ab wann man einen Fund der Gattung „Homo" zurechnet.

3   Vergleiche Menschenaffe, Australopithecus und Homo erectus miteinander. Beschreibe Gemeinsamkeiten und Unterschiede.

In Kürze

Australopithecus ist der erste aufrecht gehende Hominide.

Homo habilis zählt zu den ersten Menschen. Er hatte ein größeres Gehirnvolumen als Australopithecus und stellte vermutlich bereits Werkzeuge her.

Homo erectus beherrschte das Feuer. Er verbreitete sich als erster Hominide über Afrika hinaus.

Donald Johanson gehört neben dem Ehepaar Leakey zu den erfolgreichsten Paläoanthropologen. Er wurde 1943 in Chicago geboren. 1974 nahm er an der internationalen Expedition ins Afar-Gebiet in Äthiopien teil. Hier, etwa 160 km nordöstlich von Addis Abeba, fand er am 30. November 1974 „Lucy", eines der ältesten, am vollständigsten und am besten erhaltenen Skelette eines Hominiden. Es ist rund 3,5 bis 3,8 Millionen Jahre alt.

An der Breite des Beckens erkannte Johanson, dass es sich um ein weibliches Skelett handelte. Lucy war etwa 1,05 m groß und 25 kg schwer. Die Zähne, insbesondere die voll ausgebildeten Weisheitszähne, lassen auf ein Alter von 25 bis 30 Jahre schließen. Vermutlich starb sie eines natürlichen Todes, denn an den Knochen fand man keine Spuren von Zähnen, wie sie Löwen oder andere Raubtiere hinterlassen.

Die Entdeckung von „Lucy"

„... An diesem Morgen hätte ich im Lager bleiben sollen – ich tat es aber nicht. Ich hatte das Gefühl, ich müsste Tom* unter allen Umständen begleiten, und folgte diesem inneren Drang ...

In der Senke fanden wir praktisch keinen einzigen Knochen, aber als wir uns zum Gehen wandten, sah ich auf halber Höhe am Hang etwas liegen ... „Das ist das Fragment eines hominiden Arms", sagte ich. „Das kann nicht sein. Es ist viel zu klein. Es muss von irgendeinem Affen stammen". Wir knieten uns hin um den Knochen genauer anzusehen. „Viel zu klein", sagte Gray* noch einmal. Ich schüttelte den Kopf. „Es ist ein Hominide." „Weshalb glauben Sie das?", sagte er. „Sehen Sie doch das Stück rechts neben Ihrer Hand. Auch das ist hominid." „Mein Gott", rief Gray. Er hob es auf. Es war die Rückseite eines kleinen Schädels. „Mein Gott", rief er wieder. Wir standen auf und sahen nun noch weitere Knochenfragmente am Hang: zwei Rückenwirbel und das Bruchstück eines Beckenknochens ... Mir schoss ein unglaublicher, eigentlich unver- zeihlicher Gedanke durch den Kopf. Wie wäre es, wenn all diese Knochen zusammenpassten? Könnten es Teile eines einzigen, sehr primitiven Skeletts sein? Ein solches Skelett war bisher noch nirgends gefunden worden ...

Am Nachmittag versammelten sich alle Expeditionsteilnehmer in der Senke. Die Fundstelle wurde in Sektoren eingeteilt und wir beschlossen das Gelände so gründlich wie möglich abzusuchen ... Als die Arbeit getan war, hatten wir ein paar hundert Knochenstücke, ... die zusammen etwa 40 Prozent eines einzigen Individuums ausmachten. Die erste Vermutung von Tom und mir bestätigte sich. Von keinem einzigen Knochen gab es ein Duplikat.

... In der ersten Nacht nach der Entdeckung gingen wir nicht ins Bett. Wir redeten unaufhörlich und tranken ein Bier nach dem anderen. Wir hatten ein Tonbandgerät im Lager und dazu ein Band mit dem Beatles-Song „Lucy in the Sky with Diamonds". Wir ließen dieses Band immer wieder mit voller Lautstärke ablaufen. Irgendwann an diesem unvergesslichen Abend ... gaben wir dem Skelett den Namen Lucy und seither heißt es so ..."

* Tom Gray: Teilnehmer der Expedition

Der Bericht stammt aus dem Buch „Lucy. Die Anfänge der Menschheit" von Donald Johanson und Maitland Edey, Piper Verlag.

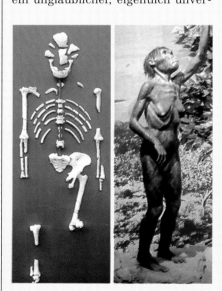

1 „Lucy" und eine Rekonstruktion

Aufgaben

1 Johanson erkannte sofort, dass er den Arm eines Hominiden gefunden hatte. Woraus schloss er das?

2 Lucy ist ein ganz besonderes Skelett. Erkläre.

Ein seltsamer Fund im Neandertal

Zeugnisse der Menschheitsgeschichte. Im Jahre 1856 fanden Arbeiter eines Steinbruchs im Neandertal bei Düsseldorf ungewöhnlich kräftige Knochen: zwei gebogene Oberschenkelknochen und ein flaches Schädeldach mit starken Überaugenwülsten. Sie hielten die Knochen für Überreste eines Höhlenbären. Der Lehrer Johann Carl Fuhlrott erkannte jedoch, dass es sich um die Knochen eines *Urmenschen* handelte, der sich von heute lebenden Menschen deutlich unterschied. Der Fund war der erste Beleg für die *Evolution des Menschen*.

Viele Wissenschaftler lehnten damals Fuhlrotts Behauptung ab. Auch der berühmte Arzt Rudolf Virchow: Wegen der gebogenen Oberschenkelknochen tippte er auf einen Reiter. Dieser müsse so starke Schmerzen gehabt haben, dass er ständig seine Brauen runzelte. So erklärte er die Überaugenwülste. Andere glaubten die Knochen stammten von einem verkrüppelten Kelten oder Germanen. Diese Meinung änderte sich erst, als in Europa und Asien Knochen mit gleichen Merkmalen wie im Neandertal gefunden wurden.

Ursprung. Vor etwa 300 000 Jahren entwickelte sich in Afrika eine Menschenart, die Steinwerkzeuge, wie Klingen und Äxte, herstellen konnte. Man nannte sie *Homo sapiens*, „weiser Mensch". Aus ihr ging vor etwa 150 000 Jahren der *Neandertaler* hervor. Vor 75 000 bis 35 000 Jahren lebte er in Europa und Asien.

Aussehen. Anhand von Fossilien lässt sich das Aussehen eines Neandertalers recht genau nachbilden. Einzelheiten wie die Form von Nase und Ohren, die Farbe der Augen, Haut und Haare und die Art der Behaarung sind jedoch spekulativ. Neandertaler waren etwa 1,70 m groß. Charakteristisch für sie waren eine sehr *kräftige Muskulatur*, *massive Knochen*, ein *flacher Schädel* mit *Überaugenwülsten* und einem *fliehenden Kinn*. Sie gingen ebenso aufrecht wie wir.

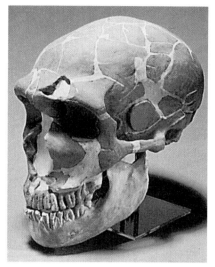

1 Der Schädel eines Neandertalers, aus Einzelteilen rekonstruiert

2 So etwa könnte ein Neandertaler ausgesehen haben.

Ihre Kleidung bestand aus Fellen. Würden die Neandertaler heute unter uns leben, würden sie uns vermutlich nicht besonders auffallen.

Lebensweise. Neandertaler lebten vor allem in Europa und Asien. Sie waren an das kalte Klima der Eiszeit angepasst. Sie jagten hauptsächlich Großwild wie Höhlenbären oder Mammuts. In Höhlen und hüttenähnlichen Behausungen suchten sie Schutz. Ihre Werkzeuge und Waffen waren aus Feuerstein.

Vor etwa 35 000 Jahren verschwanden die Neandertaler in relativ kurzer Zeit. Vermutlich wurden sie vom modernen Menschen verdrängt.

Aufgaben

1 Wo liegt das Neandertal? Schaue im Atlas nach.

2 Die Behauptung Fuhlrotts wurde zunächst abgelehnt. Welche Theorien standen dagegen?

3 Was spricht alles dafür, dass der Neandertaler bereits ein echter Mensch war?

3 Mammut

In Kürze

Der Fund von Fossilien eines Urmenschen im Neandertal war der erste Nachweis für die Evolution des Menschen.

Mit den heutigen Menschen haben die Neandertaler viele Merkmale gemeinsam, unterscheiden sich aber zum Beispiel durch einen flacheren Schädel, eine kräftigere Muskulatur, massivere Knochen und Überaugenwülste deutlich von ihnen.

Homo sapiens sapiens: Der Jetztmensch

1 Höhlenmalereien der Cro-Magnon-Menschen in Lascaux/Südfrankreich

Die Urheimat des Menschen
Die Erbinformation weist bei Afrikanern für bestimmte Merkmale mehr Unterschiede auf als bei den Bewohnern der übrigen Kontinente. Eine Erklärung hierfür bietet das „Out of Africa-Modell":
Bei den Menschen, die Afrika verließen und die Vorfahren aller außerafrikanischen Völker wurden, handelte es sich um eine sehr kleine Gruppe. Ihre Erbanlagen stellten nur einen kleinen Ausschnitt der Gesamtpopulation dar. Nach diesem Modell wären alle Menschen afrikanischen Ursprungs.

Jetztmensch. Während der Neandertaler in Europa und Asien lebte, entwickelte sich in Afrika vor etwa 120 000 Jahren unser eigentlicher Vorfahre. Dieser *Jetztmensch* oder *moderne Mensch* war an das Leben am Waldrand angepasst. Er ernährte sich hauptsächlich von Pflanzen.
Von Afrika aus breitete er sich vor etwa 100 000 Jahren über die ganze Erde aus. In einigen Gebieten lebte er zeitgleich mit dem Neandertaler. Möglicherweise kam es hier zu einer Vermischung von modernen Menschen und Neandertalern.
Der bekannteste Vertreter des modernen Menschen in Europa ist der *Cro-Magnon-Mensch*, so benannt nach seinem Hauptfundort, einer Höhle in Südfrankreich. Die Skelette dieser Menschen der Steinzeit sind von unseren nicht mehr zu unterscheiden. *Höhlenmalereien* dokumentieren, dass sie geistig schon hoch entwickelt waren. Sie zeigen auch, dass Cro-Magnon-Menschen auf die Jagd spezialisiert waren.
Der Hauptzweig der *Ausbreitung* der modernen Menschen zeigte nach Osten. Mit Booten oder Flößen erreichten sie vor rund 40 000 Jahren Australien. Die Aborigines sind Nachfahren dieser Erstbesiedler. Über die damals trockene Beringstraße kamen unsere Vorfahren vor etwa 11 000 Jahren nach Amerika.
Rassen. Alle lebenden Menschen gehören zu der biologischen Art *Homo sapiens sapiens*. Die meisten lassen sich nach äußeren und inneren Merkmalen einer der Großrassen zuordnen: Europide, Mongolide oder Negride. Einige Wissenschaftler halten jedoch die Einteilung in Rassen biologisch nicht für sinnvoll, da die Menschen so eng miteinander verwandt seien, dass die Unterschiede kaum ins Gewicht fallen.

Aufgaben

1 Der Neandertaler ist nicht der Vorfahre der heute lebenden Menschen. Wie könnte er mit ihm verwandt sein? Zeichne einen Stammbaum.

2 Liste Gemeinsamkeiten und Unterschiede zwischen Neandertaler und Cro-Magnon-Mensch auf.

In Kürze

Homo sapiens entwickelte sich vor rund 300 000 Jahren in Afrika und breitete sich nach Europa und Asien aus. Der Neandertaler und der moderne Mensch, Homo sapiens sapiens, gingen aus dieser Art hervor.
Homo sapiens sapiens entwickelte sich vor etwa 120 000 Jahren in Afrika. Er verdrängte den Neandertaler und besiedelte die ganze Erde.

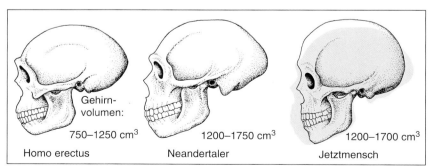

2 Im Laufe der Evolution veränderte sich die Schädelform (rot: *Neandertaler*). Das Gehirnvolumen nahm bis zum Neandertaler zu.

1803

Übersicht: Meilensteine der Menschwerdung

Evolution. Die Evolution des Menschen hat etwa 10 bis 15 Millionen Jahre in Anspruch genommen. Ausgangspunkt dieser Entwicklung war vermutlich ein im Urwald auf Bäumen lebender, schimpansenähnlicher Vorfahre. Vor etwa 6,5 Millionen Jahren trennte sich die Entwicklung der Menschenaffen und Hominiden. Die ersten Hominiden hatten sich wahrscheinlich in gebückter Haltung, dem „Knöchelgang", bewegt.

Das älteste derzeit bekannte Fossil der Menschheitsgeschichte gehört zu *Australopithecus ramidus*. Es ist etwa 4,5 Millionen Jahre alt. „Lucy" gehört zu einem bereits näher beim Menschen stehenden Hominiden, zu *Australopithecus afarensis*. Später tauchten dann *Australopithecus africanus* und *Australopithecus robustus* auf. Sie alle lebten in der Baumsavanne Ostafrikas und gingen bereits aufrecht.

Der erste eigentliche Mensch war *Homo habilis*. *Homo erectus*, sein nächster Verwandter, trat gleichzeitig mit späten Australopithecus-Arten auf. Der *Neandertaler* wurde vom *modernen Menschen* verdrängt, der die ganze Erde besiedelte.

Einige Hominidenarten lebten gleichzeitig nebeneinander. Möglicherweise kam es zu Vermischungen der verschiedenen Gruppen.

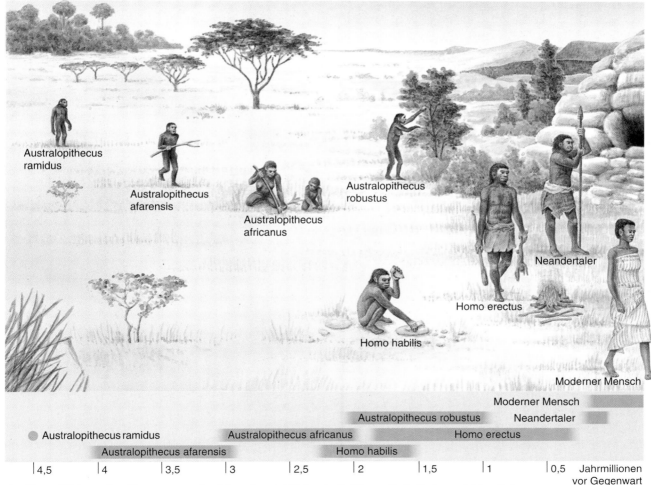

1 Unser Bild von der Abstammung des Menschen ist lückenhaft. Für große Zeiträume fehlen Belege durch Fossilien. Vorhandene Funde lassen sich nicht nahtlos aneinander fügen oder voneinander ableiten.

1804

Die kulturelle Evolution

Epoche: **Altsteinzeit**	**Altsteinzeit**	**Altsteinzeit**
Australopithecus, Homo habilis	Neandertaler, moderner Mensch	Moderner Mensch

1 Geröllwerkzeuge *2 Faustkeil* *3 Schaber* (links) *und Stichel*

Was ist „Kultur"? Kultur leitet sich vom lateinischen Wort „cultura" ab, das „Bearbeitung, Anbau, Veredelung" bedeutet. Sie berührt alle Bereiche des Lebens. Kultur äußert sich in Kunst, Wissenschaft und Religion ebenso wie in Kleidung, Werkzeugen und Gebäuden. Sie umfasst auch Verhaltensweisen und Wertvorstellungen, wie zum Beispiel Sitten, Gebräuche, Moral oder Gesetze. Unter *kultureller Evolution* versteht man die Entwicklung der Menschen zu *denkenden, sprechenden* und *kulturschaffenden Wesen*.

„Kulturfossilien" wie Werkzeuge, Höhlenmalereien, Grabbeigaben oder Mumien spiegeln den Ablauf der kulturellen Evolution wider. Je nach ihrer Beschaffenheit unterscheidet man zwischen den Epochen *Alt-* und *Jungsteinzeit* sowie *Bronze-* und *Eisenzeit*.

Altsteinzeit. Die Hominiden der Altsteinzeit benutzten neben Holz vor allem Stein zur Herstellung ihrer Werkzeuge und Waffen. Sehr frühe Werkzeuge aus Knochen und Holz haben sich jedoch nicht erhalten. Homo habilis und möglicherweise auch Australopithecus verwendeten vor etwa zwei Millionen Jahren vermutlich *Geröllwerkzeuge* aus grob behauenen Steinen. Homo erectus stellte bereits *einfache Faustkeile* her. Der Neandertaler produzierte *hoch entwickelte Faustkeile*, meist aus Feuerstein. Dieses sehr harte Material bildet beim Behauen scharfe Kanten. Funde von *Grabstätten* belegen, dass Neandertaler ihre Toten bestattet haben.

Mit dem Cro-Magnon-Menschen wurde die höchste Kulturstufe der Altsteinzeit erreicht. In kurzer Zeit entstanden vor rund 35 000 Jahren bis dahin unbekannte Werkzeuge

4 Schon die Neandertaler begruben ihre Toten.

aus Stein, Knochen und Geweih: *Nadeln* mit feinen Ösen, *Harpunenspitzen* mit Widerhaken sowie *Bohrer*. Diese Menschen stellten auch *symbolische Gegenstände* her: Figuren und Perlen aus Elfenbein, die wahrscheinlich als Schmuck getragen wurden. Die ersten *Höhlenmalereien* entstanden. Diese Höhlen waren vielleicht Kulträume, in denen das Jagdglück beschworen wurde.

Jungsteinzeit. Zu Beginn der Jungsteinzeit, die von 8000 bis etwa 2000 v. Chr. reichte, wurde der Mensch vom *Jäger* und *Sammler* zum sesshaften *Bauern* und *Viehzüchter*, der bereits Vorratshaltung betrieb. *Töpferei* und *Weberei* entwickelten sich.

In dieser Epoche entstanden die ersten Städte, zum Beispiel Babylon und Jericho. Vermutlich die Sumerer legten mit der Erfindung des Rades, künstlicher Bewässerung und Metallverarbeitung die Grundpfeiler aller Hochkulturen.

Bronze- und Eisenzeit. In der Bronzezeit begann der Mensch Metall zu bearbeiten und daraus langlebigere und kompliziertere Werkzeuge herzustellen. Sie dauerte etwa bis 800 v. Chr. und wurde von der Eisenzeit abgelöst.

1878

Die kulturelle Evolution

Jungsteinzeit	Bronzezeit	Eisenzeit
Moderner Mensch	Moderner Mensch	Moderner Mensch

1 Vase (Keramik), Beil (Steinschliff) 2 Beil aus Bronze 3 Schere aus Eisen

Biologische und kulturelle Evolution. Um aus einem Feuerstein einen Faustkeil herauszuarbeiten, muss man seine Form vorher festlegen. Diese Leistung wird vom *Großhirn* erbracht. Seine Vergrößerung im Laufe der Zeit war die Grundlage für die kulturelle Evolution. Es befähigt die Menschen zu Denk- und Lernprozessen, die nur sie beherrschen. Sowohl bei der biologischen als auch bei der kulturellen Evolution werden Informationen weitergegeben. Genetische Information wird von *Eltern* auf die *Kinder* vererbt. Sie ist nur durch *Mutation* veränderbar. Das ist ein sehr langsamer Prozess. Die kulturelle Informationsweitergabe erfolgt zwischen *Mitgliedern einer Gruppe*. Da Menschen ihr Leben lang lernfähig sind, kann das Erlernte ständig überprüft und verbessert werden. Die kulturelle Evolution verläuft daher *schneller* als die biologische. Werden die erlernten Erkenntnisse und Verhaltensweisen von Generation zu Generation weitergegeben, bilden sich *Traditionen*.

Kultur bei Japanmakaken
„Im Herbst 1953", so erzählt der japanische Affenforscher Dr. Masao Kawaj, „nahm ein junges Weibchen namens Imo eine mit Sand bedeckte Batate, tauchte sie – wohl zufällig – ins Wasser und wusch den Sand ab. Einen Monat später fing einer von Imos Spielgefährten an die Bataten ebenfalls zu waschen und nach vier Monaten tat Imos Mutter desgleichen. Allmählich verbreitete sich dieses Verhalten. Es waren fast nur ein- bis dreijährige Kinder, die es lernten. Zu den wenigen, die das nicht taten, gehörten die meisten erwachsenen Affen. Nach zehn Jahren gehörte das von Imo erfundene Waschen der Bataten zum üblichen Essverhalten dieser Affen, das von jeder Generation auf die nachfolgende übertragen wird. Wir nannten derartiges Verhalten Affen- oder Vorkultur."

Aufgaben

1 Die Entwicklung der Flügel durch die biologische Evolution beanspruchte Jahrmillionen. Die kulturelle Evolution schaffte den Weg vom Gleitflug bis zur Landung auf dem Mond in rund 80 Jahren. Erkläre.

2 Welche Elemente der Kultur kannst du in der Bildleiste oben erkennen?

3 Informiere dich im Heimat- oder Naturkundemuseum in deiner Nähe über Funde aus der Frühgeschichte des Menschen. Fasse die Ergebnisse in deinem Biologieheft zusammen.

4 Erkläre das kulturelle Verhalten der Japanmakaken.

In Kürze

Mithilfe von Kulturfossilien kann man den Verlauf der kulturellen Evolution nachvollziehen. Der für die Herstellung der Werkzeuge hauptsächlich verwendete Rohstoff ist namengebend für die jeweilige Epoche. Die kulturelle Evolution verläuft wesentlich schneller als die biologische. Sie beeinflusst auch den Verlauf der biologischen Evolution.

Entwicklung von Sprache, Kunst und Schrift

Sprache. Die Sprache ist eines der wichtigsten Merkmale des Menschen. Über die Sprache kann er sich über Vergangenes, Gegenwärtiges und Zukünftiges unterhalten, Probleme lösen und Erfahrungen austauschen.

Bestimmte Bereiche des menschlichen Gehirns und der Bau des Mund- und Rachenraumes sind die Grundlage um Sprache verstehen und verschiedene Laute bilden zu können. Der *geschlossene Zahnbogen* mit den gleich hohen Zähnen ermöglicht Laute wie d, t, s, f, der *gewölbte Gaumen* Laute wie g, k, ch, und der tief liegende *Kehlkopf* stimmlose Konsonanten wie h.

Bei *Homo erectus* waren diese Anpassungen nur teilweise ausgebildet. Vermutlich konnte er weniger Laute bilden als wir. Die Jagd auf große Tiere setzte jedoch Planung und Zusammenarbeit in der Gruppe voraus. Dies spricht dafür, dass er eine *einfache Sprache* beherrscht hat.

Kunst. Mit dem modernen Menschen trat ein bis dahin unbekanntes Phänomen auf: Kunst. Er begann sich selbst zu erkennen und Bilder von sich und seinen Jagdtieren auf Stein zu malen oder zu ritzen, aus Ton zu formen und in Holz oder Elfenbein zu schnitzen.

Schrift. Erste Ansätze der Schrift waren Kerben in Holz oder Striche auf Zeichnungen. Sie symbolisierten Ernte- oder Abgabemengen. Auch einfache Zeichen zum Beispiel für Schaf, Wein oder Krug entstanden. Im Laufe der Zeit gab man diesen Zeichen auch übertragene Bedeutungen, etwa dem Symbol „Fuß" die Bedeutung „gehen". Durch die Kombination verschiedener Zeichen wie „Auge" und „Wasser" = „weinen" entstanden neue Bedeutungen und damit einfache *Bilderschriften*.

Die Schrift führte zur Beschleunigung der kulturellen Evolution: Das wachsende Wissen konnte auf Stein- oder Tontafeln, in Büchern oder heute auf Disketten gespeichert werden. Somit wurde das Gehirn entlastet.

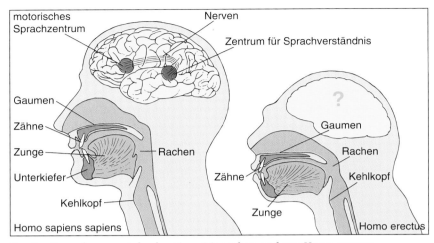

1 *Der Sprachapparat des heutigen Menschen und von Homo erectus*

2 *Pferd, Löwe, junges Nashorn oder Löwe* (von oben nach unten)*, Flöte und Frau. Die Kunstwerke sind etwa 20 000 Jahre alt.*

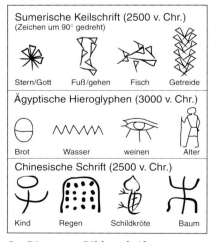

3 *Die ersten Bilderschriften*

Aufgaben

1 Homo erectus konnte vermutlich nicht so wie wir sprechen. Begründe unter Zuhilfenahme von Bild 1.

2 In der schriftlosen Zeit nahmen alte Menschen vermutlich einen besonderen Platz in der Gruppe ein. Erkläre.

In Kürze

Sprache eröffnete dem Menschen neue Möglichkeiten des Erkennens. Typisch menschlich ist die Fähigkeit zur Kunst und die Entwicklung der Schrift.

Chancen und Risiken der kulturellen Evolution

Die Entwicklung der Menschheit
Von Erich Kästner

Einst haben die Kerls auf den Bäumen gehockt,/ behaart und mit böser Visage./ Dann hat man sie aus dem Urwald gelockt/ und die Welt asphaltiert und aufgestockt/ bis zur dreißigsten Etage.

Da saßen sie nun, den Flöhen entflohn,/ in zentralgeheizten Räumen./ Da sitzen sie nun am Telefon./ Und es herrscht noch genau derselbe Ton/ wie seinerzeit auf den Bäumen.

Sie hören weit, sie sehen fern./ Sie sind mit dem Weltall in Fühlung./ Sie putzen die Zähne. Sie atmen modern./ Die Erde ist ein gebildeter Stern/ mit sehr viel Wasserspülung.

Sie schießen die Briefschaften durch ein Rohr./ Sie jagen und züchten Mikroben./ Sie versehen die Natur mit allem Komfort./ Sie fliegen steil in den Himmel empor/ und bleiben zwei Wochen oben.

Was ihre Verdauung übrig lässt,/ das verarbeiten sie zu Watte./ Sie spalten Atome. Sie heilen Inzest./ Sie stellen durch Stiluntersuchungen fest,/ daß Cäsar Plattfüße hatte.

So haben sie mit dem Kopf und dem Mund/ den Fortschritt der Menschheit geschaffen./ Doch davon mal abgesehen und/ bei Lichte betrachtet sind sie im Grund/ noch immer die alten Affen. ❐

Evolution und Umwelt. Mit der Herstellung von Werkzeugen und Kleidung schufen sich die Menschen schon sehr früh gewissermaßen *künstliche Organe*. So glichen sie ihre geringe Körperkraft aus und schützten sich vor Kälte. Auf diese Weise wurden die Menschen von ihrer Umwelt unabhängiger. Später fingen sie an die Welt nach ihren Bedürfnissen zu verändern. Das führte zum Raubbau an der Natur. Viele Pflanzen und Tiere konnten sich den veränderten Bedingungen nicht schnell genug anpassen. Sie starben und sterben auch heute noch aus. Mithilfe der Technik, der Medizin und vor allem der Gentechnik ist der heutige Mensch in der Lage bewusst und zielgerichtet die eigene Evolution und die anderer Lebewesen zu beeinflussen. Damit greift die kulturelle in die biologische Evolution ein.

Evolution des Verhaltens. *Konrad Lorenz* sagte über den modernen Menschen: „... In der Hand die Atombombe und im Herzen die Instinkte unserer steinzeitlichen Ahnen."
Unser Verhalten ist nicht immer *vernünftig*. Ursache hierfür ist das *Zwischenhirn*. Hier entstehen Gefühle wie Angst, Freude oder Wut. Auch Programme für das Verhalten, zum Beispiel bei Gefahr, sind hier gespeichert. Entstanden sind sie vor Jahrmillionen, als andere Lebensbedingungen herrschten. Im Gegensatz zum Großhirn kann das Zwischenhirn nicht lernen. Es ist der langsameren biologischen Evolution unterworfen. Daher konnten sich die für die heutige Zeit notwendigen Verhaltensmuster nicht ausreichend entwickeln.

Wohin führt die kulturelle Evolution? Die kulturelle Evolution hat die Lebensbedingungen für die Menschen verbessert. Auf der anderen Seite werden die dadurch hervorgerufenen Probleme der Umwelt und der Gesellschaft immer offensichtlicher. So stellt beispielsweise die rasche Zunahme der Bevölkerung in Ländern der Dritten Welt ein bislang ungelöstes Problem dar. Bereits heute verhungern hier jährlich Millionen von Menschen.

In Kürze

Der Mensch verändert die Umwelt in seinem Sinne. Neben Chancen birgt das auch viele Gefahren in sich. Seine stammesgeschichtlich programmierten Verhaltensmuster lassen den heutigen Menschen nicht immer vernunftgemäß handeln.

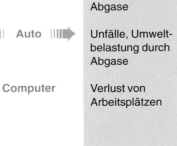

1 Vor- und Nachteile der kulturellen Evolution

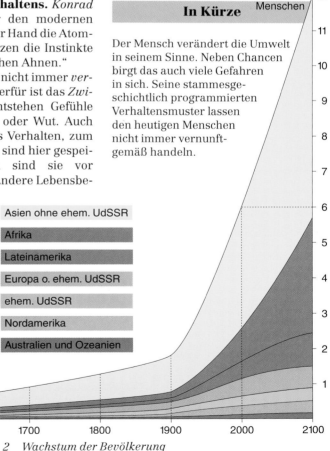

2 Wachstum der Bevölkerung

„Die ersten beiden Kapitel im ersten Buch Mose ... stellen die groben Umrisse der Schöpfung in Form einfacher historischer Tatsachen dar ... Die Bibel sagt uns, dass es zu gewisser Zeit der Geschichte nur einen Menschen auf der Erde gab – einen Mann mit dem Namen Adam. Diese Aussage steht im ... Widerspruch zur Evolutionslehre, da sich gemäß jener Theorie ganze Populationen entwickelten und keine Einzelwesen."

Aus: Gish,
Fossilien und Evolution, 1982

„Die heute lebenden Organismen gehen auf getrennt erschaffene Grundtypen von Lebewesen zurück. Die erschaffenen Arten waren von Anfang an perfekt organisiert und zu beschränkter Variation innerhalb bestimmter Grenzen befähigt ... Der Schöpfungsakt selber ist naturwissenschaftlich nicht nachvollziehbar."

Aus: R. Junker und S. Scherer
Entstehung und Geschichte
der Lebewesen, 1992

„Mit vollem Recht wird die Evolutionstheorie die bedeutendste Theorie der Biologie genannt. Die Vielfalt der Organismen, die Ähnlichkeiten und Unterschiede einmal zwischen Lebewesen, der Art ihrer Verbreitung, der Verhaltensweisen, der Anpassung und Wechselwirkung, all dies war nur ein verwirrendes Chaos von Fakten, bis es durch die Evolutionstheorie Sinn erhielt. Es gibt kein Gebiet der Biologie, dem sie nicht als Ordnungsprinzip gedient hätte."

Aus: Ernst Mayr,
Artbegriff und Evolution, 1967

Rechte für Menschenaffen?
„Radikale Tierschützer, Zoologen und Verhaltensforscher, angeführt von dem australischen Bioethiker Peter Singer, fordern für die Orangs, Gorillas oder Schimpansen die gleichen Freiheitsrechte wie für Menschen. Einige Biologen sind überzeugt, man müsse den Homo sapiens der Gattung der Schimpansen zurechnen. Gründe, die dafür sprechen: Die Erbinformation von Menschen und Schimpansen unterscheidet sich in weniger als zwei Prozent."

Aus: *Der Spiegel 27/1993*

Stichwort: Biologische und kulturelle Evolution des Menschen

Überblick

Die dem Menschen am nächsten stehenden Tiere sind die Menschenaffen. Typisch menschliche Merkmale sind der aufrechte Gang, der große Gehirnschädel und das bogenförmige Gebiss.

Die frühesten Funde von Hominiden stammen aus Ostafrika. Die verschiedenen Australopithecus-Arten sind die bisher ältesten aufrecht gehenden Hominiden. Sie zeigen Merkmale, die sie zwischen Mensch und Menschenaffen stellen. Zu den ersten Menschen zählt aufgrund seines großen Gehirnvolumens und seiner Fähigkeit, Werkzeuge herzustellen, Homo habilis. Homo erectus verließ als erster Mensch Afrika. Vor etwa 300 000 Jahren tauchte in Afrika Homo sapiens auf. Aus ihm entwickelte sich der Neandertaler. Der Jetztmensch, Homo sapiens sapiens, verbreitete sich vor etwa 70 000 Jahren von Afrika aus über die gesamte Erde. Es bildeten sich verschiedene Rassen.

Körpergröße und Gehirnvolumen nahmen während der Evolution zu, der Gesichtsschädel wurde flacher.

Der Jetztmensch ist der kulturellen Evolution stark unterworfen. Darunter versteht man seine Entwicklung zu einem denkenden, sprechenden und kulturschaffenden Wesen. Die kulturelle Evolution verläuft wesentlich schneller als die biologische. Einerseits verbessert sie die Lebensgrundlagen für den Menschen, andererseits birgt sie auch große Gefahren in sich.

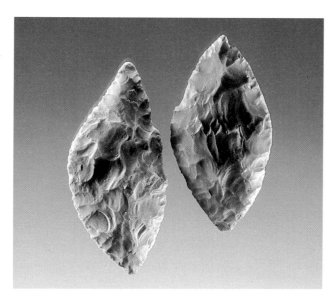

Alles klar?

1 Welche Merkmale haben Mensch und Menschenaffen gemeinsam? In welchen Merkmalen unterscheiden sie sich?

2 Erkläre, wie es zur Entwicklung des aufrechten Ganges kam.

3 Wo stand die „Wiege der Menschheit"? Begründe.

4 Ordne „Lucy" in den Stammbaum der Menschen ein.

5 Der Gebrauch des Feuers veränderte das Leben der Menschen von Grund auf. Erkläre.

6 Das linke Bild zeigt Blattspitzen für einen Speer oder ein Messer aus der Zeit 50 000 v.Chr. Auf dem rechten Bild sind Gegenstände aus dem 6. Jahrhundert n.Chr. dargestellt. Erläutere die wichtigsten Entwicklungsschritte in dem dazwischenliegenden Zeitraum.

7 Vergleiche die biologische und kulturelle Evolution miteinander.

8 Nenne Beispiele dafür, wie der Mensch den Verlauf der biologischen Evolution beeinflusst.

Verhalten

Schimpansen sind mit uns näher verwandt als alle anderen Tiere. Schauen wir ihnen im Zoo zu, werden wir oft zum Lachen gereizt, weil wir ihr Verhalten unwillkürlich mit menschlichem Verhalten gleichsetzen. Dabei vergessen wir, dass Schimpansen aus einem anderen Lebensraum stammen und auf ihn in Körperbau und Verhalten abgestimmt sind. Das Foto links zeigt eine Schimpansin mit ihrem Jungen in Afrika beim Termitenangeln.

Das Termitenangeln. Ein Schimpansenweibchen geht „vierfüßig", gestützt auf die Fingerknöchel, auf einen Termitenbau zu. Ein etwa vierjähriges Schimpansenkind folgt ihr. Die Schimpansin untersucht die Eingangslöcher des Termitenbaus, beschnuppert und beäugt sie. Das Jungtier sitzt neben ihr und kaut auf einem Blatt. Dann sieht sich die Schimpansin um. Sie ergreift einen festen Grashalm und beknabbert beide Enden, bis sie ein langes, gerades Stück zwischen den Fingern hält. Behutsam schiebt sie den Halm in eines der Termitenlöcher und bewegt ihn darin langsam kreisend, zieht ihn etwas heraus und schiebt ihn wieder tiefer hinein. Dann holt sie den Halm vorsichtig wieder heraus. Drei Termiten haben sich darin verbissen. Die Schimpansin schiebt die Unterlippe vor und zieht den Halm mit den Termiten zwischen den Lippen hindurch. Mit offenkundigem Behagen zerkaut sie die Beute und schiebt den Halm anschließend erneut ins Loch.

Wilde Schimpansen. Schimpansen leben in den Urwäldern und Savannen West- und Zentralafrikas. In Gruppen von etwa 50 Tieren ziehen sie von einem Nahrungsplatz zum anderen. Sie ernähren sich von Früchten und Baumknospen, daneben von Insekten und kleinen Säugetieren. Auf Nahrungssuche erklettern sie hohe Bäume und verbringen dort viele Stunden mit Fressen. Auch ihre Schlafnester bauen sie meist auf Bäumen. Dazu ziehen sie biegsame Äste zusammen und verflechten sie miteinander. Das so entstandene Nest polstern sie mit Zweigen und Blättern aus. Jeder baut für sich allein ein Schlafnest. Nur Jungtiere, die noch gesäugt werden, übernachten bei ihrer Mutter.

Der Zusammenhalt zwischen den Schimpansenmüttern und ihren Kindern ist eng. Bis zum Alter von etwa 4 Jahren sind junge Schimpansen ganz auf ihre Mutter angewiesen. Sie werden gesäugt, gestreichelt, überallhin mitgenommen und beim Spielen überwacht.

Wie wilde Schimpansen leben, weiß man erst seit kurzer Zeit, vor allem durch die Arbeiten der englischen Verhaltensforscherin *Jane Goodall*. Von ihr stammt auch die Beobachtung der Termiten angelnden Schimpansin.

Aufgaben

1 Zu den wichtigsten Arbeitstechniken von Verhaltensforschern wie Jane Goodall gehört das genaue Beobachten und Beschreiben. Dabei wird zwischen der Beschreibung und Vermutungen darüber, wozu das Verhalten dient, streng unterschieden. Beschreibe in dieser Weise Körperhaltung und Gesichtsausdruck der Schimpansen auf dem Foto links.

2 Man könnte vermuten, dass der junge Schimpanse durch Zusehen von der Mutter lernt. Wie ließe sich prüfen, ob diese Vermutung zutrifft?

3 Informiere dich über das Leben der Schimpansen in Afrika.

Schimpansenforschung

In den Sechzigerjahren begann die junge Engländerin Jane Goodall frei lebende Schimpansen in Tansania zu beobachten. Sie gewöhnte mehrere Schimpansengruppen an ihre Anwesenheit und lernte die Tiere einzeln kennen. Über alle Beobachtungen an den Schimpansen führte sie sorgfältig Protokoll.

So entstand im Laufe der Zeit ein genaues Bild vom Tagesablauf der Schimpansen und von den Beziehungen innerhalb der Gruppe. Heute gibt es dort, wo Jane Goodall ihre Untersuchungen in Zelt und einfacher Hütte begann, eine eigene Forschungsstation.

Jane Goodall mit einem ihr schon lange bekannten Schimpansen

Was ist Verhalten?

Schon wenn du in den Spiegel schaust, siehst du Verhalten, wie es für Menschen typisch ist: Du kannst lächeln oder gähnen, du wirst vielleicht plötzlich rot, du runzelst die Stirn, hebst die Hand oder wendest den Kopf ab. Was nicht im Spiegel zu sehen ist: Du kannst reden, singen, schreien. All diese einzelnen Abläufe nennt man Verhaltensweisen.

Menschen und Tiere verhalten sich immer. Auch Schlafen und Ruhen sind Verhaltensweisen.

Manche Verhaltensweisen sind beim Menschen und vielen Tierarten ähnlich. Wir können das Gähnen von Tieren als Gähnen erkennen, auch wenn es ein wenig anders aussieht als bei uns. Jede Tierart hat daneben aber auch eigene, unverwechselbare Verhaltensweisen.

Verhaltensweisen können geordnet werden. Ein Mensch oder ein Tier ruht, nimmt Nahrung auf, pflegt seine Haut, läuft davon, kämpft gegen einen Artgenossen und sorgt für seine Nachkommen. Alle Verhaltensweisen lassen sich sechs Bereichen oder Funktionskreisen zuordnen:

— Ruhe, z. B. Schlafen;
— Fortbewegung, z. B. Laufen;
— Körperpflege, z. B. Gähnen;
— Nahrungserwerb, z. B. Zerteilen einer Beute;
— Angriff und Flucht, z. B. Beißen;
— Fortpflanzung, z. B. Füttern der Nachkommen.

Wie funktioniert Verhalten?
Wenn eine Katze eine Maus von weitem erblickt, schleicht sie auf diese zu und versucht sie zu fangen. Die Maus hat auf sie als *Reiz* gewirkt, er ist der *Schlüssel* zur Handlung, der sogenannte *Schlüsselreiz*. Solche Schlüsselreize können von der belebten oder unbelebten Umwelt eines Tieres ausgehen, beispielsweise von Feinden, Beutetieren, von Regen oder Dunkelheit.

Wird die Reaktion allerdings von einem Artgenossen ausgelöst, bezeichnen wir diesen Reiz als *Auslöser*. Taucht beispielsweise eine

1 *Gähnendes Kind*

fremde Katze im Revier auf, kommt es zu einer Auseinandersetzung zwischen den Tieren. Die fremde Katze ist der Auslöser eines Droh- und Aggressionsverhaltens.

Jeder Schlüsselreiz oder Auslöser kann nur bestimmte Verhaltensweisen in Gang setzen. Dafür sorgen *Auslösemechanismen* im Gehirn und in den Sinnesorganen. Man kann sie sich als Filter vorstellen, die für das Tier bedeutsamen Reize, die mit einer Verhaltensweise beantwortet werden müssen, aus den eintreffenden Reizen ausfiltern.

Weder Mensch noch Tier sind jederzeit bereit aggressiv zu sein oder Nahrung aufzunehmen. Sie müssen in der passenden „Stimmung" sein. Diese wird als *Handlungsbereitschaft* bezeichnet. Die Handlungsbereitschaft zur Nahrungsaufnahme nennen wir Appetit. Nur wenn die Handlungsbereitschaft da ist, funktionieren die zugehörigen Auslösemechanismen. Handlungsbereite Lebewesen gehen sogar auf die Suche nach den Auslösern oder Schlüsselreizen, so beispielsweise ein hungriger Mensch auf der Suche nach Kuchen.

2 *Gähnender Fuchs*

Aufgaben

1 Nenne und beschreibe Verhaltensweisen von Tieren, die du gut kennst.

2 Lege eine Liste mit Verhaltensweisen von Menschen und Tieren an und ordne sie den Funktionskreisen zu.

In Kürze

Unter Verhalten versteht man Bewegungen, Körperhaltungen, Lautäußerungen und einige weitere Signale. Man gliedert Verhalten in einzelne Einheiten, die Verhaltensweisen. Sie laufen immer wieder gleich ab.
Reize, die ein Verhalten auslösen, heißen Schlüsselreize oder, wenn sie von einem Artgenossen kommen, Auslöser. Ist das Tier oder der Mensch handlungsbereit und wirken die richtigen Reize ein, sorgt ein Auslösemechanismus dafür, dass das zugehörige Verhalten abläuft.

Praktikum: Amselbeobachtung

Um Tiere im Freien zu beobachten, sind viel Geduld und Zeit Voraussetzung. Vögel im Garten, in einem Park oder auf dem Schulhof, wie der Haussperling, die Straßentaube und die Amsel, bieten sich für Verhaltensbeobachtungen an. Sie sind meist nur wenig scheu. Ein Verhalten zu beschreiben ist gar nicht so einfach. Versuche es einmal am Beispiel der Amsel. Vielleicht kannst du eine Amsel auch bei verschiedenen Verhaltensweisen fotografieren · oder filmen.

Das vielfältige Verhalten der Amsel

Benötigt werden: Notizblock, Schreibzeug, Fernglas, Bestimmungsbuch, eventuell Fotoapparat oder Videokamera. Beobachtungszeitraum: ab Februar/März bis Sommer.

Nahrungssuche
• Beschreibe, wie sich die Amsel vor und bei der Entdeckung der Beute bewegt. Welche Körperteile sind bei der Nahrungssuche beteiligt? Was frisst sie? Wie fängt sie ihre Beute, wie hält sie sie fest? Wie und wo frisst sie ihre Beute?

Revierverhalten
• Beobachte, welche Amsel das Schulgelände als ihr Revier in Besitz genommen hat.
• Hat das Amselmännchen einen Stammplatz? Zu welcher Tageszeit und wie lange singt es? Beobachte über einen Zeitraum von vier Wochen. Trage das Ergebnis grafisch auf.
• Stelle eine ausgestopfte Eule, die mit einem Tuch bedeckt ist, auf einem Sockel im Freien auf.

Singen

balzendes Männchen

Brüten

1.

2.

Kampf

3.

1-3: aufeinander folgende Verhaltensweisen

Imponieren

Unterwerfung

Beobachte fünf Minuten. Ziehe dann das Tuch ab und beobachte weitere fünf Minuten. Welche Laute äußern die Amseln? Wo halten sie sich auf? Wohin blicken sie? Wie bewegen sie sich?

Die folgenden Beobachtungen lassen sich nur durchführen, wenn das Nest an einer günstigen Stelle gebaut ist. Gehe sehr vorsichtig vor um die Elterntiere nicht zu vertreiben. Benutze möglichst ein Fernglas.

Nestbau
• Beschreibe, wie beide Elterntiere nach Nistmaterial suchen. Welches Nistmaterial wählen sie? Wo bauen sie das Nest? Wie lange brauchen die Amseln für den Nestbau? Mit welchen Körperteilen wird das Nest gebaut? Wann werden die Eier abgelegt? Wie viel Junge schlüpfen?
• Suche im Herbst ein leeres Nest. Untersuche es. Wie ist das Nistmaterial verarbeitet worden?

Jungenaufzucht
• Notiere, wie oft die Amseln das Nest anfliegen. Beteiligen sich beide Elterntiere gleichmäßig an der Fütterung? Welches Verhalten zeigen die Jungen, wenn die Alten am Nest ankommen? Wie füttern die Alten die Jungen? Mit welcher Nahrung füttern die Elterntiere? Wie lange dauert es, bis die Jungen flügge werden? Wie verhalten sie sich, nachdem sie das Nest verlassen haben?

Tragt in der Klasse eure Aufzeichnungen und Fotos zusammen. Stellt einen Verhaltenskatalog zusammen.

Verhalten des Kampffisches

1 Kampffischmännchen. Intensive Färbung, große Flossen und ein großer Körper gelten als gute Kampfeigenschaften.

Kampffische stammen aus Südostasien. Dort leben sie in meist flachen, stehenden Gewässern wie sumpfige Teiche oder überflutete Reisfelder. Von den Malayen werden sie seit 1850 für Wettkämpfe gezüchtet und ausgewählt.

Labyrinthfische. Die Kampffische gehören zu den sogenannten *Labyrinthfischen*. Neben der für alle Fische typischen Kiemen- und Hautatmung verfügen sie über ein zusätzliches Atmungsorgan, das Labyrinth, mit dem sie atmosphärische Luft einatmen können. Es besteht aus labyrinthartigen Ausbuchtungen in der Mundhöhle, die mit einer intensiv durchbluteten Haut ausgekleidet sind. Regelmäßig wird von den Fischen Luft an der Wasseroberfläche aufgenommen und so ein Leben in Gewässern mit niedrigem Sauerstoffgehalt ermöglicht.

Nestbau. Bei guten Haltungsbedingungen holen die Fische häufig Luft. In speziellen Zellen der Mundhöhle produzieren die Tiere Schleim, mit dem sie die Luftblasen einschleimen und danach an geeigneten Stellen als Blasen ausstoßen. So entstehen an der Wasseroberfläche *Schaumnester*, in denen sich die Eier entwickeln können.

Kampfbereitschaft. Da die natürlichen Lebensräume der Kampffische besonders außerhalb der Regenzeiten durch Austrocknungen stark eingeengt werden, entstehen häufig sehr *hohe Populationsdichten*. Die dauernde Kampf- und Paarungsbereitschaft der Männchen ist wahrscheinlich eine Verhaltensanpassung an diese Situation. Schon die sich entwickelnden Jungmännchen liefern sich Scheingefechte; mit etwa neun Wochen ist der *Kampfinstinkt* bereits voll ausgereift. Die Männchen sind *Beschädigungskämpfer*, die sich bei ihren Kämpfen gegenseitig oft aber auch die Weibchen umbringen können.

Imponierverhalten. Treffen zwei Kampffischmännchen aufeinander, so lassen sich eine Reihe *typischer Verhaltensweisen* beobachten. Abwechselnd kommt es zum *„Den-Gegner-Ansehen"* und *„Sich-seitwärts-Drehen"*. Die Kiemendeckel sind beim frontalen Gegenüberstehen meist aufgerichtet, beim Seitwärtsdrehen schlagen die Tiere mit gespreizten Bauchflossen und dem Schwanz sich gegenseitig Wasser zu. Im Verlaufe des Imponierverhaltens werden die Reaktionen zunächst intensiver. Dabei entspricht sich das

Verhalten der Tiere: Die Aktion des einen Fisches löst als Reaktion das gleiche Verhalten beim anderen Männchen aus. Als auslösende Signale oder *Schlüsselreize* wirken: das *Ausspreizen der Kiemendeckel*, das *Aufrichten der Flossen*, eine *Intensivierung der Färbung*, ein *breitseitiges Nebeneinander-Stehen*, das *frontale Zuwenden, Beißen* in den Körper und die Flossen des Gegners. Die Verhaltensweisen scheinen nach einer Art *Reiz-Reaktions-Kette* abzulaufen. Das Imponieren endet, wenn ein Tier seine Kiemendeckel immer länger aufstellt, ohne dass der Gegner darauf in gleicher Art antwortet. Kann das unterlegene Tier nicht durch Flucht ausweichen und damit die Aggressivität des überlegenen Männchens hemmen, wird es oftmals gebissen und seine Färbung verblasst zunehmend, es wird „unsichtbar".

Attrapenversuche. Sie dienen in der Verhaltensforschung dazu, die auslösenden Reize, *Schlüsselreize*, einer Verhaltensweise herauszufinden. *Attrappen* sind vereinfachte Nachbildungen eines Tieres oder Gegenstandes. Ein zu untersuchendes Merkmal wird dabei kontinuierlich verändert, während alle anderen Merkmale konstant gehalten werden. Form, Umriss und Größe, Farbe, Geruch, Geschmack und Bewegungen können so einzeln analysiert werden.

In Kürze

Kampffische sind von den Malayen auf Kampfeigenschaften gezüchtete Fische.

Treffen zwei Kampffischmännchen aufeinander, kann man typische Verhaltensweisen beobachten, die nach Art einer Reiz-Reaktions-Kette abzulaufen scheinen.

Mit Hilfe von Atrappenversuchen kann man einzelne Verhaltensmerkmale untersuchen und analysieren.

2187

Praktikum: Beobachtungen an Kampffischen

Haltung der Kampffische

Benötigt werden:
Kampffischmännchen,
ein großes oder mehrere
kleine Haltungsbecken,
undurchsichtige und durch-
sichtige Trennwand,
Versuchsbecken, Heizregler,
Thermometer, Beleuchtung,
Fangnetz, Trockenfutter.

Kampffische sind bei uns in
vielen Zoohandlungen er-
hältlich. Für die Versuche
sollten sie gleich groß sein.
Die Männchen müssen ge-
trennt voneinander gehal-
ten werden: einzeln in klei-

nen Becken oder gemein-
sam in einem großen
Becken, das durch undurchsichtige Trennwände unterteilt ist. Eine Belüftung ist
nicht notwendig, da die Fische an der Wasserober-
fläche Luft holen können.
Deckt das Becken mit einer
Glasscheibe ab.
Das Wasser sollte möglichst
klar und sauber sein. Die
Wassertemperatur im Hal-
tungs- und Versuchsbecken
liegt bei 24 bis 28 °C.
Füttert die Fische täglich
mit Trockenfutter.

Revierverhalten der Kampffische

Benötigt werden:
Kampffischmännchen,
Stoppuhr, Notizblock und
Schreibzeug, Versuchs-
becken, Spiegel.

Durchführung:
• Setzt ein Männchen in
das Versuchsbecken, am
besten einen Tag vor dem
Versuch.
Vorversuch: Beobachtet den
Fisch einige Minuten. Ach-
tet auf die Bewegungsweise,
die Haltung und Bewegung
der Flossen, die Schwimm-
höhe und das Luftschnap-
pen. Stellt dann einen Spie-
gel an die Schmalseite des
Beckens. Beobachtet.
• *Versuch 1:* Bildet fünf
Gruppen. Jede Gruppe be-
obachtet eine der folgenden
Verhaltensweisen:
A Frontalimponieren: wie
oft schwimmt der Fisch
näher als 2,5 cm an den
Spiegel heran?
B Häufigkeit des
Seitwärtsimponierens.
C Häufigkeit des Schwanz-
schlags.
D Dauer des Flossensprei-
zens in Sekunden.
E Häufigkeit des Luft-
schnappens.

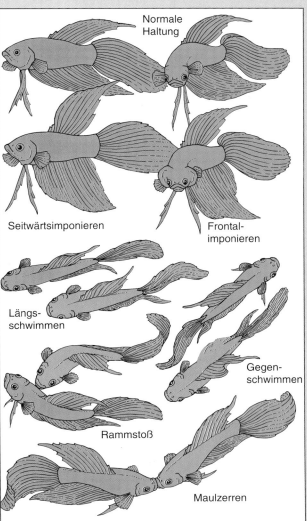

Normale
Haltung

Seitwärtsimponieren

Frontal-
imponieren

Längs-
schwimmen

Gegen-
schwimmen

Rammstoß

Maulzerren

Stellt einen Spiegel an die
Schmalseite des Beckens.
Schreibt auf, wie häufig
oder wie lange der Fisch die
Verhaltensweisen in der ersten Minute, in der zweiten
Minute, in der dritten Minu-
te … ausübt. Achtet auch
auf seine Färbung.
Da ihr euch auf das Beob-
achten konzentrieren
müsst, sollte einer von euch
laut die Minuten ansagen.
Registriert die Verhaltensweisen, bis nach etwa zehn
Minuten eine Abnahme der
Reaktionen erfolgt ist.
Stellt die Werte für jede Verhaltensweise einzeln gra-
fisch dar.
• *Versuch 2:* Unterteilt ein
Aquarium mit einer durch-
sichtigen und gleich dahinter einer undurchsichtigen
Trennwand. Setzt in jede
Hälfte einen Fisch ein.
Teilt euch auf zwei Gruppen
auf. Jede Gruppe beobach-
tet einen Fisch. Entfernt die
undurchsichtige Trenn-
wand. Beobachtet beide
Tiere wie in dem vorange-
gangenen Versuch. Stellt ein
Protokoll zusammen. Las-
sen sich Unterschiede im
Verhalten der Fische erkennen?

Angeboren oder erlernt

Kaspar-Hauser-Versuche. Tiere, die im Versuch ohne Kontakt zu Artgenossen aufwachsen, nennt man *Kaspar-Hauser-Tiere*, die Versuche *Kaspar-Hauser-Versuche*. Versuche unter solchen Isolationsbedingungen dienen in der Verhaltensforschung dazu, herauszufinden, welche Verhaltensanteile den Tieren *angeboren* sind und welche *erlernt* sind. Versuche, bei denen Tiere unter völliger Isolation heranwachsen, führen zu *schweren Entwicklungsstörungen*. Ihr Verhalten ist dann nicht mehr vergleichbar mit dem Verhalten normal aufgewachsener Artgenossen. Deshalb werden heute Tiere nur teilweise oder für kurze Zeiträume unter Erfahrungsentzug aufgezogen.

Caspar Hauser

1828 wurde in der Nähe von Nürnberg ein junger Mann gefunden, der sich nur unkoordiniert bewegen konnte und unverständliche Laute von sich gab. Er war in einem dunklen Verlies nahezu ohne menschliche Kontakte aufgewachsen. Er nannte sich selbst Caspar Hauser. Fünf Jahre nach seinem Auftauchen starb er am 17.12.1833 an einer Stichwunde durch einen Unbekannten. Kein Wunder also, dass er zu einer Legende wurde. Vielfach nimmt man an, dass sein ungewöhnliches Aufwachsen und seine Ermordung mit Erbfolgestreitigkeiten zu tun hatten und er möglicherweise ein Urenkel des Großherzogs Karl Friedrich von Baden gewesen sein könnte.

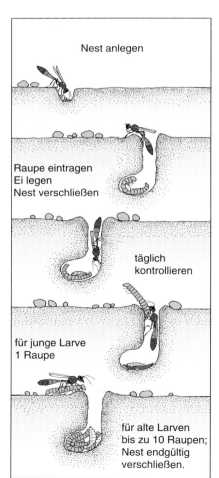

Nest anlegen

Raupe eintragen
Ei legen
Nest verschließen

täglich
kontrollieren

für junge Larve
1 Raupe

für alte Larven
bis zu 10 Raupen;
Nest endgültig
verschließen.

2   *Brutfürsorge der Sandwespe*

Angeborenes und erlerntes Verhalten bei der Sandwespe. Die *Sandwespe Ammophila* gräbt in lichten Kiefernwäldern eine *Brutröhre* in den Sandboden und merkt sich den Ort. Dann erbeutet sie eine *Raupe*. Mit Stichen in das Nervensystem wird sie gelähmt und in die Brutröhre transportiert. Dort legt die Sandwespe ein *Ei* an die Raupe und verschließt den Eingang. Aus dem Ei entwickelt sich eine Larve. An den folgenden Tagen kontrolliert die Wespe jeden Morgen den Entwicklungsstand ihrer Larve und den Futtervorrat. Ist Futter erforderlich, trägt sie weitere Raupen ein. Nach 5 bis 6 Tagen ist die Larve so groß, dass die Sandwespe ihr nochmals bis zu 10 Raupen einträgt. Danach verschließt sie die Brutröhre endgültig. Sobald der letzte Raupenvorrat verzehrt ist, spinnt sich die Larve in der Brutkammer in einen Kokon ein und verpuppt sich. Im kommenden Sommer schlüpft daraus die Sandwespe. Ähnlich wie bei der Brutfürsorge der Sandwespe wirken bei den meisten Verhaltensweisen *angeborene* und *erlernte* Anteile zusammen. Man spricht in solchen Fällen deshalb von einer *Instinkt-Dressur-Verschränkung*.

Aufgaben

1   Benenne die angeborenen und erlernten Anteile im Brutfürsorgeverhalten der Sandwespe Ammophila mit Hilfe der nebenstehenden Grafik.

2   Wie könnte man prüfen, dass der Eintrag von neuen Raupen tatsächlich vom Zustand der Larven abhängig ist?

3   Wozu dienen in der Verhaltensforschung Kaspar-Hauser-Versuche? Welchen Einschränkungen unterliegen sie?

4   Führe Gründe an, weshalb Tiere, die unter vollständiger Isolation aufwachsen, schwerste Verhaltensstörungen zeigen.

In Kürze

Kaspar-Hauser-Versuche sind Versuche unter Erfahrungsentzug. Sie dienen dazu, herauszufinden, welche Verhaltensanteile angeboren sind. Bei den meisten Verhaltensweisen wirken angeborene und erlernte Anteile in Form von Dressur-Instinkt-Verschränkungen zusammen.

2469

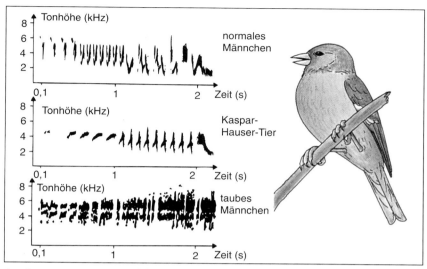

1 *Sonagramme von Buchfinkengesängen. Sonagramme sind Aufzeichnungen von Tönen, Klängen und Geräuschen mit dem Sonagraphen.*

Reifung. Beobachtet man Tauben bei ihren ersten Flugversuchen, könnte man meinen, sie müssten das Fliegen erst lernen. Zieht man eine Gruppe von Tauben normal auf und hält eine andere Gruppe in so engen Käfigen, dass sie die Flügel nicht öffnen können, zeigen beide Gruppen nach etwa acht Wochen das gleiche Flugvermögen, sobald man sie erstmals ins Freie lässt. Fliegenkönnen ist also den Tieren angeboren; die Flügelmuskulatur bedarf aber einer Entwicklungszeit, sie muss reifen. Man spricht von *Reifung*.

Lernen durch Erfahrung. Der Vogelgesang ist für die meisten Arten ebenso charakteristisch wie ihr Federkleid. Vergleicht man den Gesang verschieden großgezogener Buchfinken, stellt man jedoch fest: Freilandtiere zeigen ein sehr vielgestaltiges Gesangssonagramm; wachsen mehrere Männchen in der Gruppe ohne Elterntiere auf, ist ihr Gesang schon viel einfacher; der Gesang eines in völliger Schallisolation aufgewachsenen Tieres, eines Kaspar-Hauser-Tieres, weist ein noch einfacheres Sonagramm auf. Angeboren

ist den Buchfinken also das Singen überhaupt, die ungefähre Strophenlänge und Aufteilung in Elemente. Alles andere müssen sie erst durch Erfahrung lernen. Es ist ein durch *Erfahrung ergänztes*, angeborenes Verhalten.

Bildung bedingter Reaktionen. Kennt eine Erdkröte noch keine Mehlwürmer, so löst der Geruch eines Mehlwurms auf einem Wattebausch keine Fangreaktion aus. Hat die Erdkröte aber bereits mehrfach Erfahrungen mit Mehlwürmern als geeignete Nahrungsobjekte gemacht, reagiert sie auch auf den dargebotenen Mehlwurmgeruch mit einer Fangreaktion.

Ein sich bewegender Mehlwurm führt stets zu einer Fangreaktion, er ist ein *angeborener unbedingter Reiz*, im Sinne von *„muss nicht erlernt werden"*. Ein unbekannter Geruch führt dagegen zu keiner Reaktion, er wirkt als *neutraler Reiz*. Macht eine Erdkröte mehrfach die gleichzeitige Erfahrung von Mehlwurm und typischem Geruch, wird der Mehlwurmgeruch selbst zu einem *bedingten Reiz*, der Zusammenhang wurde gelernt. Reagiert das Tier nun auch allein auf den erlernten bedingten Reiz, liegt eine bedingte Reaktion vor. Diese als klassische Konditionierung oder Bildung bedingter Reaktionen bezeichnete Lernform wurde von dem russischen Forscher und Nobelpreisträger Iwan P. Pawlow (1849–1936) entdeckt und erstmals intensiv untersucht.

Aufgaben

1 Die Grafik links zeigt die klassische Versuchsanordnung von Pawlow. Einem Hund wird Fleisch geboten, während gleichzeitig eine Glocke ertönt. Der gebildete Speichel wird aufgefangen und gemessen. Beschreibe den Versuch und die Versuchsergebnisse.

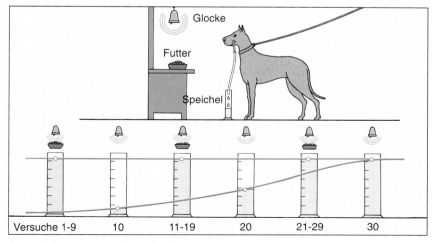

2 *Mit diesem Versuch entdeckte Pawlow den bedingten Reflex.*

Gewöhnung. Die Küken vieler Hühnerarten zeigen ein Alarmverhalten: Sie ducken sich in die Nestmulde, wenn Flugbildsilhouetten von Raubvögeln über ihnen fliegen. Flugbilder von „harmlosen" Vögeln werden dagegen nicht beachtet, die Küken zeigen darauf keine besondere Reaktion. 1961 entdeckte W. M. Schleidt bei einem Versuch an Kaspar-Hauser-Truthühnern, dass die frisch geschlüpften Küken sich zunächst bei jeder Attrappenform ängstlich ins Nest ducken, auch bei einem fallenden Blatt. Im Laufe der Entwicklung ließen allmählich die Fluchtreaktionen auf diejenigen Attrappen nach, die häufiger als andere gezeigt wurden. Die Küken wurden mit diesen Objekten vertraut, sie hatten sich an diese Objekte *gewöhnt*. Durch die Lernform der *Gewöhnung* werden unnötige Reaktionen vermieden, die Lebewesen lernen, zwischen bedeutungsvollen und bedeutungslosen Reizen zu unterscheiden.

Lernen am Erfolg. E. L. Thorndike schloss hungrige Katzen in Lattenkäfige ein und stellte außerhalb gut sichtbar Futter auf. Die meisten Katzen versuchten durch die Holzstäbe hindurch an das Futter zu kommen. Sie kratzten zunächst planlos an allen Gegenständen im Käfig. Die Käfigtür war so konstruiert, dass sie aufging, sobald die Tiere an einer bestimmten Schnur zogen oder einen Hebel niederdrückten. Irgendwann

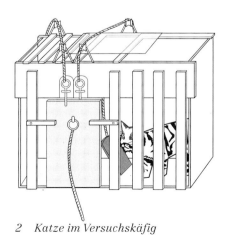

2   *Katze im Versuchskäfig*

1   *Küken von Truthühnern ducken sich zunächst bei jeder Attrappenform ängstlich ins Nest, dann gewöhnen sie sich an häufig gezeigte Attrappen.*

löste die Katze beim Kratzen zufällig diesen Mechanismus aus. Bei aufeinander folgenden Versuchen lösten die Katzen immer schneller und gezielter den Öffnungsmechanismus aus. Die Katzen hatten über *Versuch und Irrtum am Erfolg* gelernt.

Thorndike schloss aus seinen Versuchen, dass Aktionen, die kurz vor einem angenehmen Zustand auftreten, häufiger gezeigt werden. Wird die erfolgreiche Verhaltensweise belohnt, verstärkt, spricht man vom *Lernen durch bedingte Aktionen*. Hunger und Durst oder das Fehlen von sozialen oder sexuellen Kontakten werden von Tieren als Mangel empfunden. Verhaltensweisen, die diesen Zustand beseitigen, wirken positiv verstärkend und werden als bedingte Aktionen gelernt.

Bedingte Hemmung. Erwartet Ratten, die ihrem angeborenen Verhalten entsprechend ins Dunkle fliehen, dort ein elektrischer Schlag, lernen diese Tiere sehr schnell, das Dunkle zu meiden. Ihr Verhalten hat zu einer unangenehmen Erfahrung geführt, es hat eine *negative Verstärkung* stattgefunden, es entstand eine *bedingte Hemmung*. Schmerz und Schreck lassen sich als negative Verstärker einsetzen. Sie wirken als

Strafen. Bestrafung sollte allerdings nicht mit negativer Verstärkung gleichgesetzt werden: Meist zeigt die Bestrafung nicht, was getan werden soll, sondern nur, was zu lassen ist und löst in vielen Fällen zusätzlich Ängste aus, die das Lernen intensiv stören.

Aufgaben

1   Wie würdest du vorgehen, wenn du einem Hund das „Pfötchengeben" beibringen wolltest?

2   Warum soll man einen Hund, der weggelaufen war, bei seiner Rückkehr nicht bestrafen? Was müsste man stattdessen tun?

In Kürze

Unter Gewöhnung versteht man, dass ein Lebewesen gelernt hat, auf einen Reiz nicht mehr zu reagieren.
Folgt auf eine Verhaltensweise eine positive Erfahrung, so wird dieses Verhalten in der Folgezeit häufiger gezeigt.

Lernen

Nachahmung. Seit 1948 werden von japanischen Forschern die *Rotgesichtsmakaken* sehr intensiv untersucht. Normalerweise leben die Tiere in kleinen Gruppen mit einer ausgeprägten Rangordnung. Um sich die Beobachtung zu erleichtern und die Affen am Beobachtungsort zu halten, werden sie mit Süßkartoffeln gefüttert. 1953 wurde nun erstmals beobachtet, wie das $1\frac{1}{2}$-jährige Weibchen Imo eine Süßkartoffel im Bach wusch und danach verzehrte. Den Waschvorgang, bei dem das anhaftende Erdreich sorgfältig abgespült wurde, wiederholte Imo in der Folgezeit regelmäßig. Es dauerte fast 4 Monate, bis dieses Verhalten von Imos Mutter und einem Spielgefährten übernommen wurde. 1957 wuschen bereits 15 Affen und 1962 wuschen 42 von den 59 Tieren der Beobachtungsgruppe ihre Süßkartoffel vor dem Verzehr. Nur die ranghohen erwachsenen Männchen übernahmen das Verhalten nicht. Allerdings taten es die folgenden Generationen. Das durch *Nachahmung* erlernte Verhalten ist zu einer Tradition geworden. Eine ähnliche *Traditionsbildung* wurde bei Gruppen von Makaken der nördlichen japanischen Inselgruppe beobachtet: Einzelne junge Tiere „erfanden" das Baden in den warmen Quellen. Auch hier fand anschließend die Nachahmung vor allem durch rangniedere Tiere statt. Das Lernen durch Nachahmung ist abhängig vom Zuschauen und Abgucken, es ist also an die jeweilige Situation gebunden. Nur in dieser Situation werden Informationen weitergegeben.

Einsichtiges Verhalten. 1920 machte W. Köhler in der Schimpansenstation auf Teneriffa folgende Beobachtung: Eine Banane war von ihm so hoch an der Decke eines Schimpansenkäfigs aufgehängt worden, dass der Schimpanse sie nicht erreichen konnte. Der Schimpanse saß da und betrachtete die Situation. Im Käfig lagen auch mehrere Holzkisten herum. Plötzlich sprang

1 *Badende Rotgesichtmakaken*

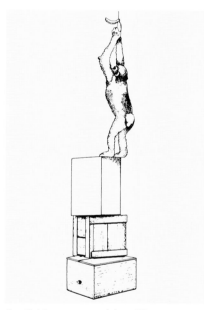

2 *Schimpanse auf dem Kistenturm*

3 *Blätter dienen als Schwamm*

das Tier auf und schob drei Kisten an die Stelle, über der die Banane hing. Vorsichtig stapelte es die Kisten übereinander und kletterte hoch, um sich die Banane zu holen.

Köhler konnte in anderen Versuchen auch beobachten, dass Schimpansen Stöcke ineinander steckten oder unterschiedliche Methoden kombinierten. Die Tiere fanden die Lösung auf Anhieb, sie benötigten keine Einübung und kein Vorbild. Köhler nannte dieses Verhalten, das zielgerichtet und neu kombiniert auftrat, *einsichtiges Handeln.* Auch bei frei lebenden Schimpansen konnte einsichtiges Handeln beobachtet werden, wie man an dem Foto unten gut erkennen kann: Um an Wasser in einem Astloch zu gelangen, hat der Schimpanse Blätter zusammengeballt und benutzt sie wie einen Schwamm.

Einsichtiges Verhalten findet man auch bei anderen Säugetieren und bei manchen Vögeln und selbstverständlich beim Menschen.

Aufgaben

1 Hast du eine Erklärung dafür, weshalb bei den Makaken fast nur rangniedere Tiere die „Erfindungen" übernehmen?

2 Nenne Beispiele für einsichtiges Verhalten beim Menschen.

In Kürze

Lernen durch Nachahmung bedeutet die Übernahme eines Verhaltens von einem Vorbild. Es ist situationsgebunden.

Von einsichtigem Verhalten spricht man, wenn eine unbekannte Aufgabe ohne Übung und ohne Vorbild auf Anhieb richtig gelöst wird.

Neugier, Spiel und Prägung

Neugier. Löwenjungen, die fernab vom Rudel zur Welt gebracht wurden, verhalten sich ganz ruhig, solange die Löwin abwesend ist. Kommt sie zurück, werden die Jungen gesäugt. Sobald die Jungen satt sind, laufen sie in der näheren Umgebung herum und untersuchen alles, was ihnen begegnet. Ältere Junge üben spielend in allen Phasen des Jagdverhaltens: Anschleichen, Anspringen, Beißen. Durch *Erkunden*, *Neugierde* und *Spielen* sammeln lernbereite Lebewesen Erfahrungen, die sie später zur gezielten Auseinandersetzung mit ihrer Umwelt nutzen können.

Stets erfolgt das *Erkundungs- und Neugierverhalten* auf artgemäße Art: Junge Affen berühren Neues bevorzugt mit den Händen und führen es an den Mund, Eichhörnchen benagen, Hunde beschnuppern Gegenstände. Besonders gut können diese Erfahrungen in einem sogenannten entspannten Feld gesammelt werden: unter der Obhut der Eltern oder der sozialen Gruppe, immer dann, wenn keine besonderen Bedürfnisse anderer Art vorliegen.

Spiel. Dachse schlagen Purzelbäume, Robben werfen Steine in die Luft und versuchen sie wieder aufzufangen, Seelöwen schlittern auf glatten Flächen. Nahezu in allen Verhaltensbereichen finden sich *Spielformen*:

1 *Spielende Löwenjunge*

2 *Spielende Kinder*

Kampf- und Fluchtspiele, Beute- und Nahrungserwerbsspiele, Fortpflanzungs- und Brutpflegespiele. Spiele sind kreativ und experimentell, in ihnen werden die Sinne geschärft, die Muskeln trainiert, das Sozialverhalten eingeübt. Das Spiel ist für die normale Entwicklung absolut notwendig, verhindert man es, kommt es besonders im Bereich des Sozialverhaltens zu starken Verhaltensabnormitäten.

Prägung. Die Küken von Enten, Gänsen und Hühnern folgen ihrer Mutter überall hin. Um sich das Aussehen ihrer Mutter einzuprägen, brauchen die Küken oft nur wenige Minuten. Es geschieht durch einen besonderen Lernvorgang, die *Prägung*. Prägung ist meist irreversibel und muss innerhalb der sogenannten sensiblen Phase in der frühen Jugend ablaufen. Verstreicht sie ungenutzt, kommt es häufig zu Entwicklungs- und Verhaltensstörungen.

In Kürze

Neugier und Spiel sind vor allem bei Säugetieren und Vögeln in der Jugendphase ein wesentlicher Teil des Lernens.

Prägung ist eine Lernform, die nur in einer sensiblen Phase möglich ist und sehr schnell und irreversibel abläuft.

3 *Die Stockentenküken folgen ihrer Mutter.*

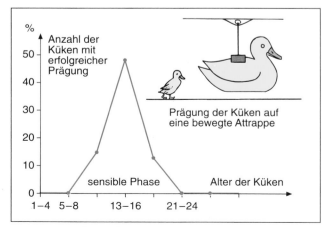

4 *Im Versuch wurden verschieden alte Entenküken auf eine bewegte Attrappe geprägt. Was fand man heraus?*

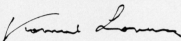

Konrad Lorenz wurde 1903 in Wien geboren. Als kleiner Junge war er von Selma Lagerlöfs Buch „Wunderbare Reise des kleinen Nils Holgersson mit den Wildgänsen" so begeistert, dass er selbst ein Wasservogel werden wollte. Da das nun einmal nicht ging, erhielt er zum Trost ein frisch geschlüpftes Entenküken. Das Küken prägte sich sofort auf ihn und betrachtete ihn fortan als seine Mutter. Lorenz' Interesse an Wasservögeln und am Vorgang der Prägung erlosch bis an sein Lebensende nicht mehr.

In Wien studierte Lorenz Medizin, Zoologie, Philosophie und Psychologie. Lange Jahre leitete er das Max-Planck-Institut für Verhaltensphysiologie in Seewiesen bei Starnberg. Als Begründer der modernen Verhaltensforschung erhielt er zusammen mit Nikolaas Tinbergen und Karl von Frisch 1973 den Nobelpreis für Physiologie und Medizin.

Lorenz untersuchte vor allem das Verhalten von Enten, Gänsen und Dohlen. Er zog viele von ihnen von Hand auf und hielt sie frei fliegend unter nahezu natürlichen Bedingungen. Die meisten Forscher vor ihm hatten sich dagegen nur für das Verhalten einzelner Tiere unter Laborbedingungen interessiert. K. Lorenz starb am 27.02.1989.

Das Gänsekind Martina

„Meine erste kleine Graugans war also auf der Welt ... Den Kopf schief gestellt, sah sie mit großem, dunklem Auge zu mir empor ... Lange, sehr lange sah mich nun das Gänsekind an. Und als ich eine Bewegung machte und ein kurzes Wort sprach, löste sich mit einem Male die gespannte Aufmerksamkeit und die winzige Gans grüßte: Mit weit vorgestrecktem Hals und durchgedrücktem Nacken sagte sie sehr schnell und vielsilbig den graugänsischen Stimmfühlungslaut, der beim kleinen Küken wie ein feines, eifriges Wispern klingt ... Ich wollte nämlich die von der Truthenne ausgebrüteten Gänseküken nach dem Schlüpfen der erwähnten Hausgans anvertrauen ... Ich steckte mein Gänsekind tief unter den weichen warmen Bauch der Alten ... Doch anstatt sich daraufhin zu beruhigen, wie jedes vernünftige Gänsekind getan hätte, kam meines rasch unter dem wärmenden Gefieder hervorgekrochen, sah mit einem Auge empor, der Pflegemutter ins Gesicht – und lief laut weinend von ihr weg ... Hoch aufgerichtet, ununterbrochen laut pfeifend stand das arme Kind auf halbem Wege zwischen der Gans und mir. Da machte ich eine kleine Bewegung – und schon war das Weinen gestillt und das Kind kam, mit lang vorgestrecktem Halse, eifrigst grüßend auf mich zu ..."

1   Konrad Lorenz mit auf ihn geprägten Gänsen

Der Bericht über das Gänsekind Martina stammt aus dem Buch „Er redete mit dem Vieh, den Vögeln und den Fischen" von Konrad Lorenz.

Aufgaben

1   Lies den Bericht oben genau. Was hat das Gänsekind gelernt?

2   Wie ist Lorenz wohl in Zukunft vorgegangen, wenn er Küken von einer Pflegemutter aufziehen lassen wollte?

Angeborenes Verhalten beim Menschen

1   Augengruß eines Huri auf Neu-Guinea

Ein Huri auf Neu-Guinea. Zunächst schaut er uninteressiert. Dann erregt eine Person seine Aufmerksamkeit. Er lächelt und zieht für Sekundenbruchteile die Augenbrauen hoch. So fremd uns Europäern diese Kultur auch ist – den *Augengruß* verstehen wir auch ohne Worte. Ob in Frankreich, auf Bali oder in Afrika – dieses Grußverhalten findet sich bei Menschen *aller Kulturen*. Es ist uns *angeboren*.

Bei Untersuchungen von *Naturvölkern,* die keinen oder nur wenig Kontakt zu anderen Kulturen hatten, ließen sich eine Vielzahl von angeborenen Verhaltensweisen beobachten. Durch die Ähnlichkeit der Ausdrucksbewegungen erkennen wir auf der ganzen Welt zum Beispiel Grüßen, Flirten, Zuneigung, Verachtung, Unterwerfung, Aggression, Drohen oder Imponieren.

Einen weiteren Hinweis auf angeborenes Verhalten liefern Beobachtungen bei *Taubblinden.* Da sie weder sehen noch hören, können sie den Gesichtsausdruck bei verschiedenen Gefühlen nicht durch die Nachahmung anderer Menschen lernen. Sie lachen, weinen, schmollen und zürnen jedoch auf die gleiche Weise wie alle Menschen.

Auch durch den *Vergleich mit Tieren* lässt sich ererbtes Verhalten beim Menschen untersuchen. Bei Schimpansen gibt es einen Gesichtsausdruck, der Angstgrinsen genannt wird. Er ähnelt unserem Lächeln.

Beide Ausdrucksformen werden von homologen Muskeln hervorgebracht. Das Lächeln des Menschen und das Angstgrinsen des Schimpansen dienen in erster Linie der Besänftigung und Beruhigung des Gegenübers. Dies alles spricht dafür, dass diese Verhaltensweise bereits bei den gemeinsamen Vorfahren von Mensch und Schimpanse vorhanden war, also schon sehr früh in der Evolution.

Beim Menschen hat das Lächeln weitere Funktionen übernommen: Lächeln kann freundlich, schüchtern oder grausam sein. Manchmal lächelt man auch, wenn man allein ist und an etwas Schönes denkt. Ein Lächeln kann aber auch einen anderen täuschen.

Aufgaben

1   Stummfilme und Pantomimen versteht man auch ohne Worte. Erkläre.

2   Wie stellt man fest, ob Verhaltensweisen beim Menschen angeboren sind? Erläutere und bewerte die verschiedenen Untersuchungsmethoden.

In Kürze

Das menschliche Verhalten weist viele angeborene Anteile auf, zum Beispiel Mimik und Gestik. Durch Untersuchungen bei anderen Kulturen, Naturvölkern und Taubblinden und durch den Vergleich mit Tieren lässt sich angeborenes Verhalten erkennen.

2   Taubblindes Mädchen

3   Angstgrinsen beim Schimpansen

2217

Angeborenes Verhalten beim Menschen

1 *Kind mit Kindchenschema*

2 *Übernormales Kindchenschema*

Kindchenschema. „Wie niedlich!" Ein häufiger Ausruf beim Anblick eines Säuglings. Man hat den Wunsch, das Kind zu drücken, zu streicheln, zu beschützen. Verschiedene Merkmale des Kindes rufen diese Art von *Brutpflegeverhalten* hervor: im Verhältnis zum Rumpf ein großer Kopf, hohe Stirn, große Augen, kurze dicke Extremitäten, rundliche Körperformen, runde Pausbacken, eine weich-elastisch erscheinende Haut, meist tollpatschige Bewegungen. Diese Merkmalskombination wird als *Kindchenschema* bezeichnet. Auch einzelne Merkmale lösen eine Reaktion aus, nach dem Prinzip der Reizsummierung wirken sie zusammen aber stärker.

Die Reize des Kindchenschemas wirken auf Menschen aller Kulturen gleichermaßen, die Reaktion ist angeboren. Auch die Jungen vieler Säugetiere weisen ähnliche Reize auf, die erwachsenen Tiere reagieren ebenfalls mit Brutpflegeverhalten.

Mann-Frau-Schema. Sowohl Männer als auch Frauen reagieren auf Fotos nackter Menschen des anderen Geschlechts mit erhöhter Aufmerksamkeit. Besonders *optische Reize* wirken dabei auf Verhaltenstendenzen von Männern und Frauen ein: Bei Frauen sind dies vor allem rote Wangen und Lippen, insgesamt gerundete Körper und Gesichtsformen, die weibliche Brust, schmale Schultern, schlanke Taille und ein breites Becken. Beim Mann gehören breite Schultern, schmale Hüften, eine ausgeprägte Muskulatur, eine insgesamt eher kantige Kopf- und Körperform sowie der Bartwuchs dazu. Die Kombination dieser Einzelreize machen das Frau- beziehungsweise Mannschema aus. Sie lösen beim anderen Geschlecht ein sexuell geprägtes Interesse aus. Sie wirken als *Auslöser*.

Beschützen und Betreuen. Die Elemente des Frauschemas wirken beim Mann grundsätzlich *aggressionshemmend* und fördern die Tendenz zum Beschützen und Betreuen. Diese Tendenz wird dann noch verstärkt, wenn in das Frauschema zusätzliche Merkmale des Kindchenschemas eingebunden sind. Die Folge ist der Wunsch, sich der Frau anzunähern, mit ihr zu flirten.

Imponiersignale. Das Mannschema enthält deutlich *aggressive Elemente*. Vor allem die breiten Schultern sind als *Droh-* und *Imponiersignale* gegenüber möglichen Rivalen zu werten.

Sexuelle Auslöser. Die genannten Auslöser dürfen nicht mit Schlüsselreizen bei Tieren gleichgesetzt werden. Zwar werden Verhaltenstendenzen und Empfindungen aktiviert, denen Mann und Frau folgen können, aber nicht müssen. Eine rationale Kontrolle ist möglich.

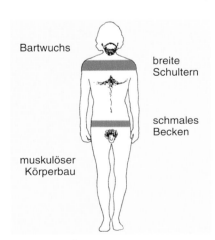

3 *Mannschema*

Bartwuchs
breite Schultern
schmales Becken
muskulöser Körperbau

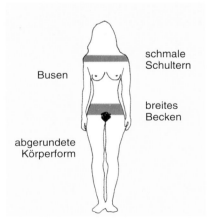

4 *Frauschema*

schmale Schultern
Busen
breites Becken
abgerundete Körperform

Aufgaben

1 Schneide Werbeanzeigen aus Zeitschriften aus, bei denen mit dem Kindchenschema geworben wird. Welche Reizmerkmale nutzt die Werbung? Für welche Produkte wird geworben?

2 Untersuche Zeichentrickfiguren und Comics auf typische Merkmale und erkläre diese.

3 Suche in Modezeitschriften nach Kleidung, die das Mann- oder Frauschema betont.

Lernen beim Menschen

1 Lernen durch Nachahmung

2 Lernen fällt manchmal schwer.

Lernformen. Menschen können ein Leben lang lernen. Voraussetzung hierfür ist eine angeborene Eigenschaft: Menschen sind auch als Erwachsene *neugierig*. Ihr hoch entwickeltes Großhirn kann sehr viel Wissen und Erfahrungen abspeichern. So können sie sich in kurzer Zeit an neue Umweltbedingungen anpassen. Menschen lernen auf verschiedene Weise:

Bei vielen Menschen beschleunigt sich der Herzschlag und steigt der Blutdruck, wenn sie das Surren eines Bohrers beim Zahnarzt nur hören. Man spricht von der *Bildung einer bedingten Reaktion*.

In einem Haus an einer Bahnlinie wacht man anfangs bei jedem Nachtzug auf. In kurzer Zeit hat man sich jedoch an die Züge *gewöhnt* und schläft weiter.

Viele Kleinkinder lernen die Bedeutung des Begriffes „heiß" erst, wenn sie zum Beispiel mit einer Flamme, einer heißen Herdplatte oder einem Bügeleisen in Berührung gekommen sind. Dann verbinden sie „heiß" mit Schmerz. Sie haben in diesem Fall *am Misserfolg gelernt*.

Vor allem bei Kleinkindern kann man gut beobachten, wie sie Meinungen oder Verhaltensweisen der Eltern *nachahmen*.

Säuglinge lernen etwa bis zum siebten Lebensmonat, das Gesicht ihrer Bezugspersonen von anderen Gesichtern zu unterscheiden. Dieser Vorgang ähnelt der *Prägung* bei Tieren. Dann lehnen sie einige Zeit fremde Gesichter ab, sie fremdeln.

Einsichtiges Verhalten wenden Menschen zum Beispiel bei Knobelaufgaben an. Nach einigem Überlegen und Planen fällt die Lösung ein. Der größte Teil menschlichen Handelns beruht auf einsichtigem Verhalten.

Wissenszuwachs. Erfindungen, Entdeckungen, Techniken – ständig gibt es neues Wissenswertes. Erwachsenen fällt es manchmal schwer, mit dem anwachsenden Wissen Schritt zu halten. *Lerntechniken* helfen, die Informationsflut zu beherrschen. Kinder lernen dagegen im *Spiel* schon sehr früh, mit ihrer Umwelt umzugehen.

In Kürze

Beim Menschen findet man alle Formen des Lernens, von der Gewöhnung bis zum einsichtigen Verhalten. Der Mensch kann sehr viel und ein Leben lang lernen. Er kann sich daher in kurzer Zeit an veränderte Umweltbedingungen anpassen.

Lernen lernen

• Plane beim Lernen eine „Anwärmzeit" von etwa 15 Minuten ein, bis das Gehirn in Hochform arbeitet. Suche hierfür einen leichten Lernstoff aus, der dir Spaß macht.

• Teile die Hausaufgaben in Etappen von 15 bis 30 Minuten ein. Du kannst dir die Etappen auf Zetteln notieren und an die Pinnwand hängen. Sobald du eine Etappe erledigt hast, nimmst du den Zettel ab. Dieses Erfolgserlebnis spornt dich zur nächsten Etappe an.

• Mündliche wie schriftliche Arbeiten sollten sich abwechseln.

• Jeder braucht einen festen, angenehmen Arbeitsplatz mit guter Beleuchtung. Nur das Schreibzeug und die benötigten Hefte und Bücher sollten auf dem Schreibtisch liegen.

• Die beste Arbeitszeit muss jeder für sich herausfinden. Feste Arbeitszeiten sind von Vorteil. Nach dem Essen oder mit leerem Magen lernt es sich schlecht.

• Zur Arbeitszeit gehören auch Pausen, um vom Lernen abzuschalten. Besser sind mehrere kurze Pausen als eine lange.

• Benutze eine Lernmethode, die dir am ehesten entspricht: *Lerntyp Lesen:* Was in der Schule besprochen wurde, solltest du im Schulbuch nachlesen und durch Sachbücher und Artikel aus Zeitschriften ergänzen.

Lerntyp Hören: Lies den Lernstoff laut vor und nimm ihn mit einem Kassettenrekorder auf. Beim Abspielen kannst du dich ganz auf Hören einstellen. Nutze den Schul- und Jugendfunk.

Lerntyp Sehen: Nimm die Fotos und Zeichnungen im Schulbuch zu Hilfe. Fertige selbst Zeichnungen an. Versuche, dir die Vorgänge bildlich vorzustellen.

2474

Lernwege. Unsere *Sinnesorgane* sind wie Fenster, mit denen wir die Welt um uns herum wahrnehmen. Auch Lernstoff wird über die unterschiedlichen Sinnesorgane aufgenommen. Mit den Augen lesen wir im Buch. Was der Lehrer sagt, nehmen wir mit den Ohren auf. Aber auch mit dem Geruchs-, dem Geschmacks- und dem Tastsinn nehmen wir Informationen auf.

Was die Sinnesorgane erfahren, wird zum Gehirn geleitet. Einen Teil davon speichert das Gedächtnis ab. Den Weg vom Sinnesorgan zum Gedächtnis nennt man *Lernweg*.

Im Unterricht werden Lernstoffe meist auf verschiedenen Lernwegen angeboten: In der Biologiestunde lest ihr einen Text über das Gedächtnis und schaut euch eine Abbildung zum Gehirn an. Dabei benutzt ihr die Lernwege *Lesen* und *Sehen*. Wenn der Lehrer etwas zu den Sinnesorganen erklärt, erfahrt ihr dies über den Lernweg *Hören*. Führt ihr die Versuche zur Ermittlung des Lerntyps auf der Praktikumseite durch, benutzt ihr den Lernweg *Handeln*.

Lerntypen. Die meisten Menschen haben einen *bevorzugten* Lernweg. Auf diesem Weg lernen sie am leichtesten und besten. So lernt Till besonders gut, wenn er sich Vokabeln ein paarmal durchliest. Er gehört zum Lerntyp *Lesen*. Barbara läßt sich am liebsten etwas erklären. Sie gehört zum Lerntyp *Hören*. Um möglichst erfolgreich zu lernen, solltest du deinen eigenen Lerntyp kennen. Dann kannst du dein Lernverhalten so einrichten, dass dieser Lernweg gezielt genutzt wird.

Lerntypentest. Dazu eignet sich ein *Lerntypentest*. Im „Praktikum: Lerntypen" auf der nächsten Seite ist angegeben, wie dieser durchgeführt wird. Wenn ihr den Test nicht in der ganzen Klasse durchführt, dann musst du jemanden bitten, dir beim Test zu helfen. Der Test besteht aus drei Teilen und sollte an drei aufeinander folgenden Tagen möglichst zur gleichen Uhrzeit durchgeführt

werden. Alles, was ihr dazu braucht, ist ein Zettelblock, Schreibmaterial, eine Stoppuhr und ein Lineal.

Jeder Test läuft in drei Schritten ab, die ohne Pause aufeinanderfolgen.

Auswertung. Das Ergebnis lässt sich in einer Zeichnung verdeutlichen. Dazu benötigst du ein Blatt aus einem Rechenblock. Dann überträgst du das Muster aus Bild 1 auf das Blatt. Markiere beim Lesen, Hören und Sehen jeweils diejenige Zahl mit einem Kreuz, die du bei den Tests notiert hast. Verbinde die Kreuze durch rote Linien miteinander. Ein Dreieck entsteht.

Lerntyp. Man gehört zu dem Lerntyp, bei dem am meisten Begriffe noch gewusst werden.

Als *Lesetyp* solltest du natürlich intensiv und viel lesen. Am besten die

Unterrichtsinhalte nochmals im Schulbuch nachlesen und zusätzliche Texte in Sachbüchern, Lexika oder Zeitschriften „studieren".

Als *Hörtyp* kannst du den Lernstoff auf Kassetten sprechen und dann konzentriert anhören. Bitte deine Mitschüler oder Eltern, dir etwas zu erklären. Höre genau zu.

Als *Sehtyp* solltest du dir alle Zeichnungen und Fotos genau anschauen. Zu Unterrichtsfilmen kannst du dir eigene Skizzen entwerfen.

Die besten Lernwege nutzen. Um erfolgreich zu lernen, sollte man seinen besten Lernweg nutzen. Trotzdem solltest du keinen der *Grundlernwege* Lesen, Hören und Sehen ganz auslassen, denn es gilt: Je mehr Lernwege genutzt werden, umso besser prägt sich der Lernstoff ein.

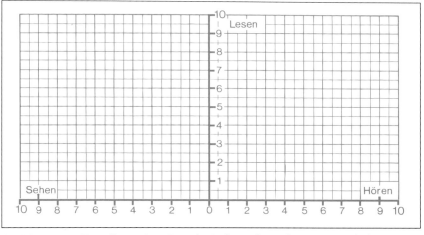

1 *Muster zur Erstellung eines Lerndreiecks und Ergebnis eines Schülers*

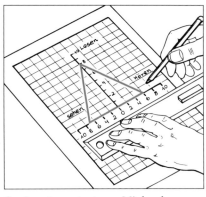

2 *Lerntypentest von Michael*

Aufgaben

1 Führe den Lerntest im Praktikum durch. Zeichne ein Lerndreieck mit deinem Ergebnis und bewerte es.

2 Zu welchem Lerntyp gehört Michael?

3 Besprecht in der Klasse, wie man die Lernwege am besten nutzen kann.

Praktikum: Lerntypen

Test: Lesetyp

Auf 10 Zettel werden gut lesbar 10 unterschiedliche Begriffe geschrieben. Im mittleren Bild sind Beispiele abgebildet. Die Zettel werden verdeckt vor die Testperson gelegt.

Auf einem weiteren Zettel werden 10 einfache Rechenaufgaben notiert. Beispiele:

$\sqrt{121}$ $113-26$ $78:3$
7×12 $53-24$ 9^2
34×4 $19+86$ 3^4
$72+41$

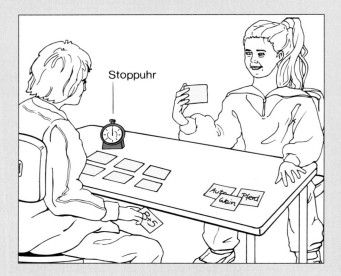

Die Zettel mit den Begriffen werden einer nach dem anderen für zwei Sekunden umgedreht und von der Testperson gelesen. Dann werden sie weggelegt.

Hat die Testperson alle Begriffe gelesen, bekommt sie genau 30 Sekunden Zeit, um die Rechenaufgaben im Kopf zu lösen. Diese werden ihr vorgelesen.

Dann muss sie in 20 Sekunden möglichst viele der vorher gelesenen 10 Begriffe nennen.

Die Anzahl der richtig behaltenen Begriffe wird als erstes Testergebnis notiert.

Test: Hörtyp

Am nächsten Tag schreibt dein Testpartner auf einem Zettel zehn neue Begriffe auf.

Außerdem bereitet er wie oben einen weiteren Zettel mit 10 Kopfrechenaufgaben vor.

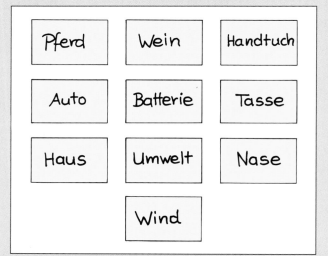

Nun werden der Testperson die 10 Begriffe im Abstand von zwei Sekunden laut und deutlich einmal vorgelesen. Anschließend muss sie wieder für 30 Sekunden Kopfrechenaufgaben lösen.

Danach hat die Testperson auch bei diesem Test 20 Sekunden Zeit, um sich an die Begriffe zu erinnern und sie aufzuzählen.

Die Anzahl der richtig behaltenen Begriffe wird als zweites Testergebnis notiert.

Test: Sehtyp

Zur Vorbereitung werden 10 verschiedene Gegenstände benötigt, die die Testperson vorher nicht sehen darf. Der Testpartner sollte sie deshalb aussuchen und von einem Tuch abgedeckt bereitlegen. Rechts siehst du einige Beispiele.

Ein Zettel mit 10 Kopfrechenaufgaben muss auch wieder vorbereitet werden.

Die vorher verdeckten Gegenstände werden der Testperson einer nach dem anderen für jeweils zwei Sekunden gezeigt. Danach werden sie sofort wieder verdeckt.

Gleich anschließend müssen wieder in 30 Sekunden 10 Kopfrechenaufgaben gelöst werden.

Danach hat die Testperson 20 Sekunden Zeit, um sich an die vorher gezeigten Gegenstände zu erinnern und sie dem Partner zu nennen.

Die Anzahl der richtigen Begriffe wird notiert.

1981

Sozialverhalten der Paviane

1   *Mantelpaviane leben in Herden zusammen.*

Die Paviane leben in den Steppen und Savannen Afrikas und Asiens. Paviane sind Bodentiere und Allesfresser. Da die Nahrung in ihren Lebensräumen knapp ist und ergiebige Futterquellen weit verstreut liegen, wandern die Tiere bis zu 10 km täglich umher.

Sozialstruktur. Die kleinste soziale Einheit ist die *Ein-Mann-Gruppe*. Sie besteht aus einem voll erwachsenen Mann, mehreren erwachsenen Frauen, Jugendlichen und Kindern. Zwei bis drei Ein-Mann-Gruppen leben jeweils enger zusammen: Sie ruhen und schlafen nebeneinander, wandern gemeinsam. Sie bilden den sogenannten *Klan*. Mehrere Klane und einige Junggesellen bilden als nächst höhere Einheit die *Bande*. Die

2   *Pavianfamilie*

Banden bilden über Jahre hin stabile soziale Gruppen. Die relativ seltenen Schlaffelsen sind neutrale Zonen, auf ihnen versammeln sich mitunter mehrere Banden zu einer Herde, um die Nacht zu verbringen. Bei der Nahrungssuche gehen sich die Banden aus dem Weg oder verhalten sich aggressiv zueinander.

Die Ein-Mann-Gruppe. In der Familie ist das erwachsene Männchen der *Ranghöchste* und bildet den sozialen Mittelpunkt, es wird Pascha genannt. Er schlichtet Streitigkeiten, frisst immer zuerst und nimmt sich die besten Leckerbissen. Der Pascha hindert seine Haremsweibchen daran, sich zu weit von ihm zu entfernen und unterbindet möglichst jeden Sexualkontakt zu Jungmännchen. Entfernt sich ein Weibchen zu weit, blickt es der Pascha mit erhobenen Augenbrauen drohend an, greift es sogar an und beißt ihm in den Nacken. Präsentiert das Weibchen sein rotes Hinterteil, *beschwichtigt* es damit die Aggression des Männchens. Häufig besteigt das Männchen das präsentierende Weibchen wie zur Begattung. Untereinander respektieren die Paschas den Besitz von Weibchen.

Geschlechtsreif gewordene Männchen gründen eigene Familien, indem sie noch nicht geschlechtsreife Weibchen aus einer anderen Familie zum Nachfolgen zwingen.

Rangordnung. Das Zusammenleben innerhalb der Klane und Banden wird ausschließlich durch die erwachsenen Männchen geregelt: Sie bilden eine lockere *Rangordnung* aus. Die ranghohen Männchen bestimmen die täglichen Wanderungen und die mittäglichen Rastplätzen.

Mutter-Kind-Beziehung. Neugeborene Paviane klammern sich sofort im Fell ihrer Mutter fest. Dieses *Klammerverhalten* ist ihnen angeboren. Neugeborene sind oft Mittelpunkt des Gruppeninteresses, Kontakte mit ihnen und den jungen Müttern werden gezielt gesucht. Das Neugeborene lernt so schon früh die Mitglieder seiner Gruppe kennen. Zunächst werden die Mütter kaum verlassen, erst nach und nach kommt es zu Spielen mit gleichaltrigen Jungtieren der Gruppe. Die erwachsenen Männchen sorgen für Schutz, auch vor „Quälereien" durch ältere Gruppenmitglieder.

Soziale Bindung. Viel Zeit verbringen sozial lebende Affen mit der *Fellpflege*. Häufig werden ranghohe Tiere von rangniederen gepflegt. Die Weibchen pflegen sich untereinander und die Jungen. Die gegenseitige Fellpflege festigt das Kennen und die Bindung der Tiere untereinander.

Aggression. Kommt es zu *Rangstreitigkeiten* zwischen Männchen, versuchen sich die Tiere mit Signalen zu beeindrucken: Beim *Drohpumpen* starren sich die Tiere an und führen mit dem Maul kauende und pumpende Bewegungen aus. Noch aggressiver ist das *Drohgähnen*: Das Tier reißt sein Maul weit auf und entblößt die großen Eckzähne.

Beschwichtigung. Um die Sozialstruktur nicht zu gefährden, muss es auch Signale geben, die zur Vermeidung von aggressiven Verhalten beitragen. Das auffälligste Signal ist das *Präsentieren des Hinterteils*. Rangniedere Tiere nähern sich einem ranghöherstehenden rückwärts und zeigen ihr rotes Gesäß. Mit dieser *Demutsgeste* machen sie deutlich, dass sie sich unterwerfen.

Praktikum: Besuch am Affenfelsen

Paviane werden in den meisten zoologischen Gärten in großen Freigehegen gehalten. Da sie hier durch Besucher weniger gestört werden, können wir an ihnen relativ problemlos die verschiedenen Verhaltensweisen studieren. Mithilfe von Ferngläsern kann man die Tiere noch genauer beobachten.

Benötigt werden: Schreibmaterial und Unterlage; je Gruppe ein bis zwei Ferngläser und ein Fotoapparat.

Es werden fünf Gruppen gebildet. Belegt eure Ergebnisse möglichst mit Fotos.

Gruppe 1
Ihr sollt Angaben über Paviane allgemein und speziell über diese Herde sammeln.
- Lest die Informationstafel am Gehege sorgfältig durch. Was wird über die Paviane hier alles ausgesagt?
- Fertigt eine Skizze des Geheges an. Zeichnet alles ein, was für das Leben der Tiere wichtig ist. Entspricht das Gehege ihren natürlichen Bedürfnissen?
- Beobachtet nun die Pavianherde im Gehege. Welche unterschiedlichen Tiere könnt ihr erkennen? Beschreibt sie.
- Aus wie viel Tieren besteht die Herde?

Gruppe 2
Eine Pavianherde besteht aus mehreren Einmanngruppen.
- Wie viele solcher Gruppen könnt ihr zählen?
- Beobachtet eine Einmanngruppe 5 bis 10 Minuten lang. Notiert, was die Tiere jeweils tun und wie sie sich in verschiedenen Situationen verhalten.

Gruppe 3
Beobachtet ein Männchen mit Altersprachtkleid. So nennt man die silbergraue Haarmähne.
- Wo sitzt dieses Männchen?
- Wie verhält es sich den anderen Tieren gegenüber?
- Wie verhalten sich die Tiere, die sich diesem Männchen nähern?
- Wie verhalten sich Jungtiere, die sich ihm nähern?
- Was geschieht, wenn sich ihm ein anderes erwachsenes Männchen nähert?

Gruppe 4
Beobachtet eine Pavianfamilie, wenn sie gefüttert wird.
- Wie verhalten sich die Tiere der Gruppe, wenn das Männchen zum Futter schaut?
- Welches Tier nähert sich zuerst dem Futter?
- Könnt ihr dabei eine Reihenfolge feststellen?
- Teilen Paviane ihr Futter? Sucht nach einer möglichen Erklärung.

Gruppe 5
Beobachtet Paviane bei der Fellpflege.
- Wer pflegt wessen Fell, wer lässt sich pflegen?
- Lösen sich die Paviane bei der Fellpflege ab?
- Gibt es Tiere, deren Fell besonders häufig gepflegt wird?
- Wie verhalten sich diese Tiere gegenüber anderen Gruppenmitgliedern?

Auswertung:
Sammelt die Informationen der einzelnen Gruppen und stellt sie zusammen. Informiert auch eure Mitschüler über die Ergebnisse des Zoobesuchs, vielleicht mithilfe einer kleinen Ausstellung.

1125

Aggressionen

1 *Löwin mit Beute*

2 *Kommentkampf bei Hirschen*

Aggressionen gehören leider zum Alltag wie das tägliche Brot. Von der Rangelei im Klassenzimmer bis hin zur kriegerischen Auseinandersetzung zwischen Interessengruppen oder Staaten: Aggressionen sind von entscheidender *soziologischer* und *politischer Bedeutung*. Für den Umgang mit Aggressionen ist es wichtig, ihre biologische Bedeutung, ihre Ursachen und die Möglichkeiten der Einflussnahme zu kennen.

Interspezifisch zwischenartliche Aggression. Allen *Räuber-Beute-Beziehungen* liegt *aggressives Verhalten* zugrunde: Der Räuber verfolgt seine Beute und tötet sie. Aggressives Verhalten steht hierbei im *Dienste des Nahrungserwerbs*. Auch bei der Vertreibung von *Nahrungs- und Territorialkonkurrenten* aus einem Lebensraum kommt es häufig zu aggressiven Auseinandersetzungen. Interspezifische Aggressionen dienen dazu, die eigenen *Lebensgrundlagen* zu sichern und das *Überleben* zu ermöglichen.

Intraspezifische, innerartliche Aggression. Aggressives Verhalten zwischen Artgenossen tritt in der Regel dann auf, wenn Tiere in *Konkurrenz* zueinander treten: sei es um Nahrung, Geschlechtspartner, Lebensraum oder um einen Rangplatz in einer Gruppe. Oft sind bei inner-

artlichen Auseinandersetzungen besondere Signale wirksam, die eine Schädigung des Artgenossen vermeiden helfen: Demuts- und Beschwichtigungsgesten, Vermeidung von Kämpfen durch Drohverhalten, Tötungshemmung.

Kommentkampf, Turnierkampf. Beim *Kommentkampf* werden insbesondere die „gefährlichen Waffen", die normalerweise beim Kampf mit artfremden Tieren zum Einsatz kommen, nicht benutzt. Vielmehr geht es um ein *Kräftemessen*. Der Artgenosse soll dabei nicht körperlich geschädigt werden. So versuchen die Galapagos Meerechsen im Rivalenkampf den Gegner mit der Stirn in eine Steinspalte zu drängen, während sie artfremde Feinde durch Beißen bekämpfen. Oft sind die Kampfabläufe stark *ritualisiert*; besondere Verhaltensweisen wirken als spezielle Signale und können zum Kampfabbruch führen. Das schwächere Tier zeigt seine Unterlegenheit an, was beim überlegenen Tier den weiteren Angriff blockiert und dem Verlierer den Rückzug ermöglicht.

Demutsgesten. Oft sind Demutsgesten aus Verhaltenselementen ritualisiert, die ursprünglich dem Kindchen- oder Sexualverhaltensbereich angehörten. So lässt sich zum Beispiel bei Hunden und Wölfen der

Verlierer wie ein Jungtier auf den Rücken fallen und harnt dabei.
Pavianmännchen verwenden die weibliche Aufforderungsform zum Paarungsverhalten um sich zu unterwerfen.

Beschädigungskampf. Manche Arten tragen ihre *innerartlichen Konflikte* allerdings auch mit den Waffen aus, die sie gegen artfremde Tiere verwenden. Kämpfe zwischen Hunden oder Wölfen führen häufig zu *Beißereien*. Dabei entstehen oft *schwere Verletzungen* bis hin zur *Tötung* des unterlegenen Tieres. Allerdings wirken auch beim Beschädigungskampf *Unterwerfungsgesten*, die die Konflikte vorzeitig beenden können. Oft findet man Beschädigungskämpfe zwischen artgleichen Tieren aus unterschiedlichen Sozialverbänden, Sippen oder Rudeln.

In Kürze

Aggressives Verhalten tritt als inter- und intraspezifisches Verhalten auf. Die intraspezifische Aggression ist immer Anzeichen für eine Konkurrenzsituation. Neben dem Drohverhalten kommt es auch zu Komment- und Beschädigungskämpfen.

Drohen, Imponieren. Einer aggressiven Auseinandersetzung geht oftmals ein *gegenseitiges Drohen*, ein *Imponieren*, voraus. Säuger sträuben ihre Haare, Vögel richten ihre Federn auf, Kampffische spreizen die Kiemendeckel ab. Diese Verhaltensweisen dienen dazu, den *Körperumriss zu vergrößern*, um so den Gegner mit der eigenen Größe und Stärke einzuschüchtern. Oft werden auch die „Waffen" gezeigt: Hörner oder Geweihe werden demonstrativ vorgeführt, die Zähne entblößt. Meistens kommen zu den optischen auch noch *akustische Signale* hinzu: Knurren und Fauchen bei Säugern, „Sich-gegenseitig-ansingen" bei Vögeln.

Vielfach sind dabei Intentionsbewegungen, Andeutungs- oder Stimmungsbewegungen zu Signalen geworden, die nunmehr der Verständigung der Artgenossen dienen. So lässt sich das Entblößen der Zähne als deutliches Zeichen der Beißbereitschaft deuten.

Ziel des Drohens oder Imponierens ist es, eine *kämpferische Auseinandersetzung* zwischen den Gegnern zu *verhindern*. Einer der Gegner kann sich zurückziehen. Gibt keiner der beiden nach, kommt es unweigerlich zum Kampf.

Drohgebärden. Wenn uns jemand zu nahe kommt, in unser Zimmer platzt ohne vorher anzuklopfen, sich in Dinge einmischt, die ihn nichts angehen, werden wir aggressiv, verteidigen unser Revier oder die eigene Meinung.

Dabei reicht oft ein *zorniger Blick*, das *Aufstampfen mit dem Fuß*, das *Schütteln einer geballten Faust* um zu verdeutlichen, dass jetzt nicht mehr mit uns zu spaßen ist. Meist sind die Drohgebärden von einer starken Körperspannung, heftigem Atmen und einem Aufpumpen des Brustkastens begleitet. Wir wollen in voller Größe erscheinen, dem Gegenüber Furcht einflößen. Zum Glück für unser dicht gedrängtes menschliches Zusammenleben blufft

1   *Drohender Gorilla*

2   *Drohen mit geballter Faust*

3   *Vergrößerung der Schulterpartie*

der Mensch – ähnlich wie viele Tiere auch – weit häufiger durch Drohungen, als dass er tatsächlich gewalttätig wird.

Die Drohsignale werden also richtig verstanden und helfen gewalttätige Auseinandersetzungen zu vermeiden.

Bekleidungssignale. Der Mensch als „nackter Affe" hat sich in und mit seiner *Kleidung* ein Mittel geschaffen sich zu schützen, sich „sittsam zu bedecken" und soziale Signale auszusenden. Jede Bekleidung verrät einiges über die soziale Rolle, die der Träger innehat, und über seine eigene Einstellung gegenüber seinem Umfeld. So waren in früheren Jahrhunderten *Bekleidungsregeln* teilweise Gegenstand gesetzlicher Vorschriften: In England war es beispielsweise einem Ritter unter dem Rang eines Lords verboten, einen Leibrock zu tragen, der die Blöße und die Hinterbacken nicht bedeckte. Auch durften seine Schuhe keine Spitzen von mehr als zwei Zoll Länge haben. Der soziale Rang wurde damit sichtbar, Kleidung war Statussymbol. Auch zur Umrissvergrößerung werden Kleidung und Körperschmuck eingesetzt; fast in allen Kulturen wird besonders die *Schulterpartie von Männern* betont und übertrieben.

Aufgaben

1   Achtet einmal auf Mitschüler, die in Streit geraten sind. Beschreibt dabei die Gestik, Mimik und Sprache. Welche Signale führen zur Beendung des Streits?

2   Stelle Gesten und Gesichtsausdrücke zusammen, die als Drohsignale wirken. Sucht auch nach passenden Redewendungen.

3   Sammle Beispiele für die unterschiedlichen Funktionen von Kleidung.

2191

Sozialverhalten des Menschen

Wie bilden sich Gruppen?

Der amerikanische Soziologe M. Sherif führte mit 12-jährigen Jugendlichen in einem Ferienlager ein Experiment zur Gruppenbildung durch. Die Jugendlichen, die sich vorher nicht kannten, wurden drei Tage nach der Ankunft in zwei Gruppen zu je zwölf Personen getrennt. Dabei wurden Jungen, die sich in den ersten Tagen befreundet hatten, verschiedenen Gruppen zugeordnet. Jede Gruppe zog in ein eigenes Haus.

In den folgenden Tagen verfestigten sich die Gemeinschaften durch gemeinsame Erlebnisse, sogenannte „Wir-Erlebnisse". Bald entstand der Wunsch sich mit „den anderen" zu messen. Wettkämpfe arteten in Raufereien aus, die Unterkunft der anderen wurde überfallen und die Fahne geraubt.

In einem Fragebogen, den beide Gruppen ausfüllten, ordneten die Jungen der eigenen Gruppe eher gute, der anderen Gruppe eher schlechte Eigenschaften zu.

1   Rangordnung

2   Territorialverhalten

Gruppenbildung. Ob zur Durchsetzung gemeinsamer Interessen eine Bürgerinitiative gebildet wird oder sich die Fans einer Fußballmannschaft zusammenschließen: Menschen bilden aus den unterschiedlichsten Gründen Gruppen. Die Mitglieder großer Gruppen kennen einander meist nicht. Stammesnarben, Tätowierungen, Uniformen, Vereinsabzeichen und Dialekte signalisieren ihre Mitgliedschaft. Durch diese Zeichen gehören sie dazu, andere werden ausgeschlossen.

Rangordnung. In allen menschlichen Gesellschaften bilden sich leicht Rangordnungen aus, häufig bereits im Kindergarten. Bei der Neuformung einer Gruppe, zum Beispiel beim Wechsel in die Schule, verändert sich diese Ordnung. Rangstreben ist mit Vernunft oft nicht begründbar. Über die *Ranghöhe* entscheiden je nach Gruppe

Eigenschaften wie Stärke, Alter, Wissen, Aussehen, Vermögen oder Geschicklichkeit. Sogenannte *Statussymbole* wie Titel, Orden oder bestimmte Automarken können dazu dienen, den eigenen Rang zu erhöhen oder zu demonstrieren.

Die Bildung von Rangordnungen setzt voraus, dass Menschen die Führung eines anderen akzeptieren und sich unterordnen.

Territorialverhalten. Menschen reagieren meist aggressiv, wenn Fremde ohne ein entsprechendes *Beschwichtigungsverhalten* wie Lächeln, Handzeichen oder erklärende Worte in den Garten oder in das Haus eindringen. Menschen und Gruppen beanspruchen ein Territorium für sich: das eigene Zimmer, die Stadt, das Land. Zäune und Verbotsschilder signalisieren die Reviergrenzen. Auch um den eigenen Körper herum gibt es ein unsichtbares Territorium. Diese *Individualdistanz* dürfen nur sehr nahe stehende Menschen unterschreiten. Werden die Grenzen verletzt, kommt es leicht zu Aggressionen.

Außenseiter. Bei körperlichen Auffälligkeiten wie Schielen, Stottern oder „falscher" Kleidung verhalten sich Kinder oft grausam. Auch Erwachsene reagieren Außenseitern gegenüber mit Distanz, Spott oder

Hänseln. In der Menschheitsgeschichte wurden immer wieder Fremdgruppen diskriminiert. Dies spricht dafür, dass die Ablehnung von Außergewöhnlichem und Fremdem eine ererbte Veranlagung ist. Sie sorgte ursprünglich dafür, dass der Gruppenzusammenhalt gestärkt wurde und die Gruppennormen erhalten blieben.

Bewusstsein. Viele Verhaltensformen sind während der langen Evolution als Anpassung an die Umwelt entstanden, der die Menschen ausgesetzt waren. Diese Umwelt hat sich stark verändert. Unsere angeborenen Verhaltensneigungen sind daher oft nicht mehr angepasst.

Indem wir uns unser Verhalten bewusst machen und unsere Handlungen kritisch bedenken, können wir entscheiden, ob wir unseren Verhaltensneigungen einfach nachgeben oder uns ganz anders verhalten.

Aufgaben

1   In Menschenmassen, zum Beispiel in einem vollen Bus oder in der Stadt, kommt es leicht zu Aggressionen. Erkläre.

2   Beobachte Menschen in einem Fahrstuhl. Beschreibe ihr Verhalten.

Praktikum: Menschliches Verhalten

Leben in der Gruppe

• Überlegt, mit wie viel Klassenkameraden ihr euch am Vortag unterhalten habt. Notiert die Anzahl der Personen auf einem Zettel. Die Zettel werden eingesammelt und die Zahlen addiert. Auswertung: Wenn in einer Klasse zum Beispiel 20 Schüler sind, dann wäre die maximale Kontaktdichte $20 \times 19 = 380$ Kontakte $= 100\%$. Das bedeutet, dass sich jeder mit jedem unterhalten hat. Meist ist die Summe jedoch kleiner. Beträgt die Summe zum Beispiel 22, wäre das eine Kontaktdichte von $5,8\%$. Vergleicht mit den Ergebnissen anderer Klassen.

• In deiner Klasse hat es Streit zwischen zwei Mitschülern gegeben. Überlege, wie du den Streit schlichten kannst. Vergleiche die Lösungen von Jungen und Mädchen miteinander.

• Versuche den Streit in einem Gespräch mit den Beteiligten zu schlichten. Welche Gesprächsregeln müssen beachtet werden? Zeichne das Schlichtungsgespräch mit der Videokamera auf und analysiere es.

• Was ist notwendig, damit sich alle in eurer Klasse wohl fühlen und gut lernen können? Überlegt euch Regeln, die von allen akzeptiert werden. Überprüft nach einer gewissen Zeit, ob sie noch eingehalten werden.

• Welche Regelsysteme gibt es in unserer Gesellschaft? Welche Absichten werden mit ihnen verfolgt?

• Zeige mithilfe von Körpersprache, wie du dich in verschiedenen Situationen fühlst, zum Beispiel wenn du Angst vor einer Klassenarbeit hast oder dich von deinem Nachbarn gestört fühlst. Haben alle Menschen die gleiche Körpersprache?

• Vier Schüler setzen sich auf einen frei stehenden Tisch. Ein fünfter Schüler bekommt den Auftrag sich dazuzusetzen, was die anderen aber nicht zulassen wollen. Sie schließen ihn aus ihrer Gruppe aus. Körperliche Handgreiflichkeiten sollen dabei nicht vorkommen. Beschreibt, wie ihr euch bei diesem Versuch als Versuchsteilnehmer oder Beobachter fühlt.

Territorien

• Beobachte unauffällig Menschen in einem halbleeren Kino, Café, Bus oder Zug. Wo setzen sich Neuankömmlinge bevorzugt hin?

• Beschreibe deine Reaktion, wenn sich in einem Kino, Café, Bus oder Zug ein Fremder zu dir setzt, obwohl andere Sitzgruppen noch frei sind.

• Beobachte wartende Menschen, zum Beispiel an einer Bushaltestelle. Welchen Abstand halten sie etwa zueinander ein? Wie groß ist der Abstand zwischen Menschen, die sich kennen?

Wie groß ist der Abstand zwischen einem Liebespaar?

• Ab welchem Abstand wird die Nähe eines Fremden dir unangenehm?

• Protokolliere Reviermarkierungen wie Zäune oder „Betreten verboten"-Schilder auf deinem Schulweg.

1 Hausmann

Männer und Frauen verhalten sich unterschiedlich. Die Ursachen hierfür sind vielgestaltig, da angeborene, anerzogene und erlernte Verhaltensmuster ineinander greifen.

Rollenzuweisung. Trotz aller Bemühungen um Gleichberechtigung der Geschlechter gelten zum Beispiel Hausarbeit und Kindererziehung gekoppelt an Sanftmut, Warmherzigkeit und Bescheidenheit nach wie vor als typisch weiblich. Von Männern wird Mut, Durchsetzungsvermögen, Härte und Erfolg im Beruf erwartet. Rollen, die sich im Laufe einer langen Zeit herausgebildet haben und schwer zu verändern sind. Zum Teil basieren sie auf biologi-

schen Ursachen mit dem Ziel, das Überleben der Kinder zu sichern.

Werbe- und Flirtverhalten. Eine erfolgreiche Fortpflanzung setzt voraus, dass sich Menschen unterschiedlichen Geschlechts finden und verbinden, es setzt Nähe und Intimität voraus. Gleichzeitig ist uns die körperliche Nähe Fremder aber unangenehm. Bei Annäherung müssen deshalb Signale ausgetauscht werden, die Angst, Abwendung und Aggressionen verhindern. Oft stammen diese Signale deshalb aus dem Bereich des Kindchenverhaltens.

Flirt der Frauen. Blickkontakt aufnehmen, lächeln, Kopf und Lider senken, den Kopf leicht drehen, wegsehen, Blickkontakt erneut herstellen: Verhaltensweisen der Zuwendung und der Abkehr kennzeichnen diese Kontaktaufnahme, die wir bei Frauen aller Kulturkreise beobachten können. In den weiteren Flirtphasen legen Frauen häufig den Kopf leicht schräg, präsentieren dabei die Nackenpartie und spielen mit ihren Haaren. Über die leicht geöffneten Lippen gleitet die Zunge. Verstärkt fallen Berührungen des Gesichts, der Arme und Herumgezupfe an der Kleidung auf; normalerweise Zeichen von Unsicherheit. Das Laufen wird zum Paradieren: den Kopf hoch erhoben, die Hüften schwingend, den Bauch eingezogen und die

Brüste vorgeschoben. Trotzdem kann ganz plötzlich ein Abbruch erfolgen – die Frau ist es, die auswählt, sie behält sich die Entscheidung vor.

Flirt der Männer. Das männliche Werbeverhalten ist gekennzeichnet von ausgeprägter *Selbstdarstellung*. Beeindrucken, Imponieren, Coolsein ist alles: Die Beinstellung offen, breitbeinig, die Arme ausgebreitet – Platz da, jetzt komme ich. Kraft, Macht und Dominanz werden demonstriert, viel Wert auf „eine gute Figur" gelegt, das Interesse an einer Frau ganz offen bekundet. Männer treten gezielt in Konkurrenz zueinander. Doch Vorsicht: Nicht zuviel des Guten.

Aufgaben

1 Nenne weitere Beispiele für Rollenzuweisung.

In Kürze

Das Rollenverhalten von Mann und Frau hat zum teil biologische Ursachen, ist aber auch das Ergebnis von Tradition und Erziehung. Weibliches Flirtverhalten ist gekennzeichnet durch das Wechselspiel von Abkehr und Zuwendung. Männliches Flirtverhalten enthält viele Elemente des Imponierens.

2 Blickkontakt aufnehmen

3 Kopf und Lider senken

4 Erneuter Blickkontakt

Sitten, Gebräuche und Verhalten des Londoners sind für jeden Ausländer immer wieder eine Quelle der Über-raschung. Es kommt nicht selten vor, dass einem sein (völlig unbekannter) Nachbar im Autobus ein paar Pennies in die Hand drückt; er ... muss aussteigen, ehe ihm der Schaffner eine Fahrkarte verkaufen konnte. Er nimmt es als selbstverständlich an, dass man nun die Fahrkarte nachträglich für ihn bezahlt. Den besten Eindruck von „Londoner Kor-rektheit" und Disziplin gewinnt man vor Autobushaltestellen, wo die Leu-te sich in Reih und Glied anstellen. Wo drei Engländer auf dasselbe war-ten, bilden sie eine Schlange.
Aus: *London Reiseführer*

... trotz wuchernder Hässlichkeit haben sich die meisten Nepalesen ihre innere Ruhe und Gelassenheit nicht nehmen lassen. Sie haben die ... Probleme ihres Landes, das zu den ärmsten zählt, bisher mit ... Freundlichkeit zumindest über-spielt: Sie fühlen sich geborgen in ihrer Welt, ihrem Glauben. Ihre Ein-stellung zu Leben und Tod, ihre Gewissheit, wieder geboren zu wer-den, vermitteln ihnen eine fröhliche Sicherheit, die unserer oft ziellosen Rastlosigkeit und ... Besitzbeses-senheit fehlt.
Aus: *Merian – Himalaya*

2   *Orientalen aus Jemen*

Eine Europäern fremde, Orien-talen jedoch selbstverständliche Sitte stellt der hautnahe Kontakt mit dem Gesprächspartner dar; sei es, dass man unter Männern Hand in Hand spazieren geht oder bei Gesprächen auf Tuchfühlung zusammenrückt. Bei Europäern löst diese Gewohnheit eine Ab-wehrreaktion, zumindest leichtes Unbehagen aus ... Es handelt sich hier ... um eine Schutzgeste, de-ren Ursprung in der Großfamilie zu suchen ist: „Wenn du mir nah bist, kann uns nichts passieren."
Aus: *Syrien und Jordanien, Reisehandbuch*

3   *Vielweiberei: Häuptling Denja Akuku aus Kenia mit seiner Familie*

Info

Die Anzahl erlaubter Ehepartner kann von Kultur zu Kultur stark vari-ieren. Man unterscheidet Ehen mit einem Partner, die Einehe, und Ehen mit mehreren Partnern, die Vielehe. Diese unterteilen sich in Ehen von einem Mann mit mehreren Frauen, die Vielweiberei, und Ehen von einer Frau mit mehreren Männern, die Vielmännerei. Von 849 untersuchten Gesellschaften erlauben 83 % die Vielweiberei, praktizieren lediglich 16 % die Einehe und weniger als 1 % die Vielmännerei. Sehr selten kommen Vielmännerei und Vielwei-berei gleichzeitig vor.

Überblick

Zum Verhalten eines Tieres oder eines Menschen gehören alle beobachtbaren Bewegungen, Körperstellungen und Lautäußerungen. Das Verhalten wird in einzelne Verhaltensweisen unterteilt. Diese sind für jede Art typische Bewegungsfolgen oder Körperhaltungen. Sie lassen sich Funktionskreisen zuordnen. Verhalten kann angeboren oder erlernt sein. Bei den meisten Verhaltensweisen wirken angeborene und erlernte Verhaltensanteile zusammen. Durch Kaspar-Hauser-Versuche kann man feststellen, welche Verhaltensweisen angeboren sind. Reize, die angeborenes Verhalten auslösen, heißen Schlüsselreize, oder, wenn sie von einem Artgenossen ausgehen, Auslöser. Man kann die Auslöser oder Schlüsselreize mit Attrappenversuchen untersuchen. Wirkt eine Handlung als Auslöser für die nächste Handlung, spricht man von einer Handlungskette.

Beim Lernen wird ein Verhalten durch Erfahrung verändert. Formen des Lernens sind die Bildung bedingter Reaktionen, Gewöhnung, Lernen am Erfolg, Nachahmung und Prägung. Bei einsichtigem Verhalten wird eine unbekannte Aufgabe ohne Übung und ohne Vorbild gelöst.

Viele Tiere und der Mensch leben in Sozialverbänden zusammen, in denen das Verhalten untereinander zum Beispiel durch eine Rangordnung geregelt ist.

Das menschliche Verhalten weist angeborene Anteile auf. Der Mensch kann sich sein Verhalten bewusst machen. Er muss seinen angeborenen Verhaltensneigungen nicht folgen. Menschliche Kulturen sind durch unterschiedliche Wertvorstellungen geprägt.

Alles klar?

1 Nenne und beschreibe Verhaltensweisen eines Haustieres oder einer Amsel. Ordne sie den Funktionskreisen zu.

2 Erkläre die Begriffe Auslöser und Auslösemechanismus am Beispiel des Stichlings.

3 Beschreibe, wie Entenküken auf eine Attrappe geprägt werden.

4 Erkläre, was man unter Gewöhnung, bedingtem Reflex, Nachahmung, Lernen am Erfolg, Prägung und einsichtigem Verhalten versteht. Gib jeweils ein Beispiel an.

5 Beschreibe die Zusammensetzung einer Pavianherde. Woran wird die Ranghöhe eines Tieres ersichtlich?

6 Menschliches Verhalten ist schwer zu untersuchen. Erläutere.

7 Der Mensch handelt immer nach Vernunft und Einsicht. Nimm Stellung hierzu.

8 Beschreibe soziale Signale und ihre Bedeutung im menschlichen Verhalten.

9 Nenne Statussymbole, die in deinem Umfeld eine Rolle spielen.

Das Reich der Lebewesen

Die Vielfalt der Lebewesen ist eines der auffälligsten Kennzeichen der Natur. Das Teilgebiet der Biologie, das sich damit beschäftigt, die Vielzahl der Organismen zu beschreiben, zu benennen und zu ordnen, bezeichnet man als *Systematik*.

Der schwedische Naturforscher *Carl von Linné* (1707–1778) legte die Grundlage hierfür. Er teilte alle Lebewesen in zwei Gruppen ein: Pflanzen und Tiere. Arten mit übereinstimmenden oder ähnlichen Merkmalen fasste er zusammen und ordnete sie nach *Art – Gattung – Familie – Ordnung – Klasse*. Diese Einteilung ist auch heute noch gültig. Bei den Tieren werden die Klassen zu *Stämmen* zusammengefasst, bei den Pflanzen zu *Abteilungen*.

Die moderne Systematik verwendet die Erkenntnisse und Methoden aus nahezu allen anderen Teilgebieten der Biologie, um die Verwandtschaftsbeziehungen und somit die Stellung einer Art zu bestimmen. Erst seit etwa 1960 unterscheidet sie zwischen fünf großen Reichen: *Bakterien, Einzeller, Pilze, Pflanzen und Tiere*.

Reich der Bakterien: kleinste und sehr einfach gebaute einzellige Organismen ohne echten Zellkern; besiedeln alle Lebensräume

Archaebakterien
Besiedler extremer Standorte (Salzseen, heiße Schwefelquellen)

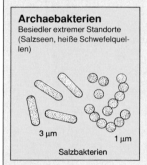

3 µm · 1 µm
Salzbakterien

Echte Bakterien
vielfältige Zellformen; viele Krankheits- und Gärungserreger. Größe: 1–10 µm

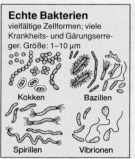

Kokken · Bazillen
Spirillen · Vibrionen

Blaualgen
Einzeller oder Zellkolonie; betreiben Photosynthese

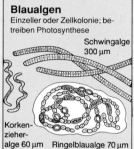

Schwingalge 300 µm
Korkenzieheralge 60 µm · Ringelblaualge 70 µm

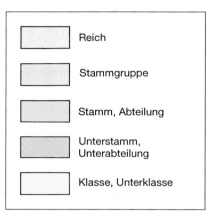

- Reich
- Stammgruppe
- Stamm, Abteilung
- Unterstamm, Unterabteilung
- Klasse, Unterklasse

Reich der Einzeller: einzellige oder Kolonien bildende Zellen, deren Aufbau den Zellen von Pflanzen und Tieren ähnelt; keine Gewebebildung; leben im Wasser oder als Parasiten

Geißeltierchen
Fortbewegung mit einer oder mehreren langen Geißeln

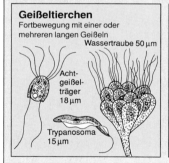

Wassertraube 50 µm
Achtgeißelträger 18 µm
Trypanosoma 15 µm

Wurzelfüßer
Fortbewegung und Nahrungsaufnahme mit Scheinfüßchen

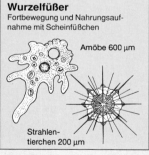

Amöbe 600 µm
Strahlentierchen 200 µm

Sporentierchen
gleitend-kriechende Fortbewegung. Vermehrung durch Sporen; Parasiten

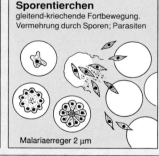

Malariaerreger 2 µm

Wimpertierchen
Fortbewegung und Nahrungsaufnahme mit kurzen Wimpern

Pantoffeltier 150 µm · Glockentier 150 µm

Reich der Pilze: Organismen ohne Blattgrün; nehmen als Fäulnisbewohner oder Parasiten organische Nährstoffe auf; einzellige und vielzellige Formen; Vermehrung durch Sporen

Schleimpilze
amöbenähnliche Einzeller; schließen sich zu Fruchtkörpern zusammen

Dictyostelium

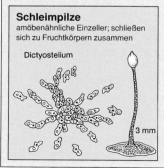

3 mm

Algenpilze
Organismen aus meist ungegliederten Zellfäden; bilden keine Fruchtkörper

Falscher Mehltau 500 µm · Wasserschimmel 500 µm

Echte Pilze: vielzellige Organismen aus Zellfäden (Hyphen); Sporenbildung in charakteristischen Fruchtkörpern

Schlauchpilze

Hefe 30 µm
Mutterkorn 1,5 cm · Morchel 15 cm

Ständerpilze

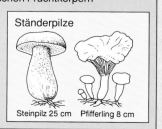

Steinpilz 25 cm · Pfifferling 8 cm

752

Das Reich der Lebewesen

Reich der Pflanzen: Pflanzliche Zellen enthalten Chloroplasten mit Blattgrün (Chlorophyll) und sind von einer Zellwand umgeben. Sie stellen organische Stoffe durch Fotosynthese selbst her. Nur die höheren Pflanzen bilden die typischen Grundorgane Wurzel, Stängel und Blatt aus.

Algen: niedere Pflanzen, die nicht in Gewebe und Organe gegliedert sind; Einzeller oder Vielzeller; bilden fadenförmige oder flächige Verbände; meist Wasserpflanzen

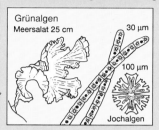

Grünalgen
Meersalat 25 cm
30 μm
100 μm
Jochalgen

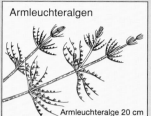

Armleuchteralgen

Armleuchteralge 20 cm

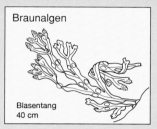

Braunalgen

Blasentang
40 cm

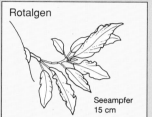

Rotalgen

Seeampfer
15 cm

Moospflanzen: vorwiegend Landpflanzen; Gefäßsystem und echte Wurzeln fehlen

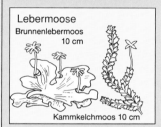

Lebermoose
Brunnenlebermoos
10 cm

Kammkelchmoos 10 cm

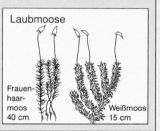

Laubmoose

Frauen-
haar-
moos
40 cm
Weißmoos
15 cm

Farnpflanzen: deutlich in Wurzel, Stängel und Blätter gegliederte Landpflanzen; Sporen werden in speziellen Behältern auf der Blattunterseite gebildet.

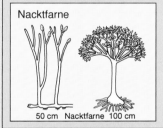

Nacktfarne

50 cm Nacktfarne 100 cm

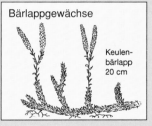

Bärlappgewächse

Keulen-
bärlapp
20 cm

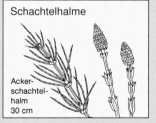

Schachtelhalme

Acker-
schachtel-
halm
30 cm

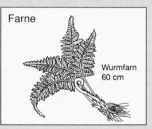

Farne

Wurmfarn
60 cm

Samenpflanzen (Blütenpflanzen): bilden Blüten und Samen

Nacktsamer: meist grüne Holzgewächse; Samenanlagen frei auf den Fruchtblättern; häufig zapfenförmige Samenstände; tragen keine Früchte

Bedecktsamer: oft mit auffälligen Blüten; Samenanlagen im Fruchtknoten eingeschlossen

Palmfarne

Cycas 8 m

Ginkgogewächse

Ginko
40 m

Nadelhölzer

Kiefer 40 m Fichte 50 m

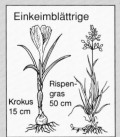

Einkeimblättrige

Krokus
15 cm
Rispen-
gras
50 cm

Zweikeimblättrige

Eiche 45 m

Das Reich der Lebewesen

Reich der Tiere: Zellen ohne Zellwand und Chlorophyll; betreiben keine Fotosynthese; ernähren sich deshalb von organischen Stoffen; bilden meist Nerven und Muskeln sowie Stützorgane (Skelett) aus; sind im Gegensatz zu Pflanzen meist frei beweglich

Schwämme
Wasserlebewesen; sitzen auf dem Untergrund fest

Hornschwamm 40 cm

Süßwasserschwamm 3 cm

Nesseltiere: quallenartige Wasserlebewesen; Körper aus einer Außenhaut und Innenhaut aufgebaut; bilden in ihrer Außenhaut spezielle Nesselkapseln zur Verteidigung und zum Beutefang

Hydratiere
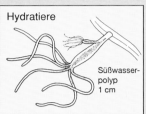

Süßwasserpolyp 1 cm

Quallen
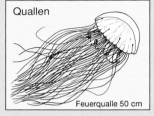

Feuerqualle 50 cm

Blumentiere
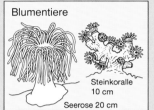

Steinkoralle 10 cm

Seerose 20 cm

Plattwürmer: abgeflachte, blatt- oder bandförmige Organismen; Fortbewegung mit Hilfe eines Hautmuskelschlauches; leben im Wasser, im Boden und als Parasiten

Strudelwürmer
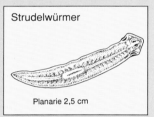

Planarie 2,5 cm

Saugwürmer
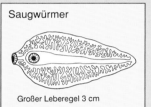

Großer Leberegel 3 cm

Bandwürmer
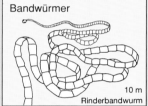

10 m
Rinderbandwurm

Rundwürmer
fadenförmige Tiere; leben im Wasser, im Boden und als Parasiten

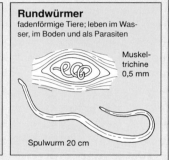

Muskeltrichine 0,5 mm

Spulwurm 20 cm

Gliedertiere: Körper in mehrere Abschnitte bzw. Segmente gegliedert; die einzelnen Segmente sind alle nach dem gleichen Grundbauplan aufgebaut; bilden ein offenes Blutgefäßsystem und ein Strickleiternervensystem aus

Ringelwürmer: Körper meist lang gestreckt und rund; manchmal mit Stummelfüßen oder Borsten

Vielborster
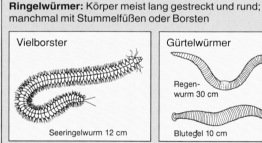

Seeringelwurm 12 cm

Gürtelwürmer
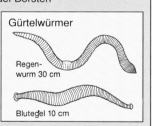

Regenwurm 30 cm

Blutegel 10 cm

Gliederfüßer: formenreichster Stamm im Tierreich; Außenskelett aus Chitin; gegliederte Beine; Sinnesorgane hoch entwickelt

Krebstiere

Krebse
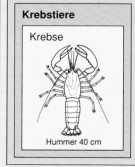

Hummer 40 cm

Tracheenatmer

Tausendfüßer
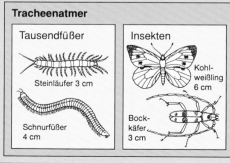

Steinläufer 3 cm

Schnurfüßer 4 cm

Insekten

Kohlweißling 6 cm

Bockkäfer 3 cm

Spinnenartige

Schwertschwänze
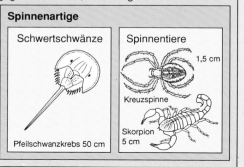

Pfeilschwanzkrebs 50 cm

Spinnentiere

1,5 cm

Kreuzspinne

Skorpion 5 cm

1127

Das Reich der Lebewesen

Reich der Tiere (Fortsetzung)

Weichtiere: Körper besteht aus Kopf, Mantel, Fuß und Eingeweidesack; innere oder äußere Kalkschale

Schnecken

8 cm
Weinbergschnecke

Muscheln

Miesmuschel 5 cm

Tintenfische

Moschuskrake 40 cm

Stachelhäuter: fünfstrahlig gebaute Meeresbewohner; Kalkskelett unter der Haut; Wassergefäßsystem zur Bewegung

Seeigel

Lanzenseeigel 20 cm

Seesterne

Purpurstern 30 cm

Seegurken
Königsseegurke 25 cm

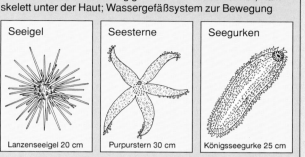

Chordatiere: Körper durch ein inneres Skelett in Form eines Achsenstabes (Chorda) gestützt, der sich unter dem Nervenstrang am Rücken entlangzieht

Manteltiere: Meeresbewohner; meist am Untergrund festsitzend; Körper mit Mantel aus zelluloseähnlichem Material; nur die Larven bilden eine Chorda

Salpen und Feuerwalzen
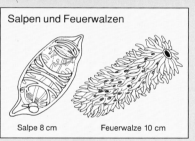
Salpe 8 cm   Feuerwalze 10 cm

Seescheiden
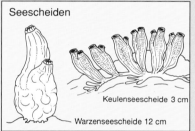
Keulenseescheide 3 cm
Warzenseescheide 12 cm

Schädellose
leben meist am Meeresboden; ohne Schädelkapsel

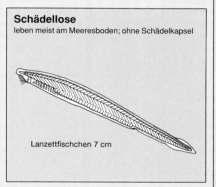
Lanzettfischchen 7 cm

Wirbeltiere: Körper in Kopf, Rumpf und meist zwei Paar Gliedmaßen gegliedert; Chorda zur knöchernen Wirbelsäule weitergebildet; der Schädel schützt das Gehirn; geschlossener Blutkreislauf; die Atmung erfolgt über Kiemen oder Lungen

Rundmäuler
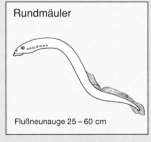
Flußneunauge 25 – 60 cm

Knorpelfische
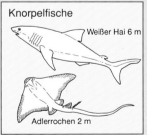
Weißer Hai 6 m
Adlerrochen 2 m

Knochenfische
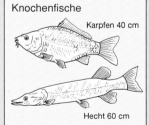
Karpfen 40 cm
Hecht 60 cm

Lurche (Amphibien)
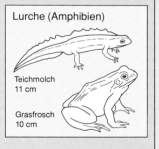
Teichmolch 11 cm
Grasfrosch 10 cm

Kriechtiere (Reptilien)
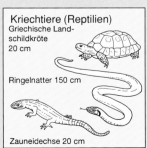
Griechische Landschildkröte 20 cm
Ringelnatter 150 cm
Zauneidechse 20 cm

Vögel
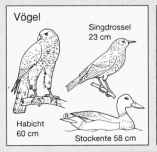
Singdrossel 23 cm
Habicht 60 cm
Stockente 58 cm

Säugetiere
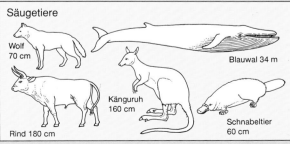
Wolf 70 cm
Blauwal 34 m
Känguruh 160 cm
Schnabeltier 60 cm
Rind 180 cm

Register

Register

Bildverzeichnis

Fotos:

AAES/Auburn University 141.6; Agence France, dpa 29.2; Agence Nature/Silvestris 202.1; AKG, Berlin 115.1, 145.2, 146.2, 147.1, 177.1, 178.4, 180.1; 188.1; Albinger/Silvestris 69.2; Andres, E. 13.1; Angermayer, T. 86.5, 93.5,6, 200.1,2; AP-Photo/Endlicher 142.2; Ardea Agentur 167.1; Arndt/Silvestris 90.1; Arnold/Okapia 70.3; aus:Jahn, Löther, Senglaub: Geschichte der Biologie 105.2; BCI/IFA 199.1; Bellmann, H. 86.1, 87.2,4, 90.2, 96.2,3; Bender, A. 30.1, 135.3; Benser/ZEFA 202.2; Berten, C. 204.1; Bertrand/Silvestris 191.1; Beuren/Interphoto 104.2; Biologische Bundesanstalt für Resistenzgenetik 141.3,4; Blauscheck, R. 99.1; BpK, Berlin 132.1; Brandl/Silvestris 45.4,6; Bräuer/Institut für Humanbiologie Hamburg 172.2,3; Bühler/Silvestris 47.2,10; Bulls, Pressedienst 132.2; Calgene 142.1; Campbell, B. 177.4; Coleman, B. 177.4; Custom Medical/Bavaria 137.2; CVK-KNA 17.1; CVK/ Flößer 6.2; CVK/Petri, P. 119.2,3,4,5; Dalton/Silvestris 47.7; Danegger/Okapia 185.1; Danegger/Silvestris 48.6; Jeske, D./Silvestris 70.4, 152.3; De Beer/Bildatlas der Evolution 152.4; Denninghaus/Bio-Info 102.1; Digul/IFA 17.5; dpa 113.1, 180.2; Eibl-Eibesfeld, I. 194.1, 205.2,3,4; Feist, J. 181.1,2; Fiedler/IFA Bilder-Team 206.2; Fisher, D. 129.1, 135.1,2; Five Seasons/Silvestris 92.3; Flößer, R. 64.1,2,3,4; FPG/Bavaria 38.2; Geiersperger/Silvestris 76.3, 94.2; Goebel/dpa 193.2, 194.2; Graf/dpa 100.3; Grasser/Mauritius 121.1; Gronefeld, G. 193.1, 194.1; Gross/Silvestris 46.2; Gruyter Verlag 133.2; Haga/Superbild 202.3; Hammer, R.E. 141.5; Hanneforth/Silvestris 48.4; Harding/Silvestris 26.5; Harstrick/Bavaria 46.7; Hauff, B. 154.1; Heidt/Okapia 148.3; Heinrich D. 93.3,4; Hiersche/Interfoto 206.1; Höch, U. 184.1; Hoechst AG; Frankfurt 102.4; Hofels/Silvestris 45.5; Hollatz, J. 7.1, 10.1,3,4, 16.1,2,3, 23.1, 31.4, 32.3, 116.1,2,3, 120.1,2, 121.2, 124.4, 128.2, 155.1; Hollweg/Bio-Info 54.3; Hooge, H. 66.1,2,3; Hubatka/Mauritius 25.1, 46.6; Humperto, C./Contectpress/Focus 72.1; Institut für geologische Wissenschaften und Geiseltalmuseum, Halle 156.4; Institut für Paläontologie der Universität Würzburg 156.5; Institut für Paläontologie der Universität Bonn 156.1; IRSCH/Bio-Info 76.4; Ishihara, S. 131.1; Kaufmann, M. 90.3,4; Kerscher/Silvestris 207.2; Kessel; Kardon/Tissues and organs; San Francisco 39.3; Kettlewell, H.B.D. 148.4; Keycolor/dpa 76.2; Kirmer/Lade, H. 73.1; Kleesattel, W. 70.2, 71.4, 72.2,3, 74.1,3,4,5; Kleinert, R. 192.2, 198.3; Koch/IFA 36.2; Krammisch, W. 40.1,2,3, 50.1,2, 66.4, 69.1; Krasemann, S.J./ Okapia 71.2; Kuch/Silvestris 46.10,11,12, 47.11; Kuchlbauer/Mauritius 104.1; Kunze/Bilderberg 100.1; Kurpfälzisches Museum, Heidelberg 177.2,3; Lade, H. 124.2; Lange/Bavaria 159.2; Laurie/Press Enterprise 143.1; Lawick, H. van; National Geographic Society 182.1; Leidmann/Bavaria 126.3; Lieder, J. 107.1,2, 110.1,3,5, 111.1,3,5, 129.2; Limbrunner, A. 147.3; Lindenberger/Silvestris 200.3; Lindenburger/Silvestris 122.4; Linz/Silvestris 71.3; Lochstampfer/Silvestris 122.5; Lynn/NAS/Okapia 194.3; Maier/Silvestris 46.9; Mainbild 130.1, 133.4, 137.1; Maydell, von/Silvestris 46.1; Mehl, J. 163.2,3; Meyers/Bio-Info 100.4; Möller, B. 142.3; Museum für Naturkunde, Berlin 145.1, 162.1; Nagel/Acaluso International 127.1; NAS/McHugh/Okapia 191.3; Naturmuseum Senckenberg, Frankfurt/Main 156.3; Neugebauer, M. 183.1; Newman, O./Okapia 59.3; Nilsson, L. 152.5; Noth, V. 26.1; Otto, W. 204.3; Pfletschinger/Angermayer 45.3, 58.2, 67.2,3, 86.2,3,4,6, 87.1,3, 88.1,2; Pforr, M. 57.6; Piper & Co Verlag 172.1; Prenzel/Silvestris 195.1; Press/Bavaria 205.1; Pretscher, P. 42.1, 54.1, 76.1, 89.1, 92.1,2, 94.3; Quedens, G. 160.2; Rauch/Interfoto 203.2; Rauch/Silvestris 94.4; Reader/SPL/focus 166.1; Redeker, T. 38.1; Reinbacher, L. 20.1, 37.1; Reinhard, H. 43.1, 44.2,3, 45.1, 46.4, 47.1,5,6,8,9, 48.1,2,3, 52.3, 53.1, 56.1, 57.1,2,3,4,5, 58.1,3, 59.1,2, 66.5, 68.2,3,4,5, 126.1,2, 127.2,3,4,5, 140.1,2,3,4, 148.2, 164.1, 168.2, 171.1, 184.2, 186.1, 192.3; Reinhard/Angermayer 58.4; Rogers, M./Stock 139.1; Root/Okapia 164.2; Roselins, R. 141.1; Rosenberger, S./Photo Researches 24.2; Rosing/Silvestris 44.4; Schacke/Naturbild AG 47.12; Schauer, J. 161.1; Schläpfer/Bavaria 47.4; Schmidt/Silvestris 68.1; Scholz, R. 204.2; Schösser/IFA 88.3; Schramm /Silvestris 203.1; Schuhmann, C. 78.1,2; Schulte, Gabrie/dpa 100.5; Schweitzer, M. 26.2; Schwirtz/Silvestris 46.3; Silvestris 26.4, 36.3, 46.8, 58.5, 59.4, 67.1, 102.2, 201.1; Sisse Brimberg/National Geographic Society, Washington 178.3; Skelley/ZEFA 196.1; Skibbe/Silvestris 47.3; Staeck, L. 6.1; Stock Image/Bavaria 140.6; Studio-TV-Film, Heidelberg 170.3, 171.2, 173.1, 176.1,2,3, 178.2; Tariverdian, G. 111.7, 122.1,2; Taubblindenwerk, Hannover 194.2; TCL/Bavaria 168.1, 201.2; Thielscher/ IFA 45.2; TLC/Bavaria 196.2; Ullstein Bilderdienst 105.1; Ullstein PD 109.1; V-Dia Verlag 102.3; Wahl/Silvestris 48.5; Wandler/ Silvestris 70.1; Wassarman, P. M. 106.1; WDV, Frankfurt 26.3,6; Webbl/Magnum 206.3;Weber, U. 128.3; Wegler, M. 148.1; Wellnhofer, P. 163.1; Wendler/Silvestris 71.1; Willner/Silvestris 93.2; Wisniewski/Silvestris 44.1, 192.1; Wolf/Kosmos 74.2; Wothe/Bio-Info 46.5; Wothe/Silvestris 199.2; ZEFA 174.1.

Grafiken:

Albert, R. Gattung und Gattung-Petith, R.; Edingen-Neckarhausen 141.2, 149.2; Atelier Eickhoff; Speyer 147.2, 173.3; Atelier Kühn; Heidelberg 18.1, 34.1, 84.1, 144.1; Biste, Günther; Schwäbisch Gmünd und Krischke, Kurt; Marbach 82.1, 83.1, 95.1,2,3,4,5; 138.1; Büro für Gestaltung Biste & Weißhaupt; Schwäbisch Gmünd 94.1, 100.2, 103.1; Büro für Gestaltung Günther Biste; Schwäbisch Gmünd 27.1,2, 175.1; Groß, Karlheinz; Mundelsheim; 17.2,3,4, Umweltsymbol Frosch 78.3, 184.3; Hackeland, Ralph; Mannheim 169.2, 173.2, 176.4; Hänel, Monika; Hamburg 185.2; Haydin, Herbert; Bensheim 9.1, 12.1, 14.1, 102.5, 163.4,5,6; KFS/Dist. Bulls 180.3; Kipper, Udo; Hanau 73.2,3,4, 153.2, 178.5, 179.2; Krischke, Kurt; Marbach 9.2, 10.2, 11.1,2, 15.1, 19.1,2, 20.2, 21.1, 22.1,2,3, 23.2, 24.1, 25.2, 28.1,2, 29.1, 32.1, 33.1, 35.1,2, 36.1,4, 39.1,2, 42.2, 51.1,2,3,4, 54.2,4, 55.1,2,3, 60.1, 61.1, 63.1,2, 65.2,3, 75.1,2,3,4, 77.1, 79.1,2,3,4,5, 80.1,2,3,4,5, 81.2, 89.1, 91.1, 93.1, 96.1,4,5,6, 98.1, 101.1, 106.2, 107.3, 108.1,2,3, 110.2,4,6, 111.2,4,6, 112.1,2,3, 113.2, 115.2, 117.1, 118.1, 119.1, 121.4, 122.3, 123.1, 124.1,3, 126.4, 129.3, 130.2, 131.2,3, 132.3, 133.1, 134.1,2, 136.1, 137.3,4, 139.2, 140.5, 146.1, 149.1, 150.1,2, 151.1, 152.1,2, 153.1, 154.2, 155.2,3, 157.1, 158.1,2, 160.1, 161.2, 162.2, 165.1, 168.3, 169.1, 170.1, 174.2, 178.1, 179.1, 188.2, 189.1,2, 190.1, 187.2, 208.1,2,3, 209.1,2,3,4, 210.1,2,3,4,5,6, 211.1,2,3,4,5; Martin Langner/CV 62.1; Monika Hänel; Hamburg 62.2; Schrörs, Michael; Bad Dürkheim 8.1, 15.2,3, 30.2,3, 31.1,2,3, 32.2, 41.1, 43.2,3, 49.1, 52.1,2, 53.2,3, 56.2, 65.1, 72.4, 81.1, 85.1, 97.1,2, 99.2, 105.1, 106.3, 114.1,3, 120.3, 125.1, 128.1, 129.4, 156.2, 159.1, 170.2, 187.1, 190.2, 193.3, 195.2,3,4, 198.1,2; Schrörs, Michael; Bad Dürkheim & Krischke, Kurt; Esslingen 114.2; Spazier, Eljallil; Heidelberg 123.2.

2518